ŒUVRES
DE
WALTER SCOTT.

TOME VII.

IMPRIMERIE DE LACHEVARDIERE,
Rue du Colombier, n° 30.

LES PURITAINS
D'ÉCOSSE.

(Old Mortality.)

TRADUCTION

DE M. DEFAUCONPRET,

AVEC DES ÉCLAIRCISSEMENS ET DES NOTES
HISTORIQUES.

PARIS.
FURNE, LIBRAIRE-ÉDITEUR,
QUAI DES AUGUSTINS, N° 39.

M DCCC XXX.

Ahora bien, dixo el cura, traedme señor, huésped, aqueses libros, que los quiero ver. — Que me place, respondió él; y entrando en su aposento sacó de una maletilla vieja cerrada con una cadenilla, y abriéndola, halló en ella tres libros grandes y unos papeles de muy buena letra escritos de mano.

Don Quijote, parte primera, capitulo 32.

Allons, dit le curé, je vous prie, seigneur hôte, d'aller me chercher ces livres ; j'ai envie de les voir. — De tout mon cœur, répondit l'hôte, et il monta à sa chambre. Il en rapporta une petite vieille valise, fermée par un cadenas, qu'il ouvrit, et il en tira trois gros volumes et quelques manuscrits en beaux caractères.

CONTES
DE MON HOTE,

RECUEILLIS ET MIS AU JOUR

PAR

JEDEDIAH CLEISHBOTHAM,

MAITRE D'ÉCOLE ET SACRISTAIN DE LA PAROISSE
DE GANDERCLEUGH.

>Gens du pays fameux par ses gâteaux,
>S'il est des trous à vos manteaux,
>Cachez-les bien : votre compatriote
>Vous observe et de tout prend note ;
>Et puis, ma foi, le jour viendra
>Où tout s'imprimera.
>
>   BURNS.

Ahora bien, dixo el cura, traedme señor, huésped, aqueses libros, que los quiero ver. — Que me place, respondió él; y entrando en su aposento sacó de una maletilla vieja cerrada con una cadenilla, y abriéndola, halló en ella tres libros grandes y unos papeles de muy buena letra escritos de mano.

Don Quijote, *parte primera, capitulo* 32.

Allons, dit le curé, je vous prie, seigneur hôte, d'aller me chercher ces livres; j'ai envie de les voir. — De tout mon cœur, répondit l'hôte, et il monta à sa chambre. Il en rapporta une petite vieille valise, fermée par un cadenas, qu'il ouvrit, et il en tira trois gros volumes et quelques manuscrits en beaux caractères.

A

SES CHERS CONCITOYENS,

Soit qu'on les appelle

HOMMES DU SUD,

GENTILSHOMMES DU NORD,

HABITANS DE L'OUEST

OU

GENS DU COMTÉ DE FIFE,

CES CONTES,

DESTINÉS A FAIRE CONNAITRE LES ANCIENNES MOEURS ÉCOSSAISES,

ET LES TRADITIONS DE NOS DIFFÉRENTES PROVINCES,

SONT RESPECTUEUSEMENT DÉDIÉS

PAR LEUR AMI ET COMPATRIOTE DÉVOUÉ,

JEDEDIAH CLEISHBOTHAM.

INTRODUCTION [1]
AUX
CONTES DE MON HOTE.

Comme je puis, sans vanité, présumer que le nom et les qualités officielles qui sont en tête de cet ouvrage lui attireront, de la part des gens sages et réfléchis auxquels je l'adresse, le degré d'attention qui est dû à l'instructeur zélé de la jeunesse et au sacristain exact à remplir ses devoirs du dimanche, je ne chercherai point à allumer une chandelle en plein jour, et je m'abstiendrai de faire l'éloge d'un ouvrage dont le titre seul est une recommandation suffisante.

Cependant, comme je ne me dissimule pas que l'envie aboie toujours contre le mérite, et qu'il se trouvera des gens qui diront tout bas que, quoiqu'on ne puisse me refuser la science et les bons principes (Dieu merci), le poste que j'occupe à Gandercleugh [2] n'a pas dû me donner une grande connaissance des voies et des œuvres de la génération présente, je divise en trois points ma réponse à cette objection, si elle a lieu.

(1) Cette introduction a paru en tête du premier volume des *Contes de mon hôte*, titre sous lequel ont été publiés *les Puritains d'Écosse*, *la Prison d'Édimbourg*, *la Fiancée de Lammermoor*, *le Nain* et *l'Officier de fortune ou une Légende de Montrose*. Ed.

(2) Mot à mot *le village de l'oie*. On a supposé que Gandercleugh était un nom fictif désignant *Lesmahago*, village du comté de Lanark. Quelques voyageurs ont cru reconnaître aussi le vallon de Gandercleugh dans celui de Sainte-Catherine, près d'Édimbourg.

INTRODUCTION.

Je dirai donc, 1° que Gandercleugh est le point central de notre Écosse, son *ombilic* (*si fas sic dicere*); de sorte que tous ceux qui vont pour leurs affaires du côté de notre métropole de législation, comme j'appelle Édimbourg, ou de notre métropole de commerce, comme je désigne Glascow, sont obligés d'y passer, et s'y arrêtent souvent pour la nuit. Or le sceptique le plus décidé avouera que moi, qui depuis quarante ans passe toutes mes soirées, excepté celle du dimanche, dans un grand fauteuil de cuir, au coin du feu de l'auberge de Wallace, j'ai vu autant de monde que si je m'étais fatigué à voyager dans toute l'Angleterre. De même le percepteur du droit de péage de la grande route de Well-brae-Head, assis tranquillement dans sa loge, y reçoit plus d'argent que si, s'avançant sur le chemin, il allait demander une conribution à chaque personne qu'il rencontrerait; ce qui l'exposerait, suivant l'adage vulgaire, à revenir avec plus de coups de pied au derrière que d'half-pence [1] dans sa poche.

2° Si le roi d'Ithaque, le plus sage des Grecs, acquit sa réputation en visitant les villes et les hommes, comme l'assure le poète romain, je réponds au Zoïle qui m'opposera cet exemple que, par le fait, j'ai vu aussi des villes et des hommes; car j'ai visité les fameuses cités d'Édimbourg et de Glascow, deux fois la première et trois fois la seconde, dans le cours de mon pèlerinage en ce monde. De plus j'ai eu l'honneur de m'asseoir à l'Assemblée Générale [2] (c'est-à-dire comme auditeur dans les galeries), et j'y ai entendu parler si éloquemment sur la loi du patronage, que les idées nouvelles que j'en ai rapportées me font considérer comme un oracle sur

---

(2) Demi-sou.

(2) Assemblée générale du clergé presbytérien, où les anciens décident les questions de la discipline et du patronage ecclésiastique.

INTRODUCTION.

cette doctrine depuis mon heureux retour à Gandercleugh.

3° Enfin si, malgré ma grande connaissance du monde, acquise au prix de tant de peines par mes questions au coin du feu et par mes voyages, on prétend que je suis incapable de recueillir les agréables récits de mon hôte, je ferai savoir à ces critiques, à leur honte éternelle, aussi bien qu'à la confusion de tous ceux qui voudraient témérairement s'élever contre moi; je leur ferai savoir, dis-je, que je ne suis ni l'auteur, ni le rédacteur, ni le compilateur des Contes de mon Hôte, et que par conséquent je ne saurais être responsable de leur contenu pour un iota. Or, maintenant, race de censeurs qui vous montrez tels que les serpens d'airain de la Bible pour siffler avec vos langues et blesser avec vos aiguillons, prosternez-vous dans votre poussière native; reconnaissez vos pensées pour celles de l'ignorance, et vos paroles pour celles de la folie. Vous voilà pris dans vos propres filets, vous voilà tombés dans votre propre trappe; laissez donc là une tâche trop pénible pour vous; ne détruisez pas vos dents en rongeant une lime; n'épuisez pas vos forces contre des murs de pierre; ne perdez pas haleine en luttant de vitesse avec un agile coursier, et laissez peser les Contes de mon Hôte à ceux qui porteront avec eux les balances de la candeur, purifiées de la rouille des préventions par les mains du savoir modeste. Pour ceux-là seuls ils furent recueillis, comme le démontrera un court récit que mon zèle pour la vérité m'a engagé à faire servir de supplément à ce préambule.

Personne n'ignore que mon Hôte était un homme aimable, facétieux, et aimé de tout Gandercleugh, excepté du laird, du collecteur de l'accise, et de ceux à qui il refusait de faire crédit. Je vais réfuter tour à tour leurs motifs particuliers de haine.

Le laird l'accusait d'avoir encouragé, en divers temps

et lieux, la destruction des lièvres, des lapins, des oiseaux noirs et gris, tels que perdreaux, coqs de bruyère et autres volatiles ou quadrupèdes, en contravention aux lois du royaume ; car elles les réservent pour les puissans du siècle, qui paraissent prendre un grand plaisir à la destruction des animaux (plaisir que je ne puis concevoir). Mais, avec tout le respect que je dois à l'honorable laird, je prendrai la liberté de faire observer que mon défunt ami n'était pas coupable de cette offense, attendu que ce qu'il vendait pour des levrauts étaient des lapins de son clapier, et ses coqs de bruyère des pigeons bisets, servis et mangés comme tels. Ce n'était donc qu'une véritable *deceptio visûs*.

Le collecteur de l'accise prétendait que feu MON HÔTE distillait lui-même sa liqueur, sans avoir cette permission spéciale des grands de ce monde, appelée en termes techniques une *licence*. Me voici prêt à réfuter cette fausseté : en dépit du collecteur, de sa jauge, de sa plume et de son écritoire, je soutiens que je n'ai jamais vu ni goûté un verre d'eau-de-vie illégale dans la maison de MON HÔTE. Nous n'avions certainement nul besoin de nous cacher au sujet d'une liqueur agréable et attrayante débitée à l'auberge de Wallace sous le nom de *rosée des montagnes*. S'il est une loi contre la fabrication d'une semblable liqueur, que le collecteur me la montre, et je lui dirai si je dois la reconnaître ou non.

Quant à ceux qui se présentaient altérés chez MON HÔTE, et qui ne pouvaient apaiser leur soif, faute d'argent comptant ou de crédit, c'est un cas qui m'a ému les entrailles, comme s'il m'eût concerné personnellement. Mais je dois dire que MON HÔTE n'était pas insensible aux peines que souffre une bonne âme ayant soif, et qu'il lui fournissait à boire jusqu'à concurrence de la valeur de sa montre, ou de ses vêtemens, excepté ceux de la partie inférieure du corps, qu'il n'a jamais voulu accepter en nantissement, pour l'honneur de sa maison. Et afin de rendre complètement justice à la libéralité de MON HÔTE, je dois dire que jamais il ne m'a refusé la dose de rafraîchissement dont j'avais l'habitude de réconforter la nature après les fatigues de mon école. Il est vrai que j'enseignais l'anglais et le latin, la tenue des livres, avec une teinture de mathématiques, à ses cinq garçons, et le plain-chant à sa fille; ce qui établissait une sorte de compensation, dont je m'accommodais plutôt que d'un honoraire.; car il est dur de faire attendre un gosier à sec.

Je crois cependant, s'il faut dire toute ma pensée, que ce qui engageait encore davantage MON HÔTE à déroger en ma faveur à son habitude assez naturelle de demander le paiement de l'écot, c'était le plaisir qu'il prenait à ma conversation, qui, quoique solide et édifiante, était comme un palais construit avec soin et dans lequel on n'a pas oublié les ornemens extérieurs. MON HÔTE était si content de ses répliques dans nos colloques, et nous discutions si bien sur tous les cantons et tous les usages de l'Écosse, que ceux qui nous écoutaient avaient coutume de dire que le plaisir de nous entendre valait une bouteille de bière; plus d'un voyageur étranger, ou des cantons les plus éloignés de l'Écosse, aimait à prendre part à la conversation, et à dire les nouvelles recueillies par lui dans les climats lointains, ou sauvées de l'oubli dans notre propre patrie.

Or j'avais pris, pour diriger mes basses classes, un jeune homme appelé Pierre ou Patrick Pattieson, qui avait été destiné à notre sainte église, et pouvait déjà, par une licence, prêcher en chaire. Ce jeune homme se plaisait à recueillir de vieux contes et d'anciennes légendes, et à les orner des fleurs de la poésie, pour laquelle il avait un goût vain et frivole : car il ne suivait pas l'exemple de ces bons poètes que je lui proposais pour modèles; mais il s'était adonné à cette versification moderne, qui exige moins de peine et de pensées. Aussi l'ai-je plusieurs fois grondé d'être un des auteurs de cette fatale révolution, prophétisée par Robert Carey dans ses vers sur la mort du célèbre docteur John Donne [1] :

> Tu n'es plus, et tes lois irritent la licence
> Des auteurs libertins du moderne Hélicon ;
> Nos vers dont tu réglas la pensée et le son
> Dégénèrent bientôt en ballade ou romance [2].

Je lui cherchais aussi querelle sur le style facile et redondant plutôt que concis et grave de sa prose ; mais, malgré ces symptômes de mauvais goût, et son humeur toujours prête à contredire ceux qui en savaient plus long que lui sur les passages d'une construction difficile dans les auteurs latins, je fus sincèrement affligé de la mort de Pierre Pattieson, et le regrettai comme mon propre fils. Ses papiers furent laissés à mes soins ; et, pour fournir aux frais de sa maladie et de ses funérailles, je me crus autorisé à disposer d'une partie, intitulée les Contes de mon Hôte, que je cédai à un homme habile dans le commerce de la librairie. C'était un petit homme, gai, malin, facétieux, et contrefaisant à merveille la voix des autres. Je n'ai eu qu'à me louer de sa conduite envers moi.

On peut voir maintenant l'injustice qu'il y aurait à m'accuser d'incapacité pour écrire les Contes de mon Hôte, puisque, après avoir prouvé que j'aurais pu les composer si j'avais voulu, comme je ne l'ai pas fait, la critique doit retomber, s'il y a lieu, sur M. Pierre Pattieson ; et, dans le cas contraire, la louange m'appartient, puisque, suivant l'argument plaisant et logique du doyen de Saint-Patrick [3],

---

(1) Satirique du temps de Jacques Ier. — Éd.
(2) Jedediah lance ici une épigramme contre les imitations de vieilles ballades par sir Walter Scott lui-même. — Éd.
(3) Swift. Voyez les *Mém. polit. et littér. sur Swift.*

INTRODUCTION.

That without Which a thing is not,
Is causa sine quâ non [1].

Celui sans qui chose n'est *pas*
Est le *sine quâ non causa.*

L'ouvrage donc est pour moi ce qu'un enfant est pour un père ; si l'enfant se fait bien valoir, le père en a l'honneur, sinon la honte reste justement à l'enfant.

Je dois ajouter qu'en disposant ces contes pour la presse, M. Pierre Pattieson a plus consulté son caprice que l'exactitude des récits : il en a même quelquefois mêlé deux ou trois ensemble pour l'agrément de ses plans. Je désapprouve cette infidélité ; cependant je n'ai pas voulu prendre sur moi de la corriger, parce que la volonté du défunt était que son manuscrit fût mis sous presse tel quel ; fantaisie bizarre de mon pauvre ami, qui, s'il eût pensé sagement, aurait plutôt dû me conjurer, par tous les tendres liens de notre amitié et de nos études communes, de revoir avec soin, d'abréger ou d'augmenter ses écrits, d'après mon goût et mon jugement. Mais la volonté des morts doit être suivie scrupuleusement, même quand nous déplorons leur entêtement et les erreurs de leur amour-propre. Ainsi donc, aimable lecteur, je vous salue, en vous offrant les fruits de nos montagnes ; je vous préviens encore que chaque histoire est précédée d'une courte introduction, où l'on cite les personnes qui en ont fourni les matériaux, et les circonstances qui ont mis l'auteur à même d'en profiter.

---

(1) Tout l'esprit de ces deux vers dans le style familier qui était particulier à Swift, consiste dans la citation latine, rimant à peu près avec la phrase précédente, qui en est la traduction : *la chose sans laquelle,* etc. — Éd.

LES PURITAINS D'ÉCOSSE.

(Old Mortality.)

CONTE DE MON HOTE.

CHAPITRE PREMIER.

Préliminaires.

« Pourquoi d'un pas infatigable
« Poursuit-il des tombeaux les sentiers ténébreux ?
« — Pour sauver de l'oubli le nom de ses aïeux. »
LANGHORNE.

Il n'est peut-être aucun de nos lecteurs (dit le manuscrit de M. Pattieson) qui, un beau soir d'été, n'ait pris plaisir à considérer la sortie joyeuse d'une école de village. L'esprit bruyant de la jeunesse, contenu si difficilement pendant les heures ennuyeuses de la discipline, éclate, pour ainsi dire, en cris, en chansons et en gambades, lorsque les marmots se réunissent en groupes sur le théâtre ordinaire de leurs récréations, et y préparent leurs jeux pour la soirée : il est un individu qui a aussi sa part du plaisir qu'apporte cette heure si désirée, mais dont les sentimens ne sont pas aussi évidens aux yeux du spectateur, où du moins celui-ci ne sympathise pas si volontiers avec lui. Je veux parler du magister lui-même, qui, assourdi par le bourdonnement continuel, et suffoqué par l'air épais de son école, a passé tout le jour (seul contre toute une armée) à contenir la pétulance, à aiguillonner la paresse, à éclairer la stupidité, et à multiplier ses efforts pour réduire l'obstination. La répétition d'une même leçon récitée cent fois, et que varient seulement les bévues des écoliers, a confondu sa propre intelligence; les fleurs mêmes du génie classique, qui charmaient le plus sa pensée rêveuse, ont été flétries dans son imagination, à force d'être associées aux larmes et aux punitions; de sorte que les églogues de Virgile et les odes d'Horace ne lui rappellent plus que la figure boudeuse et la déclamation monotone de quelque enfant à la voix criarde. Si à toutes ces peines morales viennent se joindre celles d'un tempérament délicat; s'il a une âme ambitieuse de quelque fonction plus distinguée que celle d'être le tyran de l'enfance, le lecteur pourra concevoir quel soulagement procure une promenade solitaire, par une fraîche soirée d'automne, à celui dont la tête a souffert et dont les nerfs ont été tendus pendant tout un jour par l'occupation pénible de l'enseignement public.

Pour moi, ces promenades du soir ont été les heures les plus douces d'une vie malheureuse; et si quelque lecteur indulgent veut bien par la suite trouver du plaisir à parcourir ces pages, fruit de mes veilles, je ne suis pas fâché qu'il sache que le plan en a été presque toujours tracé dans ces momens où, délivré de ma tâche et du bruit, le paysage paisible d'alentour avait disposé mon esprit au travail de la composition.

Mon rendez-vous favori, dans ces heures d'un agréable loisir, est le bord d'un petit ruisseau qui, serpentant à travers une vallée de vertes fougères, va passer devant l'école de Gandercleugh. Dans le premier quart de mille, je peux bien être distrait de mes méditations par la révérence ou le coup de chapeau de ceux d'entre mes élèves qui viennent jusque là pêcher la truite et les fretins dans le petit ruisseau, ou chercher des joncs et les fruits de l'arbousier sur ses rives ; mais au-delà de l'espace que j'ai mentionné, les jeunes pêcheurs n'étendent pas volontiers leurs excursions après le coucher du soleil. La cause en est qu'au bout de la petite vallée, et dans un lieu à l'écart, on trouve un cimetière abandonné, dont les petits tapageurs ont peur d'approcher à l'heure du crépuscule, tandis que pour moi cette enceinte a un charme inexprimable. Ce fut long-temps le but favori de mes promenades, et si mon *généreux* patron n'oublie pas sa promesse, ce sera probablement bientôt mon lieu de repos après mon pèlerinage dans ce monde [1].

C'est un asile qui a toute la solennité des cimetières, sans exciter les autres sentimens moins agréables qu'ils nous font éprouver. Depuis plusieurs années il est tellement abandonné, que ses différens tertres épars çà et là sont couverts de la même verdure qui forme le tapis de toute la plaine. Les monumens, et il n'y en a que sept ou huit, sont à demi enfoncés dans la terre et cachés par la mousse. Aucune tombe récente n'y trouble le calme paisible de nos réflexions en nous retraçant l'image d'une calamité de la veille ; aucune touffe de gazon ne nous force de songer que son abondance est due aux dépouilles corrompues d'un de nos semblables qui fermentent sous la terre. La marguerite, qui émaille le sol, et la campanule, qui y est suspendue en guirlandes, reçoivent leur sève de la rosée pure du ciel, et leur aspect ne nous cause aucune

---

(1) *Note de Jedediah Cleishbotham.*

J'ai tenu parole dans cette triste circonstance à mon défunt ami, comme le prouve une élégante pierre funéraire érigée à mes frais dans le lieu qu'il décrit. On y lit le nom et les titres de *Peter Pattieson*, avec la date de sa naissance et celle de son décès, ainsi que l'attestation de son mérite, à laquelle mon nom sert de témoignage, comme ayant été son supérieur et son patron. — J. C.

idée repoussante ou pénible. La mort a bien été ici, et ses traces sont devant nous; mais elles sont adoucies et n'ont plus rien de leur horreur, grâces à l'éloignement où nous sommes de l'époque où elles furent imprimées dans ce lieu pour la première fois. Ceux qui dorment sous nos pieds ne tiennent à nous que par la réflexion que nous faisons qu'ils furent jadis ce que nous sommes aujourd'hui, et que, de même que leurs restes sont identifiés avec la terre, notre mère commune, les nôtres seront soumis un jour à la même transformation.

Cependant, quoique la mousse couvre, depuis quatre générations, les plus modernes de ces humbles tombeaux, la mémoire de ceux qu'ils renfermèrent est encore l'objet d'un culte respectueux. Il est vrai que sur le plus considérable, et le plus intéressant pour un antiquaire, sur le monument qui porte l'effigie d'un valeureux chevalier revêtu de sa cotte de mailles avec son bouclier au bras gauche, les armoiries sont effacées par le temps, et quelques lettres nous laissent incertains s'il faut lire *Dns-Johan... de Hamel...* ou *Jehan... de Lamel...* Il est vrai encore, quant à l'autre, où sont richement sculptées une mitre, une croix et une crosse, que la tradition peut tout au plus nous apprendre que c'est un évêque inconnu qui y fut enterré.

Mais sur deux autres pierres, à peu de distance, on lit, en prose grossière et en vers aussi peu élégans, l'histoire de ceux qui reposent dessous. L'épitaphe nous assure qu'ils appartinrent à la classe de ces presbytériens persécutés qui figurèrent si malheureusement sous le règne de Charles II et de son successeur [1].

En revenant du combat des collines de Pentland, une troupe d'insurgés avait été attaquée dans ce vallon par un

---

(1) Jacques VII, roi d'Ecosse de ce nom, et Jacques II seulement dans l'énumération des rois d'Angleterre. — J. C.

détachement des soldats du roi, et trois ou quatre d'entre eux furent tués dans l'escarmouche, ou fusillés comme rebelles pris les armes à la main. Le villageois continue à rendre aux tombeaux de ces victimes du presbytérianisme un honneur qu'il n'accorde guère à de plus riches mausolées : lorsqu'il les montre à ses fils et leur raconte les persécutions de ces temps d'épreuves, il conclut ordinairement par l'exhortation d'être prêts, si les circonstances l'exigeaient, à résister à la mort, comme leurs braves ancêtres, pour la cause de la liberté civile et religieuse.

Quoique je sois éloigné de respecter les principes singuliers de ceux qui se disent les héritiers de ces hommes qui n'avaient pas moins d'intolérance et de bigoterie que de vraie piété, cependant je ne voudrais point outrager la mémoire de ces infortunés. Plusieurs réunissaient les sentimens indépendans d'un Hampden [1] à la résignation d'un Hooper ou d'un Latimer [2]. D'une autre part, il serait injuste d'oublier que même plusieurs de ceux qui furent les plus actifs à étouffer ce qu'ils appelaient l'esprit séditieux de ces chrétiens errans, ceux-là même, quand vint leur tour de souffrir pour leurs opinions politiques et religieuses, montrèrent la même audace et le même dévouement, qui étaient accompagnés chez eux de la loyauté chevaleresque comme chez les autres de l'enthousiasme républicain.

On a souvent remarqué que la fermeté du caractère écossais se montre avec avantage dans l'adversité, semblable alors au sycomore de nos montagnes, qui dédaigne de plier ses jeunes rameaux sous le vent contraire, mais qui, les déployant dans toutes les directions avec la même

---

(1) Héros citoyen du républicanisme anglais, qui attaqua un des premiers l'arbitraire du gouvernement dans les tribunaux, et mourut les armes à la main sous Charles Ier. — Ed.

(2) Réformateurs du premier siècle de l'anglicanisme, et martyrs sous Marie. — Ed.

vigueur, ne cède jamais à l'orage, et se laisse briser plutôt que de fléchir. Je veux parler de mes concitoyens tels que je les ai observés. On m'a dit que dans les pays étrangers ils sont plus dociles. Mais il est temps de finir ma digression.

Un soir d'été, dans une de mes promenades habituelles, je m'approchais de cet asile des morts, aujourd'hui abandonné, lorsque je fus un peu surpris d'entendre un bruit différent des sons qui en charment ordinairement la solitude, c'est-à-dire le murmure du ruisseau et les soupirs de la brise dans les branches de ces frênes gigantesques, limite du cimetière. Cette fois-ci, je distinguai le bruit d'un marteau, et je craignis de voir réaliser le projet de deux propriétaires qui, ayant leurs terres divisées par mon ruisseau favori, voulaient depuis long-temps faire creuser un fossé pour substituer une fade régularité aux gracieux détours de l'onde [1].

En avançant je fus agréablement surpris : un vieillard était assis sur le monument des anciens presbytériens, et activement occupé à retracer avec un ciseau les caractères de l'inscription, qui annonçait en style de l'Écriture les bénédictions célestes réservées aux victimes, et prononçait anathème contre leurs assassins. Une toque bleue, d'une dimension peu commune, couvrait les cheveux gris de ce pieux ouvrier. Son costume était un habit antique du gros drap appelé *hoddin-grey* que portent les vieillards à la campagne, avec la veste et les culottes de même. L'ensemble de son costume, quoique décent encore, at-

---

(1) Je crois devoir apprendre au lecteur que cette limite entre la propriété du laird de Gandercleugh et celle du laird de Gusedub devait être un *agger*, ou plutôt un *murus* de granit sans ciment, appelé par le vulgaire un *dry-stane dyke* (*un mur de pierre sèche*), surmonté de *cespite viridi*, c'est-à-dire de gazon; mais leurs *honneurs* se brouillèrent au sujet d'un demi-arpent de terrain marécageux, situé près du lieu appelé Bedral's Beild (l'abri ou la maison de Bedral); et le procès, porté jusqu'à la grande cité de Londres, devant la grande assemblée des nobles (*), y est *adhuc in pendente*. (*Note de Jedediah Cleishbotham.*)

(*) Chambre des pairs. — Tr.

testait un long service. De gros souliers ferrés et des *gramoches* ou guêtres en drap noir complétaient son équipement. A quelques pas de lui paissait, parmi les tombeaux, un poney, son compagnon de voyage, dont le poil, d'une blancheur sans mélange, les os saillans et les yeux creux, indiquaient la vieillesse. Il était enharnaché de la manière la plus simple, avec un licol de crin et un *sunk* ou coussin de paille au lieu de bride et de selle. Une poche de canevas pendait au cou de l'animal, pour contenir sans doute les outils de son maître et tout ce qu'il voulait porter avec lui. Quoique je n'eusse jamais vu le vieillard, cependant son occupation singulière et son équipage me firent aisément reconnaître en lui un presbytérien errant dont j'avais souvent entendu parler, et connu dans diverses contrées de l'Écosse sous le nom de Old Mortality [1]. Où était né cet homme, quel était son véritable nom? c'est ce que je n'ai pu savoir; et je ne connais qu'imparfaitement les motifs qui lui avaient fait abandonner sa maison pour adopter cette vie errante.

Suivant la plupart, il était natif du comté de Dumfries ou de Galloway, et descendait en ligne directe de quelqu'un de ces défenseurs du *Covenant* dont les exploits et les malheurs étaient son entretien de prédilection. On dit qu'il avait précédemment tenu une petite ferme; mais, soit après des pertes pécuniaires, soit après des malheurs domestiques, il renonça à cet état et à tout autre. Pour me servir du langage de l'Écriture, il quitta sa maison, sa famille, ses amis, et mena une vie errante jusqu'au jour de sa mort, c'est-à-dire pendant une trentaine d'années, dit-on [2].

---

(1) Littéralement, *la vieille mortalité*, ou le vieillard de la mort, le vieillard des tombeaux. Nous avons cru cependant devoir conserver à cet ouvrage le titre de *Puritains d'Écosse*, sous lequel il est plus connu en France. — Ed.

(2) Ce personnage a réellement existé. Sir Walter Scott en avait précédemment rappelé l'existence dans une note annexée aux *Mémoires du capitaine*

Pendant son long pèlerinage, cet enthousiaste pieux réglait ses courses de manière qu'il visitait annuellement les sépultures des malheureux presbytériens qui avaient souffert par le glaive ou par la main du bourreau sous le règne des deux derniers Stuarts. Ces sépultures sont en grand nombre dans la partie occidentale des districts d'Ayr, de Galloway et de Dumfries, mais on en trouve encore dans toutes les autres parties de l'Écosse où les fugitifs avaient combattu, succombé ou souffert en martyrs. Elle sont souvent écartées de toute habitation humaine : mais partout où elles existaient, Old Mortality ne manquait jamais de les visiter quand elles se trouvaient sur son passage dans sa tournée annuelle.

Au fond des retraites les plus solitaires des montagnes, le chasseur a souvent été surpris de le voir occupé à dépouiller les pierres funéraires de la mousse qui les couvrait, pour rétablir avec son ciseau les inscriptions à demi effacées, et les emblèmes de deuil dont sont ornés les plus simples monumens. Une piété sincère quoique bizarre était le seul motif qu'avait le vieillard pour consacrer tant d'années de sa vie à honorer ainsi la mémoire des défenseurs de l'Église. Il croyait remplir un devoir sacré en conservant pour la postérité les emblèmes du zèle et des souffrances de nos ancêtres, et en entretenant pour ainsi dire la flamme du phare qui devait exciter les générations futures à défendre leur religion au prix de leur sang.

Dans tous ses pèlerinages, le vieillard semblait n'avoir jamais besoin d'assistance pécuniaire, et n'en acceptait jamais. Il est vrai qu'il ne manquait de rien, car partout il trouvait une hospitalité préparée sous le toit de quelque caméronien de sa secte ou de quelque autre personne

---

Chreicton, publiés par J. Swift. (Voyez les *OEuvres de Swift*, édition donnée par sir Walter Scott, tom. x.) — Éd.

religieuse. Il reconnaissait toujours l'accueil qu'on lui faisait, en réparant les tombeaux, s'il en existait, de la famille ou des ancêtres de ses hôtes; et comme il était rencontré le plus souvent occupé à cette tâche pieuse dans quelque cimetière de village, ou penché sur une tombe isolée dans les landes, troublant le pluvier et le merle par le bruit de son ciseau et de son marteau, pendant que son vieux poney paissait à son côté, cette habitude de vivre parmi les tombeaux lui avait fait donner le nom populaire de *Vieillard de la mort*.

Le caractère d'un homme comme celui-là ne pouvait guère avoir d'affinité même avec une gaieté innocente. Cependant il passe parmi ceux de sa secte pour avoir été d'une humeur riante. Les descendans des persécuteurs, ceux qu'il soupçonnait de partager leurs principes, et les railleurs de la religion, qui lui cherchaient quelquefois querelle, étaient traités par lui de race de vipères; s'il s'entretenait avec les gens raisonnables, il était grave, sentencieux et même un peu sévère; mais on dit qu'on ne le vit jamais se livrer à une colère violente, excepté un jour qu'un méchant écolier brisa avec une pierre le nez d'un chérubin que le vieillard retouchait. Je suis généralement très sobre de la verge, malgré la maxime de Salomon, qui ne doit pas mettre ce grand roi en bonne renommée dans les écoles; mais cette fois-là je jugeai à propos de prouver que je ne haïssais pas l'enfant [1].

Je reviens aux circonstances de ma première entrevue avec cet intéressant enthousiaste.

Pour l'aborder, je n'oubliai pas de rendre hommage à son âge et à ses principes, commençant par m'excuser avec respect d'oser interrompre ses travaux. Le vieillard fit une pause, ôta ses lunettes, les essuya, et, les remettant sur son nez, répondit à ma politesse avec cordialité. En-

---

(1) Allusion au proverbe *Qui bene amat bene castigat.* — Tr.

couragé par son ton affable, je hasardai quelques questions sur ceux dont il réparait alors le monument. Parler des exploits des presbytériens était son plaisir, comme la conservation de leurs monumens son occupation. Il était prodigue de paroles quand il s'agissait de communiquer tous les détails qu'il avait recueillis sur eux, sur leurs guerres et leurs persécutions. On aurait pu croire qu'il avait été leur contemporain, et qu'il avait vu lui-même tout ce qu'il racontait, tellement il identifiait ses sentimens et ses opinions avec les leurs. — Il y avait dans ses récits tous les détails circonstanciés d'un témoin oculaire.

— C'est nous, disait-il d'un ton inspiré, c'est nous qui sommes les seuls véritables *whigs*. Des hommes charnels ont usurpé ce titre glorieux en suivant celui dont le royaume est de ce monde. Quels sont ceux d'entre eux qui voudraient s'asseoir pendant six heures sur un coteau pour entendre un pieux sermon? Au bout d'une heure ils seraient fatigués. Ils ne valent guère mieux que ceux qui n'ont pas honte de prendre le nom de *torys*, ces persécuteurs altérés de sang. Ce sont tous des hommes intéressés, affamés de pouvoir, de richesses, ivres d'ambition terrestre, et oubliant tout ce qu'ont fait les illustres chrétiens qui bravèrent les méchans au jour de la colère céleste. Faut-il s'étonner s'ils craignent l'accomplissement de ce que prédit le digne M. Peden [1], ce pieux serviteur du Très-Haut, dont aucune parole n'est tombée par terre; faut-il s'étonner s'ils craignent de voir les monzies français [2] se montrer dans les vallons d'Ayr et sur les coteaux de Galloway, en aussi grand nombre que nos montagnards en 1677 [3]. Et ils sont déjà armés de la lance et de l'arc,

(1) Fameux prédicateur caméronien. Voyez sur Peden une note des *Chants populaires*. — Ed.

(2) Sans doute les *monsieurs* français.

(3) Il paraîtrait que ceci fut dit lors d'une menace d'invasion de la part de la France. (*Note des éditeurs anglais.*)

alors qu'ils devraient gémir sur un royaume de pêcheurs et sur la violation du *Covenant*.

Je calmai le vieillard en ayant soin de ne pas contrarier ses opinions; et, désireux de prolonger mon entretien avec un personnage si original, je lui persuadai d'accepter l'hospitalité que M. Cleishbotham est toujours bien aise d'offrir à tous ceux qui en ont besoin. En cheminant vers l'école, nous entrâmes à l'auberge de Wallace, où j'étais sûr de trouver mon patron. Après un échange de civilités, le vieillard se laissa entraîner, mais difficilement, à prendre avec son hôte un verre de liqueur, et cela à condition qu'il porterait lui-même une santé, qu'il fit précéder d'une prière de cinq minutes; et puis, ôtant son bonnet et levant les yeux au ciel, il but à la mémoire de ces héros de l'Église qui avaient les premiers arboré sa bannière sur les montagnes. Comme aucune instance ne put l'engager à prendre un second verre, mon patron l'accompagna chez lui, et le logea dans la *chambre du prophète :* c'est ainsi qu'il appelle ce cabinet qui contient un lit de réserve occupé souvent par le pauvre voyageur [1].

Le jour suivant, je pris congé du vieillard de la mort, qui parut touché de l'attention inaccoutumée avec laquelle j'avais cultivé sa connaissance et écouté sa conversation. Quand il fut monté, non sans peine, sur le vieux poney blanc, il me prit la main et me dit : — La bénédiction de notre maître soit avec vous, jeune homme! mes heures sont comme les épis mûrs, et vos jours sont encore dans leur printemps. Cependant vous pouvez être porté dans les greniers de la mort avant moi, car sa faux mois-

---

[1] Et par le riche, aurait-il pu ajouter, puisque, louée soit mon étoile ! les grands de la terre ont aussi logé dans mon humble domicile. Du temps de ma servante Dorothée, qui était enjouée et jolie, Son Honneur le laird de Smackawa, quand il allait à la métropole et en revenait, préférait toujours ma *chambre du prophète* à la plus belle de l'auberge de Wallace, se disant plus libre chez moi, mais dans le fait pour être sûr de ma compagnie pendant la soirée.
J. C.

sonne aussi souvent l'épi vert que l'épi mûr ; et il est sur vos joues une couleur qui, comme le vermillon de la rose, ne sert souvent qu'à cacher le ver de la tombe. Travaillez donc comme un ouvrier qui ignore quand son maître viendra ; et si Dieu veut que je retourne dans ce village après que vous serez déjà dans le lieu de repos, ces mains ridées vous sculpteront une pierre qui empêchera votre nom de périr.

Je remerciai le vieillard de ses généreuses intentions à mon égard, et je poussai un soupir moins de regret que de résignation, en pensant à la possibilité d'avoir bientôt besoin de ses bons offices. Mais quoique, selon toutes les probabilités humaines, il ne se soit pas trompé en supposant que le fil de ma vie pût être tranché avant le temps, il avait espéré pour lui une trop longue continuation de son pèlerinage sur la terre. Il y a aujourd'hui quelques années qu'il est absent de tous les lieux qu'il fréquentait, tandis que la mousse et le lichen couvrent rapidement ces pierres qu'il avait passé sa vie à protéger contre la dégradation. Vers le commencement de ce siècle, il termina ses travaux mortels, et fut trouvé sur la route de Lockerberry, dans le comté de Dumfries, épuisé et expirant ; le vieux poney compagnon de ses courses se tenait immobile près de son maître, sur lequel on trouva une somme suffisante pour l'enterrer décemment, ce qui prouve que sa mort ne fut hâtée ni par la violence ni par le besoin. Le bas peuple conserve avec respect sa mémoire, et plusieurs croient que les pierres qu'il répara n'auront plus besoin du secours du ciseau. On va même jusqu'à assurer que depuis la mort du vieillard de la mort, les noms des martyrs sont restés lisibles sur les pierres où leur meurtre est constaté, tandis que ceux de leurs persécuteurs, gravés sur les mêmes monumens, sont entièrement effacés. Il n'est guère besoin de dire que ceci n'est qu'une fable, et que depuis la mort du pieux pèlerin les pierres qui étaient l'objet de ses soins tombent chaque année en ruine, comme tous les monumens terrestres.

Mes lecteurs comprendront bien qu'en voulant composer un tout des anecdotes que j'eus l'avantage de recueillir de la bouche du vieillard, je me suis bien gardé d'adopter son style, ses opinions, et même ses récits des faits, quand ils m'ont paru dénaturés par ses préjugés. J'ai tout employé pour les vérifier, en remontant à la source des traditions authentiques que m'ont fournies l'un et l'autre parti.

Du côté des presbytériens, j'ai consulté les fermiers de l'ouest, qui, par la munificence de leurs propriétaires ou autrement, ont pu, malgré le bouleversement de domaines, conserver la jouissance des pâturages dans lesquels leurs pères conduisaient leurs troupeaux. Je dois pourtant avouer que plus nous avançons, plus cette source d'informations m'a paru limitée. J'ai donc eu recours, pour y suppléer, à ces modestes voyageurs que la civilité scrupuleuse de nos ancêtres appelait marchands ambulans; mais que depuis, copiant en tant d'autres choses les sentimens et les idées de nos voisins plus riches, nous avons nommés comme eux porte-balles ou colporteurs. Je dois reconnaître mes obligations envers ces tisserands de campagne qui voyagent pour débiter leur travail d'hiver, mais surtout envers les tailleurs, qui, grâce à leur profession sédentaire et à la nécessité où ils sont parmi nous de l'exercer en résidant pour un temps dans les maisons de leurs pratiques, peuvent être considérés comme possédant un registre complet de traditions rurales. Je leur suis redevable de plusieurs éclaircissemens sur les récits du vieillard de la mort.

J'ai éprouvé plus de peine à trouver des matériaux pour corriger la partialité de ces astres de la science des traditions, me proposant d'offrir un tableau fidèle des mœurs de cette époque malheureuse, et de rendre en même temps justice aux deux partis. Mais j'ai été à même de modifier les récits du vieillard et de ses amis caméroniens par les rapports de plus d'un descendant de ces anciennes et honorables familles, aujourd'hui déchues dans la vallée de la vie, et qui gardent encore un orgueilleux souvenir du temps où leurs ancêtres combattirent et succombèrent pour la race exilée des Stuarts. Je puis même me vanter de certaines autorités respectables de ce côté, car plus d'un évêque non-conformiste, dont les revenus et le pouvoir étaient réduits sur une échelle aussi apostolique que pourrait le désirer le plus grand ennemi de l'épiscopat, ont daigné, en passant par l'auberge de Wallace, me fournir leurs informations comme correctifs des faits que d'autres m'avaient transmis. Il y a aussi par-ci par-là un laird ou deux qui, tout en haussant les épaules, ne sont guère honteux d'avouer que leurs pères ont servi dans les escadrons persécuteurs d'Earlshall et de Claverhouse. J'ai consulté avec fruit les gardes-champêtres de ces gentilshommes : cette charge est une de celles qui deviennent le plus facilement héréditaires.

Après tout, en retraçant de nos jours les résultats que des principes opposés eurent sur les bons et sur les méchans de chaque parti, je ne dois pas craindre d'être soupçonné de vouloir me rendre coupable d'outrage et d'injustice envers l'un ou l'autre. Le souvenir d'anciennes injures, le mépris et la haine de leurs adversaires, firent naître, il est vrai, la rigueur et la tyrannie dans un parti ; mais on ne saurait nier que, si le zèle de la maison du Seigneur ne dévora pas les partisans du *Covenant*, il dévora du moins, suivant l'expression de Dryden, beaucoup de leur loyauté, de leur bon sens et de leur bonne éducation. Nous pouvons espérer que les âmes de tous ceux qui étaient de bonne foi et vraiment braves dans les deux partis ont depuis long-temps jeté d'en haut un regard de surprise et de pitié sur les motifs mal appréciés qui causèrent leur haine mutuelle et leur état d'hostilité dans cette vallée de ténèbres, de sang et de larmes. Paix à leur mémoire! Pensons d'eux ce que l'héroïne de notre seule tragédie écossaise prie son époux de penser de son père défunt [1].

> Ah! ne blasphémez point la cendre de mon père:
> Son crime fut alors l'implacable colère,
> Crime expié depuis par de cruels malheurs [2]!

CHAPITRE II.

« Qu'aux portes du château cent cavaliers choisis
« Soient rassemblés, demain, à nos ordres soumis. »
DOUGLAS.

Sous le règne des derniers Stuarts, le gouvernement employait tous les moyens en son pouvoir pour détruire l'esprit austère de puritanisme, qui avait été le caractère principal du gouvernement républicain. Il cherchait à faire revivre ces institutions féodales qui unissaient le vassal à son seigneur, et qui les attachaient tous deux à la couronne. L'autorité indiquait des revues fréquentes, des exercices militaires, même des jeux et des divertissemens. Cette conduite était impolitique, pour ne rien dire de plus; car la jeunesse des deux sexes, pour qui la flûte et le tambourin en Angleterre, et la cornemuse en Écosse, auraient été une tentation irrésistible, trouvait un plaisir encore plus doux dans la résistance aux ordres qui lui prescrivaient de danser. Forcer les hommes de danser et de se réjouir *par ordre* est un moyen qui réussit

---

(1) *Douglas*, par Home.
(2) Nous croyons devoir désigner l'argument de la ballade de *Bothwell-Brigg*, dans les *Chants populaires de l'Écosse*, tome 1ᵉʳ, comme une espèce d'introduction historique des *Puritains*. — ED.

rarement, même à bord des vaisseaux négriers, où il était jadis tenté quelquefois dans le but de faire prendre un exercice salutaire aux captifs, et de rétablir la circulation de leur sang pendant le peu de temps qu'on leur permettait de respirer l'air sur le tillac.

Le rigorisme des calvinistes augmentait en proportion du désir que le gouvernement montrait de le voir se relâcher. Ceux qui professaient une sainteté plus grande se distinguaient par l'observation judaïque du dimanche et la condamnation des plaisirs les plus innocens, comme de la danse *mêlée*, c'est-à-dire de la danse des hommes avec les femmes (car je crois qu'ils admettaient que la danse des hommes entre eux ou des femmes entre elles n'était plus un péché); ils ne négligeaient rien pour empêcher ceux sur qui ils avaient quelque influence de se montrer lorsque le ban du comté était convoqué pour les anciennes *wappen-schaws*, ou revues, et que chaque seigneur, sous peine d'encourir de grosses amendes, devait paraître à la tête des hommes d'armes qu'il fournissait, en raison de son fief. Les covenantaires détestaient d'autant plus ces assemblées, que les lords-lieutenans et les shériffs avaient ordre de les rendre agréables aux jeunes gens qu'auraient pu séduire en effet les exercices militaires du matin et les divertissemens qui terminaient la soirée.

Les prédicateurs et leurs fougueux prosélytes n'épargnaient ni avis ni remontrances pour diminuer le nombre de ceux qui s'y rendaient. Ils savaient que, par ce moyen, ils affaiblissaient la force apparente et la force réelle du gouvernement, en empêchant la propagation de cet esprit de corps qui ne manque jamais de régner parmi les jeunes gens habitués à se réunir pour des exercices militaires ou des jeux d'adresse. Ils consacraient donc tous leurs efforts à retenir tous ceux qui pouvaient fournir des excuses pour se dispenser de se montrer à ces assemblées; leur sévérité censurait surtout ceux de leurs auditeurs que la simple curiosité ou l'attrait des jeux attiraient. Néanmoins, les membres de la noblesse qui partageaient leurs principes ne pouvaient pas toujours se laisser guider par eux. La loi était péremptoire ; et le conseil privé, chargé du pouvoir exécutif en Ecosse, appliquait toute la rigueur des statuts contre les vassaux de la couronne qui n'obéissaient pas à l'appel périodique du wappen-schaw. Les propriétaires étaient donc dans la nécessité d'envoyer au rendez-vous leurs fils, leurs tenanciers et leurs vassaux, suivant le nombre de chevaux, d'hommes et de lances qu'ils étaient obligés de fournir. Il arrivait fréquemment que, malgré la stricte recommandation de revenir aussitôt après l'inspection obligée, les jeunes gens ne pouvaient ni résister au désir de prendre leur part des divertissemens qui terminaient la revue, ni se dispenser d'aller écouter les prières prononcées dans les églises à cette occasion. C'était là ce que les pères et mères appelaient, en gémissant, se livrer à la chose maudite qui est une abomination devant le Seigneur.

Le shériff du comté de Lanark avait convoqué le wappen-schaw d'un district pittoresque appelé le canton supérieur du Clydesdale, dans la matinée du 5 mai 1679. L'assemblée se tenait dans une grande plaine, près d'un bourg royal[1] dont le nom n'est pas bien essentiel à notre histoire. Après la revue, les jeunes gens devaient, selon l'usage, se livrer à divers exercices dont le principal était appelé *le tir du Perroquet*. C'était la figure d'un oiseau paré de plumes de toutes couleurs, suspendue à une grande perche, et qui servait de but aux compétiteurs pour décharger leurs fusils et leurs carabines, depuis que ces armes avaient remplacé les arcs et les flèches. Celui dont

---

(1) Selon toute apparence, l'auteur désigne ici Rutherglen sur la rive méridionale de la Dye. — Eᴅ.

la balle atteignait l'oiseau à la distance de soixante à soixante-dix pas portait le titre glorieux de *capitaine du Perroquet* pendant le reste du jour, et il était conduit en triomphe au cabaret le plus achalandé du voisinage, où la soirée se terminait sous ses auspices dans les joies de la table.

On pense bien que les dames des environs s'étaient empressées d'assister à cette cérémonie, excepté celles qui, esclaves des lois rigoureuses du puritanisme, auraient cru charger leur conscience d'un crime en autorisant par leur présence les profanes amusemens des impies.

Les landaus, les barouches ou les tilburis n'étaient pas encore connus dans ces temps de simplicité. Le lord-lieutenant du comté (personnage du rang d'un duc) avait seul une voiture portée sur quatre roues, dont la lourde charpente ne ressemblait pas mal aux mauvaises gravures de l'arche de Noé. Huit gros chevaux flamands à tous crins traînaient ce char massif contenant huit places intérieures et six en dehors. Dans l'intérieur étaient Leurs Grâces le lord-lieutenant et sa noble moitié, deux enfans, deux dames d'honneur, et un chapelain rencogné dans une niche latérale formée par une projection de la portière, que sa configuration particulière faisait nommer la botte; enfin, dans l'enfoncement du côté opposé était un écuyer de Sa Grâce. L'équipage était conduit par un cocher et trois postillons coiffés de grandes perruques à trois queues, ayant de petites épées au côté, des espingoles en sautoir derrière les épaules, et des pistolets aux arçons de leurs selles. Sur le marchepied, derrière cette maison roulante, on voyait debout, en triple rang, six laquais en livrée, armés jusqu'aux dents. Les autres personnages nobles du cortége, hommes et femmes, jeunes et vieux, étaient à cheval, chacun suivi par ses gens et ses vassaux; mais la compagnie était choisie plutôt que nombreuse, et le lecteur en connaît déjà la cause.

Immédiatement après l'énorme carrosse dont nous venons d'essayer de donner la description, arrivait le palefroi tranquille de lady Marguerite Bellenden, qui réclamait son rang de préséance sur la noblesse non titrée du canton. Elle était en grand deuil, n'ayant jamais quitté ce costume depuis que son mari avait été condamné et exécuté comme partisan de Montrose.

Sa petite-fille, unique objet de toutes ses affections sur la terre, Édith, aux cheveux blonds, était universellement reconnue pour la jeune personne la plus jolie de tout le canton, et semblait, auprès de son aïeule, le printemps à côté de l'hiver. Sa haquenée noire d'Espagne, qu'elle guidait avec grâce, son charmant habit d'amazone et sa selle chamarrée, tout contribuait à la faire remarquer avec avantage. Les boucles nombreuses de ses cheveux, que son chapeau laissait flotter sur ses épaules, étaient retenues par un ruban vert. Ses traits avaient une douceur féminine, mais avec une expression de finesse et de gaieté qui la préservait de la fadeur si souvent reprochée aux blondes et aux yeux bleus. C'était ce qui attirait les regards, plus que l'élégance de ses vêtemens ou que son joli palefroi.

Ces deux dames n'étaient suivies que de deux domestiques à cheval, quoique leur rang ainsi que leur naissance semblassent demander un cortége plus nombreux; mais la bonne vieille dame n'avait pu parvenir à compléter le contingent d'hommes d'armes que sa baronnie devait fournir : pour rien au monde elle n'aurait voulu rester au-dessous de ses obligations à cet égard, et elle avait métamorphosé tous ses domestiques en militaires. Son vieil intendant, qui, armé de pied en cap, conduisait sa troupe, avait sué sang et eau, comme il le disait, pour vaincre les scrupules et les prétextes des fermiers qui voulaient éluder de fournir les hommes, les chevaux et les harnais exigés par la loi. Enfin la dispute avait fini par une déclaration ouverte des hostilités, l'épiscopal en courroux ayant fait tomber sur les récalcitrans le tonnerre de son indignation, et ayant reçu d'eux en retour la menace de l'excommunication calviniste. Que faire en cette circonstance ? Il pouvait les dénoncer au conseil privé, qui aurait prononcé une amende contre les réfractaires, et envoyé chez eux garnison pour la faire payer : mais c'eût été introduire des chasseurs et des chiens dans un jardin pour y tuer un lièvre.

— Les rustres ne sont pas trop riches, dit Harrison en lui-même, et si *les habits rouges* viennent leur prendre le peu qu'ils possèdent, comment pourront-ils payer leurs rentes à la Chandeleur ? Il n'est déjà pas trop facile d'obtenir le paiement de ce qu'ils doivent.

En conséquence, Harrison se décida à armer l'oiseleur, le fauconnier, le valet de pied, le garçon de ferme et un vieux ivrogne de sommelier qui, ayant jadis servi dans les rangs des cavaliers avec feu sir Richard, sous Montrose, étourdissait chaque soir toute la maison du récit de ses exploits à Kilsythe et à Tippermoor. C'était d'ailleurs le seul homme de la bande qui eût le moindre zèle pour la cérémonie. De cette manière, et en recrutant deux ou trois braconniers, M. Harrison compléta le contingent que lady Bellenden avait à fournir comme propriétaire de la baronnie de Tillietudlem et autres lieux.

Dans la matinée, comme Harrison passait sa *troupe dorée* en revue devant la porte de la tour, Mause, mère du valet de ferme, arriva chargée des grosses bottes, de la jaquette en peau de buffle et du reste de l'accoutrement qui avait été envoyé à Cuddy pour le service du jour. Elle les déposa à terre, devant l'intendant, avec une gravité affectée, en l'assurant que, soit que ce fût la colique, soit que ce fût le saisissement subit d'un scrupule de conscience, chose qu'elle ne pouvait décider, Cuddy avait souffert des tranchées atroces toute la nuit, et n'étais guère mieux ce matin : — Le doigt de Dieu, ajouta-t-elle, est là-dedans, et mon fils ne doit pas prendre part à de telles corvées. Vainement on menaça Mause de lui donner son congé et de la punir; elle resta obstinée : une visite domiciliaire eut lieu sur-le-champ, et l'on trouva Cuddy hors d'état de répondre autrement que par de profonds gémissemens. Mause était une ancienne domestique de la famille, et une espèce de favorite de lady Margaret : elle avait donc des priviléges. Lady Margaret était déjà en route pour le wappen-schaw, on ne pouvait en appeler à son autorité. Dans cette extrémité, le génie du vieux sommelier trouva un expédient fort heureux.

— Pourquoi ne pas prendre Goose Gibby? s'écria-t-il; j'ai vu combattre sous Montrose bien des gens qui ne valaient pas Goose Gibby.

Gibby était un jeune garçon un peu niais, d'une très petite taille, et chargé du soin de la basse-cour sous l'inspection de celle qui en avait la surintendance; car dans une famille écossaise de ce temps-là il y avait une grande subrogation de travaux. On envoya chercher le marmot; on l'affubla de la jaquette de peau de buffle, dont il pouvait à peine supporter le poids; ses petites jambes entrèrent dans d'énormes bottes; un casque lui couvrit la tête presque jusqu'au menton, comme un éteignoir, et on attacha un grand sabre à son côté, ou, pour mieux dire, ce fut lui qu'on attacha à un grand sabre. Ainsi accoutré, Gibby fut hissé, à sa demande, sur le cheval le plus doux qu'on put trouver. Instruit et soutenu par le vieux sommelier Gudyil, qui se chargea d'être son chef de file, il passa la revue comme les autres, le shérif ne croyant pas devoir examiner très scrupuleusement les recrues d'une dame aussi bien disposée pour le roi que l'était lady Bellenden.

Telle est la cause qui força lady Bellenden à se montrer en public sans autre suite que deux laquais, ce dont elle aurait rougi en toute autre circonstance : mais il n'était pas de sacrifice personnel, même celui de son amour-propre, qu'elle ne fût prête à faire à la cause de la royauté. Elle avait perdu son mari et deux fils de grande espérance dans les guerres civiles qui avaient eu lieu à cette époque malheureuse; mais elle en avait reçu une récompense flatteuse : lorsque Charles II traversait l'ouest de l'Écosse pour aller livrer bataille à Cromwell dans la plaine fatale de Worcester, il s'était arrêté au château de Tillietudlem, et y avait accepté un déjeuner. Cet évènement faisait une époque importante dans la vie de lady Marguerite Bellenden, et il était bien rare qu'elle passât un seul jour sans trouver occasion de citer quelque circonstance de la visite dont le roi l'avait honorée, sans oublier que Sa Majesté avait daigné l'embrasser sur les deux joues, mais omettant d'ajouter qu'il avait accordé la même faveur à deux servantes fraîches et réjouies, métamorphosées pour ce jour-là en dames d'honneur.

Une telle marque de la faveur royale aurait bien suffi sans doute pour que lady Marguerite embrassât à jamais la cause des Stuarts; mais sa naissance, son éducation, et sa haine pour le parti opposé, l'avaient déjà irrévocablement attachée à leur fortune. Ils semblaient triompher en ce moment; mais lady Margaret avait été fidèle à leur cause dans les circonstances les plus critiques, et elle était prête à braver les mêmes revers, si le sort les trahissait encore. Ce jour-là elle jouissait pleinement de voir déployer une force prête à soutenir les intérêts de la couronne, et dévorait en secret la mortification qu'elle éprouvait en se trouvant abandonnée d'une partie de ses propres vassaux.

Respectée par toutes les anciennes familles du comté, elle vit tous les chefs de maison qui assistaient à la revue s'empresser de lui rendre leurs hommages, et il n'y eut pas un jeune homme de distinction qui, se tenant ferme sur ses étriers et se redressant sur son cheval, ne vînt caracoler devant miss Edith Bellenden, pour déployer l'adresse avec laquelle il guidait sa monture; mais tous ces jeunes cavaliers, distingués par leur rang et leur loyauté héréditaire, n'obtenaient d'Edith rien au-delà de ce qu'exigeaient les lois de la courtoisie. Elle écoutait avec une égale indifférence les complimens qu'on lui adressait, et dont la plupart étaient pillés des longs romans de La Calprenède et de Scudéry, modèles dans lesquels la jeunesse de ce siècle aimait à étudier ses sentimens et ses discours, jusqu'à ce que la folie du temps s'ennuyant de ces éternelles rapsodies de Cyrus, de Cléopâtre, et d'autres, les réduisît en petits volumes aussi courts que ceux que j'entreprends de faire lire aujourd'hui[1]. Mais le destin avait décidé que miss Bellenden ne montrerait pas la même indifférence pendant tout le cours de la journée.

CHAPITRE III.

« Le poids de son armure écrasant le guerrier,
« Il tombe, et dans sa chute entraîne son coursier. »
CAMPBELL, *les Plaisirs de l'espérance.*

Après les évolutions militaires, qui se firent aussi bien qu'on pouvait l'attendre d'hommes inexpérimentés et de chevaux non dressés, de grands cris annoncèrent que les compétiteurs pour le prix du perroquet allaient s'avancer.

Le mât ou grande perche avec une gaule en croix; à laquelle le but était suspendu, fut élevé au milieu des ac-

---

(1) L'auteur fait allusion sans doute aux romans de mistress Behn, qui, sous le même règne, firent les délices de la cour, et dont *Oroonoko*, par exemple, ne ressemble pas mal, pour le format, à l'*Ourika* ou à l'*Edouard* de la génération actuelle. Sir Walter Scott, dans une métaphore un peu hasardée, compare les gros volumes de Scudéry à des vaisseaux à trois ponts, et leurs diminutifs à ces petits navires *(cockboats)* qu'on appelle *caquets*. — ED.

clamations de l'assemblée; même ceux qui avaient vu les évolutions de la milice féodale avec une espèce de sourire ironique, par haine contre la famille royale qu'ils avaient l'air de soutenir, ne purent s'empêcher de prendre intérêt à ce nouvel exercice.

On accourut en foule; on critiqua la tournure de chaque compétiteur qui, par son plus ou moins d'adresse, excitait la risée ou les applaudissemens des spectateurs. Bientôt on vit s'approcher un jeune homme avec son fusil à la main, vêtu avec simplicité, mais avec une certaine prétention d'élégance; son manteau vert était jeté négligemment sur ses épaules, et sa fraise brodée et sa toque à plumes annonçaient qu'il était au-dessus de la classe commune; un murmure confus s'éleva à l'instant, et il aurait été difficile de juger s'il lui était favorable.

— Est-il possible, disaient les vieux et zélés puritains que leur curiosité, plus forte que leur fanatisme, avait conduits parmi les spectateurs; — est-il possible que le fils d'un tel père prenne part à ces folies indécentes? Les autres, et c'était la majeure partie, souhaitaient le succès du fils d'un des anciens chefs des presbytériens, sans s'inquiéter s'il lui convenait de disputer le prix.

Leurs vœux furent exaucés: l'aventurier du manteau vert tira et atteignit le perroquet, et c'était le premier coup qui comptât de la journée, quoique plusieurs balles eussent passé très près du but. Une acclamation presque générale s'éleva; mais son succès n'était pas encore décisif. Il était nécessaire que ceux qui venaient après lui eussent la même chance, et ceux qui, comme lui, toucheraient le but, devaient concourir entre eux jusqu'à ce qu'un des compétiteurs obtînt une supériorité complète sur les autres. Il n'y en eut que deux de ceux qui n'avaient pas encore tiré qui atteignirent le perroquet. L'un était un homme appartenant évidemment à la classe du peuple, d'un air commun, et enveloppé d'un grand manteau avec lequel il se cachait soigneusement la figure; l'autre était un jeune cavalier d'un extérieur agréable, et paré avec quelque recherche. Depuis la fin de la revue, il était resté constamment près de lady Marguerite et de miss Bellenden, et les avait quittées avec un air d'indifférence, lorsque la vieille dame témoigna son regret qu'il ne se présentât aucun compétiteur noble et du parti royaliste pour disputer le prix. Le jeune lord Evandale, en moins d'une minute, descendit de cheval, emprunta un fusil à son domestique, et, comme nous l'avons dit, toucha le but.

La lutte s'ouvrit de nouveau entre les trois concurrens heureux, et l'intérêt des spectateurs redoubla. Le lourd équipage du duc fut mis en mouvement, non sans difficulté, et s'approcha du lieu de la scène; les dames et les gentilshommes tournèrent de ce côté la tête de leurs chevaux : tous les yeux étaient attentifs au résultat de cette lutte.

Selon les anciens usages, les compétiteurs tirèrent leur tour au sort. Le hasard décida que le jeune plébéien tirerait le premier. Il prit son poste, découvrit à demi son visage campagnard, et dit au jeune homme vêtu d'un manteau vert : — Écoutez, M. Henry, en toute autre occasion je chercherais à manquer le but pour vous en laisser l'honneur; mais Jenny Dennison nous regarde, et je dois faire de mon mieux.

Il ne réussit pourtant pas, quoique sa balle sifflât si près du but que l'oiseau fut ébranlé évidemment. Aussitôt, baissant les yeux, il s'enveloppa de son manteau, et se retira bien vite, comme s'il avait eu peur d'être reconnu.

Le tireur vert s'avança, et sa balle frappa une seconde fois le perroquet. Les acclamations furent générales, et du centre de l'assemblée s'éleva ce cri : — La bonne cause pour toujours!

Les dignitaires du canton fronçaient le sourcil en entendant ces cris des malintentionnés ; mais lord Evandale obtint aussi à son tour le même succès.

Les félicitations bruyantes et les applaudissemens des royalistes et de la partie aristocratique de l'assemblée ne lui furent pas épargnés ; mais l'épreuve n'était pas finie.

Le tireur vert, comme s'il était résolu à terminer l'affaire d'une manière décisive, prit son cheval, qu'il avait confié à un des spectateurs, s'assura de la solidité des sangles de la selle, mit le pied à l'étrier, et, faisant signe de la main à la foule de s'écarter, joua des éperons, traversa au galop la place d'où il allait tirer, lâcha la bride, se retourna sur sa selle, déchargea sa carabine, et abattit le perroquet. La plupart de ceux qui entouraient lord Evandale lui dirent que c'était une innovation aux usages établis, et qu'il n'était pas obligé de l'imiter. Il voulut pourtant suivre cet exemple ; mais, ou son adresse n'était pas aussi parfaite, ou son cheval n'était pas si bien dressé : à l'instant même où il lâchait son coup, l'animal fit un saut, et la balle n'atteignit pas l'oiseau.

On fut alors aussi charmé de la courtoisie du jeune homme en manteau vert qu'on l'avait été de son adresse. Il s'avança vers lord Evandale, lui dit qu'il ne pouvait se prévaloir d'un accident, et lui proposa une nouvelle épreuve à pied.

— Je la ferais plus volontiers à cheval, dit le lord, si j'en avais un aussi bien dressé que le vôtre.

— Voulez-vous me faire l'honneur de le monter, et de me prêter le vôtre ? dit le jeune homme.

Lord Evandale était presque honteux d'accepter cette offre. Il sentait qu'elle diminuerait le prix de la victoire s'il la remportait ; il désirait cependant rétablir la réputation de son adresse. Il lui dit donc qu'il lui cédait l'honneur de la journée, qu'il n'y conservait aucune prétention ; mais qu'il acceptait volontiers sa proposition, et que le nouvel essai qu'ils allaient faire serait en l'honneur de leurs amours.

En parlant ainsi, il jeta un regard passionné du côté de miss Bellenden, et la tradition rapporte que les yeux du jeune tireur vert prirent la même direction, mais plus clandestinement. Le résultat de cette dernière épreuve fut le même que celui de la précédente, et ce fut avec peine qu'il continua d'affecter cet air d'indifférence moqueuse qu'il avait pris jusqu'à ce moment; mais, craignant le ridicule qui s'attache toujours à un adversaire vaincu, il rendit le cheval du vainqueur et reprit le sien. — Je vous remercie, lui dit-il, d'avoir rétabli mon cheval dans ma bonne opinion. J'étais disposé à lui attribuer ma défaite, et je vois à présent que je ne dois en accuser que moi-même. Ayant prononcé ces paroles avec un ton léger d'insouciance pour cacher sa mortification réelle, il remonta sur son coursier et s'éloigna.

Suivant l'usage ordinaire du monde, les applaudissemens de ceux mêmes qui favorisaient lord Evandale furent accordés à son heureux rival, et toute l'attention de l'assemblée fut dirigée vers lui.

— Qui est-il ? quel est son nom ? s'écriaient de toutes parts ceux qui ne le connaissaient pas. On ne tarda pas à l'apprendre, et dès qu'on sut qu'il appartenait à cette classe à qui l'on peut marquer des égards sans déroger, quatre amis du duc, avec l'empressement que le pauvre Malvolio [1] attribue à son cortége imaginaire, vinrent l'inviter à se présenter devant lui. Comme ils le conduisaient à travers la foule, en l'accablant de complimens sur son triomphe, il passa vis-à-vis de lady Bellenden. Ses joues prirent un incarnat plus vif lorsqu'il salua miss Édith, dont le visage se couvrit d'une semblable rougeur en lui rendant, avec une courtoisie mêlée d'embarras, son salut respectueux.

---

(1) Personnage plaisant d'une comédie de Shakspeare. — Ed.

— Vous connaissez donc ce jeune homme? dit lady Marguerite.

— Je... oui... je l'ai vu chez mon oncle, et... ailleurs aussi... quelquefois... par hasard.

— J'entends dire que c'est le neveu du vieux Milnwood.

— Oui, dit un gentilhomme qui était à cheval près de lady Marguerite. C'est le fils de feu le colonel Morton de Milnwood, qui commandait pour le roi un régiment de cavalerie à la bataille de Dunbar et à Inverkeithing.

— Mais il avait combattu contre lui auparavant à celles de Marston-Moor et de Philiphaugh? dit lady Marguerite en soupirant avec affectation; car ce dernier mot réveillait en elle le douloureux souvenir de la mort de son époux.

— Votre mémoire est fidèle, milady; mais le mieux à présent est d'oublier le passé, reprit le gentilhomme en souriant.

— Mais il devrait ne pas l'oublier lui, sir Gilbertscleugh, et ne pas venir se mêler dans la société de ceux à qui son nom peut rappeler de fâcheux souvenirs.

— Vous oubliez, milady, que ce jeune homme est ici parce que son devoir l'y appelle, et qu'il fait partie du contingent que doit fournir son oncle. Je voudrais bien que tous les contingens fussent composés de jeunes gens tels que lui.

— Et son oncle est sans doute une Tête-Ronde, comme son père l'a été si long-temps?

— C'est, dit Gilbertscleugh, un vieux avare dont les opinions politiques changeraient tous les jours pour une pièce d'or. Il serait difficile de dire si c'est par suite de ses principes qu'il a envoyé ici son neveu, mais je croirais plutôt que c'est dans la crainte d'être mis à l'amende. Quant au jeune homme, je pense qu'il se trouve fort heureux d'avoir pu échapper un jour à l'ennui du vieux manoir de Milnwood, où il ne voit d'autre compagnie qu'un oncle hypocondriaque et une vieille femme de charge favorite.

— Savez-vous de combien d'hommes se compose le contingent que doit fournir la terre de Milnwood?

— De deux cavaliers complètement équipés.

— Cousin Gilbertscleugh, le domaine de Tillietudlem, dit lady Marguerite en se redressant d'un air de dignité, en a toujours fourni huit, et plus d'une fois le zèle de ses propriétaires en a triplé le nombre. Je me souviens que sa majesté le roi Charles II, quand il me fit l'honneur de déjeuner à Tillietudlem, s'informa d'une manière toute particulière...

— Voilà le carrosse du duc qui se met en marche! s'écria Gilbertscleugh, qui partageait en ce moment l'alarme que prenaient toutes les connaissances de lady Marguerite quand elle se mettait à parler de la visite du roi à Tillietudlem. Il est temps, milady, d'aller prendre le rang qui vous appartient dans le cortége. Me permettrez-vous de vous escorter jusque chez vous? Des partis de whigs rebelles sont répandus dans la campagne; et l'on dit qu'ils insultent et désarment les gens bien pensans.

— Je vous remercie, cousin Gilbertscleugh, dit lady Bellenden; mais l'escorte de mes hommes d'armes suffira pour nous protéger. Voulez-vous avoir la complaisance d'ordonner à Harrison de faire marcher sa troupe plus vite? On dirait qu'il suit une pompe funèbre.

Cet ordre de la dame fut transmis au fidèle intendant par le complaisant gentilhomme. Le bon Harrison avait de bonnes raisons pour croire que l'ordre qu'il recevait n'était pas très prudent, mais il fallait l'exécuter. Il partit donc au petit galop, suivi par le belliqueux sommelier, qui, sur son coursier, avait l'attitude convenable à un homme qui avait servi sous Montrose, et montrait une fierté qu'augmentaient encore les fumées de l'eau-de-vie dont il s'était largement abreuvé pendant les intervalles du service militaire, à la santé du roi et à la confusion du Covenant. Malheureusement cette dose un peu trop forte de rafraîchissemens lui avait fait oublier l'attention qu'il devait donner à Gibby, son inexpérimenté compagnon de file, à qui il n'avait cessé de répéter ses avis en se rendant à la revue, et qu'il avait déjà préservé de plusieurs accidens. Dès que le cheval du malheureux écuyer se mit au galop, ses bottes commencèrent à battre contre les flancs du coursier ; et, les éperons dont elles étaient armées mettant sa patience à une trop forte épreuve, il bondit et partit au galop. Perdue en partie sous l'acier de son vaste casque, la voix de Gibby, qui criait au secours, ne put parvenir jusqu'aux oreilles du sommelier, qui d'ailleurs était très occupé à siffler, de toute la force de ses poumons, l'air guerrier des *Braves Grœmes* [1].

Enfin le cheval, après s'être cabré et avoir entraîné son cavalier hors des rangs, arriva bientôt près de l'énorme voiture du duc, au grand amusement de tous les spectateurs.

Gibby, peu accoutumé aux soubresauts qu'il éprouvait, s'était accroché des deux mains à la crinière de son cheval, sur lequel il se trouvait presque couché à plat ventre, assujettissant, par cette posture, la pique dont il était armé, et qui était tombée en travers sur le dos du coursier. Cette arme, ainsi placée, était sur le point d'entrer dans l'équipage en brisant la glace d'une des portières, et de percer autant de gens que la célèbre lance de Roland, qui, selon le poète italien, embrocha autant de Maures qu'un Français peut embrocher de grenouilles.

Un cri perçant que poussèrent tous ceux qui étaient en danger causa un nouvel effroi au cheval ; par une dernière saccade il fit perdre selle au malencontreux cavalier, qui fut précipité à quelques pas.

(1) Air de Montrose.

Le plus fâcheux de l'aventure, c'est que lady Bellenden, qui ne savait pas encore que c'était un de ses guerriers qui donnait ce burlesque spectacle, arriva à temps pour voir son petit homme d'armes dépouillé de sa peau de lion, c'est-à-dire de la jaquette de peau de buffle dont il était revêtu. Elle n'avait pas été informée de cette métamorphose. L'intendant et le sommelier lui expliquèrent la cause qui l'avait rendue nécessaire, mais ils ne purent calmer son ressentiment; elle se retira indignée contre les insolens qui osaient rire de l'accident arrivé à l'un de ses hommes d'armes, et très disposée à faire tomber tout le poids de sa colère sur l'agriculteur réfractaire dont Goose Gibby avait si malheureusement rempli la place.

La plus grande partie de la noblesse se dispersa, emportant pour l'amusement de la soirée la comique mésaventure des hommes d'armes de Tillietudlem. Les cavaliers se séparèrent aussi, excepté ceux qui, ayant exercé leur adresse au jeu du Perroquet, étaient obligés, par un ancien usage, de boire le *coup de grâce* avec leur capitaine avant de lui dire adieu.

CHAPITRE IV.

« — Précédant les bannières,
« Aux foires il jouait devant les militaires,
« Et nettoyait gaîment leur appareil guerrier :
« Des armes comme alors étincelait l'acier !
« Qui pourra désormais jouer au lieu d'Habbie
« En tête de la compagnie ? »
Élégie d'Habbie Sympson.

En tête de la cavalcade marchait Niel, le joueur de cornemuse de la ville, monté sur son bidet blanc, armé de l'épée et de la dague écossaise, et dont l'instrument était garni d'autant de rubans qu'il en faudrait pour parer six beautés de village un jour de foire ou de prêche. Niel, garçon bien fait de corps, la taille droite et raide, propre, et muni de bons poumons, avait obtenu par son mérite le poste officiel de joueur de cornemuse de... [1], et les émolumens qui y étaient attachés, savoir un champ d'une acre d'étendue, le *pipers croft* [2], comme on l'appelle encore; cinq marcs d'argent, un habit neuf à la livrée de la ville, chaque année; l'espoir d'obtenir un dollar [3] à l'élection des magistrats, si le prevôt avait la volonté et le pouvoir de lui accorder une telle gratification; et le privilége d'aller donner une sérénade, au retour du printemps, à la porte de toutes les maisons respectables de la banlieue, pour réjouir le cœur des autres par sa musique, réconforter le sien avec leur ale et leur brandevin, et demander à chacun une rétribution de blé.

Outre ces avantages inestimables, Niel sut, par ses qualités personnelles ou son talent musical, obtenir la main d'une fraîche veuve qui tenait le principal cabaret de l'endroit. Le premier mari ayant été un presbytérien si rigide que les gens de sa secte l'appelaient Graius le publicain, plusieurs de ses ardens coreligionnaires étaient scandalisés qu'elle lui eût donné pour successeur un homme de sa profession; mais comme la bière de la taverne conserva sa réputation sans égale, les anciennes pratiques continuèrent généralement à lui accorder la préférence. Le caractère du nouvel hôte était d'ailleurs on ne peut plus accommodant, et il avait soin de tenir le gouvernail de sa petite barque de manière à ce qu'elle pût résister aux flots de toutes les factions. Niel était toujours de bonne humeur, plein de malice et de finesse, pensant beaucoup à contenter ses habitués dans son intérêt personnel, et s'inquiétant fort peu des querelles qui divisaient l'église et

(1) Rutherglen. — Ed. — (2) Le clos du joueur de cornemuse.
(3) Cinq francs de notre monnaie. — Tr.

le gouvernement. Mais le lecteur connaîtra mieux son caractère si nous lui rendons compte des instructions qu'il donna à sa fille Jenny en rentrant chez lui, pendant que la troupe des chevaliers du Perroquet se plaçait autour d'une grande table au milieu de la principale salle de son cabaret. Jenny avait environ dix-huit ans; il n'y avait que six mois que sa mère avait été portée au cimetière, et elle commençait à la remplacer dans les soins dont la défunte s'était si bien acquittée de son vivant.

— Jenny, lui dit Niel Blane tandis qu'elle l'aidait à se débarrasser de sa cornemuse, voici le premier jour où vous allez remplacer votre rigide mère dans le service de la maison; c'était une bonne femme, civile avec tout le monde, whigs ou torys, n'importe de quel quartier de la ville; vous remplirez difficilement sa place, surtout un jour comme celui-ci, mais que la volonté du ciel soit faite. Jenny, quoi que ce soit que puisse demander Milnwood, ayez soin de le lui donner; car il est capitaine du Perroquet, et il ne voudra pas déroger aux vieux usages; peut-être il ne paiera point l'écot lui-même, car son oncle a les cordons de sa bourse bien serrés. Mais ne vous inquiétez pas; je saurai bien tirer de l'argent du vieux avare, en lui faisant honte de cette dette. — Voilà le desservant de la paroisse qui joue aux dés avec le cornette Grahame, soyez empressée et polie envers tous deux. Dans le temps où nous vivons, les capitaines et le clergé sont à craindre quand ils en veulent à quelqu'un. Les dragons vont crier pour de la bière; ils en auront, il faut qu'ils en aient: — ce sont des tapageurs, mais ils paient d'une façon ou d'une autre. J'ai acheté la vache sans cornes, qui est la meilleure de notre étable, au noir Frank Inglis et au brigadier Bothwell pour dix livres d'Écosse, et ils en burent le prix dans une séance.

— Mais, mon père, interrompit Jenny, on dit que ces deux maraudeurs ont pris cette vache de la pauvre ménagère de Bell's Moor, uniquement parce qu'elle avait été un dimanche après midi entendre un prédicateur dans les champs.

— Chut! petite sotte, lui dit son père : avons-nous besoin de savoir d'où vient le bétail qu'ils nous vendent? c'est l'affaire de leur conscience. Mais, Jenny, faites attention à cet homme sournois et de mauvaise humeur; voyez-le assis seul à une table, et tournant le dos à tout le monde. Il m'a tout l'air d'un de ces gens qui vont à l'église dans les champs; je l'ai vu tressaillir quand il a aperçu les habits rouges, et je crois qu'il aurait volontiers passé outre, si son cheval (excellente monture) n'avait été fatigué outre mesure; il a été forcé de s'arrêter bon gré mal gré. Servez-le avec douceur, Jenny, sans trop de bruit, et ne le faites pas jaser, de peur d'attirer sur lui l'attention des soldats; mais ne lui donnez pas de chambre particulière, parce que si c'est quelqu'un que l'on cherche, on pourrait dire que nous voulons le cacher. Quant à vous, Jenny, je vous le répète, soyez polie avec tout le monde. Ne vous mettez pas en peine de tout ce que les jeunes gens pourront vous dire. Dans notre état, il faut savoir tout entendre; et votre brave mère, à qui Dieu fasse paix, avait toujours la riposte prête. Mais ne souffrez pas qu'on joue des mains; et s'il se trouvait quelque impertinent, appelez-moi. — Encore! écoutez, lorsque la bière fera son effet sur nos buveurs, ils se mettront à parler du gouvernement et de l'église, et probablement ils se querelleront : laissez-les faire, Jenny. La colère est une passion qui altère les gosiers, et plus ils se disputeront, plus ils boiront. Mais alors vous ferez bien de leur donner de la petite bière, cela les échauffera moins, et ils ne s'en apercevront pas.

— Mais, mon père, s'ils viennent à se battre, comme cela est arrivé il y a quelque temps, ne faudra-t-il pas vous avertir?

— Gardez-vous-en bien. Celui qui veut mettre le holà dans une bagarre attrape toujours les coups les plus durs. Si les soldats tirent leurs sabres, appelez la garde. Si les bourgeois prennent les pincettes et la pelle de la cheminée, appelez le bailli et les officiers de police; mais sous aucun prétexte ne m'appelez jamais, moi! Je suis éreinté d'avoir soufflé toute la journée, et je veux dîner tranquillement dans mon petit cabinet. Mais, à cette heure que j'y pense, le laird..., c'est-à-dire celui qui a été le laird de Liekitup, avait demandé un hareng saur et de la petite bière! Tirez-le par la manche, et glissez-lui dans l'oreille que je le prie de dîner avec moi. C'était une bonne pratique autrefois, et il ne lui manque que les moyens pour qu'il le soit encore. Il boit toujours aussi volontiers. Si vous voyez quelque pauvre diable qui soit honteux faute d'argent, donnez-lui un verre de bière et un bannock [1], nous n'y perdrons rien; cela met la maison en crédit. Allons! mon enfant, contentez tout le monde; mais d'abord servez-moi mon dîner, et apportez-moi deux pots de bonne bière et une pinte d'eau-de-vie.

Ayant ainsi donné ses instructions à Jenny son premier ministre, Niel et le *ci-devant* laird, jadis son patron, trop heureux aujourd'hui d'être son commensal, entrèrent dans un cabinet séparé pour passer tranquillement ensemble le reste de la soirée.

La plus grande activité régnait alors dans le département de Jenny. Les chevaliers du Perroquet avaient déjà porté la santé de leur capitaine, qui, tout en se ménageant lui-même, avait soin que rien ne manquât à ceux qu'il traitait. Leur nombre diminuait insensiblement, et les cinq ou six qui restaient encore commençaient à penser à se retirer, ce que le jeune Milnwood attendait avec quelque impatience.

(1) Espèce de pain rond plus dur que la galette ordinaire d'Ecosse. — Ed.

A une autre table, non loin d'eux, étaient les deux dragons dont Niel avait parlé; un brigadier et un simple soldat appartenant au régiment des gardes de Claverhouse. Les officiers non commissionnés ou sans brevet, et les simples soldats de ces corps, n'étaient point considérés comme des mercenaires ordinaires; mais leur rang les assimilait plutôt aux mousquetaires de France, étant regardés comme des cadets qui avaient tous la perspective d'obtenir un grade s'ils se distinguaient honorablement.

On y trouvait des jeunes gens de bonne famille, ce qui ajoutait à l'orgueil de ceux qui y servaient, et augmentait l'importance qu'ils se donnaient. L'officier sans brevet dont il s'agit ici en était un exemple remarquable : son vrai nom était Francis Stuart; mais il était généralement connu sous celui de Bothwell, parce qu'il descendait directement du dernier comte de ce titre; non de l'amant infâme de la malheureuse reine Marie, mais de Francis Stuart, comte de Bothwell, dont l'esprit turbulent et les fréquentes conspirations troublèrent le règne de Jacques VI, roi d'Écosse, et qui mourut en exil dans la dernière misère. Le fils de ce comte avait réclamé de Charles Ier la restitution d'une partie des domaines confisqués sur son père; mais les nobles qui en avaient profité n'étaient pas d'humeur à les rendre. Les guerres civiles achevèrent de le ruiner en lui enlevant une faible pension que lui avait accordée Charles. Son fils, après avoir servi comme soldat en pays étranger et en Angleterre, et avoir subi toutes les vicissitudes de la fortune, fut obligé de se contenter d'une place d'officier sans brevet dans le régiment des gardes, quoiqu'il appartînt réellement à la famille royale, le père de Francis Stuart, comte de Bothwell, étant fils naturel de Jacques VI. Une force de corps peu ordinaire, beaucoup de dextérité dans le maniement des armes, et la circonstance remarquable de sa naissance, avaient attiré sur lui l'attention de ses officiers; mais son caractère avait beaucoup d'affinité avec la licence et la grossièreté des soldats, trop souvent commandés pour faire payer les amendes et les contributions imposées aux presbytériens réfractaires. Les dragons étaient tellement accoutumés à remplir ces missions, qu'ils croyaient pouvoir se permettre tout avec impunité, comme s'ils ne connaissaient d'autres lois et d'autre autorité que les ordres de leurs officiers. Dans toutes ces occasions Bothwell était toujours le plus tôt prêt.

Sans le respect qu'ils avaient pour leur cornette, qui jouait aux dés avec le ministre dans la même salle, il est probable que Bothwell et son camarade ne seraient pas restés tranquilles si long-temps; mais, dès que l'un et l'autre furent partis, ayant été appelés pour conférer avec le magistrat de la ville sur une affaire urgente, Bothwell ne tarda pas à montrer combien il méprisait le reste de la compagnie.

— Holliday, dit-il à un dragon qui était venu s'asseoir à sa table, n'est-il pas bien étrange de voir tous ces rustres [1] passer ici la soirée à boire, sans qu'ils aient pensé à porter la santé du roi?

— Vous vous trompez; j'ai entendu cette espèce de chenille verte proposer la santé de Sa Majesté.

— Oui-dà! eh bien, Tom, il faut les faire boire à celle de l'archevêque de Saint-André; qu'ils la boivent à genoux, encore!

— Bonne idée, pardieu! dit Inglis, et si quelqu'un s'y refuse, nous l'emmènerons au corps-de-garde, nous lui ferons monter le cheval né d'un gland [2], et nous lui attacherons une paire de carabines à chaque pied pour l'y tenir en équilibre.

---

(1) *Bumpkins.* Ce mot répond ici à celui de *péhin* en français. — Ed.
(2) Expressions de soldat pour dire le *cheval de bois.* — Tr.

— Bien dit, Tom! reprit Bothwell : et, pour procéder avec ordre, je vais commencer par ce bourru en bonnet bleu qui se tient seul dans un coin.

Il se leva sur-le-champ, et mettant son sabre encore dans le fourreau sous son bras, pour soutenir l'insolence qu'il méditait, il se plaça en face de l'étranger que Niel avait signalé dans les avis adressés à sa fille, et prenant le ton solennel et nasillard d'un prédicateur puritain :
— J'ai, lui dit-il, une petite requête à présenter à Votre Gravité, c'est de remplir ce verre de la boisson que les profanes appellent eau-de-vie, et de le vider à la santé de Sa Grâce l'archevêque de Saint-André, le digne primat d'Écosse, après vous être levé de votre siége et vous être baissé jusqu'à ce que vos genoux touchent la terre.

Chacun attendait la réponse de l'étranger. Ses traits durs et farouches, ses yeux presque louches et d'une expression sinistre, la force évidente de ses membres, quoiqu'il ne fût que de moyenne taille, annonçaient un homme peu disposé à entendre la plaisanterie et à souffrir impunément une insulte.

— Et si je ne satisfais pas à votre impertinente requête, lui dit-il, qu'en pourra-t-il arriver ?

— Ce qu'il en arrivera, mon bien-aimé ? dit Bothwell avec le même accent de raillerie, c'est que je te tirerai d'abord ta protubérance nasale; secondement, bien-aimé, j'appliquerai mon poing sur tes organes visuels; et enfin, pour conclure, bien-aimé, je ferai tomber le plat de mon sabre sur les épaules du réfractaire.

— En vérité ! dit l'étranger, passez-moi le verre. Et le prenant, il ajouta en donnant à sa physionomie et au son de sa voix une expression singulière : — Je porte la santé de l'archevêque de Saint-André, bien digne de la place qu'il occupe en ce moment. Puisse chaque prélat d'Écosse être bientôt comme le très révérend James Sharpe !

— Eh bien! dit Holliday d'un air de triomphe, il a subi l'épreuve.

— Oui, mais avec un commentaire, dit Bothwell : je ne comprends pas ce que veut dire ce whig tondu.

— Allons, messieurs, dit Morton, que leur insolence commençait à impatienter, nous sommes tous ici de fidèles sujets du roi, rassemblés par un jour de fête, et nous avons le droit d'espérer que nous ne serons pas troublés plus long-temps par de pareilles discussions.

Bothwell allait répliquer d'un ton bourru, mais Holliday lui rappela tout bas que la troupe avait reçu de strictes injonctions de n'insulter aucun de ceux qui seraient venus à la revue, conformément aux ordres du Conseil. Il ne put cependant se contenir tout-à-fait, et regardant Morton en face : — Fort bien, M. Perroquet, lui dit-il; je ne veux pas troubler votre règne, qui finit, je crois, à minuit. — N'est-il pas plaisant, Holliday, ajouta-t-il en se tournant vers son camarade, que des bourgeois fassent tant d'étalage pour savoir tirer au blanc? Il n'y a pas de femme ni d'enfant qui n'en fît autant après vingt-quatre heures d'exercice. Si M. le capitaine Perroquet ou quelqu'un de sa troupe voulait s'essayer avec moi au sabre ou à l'épée, à la rapière seule ou à la rapière et à la dague, pour une pièce d'or, au premier sang, à la bonne heure. Mais tous ces paysans, dit-il en touchant du pied le bout de l'épée de Morton, portent des armes qu'ils n'oseraient toucher... Eh bien! s'ils voulaient seulement lutter, ou se disputer la barre de bois, ou pousser la pierre, ou jeter l'essieu [1], cela me serait encore égal.

La patience de Morton était à bout; il se leva, et, regardant fièrement Bothwell, il portait la main à son épée, quand l'étranger s'avança entre eux.

---

[1] Anciens exercices de force et d'adresse des paysans d'Angleterre et d'Ecosse. — Ed.

— C'est une querelle, dit-il à Morton : j'ai été insulté le premier, et, au nom de la bonne cause! je dois accepter le défi. Vous parlez de lutter, dit-il à Bothwell, voulez-vous vous hasarder contre moi ?

— Bien volontiers, enfant chéri, répliqua Bothwell ; nous lutterons jusqu'à ce qu'un de nous tombe par terre.

— Ma force vient de celui qui en est la source, répondit l'inconnu ; et tu vas servir d'exemple aux mauvais railleurs.

A ces mots, il mit bas son manteau de drap grossier et tendit son bras nerveux d'un air résolu. Le soldat ne fut point troublé par les formes robustes, la poitrine large, les épaules carrées et l'air fier de son antagoniste ; mais sifflant avec un ton d'indifférence, il déboucla son ceinturon, et se dépouilla de son uniforme. Tous les assistans les entouraient, curieux de connaître le résultat de cette lutte.

Le militaire parut d'abord l'emporter, mais sans qu'il y eût rien de décisif dans ses premiers avantages. Il était évident qu'il avait déployé toutes ses forces, au lieu que son antagoniste ménageait prudemment les siennes. Enfin celui-ci, serrant fortement Bothwell, l'enleva de terre, et le jeta si rudement sur le carreau, qu'il y resta quelques instans étourdi et sans mouvement.

— Vous avez tué mon brigadier, s'écria son camarade Holliday en tirant son sabre, et par tout ce qu'il y a de plus sacré, vous m'en ferez raison !

— Arrêtez! dirent Morton et les autres, tout s'est passé dans les règles, et votre camarade n'a trouvé que ce qu'il a cherché.

— Cela est vrai, dit Bothwell en se relevant ; rengaînez votre lame, Tom ; je ne croyais pas que le plus fier plumet du régiment des gardes serait jeté sur le plancher d'un misérable cabaret par un tondu de puritain! Et serrant fortement la main de l'étranger :— L'ami, lui dit-il, nous nous retrouverons quelque jour, et nous jouerons alors un jeu un peu plus sérieux.

— Et quand ce moment arrivera, dit l'étranger en lui serrant la main à son tour, je vous promets que lorsque je vous aurai renversé, vous ne vous relèverez pas si facilement.

— Fort bien, bien-aimé [1]! dit Bothwell; si tu es un puritain, tu ne manques au moins ni de force ni de courage. Je te souhaite bien du bonheur ; mais, crois-moi, décampe sur ton bidet avant que le cornette vienne faire sa ronde, car il a fait arrêter plus d'un drôle qui avait l'air moins suspect que toi.

L'étranger pensa probablement que cet avis n'était pas à dédaigner, car il paya son écot, et, courant à l'écurie, sella lui-même son cheval noir, à qui le repos et le fourrage avaient rendu ses forces, et comme il sortait il rencontra Morton.

— Je vais du côté de Milnwood, lui dit-il, voulez-vous me permettre de profiter de votre compagnie?

— Volontiers, dit Morton, quoiqu'il trouvât dans la physionomie farouche de cet homme quelque chose qui lui répugnait au fond du cœur.

Les compagnons de Morton, après s'être dit adieu amicalement, se séparèrent dans diverses directions. Quelques uns l'accompagnèrent pendant un mille, mais enfin Morton et l'étranger se trouvèrent seuls.

La compagnie avait à peine quitté la taverne de Niel Blane, qu'on entendit le bruit des tambours et le son des trompettes. Les soldats de la compagnie du régiment des gardes se rassemblèrent précipitamment sur la place du marché. Le cornette Grahame entra chez Niel, accompagné du prevôt de la ville, avec six soldats et des

---

(1) Ce mot de mépris, qui revient souvent, fait allusion à une expression des prédicateurs du puritanisme. *Beloved*. — ÉD.

agens de la police municipale armés de hallebardes.

— Qu'on garde les portes, que personne ne sorte. — Tels furent les premiers mots du cornette. — Eh bien! Bothwell, n'avez-vous pas entendu le boute-selle?

— Il allait rentrer au quartier, mon lieutenant, dit Holliday, il vient de faire une mauvaise chute.

— Dans une dispute, sans doute, dit Grahame. Bothwell, si vous négligez ainsi votre devoir, votre sang royal ne vous exemptera pas de punitions.

— Et comment ai-je négligé mon devoir? répondit Bothwell d'un air chagrin.

— Vous auriez dû être au quartier, brigadier Bothwell; vous avez perdu une occasion d'or. Le carrosse de l'archevêque de Saint-André a été arrêté ce matin par une bande de wighs rebelles, qui l'ont assassiné près de la ville de Saint-André dans la plaine de Magus-Moor.

Tous restèrent épouvantés en entendant cette nouvelle.

— Voici les signalemens, continua l'officier, et une proclamation par laquelle on promet mille marcs de récompense à quiconque arrêtera l'un des assassins.

— L'épreuve, l'épreuve de mon homme et le commentaire! dit Bothwell à Holliday. Je comprends à présent ce qu'il voulait dire! pourquoi ne l'avons-nous pas arrêté? — A cheval, Holliday, à cheval! Cornette, un des assassins n'est-il pas un homme carré, vigoureux, un nez en bec de faucon?.....

— Un moment, dit Grahame, j'ai leur signalement. Lisons. Haxton de Rathillet, grand, maigre, cheveux noirs.....

— Ce n'est pas mon homme, interrompit Bothwell.

— John Balfour, dit Burley, cinq pieds huit pouces [1], nez aquilin, cheveux roux.

---

(1) Mesure anglaise : environ cinq pieds deux pouces.

— C'est lui, c'est lui-même! louchant d'un œil? s'écria Bothwell.

— Oui, et montant un cheval noir enlevé au primat assassiné, continua Grahame.

— C'est bien cela! dit Bothwell. Il n'y a pas un quart d'heure qu'il était ici.

Quelques nouvelles informations achevèrent de les convaincre que l'étranger si réservé et si farouche était réellement Balfour de Burley, chef de la bande d'assassins qui, dans leur zèle aveugle, venaient de tuer le malheureux primat d'Ecosse. Ils l'avaient rencontré par hasard; leur fanatisme leur avait persuadé que c'était une victime que le Seigneur, selon leur expression, livrait entre leurs mains, et ils l'avaient massacré de sang-froid.

— A cheval, mes amis! vite à cheval! s'écria Grahame; à sa poursuite! la tête de l'assassin vaut son pesant d'or.

CHAPITRE V.

« Réveille-toi, jeune homme, et réponds à ma voix :
« L'église est assiégée, elle arbore sa croix !
« Viens sous cet étendard, signal de la victoire
« Ou d'un noble trépas auquel sourit la gloire. »
JAMES DUFF.

MORTON et son compagnon étaient déjà à quelque distance de la ville sans s'être parlé. Quelque chose de repoussant dans l'air de l'étranger détournait le jeune Milnwood de lui adresser la parole, et l'étranger lui-même ne semblait pas plus disposé à entrer en conversation. Enfin, après une demi-heure de marche, il lui dit brusquement : — Qu'a donc à faire le fils de votre père dans les mascarades profanes où je vous ai trouvé engagé aujourd'hui ?

— Je remplis mes devoirs comme sujet ; et pour mon plaisir je ne refuse point de prendre part à un divertissement innocent, répondit Morton d'un ton un peu piqué.

— Est-ce votre devoir, jeune homme, est-ce le devoir d'un chrétien de porter les armes en faveur de ceux qui ont versé le sang des saints dans le désert, comme si ce sang était de l'eau ? Est-ce un divertissement légitime de perdre son temps à viser un paquet de plumes, et de terminer la journée en vidant des bouteilles dans les cabarets des villes, lorsque celui qui est le seul puissant est enfin arrivé, armé de son van pour séparer le bon grain.

— Je vois, d'après vos discours, que vous êtes du nombre de ces gens qui croient faire une œuvre méritoire en se révoltant contre le gouvernement. Vous devriez être plus réservé, et ne pas parler ainsi devant un homme que vous ne connaissez pas ; la prudence devrait même m'empêcher de vous écouter.

— Tu ne saurais qu'y faire ! Henry Morton, ton maître a ses vues sur toi, et quand il t'appellera, il faudra bien que tu le suives. Si tu avais entendu un vrai prédicateur, tu serais déjà ce que tu seras un jour.

— Nous sommes presbytériens comme vous.

Il y avait effectivement à Milnwood un ministre presbytérien qui, s'étant soumis d'ailleurs au gouvernement, en avait, comme beaucoup d'autres, obtenu la permission d'exercer son ministère. Cette *indulgence*, comme on l'appelait, avait occasioné un schisme parmi les presbytériens ; et les sectaires scrupuleux blâmaient sévèrement ceux qui ne croyaient pas devoir se mettre en opposition ouverte avec les lois existantes. L'étranger répondit donc avec dédain à cette profession de foi.

— Subterfuge équivoque ! pauvre subterfuge ! s'écria-t-il ; vous écoutez chaque dimanche un discours froid et mondain, dicté par une basse complaisance à un homme qui oublie la noble mission qu'il a reçue d'en-haut, pour tenir son apostolat de la faveur des courtisans et des faux pasteurs. Voilà ce que vous appelez entendre la parole de Dieu. De tous les piéges que le démon a tendus aux âmes dans ces jours de sang et de ténèbres, cette perfide indulgence a été le plus destructeur. C'est par cette fatale mesure que le berger a été frappé et le troupeau dispersé sur la montagne. C'est une bannière chrétienne qui s'est levée contre une autre, et les armes des esprits des ténèbres ont lutté contre les glaives des enfans de la lumière.

— Mon oncle pense que nous jouissons d'une liberté de conscience raisonnable sous ces ecclésiastiques autorisés, et je dois me laisser guider par lui sur le choix du lieu de nos prières.

— Votre oncle sacrifierait tout le troupeau de la chrétienté pour un agneau de son étable de Milnwood. Il aurait adoré le veau d'or de Bethel, et recueilli sa poussière qui fut jetée dans l'eau après la destruction de l'idole. Votre père était d'une autre trempe.

— Mon père était sans doute un brave et digne homme ; et vous devez savoir qu'il a combattu pour la famille royale, au nom de laquelle je portais les armes ce matin.

— Hélas ! oui, je le sais. Mais s'il avait vécu pour voir le temps où nous vivons, il aurait maudit l'heure où il a tiré l'épée pour cette cause. Nous en parlerons une autre fois, car, je te le répète, jeune homme, ton heure sonnera, et les paroles que tu viens d'entendre se fixeront dans ton cœur comme des flèches inévitables. Voici ma route.

Il lui montra un sentier qui conduisait vers des montagnes désertes et arides ; mais comme il allait tourner bride pour entrer dans un passage rocailleux, une vieille femme enveloppée d'un manteau rouge, qui était assise sur le bord du chemin, se leva, s'approcha de lui, et lui dit d'un air mystérieux :

— Si vous faites partie de notre troupeau, évitez ce sentier cette nuit, il y va de vos jours. Un lion est dans le défilé que voilà. Le desservant de Brotherstane et dix soldats occupent le passage pour immoler tous les malheureux qui voudraient aller joindre par là Hamilton et Dingwal.

— Nos frères persécutés sont-ils réunis? demanda l'étranger.

— Ils forment une troupe de soixante à soixante-dix cavaliers et fantassins. Mais hélas! ils sont mal armés et dépourvus de vivres.

— Dieu secourra les siens! Par où pourrai-je les joindre?

— Chose impossible ce soir! Les soldats font une garde sévère. On dit que d'étranges nouvelles sont arrivées de l'est, qui redoublent leur cruelle rage. Il faut vous cacher quelque part pour cette nuit; demain, au retour du jour, il vous sera plus facile de prendre un chemin détourné par Drake-Moss. Dès que j'ai entendu les terribles menaces des oppresseurs, j'ai mis mon manteau, et suis venue m'asseoir sur la route pour avertir les débris dispersés de notre troupeau, avant qu'ils tombent dans les piéges des tyrans.

— Votre maison est-elle près d'ici? pouvez-vous me recevoir chez vous?

— Ma chaumière n'est qu'à un mille, mais quatre enfans de Bélial, appelés dragons, qui y sont logés, dévastent le peu que je possède, parce que je n'ai pas voulu assister au prêche de notre ministre indigne, qui n'est qu'un homme charnel, le desservant John Halftext.

— Bonne femme, adieu. Je vous remercie, dit l'étranger en continuant sa route.

— Que les bénédictions de la promesse vous accompagnent! que celui qui peut vous conserver vous conserve!

— *Amen!* dit le voyageur, car aucune prudence humaine ne saurait m'indiquer un lieu où cacher ma tête cette nuit.

— Je suis désolé de votre détresse, dit Morton; si j'avais une maison à moi, quelques risques que je pusse courir, je vous y recevrais plutôt que de vous laisser exposé au danger qui semble vous menacer; mais mon oncle est tellement alarmé des peines et des amendes prononcées contre ceux qui ont des liaisons avec les presbytériens réfractaires au gouvernement, qu'il a défendu sévèrement à toute sa maison d'avoir avec eux aucune communication.

— Je m'y attendais, dit l'étranger. Vous pourriez pourtant m'y recevoir sans qu'il en fût instruit. Une grange, une écurie, un grenier à foin, peuvent me servir d'asile, aussi bien qu'un tabernacle d'argent garni de planches de cèdre.

— Je vous assure qu'il m'est impossible de vous faire entrer à Milnwood sans le consentement de mon oncle, et, quand je pourrais le faire, je me croirais inexcusable de l'exposer à celui de tous les dangers qu'il redoute le plus.

— Je n'ai plus qu'un mot à vous dire. Votre père vous a-t-il jamais parlé de John Balfour de Burley?

— Son ancien compagnon d'armes, qui a sauvé sa vie à la bataille de Long-Marston-Moor, au risque de la sienne? Oui, sans doute, bien souvent.

— Je suis ce Balfour. Voilà devant nous la maison de ton oncle. J'aperçois la lumière à travers les arbres. La vengeance du sang me poursuit, et ma mort est certaine, si tu me refuses l'asile que je demande maintenant. Tu peux choisir, jeune homme : éloigne-toi de l'ami de ton père, comme un voleur qui fuit dans les ombres de la nuit; livre-le à la mort sanglante dont il préserva celui à qui tu dois le jour, ou expose les biens périssables de ton oncle au péril qui, dans ce siècle de perversité, menace celui dont la charité donne un morceau de pain ou un verre d'eau au chrétien mourant de besoin.

D'anciens souvenirs se présentèrent en ce moment à l'esprit de Morton. Son père, dont il idolâtrait la mémoire, lui avait parlé mille fois du service signalé que Balfour de Burley lui avait rendu, et il l'avait entendu regretter de s'être séparé de lui avec quelque aigreur, après avoir été si long-temps son camarade, lorsque le royaume d'Écosse se divisa en deux partis, celui des *protestans* qui penchaient pour les principes de la révolution, et celui des *résolus* [1] qui s'attachèrent aux intérêts du trône, après la mort de Charles Ier sur l'échafaud. Le fanatisme ardent de Burley l'avait entraîné dans le parti des républicains, et les deux compagnons d'armes s'étaient engagés sous différentes bannières, pour ne plus se revoir. Ces circonstances avaient été souvent citées par le colonel Morton à son fils, et toujours avec l'expression d'un vif regret de n'avoir pu s'acquitter envers Burley de plusieurs services qu'il en avait reçus.

Tandis que Morton hésitait encore, le son du tambour qui se fit entendre de loin, annonçant l'approche d'un corps de troupes, détermina sa résolution.

— C'est sans doute Claverhouse avec le reste de son régiment, s'écria-t-il : si vous continuez votre route, vous tomberez entre ses mains; si vous retournez vers la ville, vous pouvez rencontrer le cornette Grahame. Le sentier des montagnes est gardé. Je ne puis abandonner le sauveur de mon père dans un tel péril. Venez à Milnwood. Si nous sommes découverts, je prendrai mes mesures pour que le châtiment de la loi ne tombe que sur moi, sans envelopper mon oncle dans ma ruine.

Burley l'avait écouté d'un air calme : il le suivit en silence.

---

(1) *Protesters and resolutioners.* — Ed.

Le château de Milnwood, bâti par le père de celui qui en était alors propriétaire, était digne des domaines dont il était le centre ; mais celui qui le possédait actuellement n'y ayant jamais fait aucunes réparations, il était en assez mauvais état. A quelque distance se trouvait la cour des écuries ; ce fut là que Morton s'arrêta.

— Il faut que je vous laisse ici un instant, lui dit-il, jusqu'à ce que j'aie pu vous procurer un lit dans la maison.

— Qu'en ai-je besoin ? dit Burley ; depuis trente ans ma tête a reposé plus souvent sur la dure que sur le duvet. Un morceau de pain, un verre d'ale, et de la paille pour me coucher quand j'ai dit mes prières, voilà ce qui vaut pour moi des lambris dorés et la table d'un roi.

Morton pensa en même temps qu'il ne pouvait l'introduire dans la maison sans mettre quelqu'un dans sa confidence, et que ce serait augmenter le danger que courait Balfour d'être découvert. Il le fit donc entrer dans l'écurie, où, après avoir allumé une lanterne, ils attachèrent leurs chevaux ; Morton assigna à Balfour, pour lieu de repos, un lit de bois, placé dans un grenier à demi plein de foin, qu'un domestique externe avait occupé jusqu'à ce que l'oncle l'eût congédié dans un des accès de sa parcimonie, chaque jour plus sévère.

— Je reviendrai dans quelques instans, lui dit-il, et je vous apporterai les rafraîchissemens que je pourrai me procurer à une pareille heure. Arrangez votre lumière de manière à intercepter toute réflexion de ses rayons du côté de la fenêtre.

Morton n'était pas sans embarras pour remplir sa promesse. L'espoir d'obtenir à souper dépendait entièrement de l'humeur où il trouverait la seule personne en qui son oncle eût confiance, la vieille femme de charge. Si elle était couchée, ou mécontente de l'avoir attendu tard, il était vraisemblable que son hôte se passerait de souper.

Maudissant la sordide parcimonie de toute la maison, il s'avança vers la porte, et y frappa un coup bien modeste, comme il avait coutume de le faire quand il lui arrivait par hasard de rentrer après l'heure à laquelle son oncle se retirait ordinairement. Il semblait par là faire l'aveu d'une faute, réclamer l'indulgence, et solliciter son admission plutôt que la commander. Il répéta deux fois ce signal; et la femme de charge quittant le coin du feu où elle était assise, et mettant autour de son cou un second mouchoir pour se garantir du froid, tira le verrou, baissa une barre de fer, et ouvrit la porte, après avoir demandé plusieurs fois qui frappait.

— Voilà une belle heure pour rentrer, M. Henry! dit-elle du ton que prend ordinairement une servante gâtée par l'indulgence de son maître, une belle heure pour troubler une maison tranquille, et obliger les gens à vous attendre si tard hors de leur lit! Votre oncle est dans le sien depuis plus de trois heures; Robin est malade d'un rhumatisme, il est couché aussi : je viens donc moi-même, malgré la toux pénible que j'ai attrapée.

Et, pour en donner la preuve, elle toussa deux ou trois fois.

— Je vous remercie, Alison, je vous remercie beaucoup.

— Fi donc! M. Henry, vous qui êtes si poli! Tout le monde m'appelle mistress Wilson. Il n'y a que M. Milnwood qui m'appelle Alison : encore me nomme-t-il aussi souvent mistress Wilson.

— Eh bien, mistress Wilson, je suis vraiment fâché de vous avoir fait attendre si long-temps.

— A présent, prenez donc une chandelle, et allez vous coucher. Ayez bien soin de ne pas la laisser couler en traversant le salon lambrissé, afin que je n'aie pas la peine de frotter la maison pour ravoir le suif.

— Mais, Alison, j'ai besoin de manger un morceau et de boire un verre d'ale avant de me coucher.

— Manger? et de l'ale? M. Henry. — Vous vous adressez bien, mon enfant! Pensez-vous que nous n'avons pas entendu parler de votre grande fête du Perroquet, là-bas? Vous avez brûlé plus de poudre qu'il n'en faudrait pour tuer tout le gibier que nous mangerons d'ici à la Chandeleur. Et puis vous vous êtes rendu à la taverne du joueur de cornemuse avec tous les fainéans du pays; là vous avez bu autour des tables jusqu'au coucher du soleil, aux dépens de votre pauvre oncle sans doute! Enfin vous revenez au logis pour demander de l'ale, comme si vous étiez le maître tout au moins.

Très piqué, mais encore plus désireux de se procurer ce qu'il demandait, à cause de son hôte, Morton dissimula son ressentiment, et assura mistress Wilson, d'un ton de bonne humeur, qu'il avait réellement faim et soif: — Et quant au tir du Perroquet, ajouta-t-il, je vous ai ouï dire que vous y alliez autrefois. — Que j'aurais voulu que vous y fussiez aujourd'hui, mistress Wilson!

— Ah! M. Henry, reprit la vieille ménagère, je crois que vous commencez à vouloir séduire l'oreille des femmes avec vos cajoleries; — mais tant que vous ne vous adresserez qu'aux vieilles comme moi, il n'y aura pas beaucoup de mal. — C'est avec les jeunes filles qu'il faut prendre garde, mon garçon. — Perroquet! — Vous vous croyez un jeune galant... — Et, ma foi! (le regardant à la lueur de sa chandelle) — il n'y a rien à dire sur l'extérieur: pourvu que le dedans soit de même! Mais je me souviens, quand j'étais une fillette égrillarde, que je vis remporter le prix au duc — à celui qui perdit sa tête à Londres: — on la disait un peu éventée; mais il n'en fut pas moins à plaindre, le pauvre homme! — Il abattit donc le perroquet; car il n'y en avait guère qui osassent le toucher à la barbe de Sa Grâce. — Oh! il avait bonne mine; et quand tous les hommes comme il faut montèrent à cheval pour caracoler, Sa Grâce était aussi près de moi que je le suis de vous, et Sa Grâce me dit : — Prenez garde à vous, ma jolie fille (ce furent ses propres paroles), car mon cheval n'est pas très doux. — Mais puisque vous avez si peu mangé et si peu bu, je vais vous prouver que je ne vous ai pas oublié, car je ne crois pas qu'il soit sain pour les jeunes gens d'aller se coucher l'estomac vide.

Pour rendre justice à mistress Wilson, ses harangues nocturnes en ces occasions se terminaient ordinairement par ce sage apophthegme qui annonçait quelques provisions mises en réserve, comme celles qu'elle servit ce soir-là au neveu de son maître. Dans le fait, tout son bavardage n'avait d'autre but que de montrer son importance et son crédit : c'était au fond une bonne femme qui aimait plus que personne au monde son vieux et son jeune maîtres, qu'elle tourmentait l'un et l'autre très souvent. Elle regarda M. Henry d'un air de complaisance, en lui remettant les mets qu'elle avait gardés pour lui.

— Grand bien vous fasse, mon joli homme ! dit-elle ; je ne crois pas que vous trouviez de si bons morceaux chez Niel Blane. Sa femme était une bonne femme, qui faisait assez bonne cuisine pour une femme de son état, mais pas comme la femme de charge d'une bonne maison, certainement. Quant à sa fille, cela n'a pas de bon sens de reste, je crois : dimanche dernier, elle avait à l'église une coiffure à prétention ; nous aurons des nouvelles de toute cette élégance. Mais allez, mon enfant, mes vieux yeux veulent se fermer. Ne vous pressez pas ; éteignez votre chandelle avec précaution. Vous avez une pinte d'ale et une petite fiole d'eau de giroflée musquée : je n'en donne pas à tout le monde, je la garde pour mes maux d'estomac ; mais cela vaut mieux que de l'eau-de-vie pour votre jeune sang. Bonne nuit, M. Henry. Prenez bien garde à la chandelle.

Morton l'assura qu'il prendrait toutes les précautions nécessaires, et lui dit de ne pas s'alarmer si elle l'entendait descendre, parce qu'il aurait besoin de retourner à l'écurie pour son cheval, et qu'il aurait grand soin de bien fermer la porte. Il allait rejoindre son hôte, quand, en se retournant, il aperçut encore la tête de mistress Wilson à la porte entr'ouverte. Elle lui recommanda de faire son examen de conscience avant de se coucher, et de prier le ciel de le protéger pendant les ténèbres.

Telles étaient jadis les habitudes d'une certaine classe de domestiques en Écosse, et qu'on retrouve encore sans doute dans quelques vieux châteaux des provinces éloignées. Ils faisaient en quelque sorte partie inhérente des familles auxquelles ils appartenaient; et comme ils ne concevaient pas la possibilité d'être congédiés, ils avaient un attachement sincère pour toute la maison : mais, gâtés par l'indulgence ou l'indolence de leurs supérieurs, ils étaient très disposés à devenir maussades, suffisans et tyranniques, au point que plus d'un maître aurait quelquefois échangé volontiers leur fidélité incommode pour la douce et complaisante duplicité d'un mercenaire de nos jours.

CHAPITRE VI.

« Vous lisez sur son front, — c'est la première page
« Du tragique récit que contient tout l'ouvrage. »
SHAKSPEARE.

Débarrassé de la présence de la bonne femme de charge, Morton se prépara à porter à son hôte ce qu'il avait mis de côté des provisions qu'Alison lui avait servies. Il ne crut pas nécessaire de prendre une lumière, étant parfaitement au fait du chemin. Ce fut heureux pour lui, car à peine mettait-il le pied sur le seuil de la porte, qu'un bruit de chevaux lui annonça que les cavaliers dont il avait déjà entendu les tambours allaient passer près de la hauteur sur laquelle était située la maison de Milnwood. L'officier prononça distinctement le mot *halte*. Un silence profond suivit, interrompu seulement par la voix hennissante ou le piétinement d'impatience de quelques coursiers.

— A qui est cette maison? demanda quelqu'un d'un ton d'autorité.

— A David Milnwood, s'il plaît à Votre Honneur, répondit-on.

— Le propriétaire est-il bien pensant? reprit la première voix.

— Il suit un ministre toléré par le gouvernement, et il ne s'est jamais montré réfractaire aux lois.

— Oh! oui, j'entends, toléré! Cette tolérance est un masque de trahison, très impolitiquement accordé à ceux qui sont trop lâches pour montrer leurs sentimens au grand jour. J'ai envie de faire visiter la maison : qui sait si quelqu'un des complices de ce meurtre infernal n'y est pas caché?

— Je vous assure, dit une troisième voix avant que Morton eût le temps de se remettre de l'alarme qu'il éprouvait, — que c'est une peine inutile et du temps perdu. Milnwood est un vieil avare hypocondre et infirme qui ne se mêle nullement de politique, et qui tient à son argent plus qu'à toute autre chose au monde. Son neveu était ce matin au wappen-schaw, il a même été capitaine du Perroquet, ce qui ne sent pas le fanatisme. Je vous réponds que tout le monde dort depuis long-temps dans cette maison, et vous tueriez le pauvre vieillard en lui donnant l'alarme à une pareille heure.

— Cela étant ainsi, nous perdrions un temps que nous pourrons mieux employer. — Régiment des gardes, attention! en avant, marche!

Une fanfare et le son prolongé des timbales qui retentissaient à des intervalles égaux pour marquer la mesure, annoncèrent, avec le bruit des armes et de la marche des chevaux, que la troupe s'éloignait. La lune se montra à travers un nuage au moment où la tête de la colonne atteignait le point le plus élevé de l'éminence autour de laquelle la route serpentait : l'acier des casques jeta quelques reflets, grâces auxquels on aurait pu distinguer imparfaitement les cavaliers et les chevaux qui couvrirent bientôt toute la hauteur ; car le détachement était nombreux. Lorsque le dernier dragon eut disparu, Morton songea à aller rejoindre son hôte. En entrant dans l'asile de Balfour, il le trouva assis sur son humble couche, tenant à la main une Bible de poche qu'il semblait étudier avec de profondes méditations. Son épée, qu'il avait tirée du fourreau à la première alarme, était en travers sur ses genoux, et une faible lumière, placée sur un vieux coffre qui servait de table dans l'écurie, éclairait à demi ses traits durs et farouches, dont la férocité recevait une expression plus noble et plus solennelle de l'enthousiasme tragique qu'on y remarquait. Son visage était celui d'un homme dominé par un principe supérieur qui étouffe toutes les autres passions, de même qu'une haute marée fait disparaître les récifs qui frappaient naguère la vue, et dont l'existence n'est plus révélée que par le bouillonnement des vagues écumantes.

Burley leva la tête quand Morton l'eut contemplé pendant une minute. — Je vois, lui dit celui-ci en regardant son épée, que vous avez entendu le bruit de la cavalerie. C'est ce qui m'a empêché de venir plus tôt.

— J'y ai fait peu d'attention, répondit Burley : mon heure n'est pas sonnée. Je sais bien que j'irai rejoindre un jour les saints qu'ils ont massacrés. Plût à Dieu que mon heure fût venue ! elle me réjouirait comme l'heure de l'hymen réjouit le jeune fiancé ; mais si mon maître a encore de l'ouvrage pour moi, je ne dois pas lui obéir en murmurant.

— Mangez, et réparez vos forces, dit Morton ; votre sûreté vous fait une loi de quitter demain ce lieu, aussitôt que le jour vous permettra de distinguer à travers la plaine le sentier qui conduit aux montagnes.

— Vous êtes déjà las de moi, jeune homme ? Vous le seriez bien davantage si vous connaissiez l'œuvre que je viens d'accomplir. Mais je n'en suis pas surpris. Il y a des momens où je suis aussi las de moi-même. Pensez-vous qu'il ne soit pas pénible de se sentir appelé à exécuter les justes jugemens du ciel ? de renoncer à ce sentiment involontaire qui vous fait frissonner quand vous trempez vos mains dans le sang ? Croyez-vous que celui qui vient de frapper un tyran puissant ne porte pas sur lui-même un œil d'effroi en le voyant tomber ? qu'il ne mette pas quelquefois en question s'il a été véritablement inspiré et appelé à le punir ? croyez-vous qu'il ne doute pas si dans ses prières il n'a pas confondu les réponses de la Vérité avec les illusions trompeuses de l'Ennemi ?

— Je ne suis pas en état, M. Balfour, de discuter avec vous de pareils sujets : mais je ne croirai jamais que le ciel puisse inspirer des actions contraires à l'humanité naturelle dont il a fait la loi générale de notre conduite.

Burley semblait un peu troublé, mais il se rassura bientôt, et lui répondit froidement :

— Il est naturel que vous pensiez ainsi : vous êtes encore dans une obscurité plus profonde que celle qui régnait dans le cachot où fut plongé Jérémie ; que le cachot de Malcaia, le fils d'Amelmelech, qui n'était rempli que d'une eau bourbeuse. Et cependant le sceau du Covenant est sur votre front. Le fils du juste qui résista aux lois du sang lorsque la bannière flotta sur les montagnes ne restera pas enseveli dans d'éternelles ténèbres. Dans ces temps d'amertume et de malheur, croyez-vous que tout ce qui est exigé de nous soit de maintenir le règne de la loi morale autant que notre fragilité charnelle nous le permet? Croyez-vous qu'il ne s'agisse que de dompter nos affections corrompues et nos passions? Non ; quand nous avons ceint nos reins, nous sommes appelés à parcourir notre carrière avec courage, et quand nous avons tiré l'épée, nous devons frapper l'impie, serait-il notre voisin ; et l'homme puissant et cruel, serait-il de notre famille et l'ami de notre cœur.

— Tels sont les sentimens que vos ennemis vous attribuent, dit Morton, et qui excuseraient jusqu'à un certain point les mesures cruelles que le Conseil a adoptées contre vous. On affirme que vous prétendez avoir une lumière intérieure, et que vous secouez le joug des magistrats, de la loi nationale, et même de l'humanité, quand il se trouve en contradiction avec ce que vous appelez l'esprit qui s'élève en vous.

— Ceux qui le disent nous calomnient. Ce sont eux, les parjures, qui ont rejeté toute loi divine et humaine, et qui nous persécutent maintenant parce que nous restons fidèles à l'alliance solennelle et au Covenant entre Dieu et le royaume d'Écosse, alliance jurée par eux tous, excepté quelques papistes maudits, alliance dont le contrat est aujourd'hui foulé aux pieds avec dérision ou brûlé dans les places publiques.... Quand Charles Stuart est revenu dans ses royaumes, sont-ce les impies qui l'ont ramené? Ils l'avaient tenté, mais tenté en vain. James Grahame de Montrose et ses bandits montagnards purent-ils le rétablir sur le trône de ses pères? Leurs têtes exposées sur la porte d'Édimbourg attestèrent long-temps leur défaite. Ce furent les ouvriers de l'œuvre sainte, les réformateurs du tabernacle, qui replacèrent Charles dans le rang d'où son père était déchu : et quelle a été notre récompense? Suivant les paroles du prophète : — Nous cherchions la paix, nous n'en trouvâmes aucune; nous demandions la santé, et ne reçûmes que des plaies. Le hennissement des coursiers a retenti depuis Dan, et le royaume a tremblé à l'approche des forts; car ils sont venus, ils ont dévoré le royaume et tout ce qu'il contenait.

— M. Balfour, je vous répète que je ne veux pas entrer en controverse avec vous sur tout ce qui regarde le gouvernement. J'ai voulu payer la dette de mon père en vous donnant un asile; mais je n'ai dessein ni de servir votre cause, ni de m'engager dans vos discussions. Je vous quitte donc, et j'éprouve un véritable regret de ne pouvoir vous rendre d'autres services.

— Mais j'espère que je vous reverrai demain avant mon départ? Quand j'ai mis la main à l'œuvre, j'ai dit adieu à toute affection terrestre, et cependant je sens que le fils de mon ancien compagnon m'est bien cher. Je ne puis le regarder sans éprouver une ferme conviction que je le verrai un jour tirer l'épée en faveur de la sainte cause pour laquelle son père a combattu.

Morton lui promit de venir l'avertir au point du jour, et se retira.

Morton goûta à peine quelques heures de repos. Son imagination, troublée par les évènemens de la journée, lui présenta les rêves les plus bizarres et les plus incohérens. — Tantôt il voyait se passer des scènes d'horreur, et c'était Burley qui en était l'acteur principal. — Tantôt Edith Bellenden s'offrait à lui, pâle, les yeux en pleurs, les cheveux épars : elle implorait son secours, et il ne pouvait répondre à sa voix. Morton s'éveilla avec un mouvement de fièvre, et le cœur plein de sinistres pressentimens. Déjà la cime des monts lointains se couronnait des premières lueurs de l'aurore qui précédait le soleil avec toute la fraîcheur d'un jour de printemps.

— J'ai dormi trop long-temps, s'écria-t-il : allons favoriser le départ du malheureux fugitif.

Il s'habilla à la hâte, ouvrit doucement la porte de la maison, courut au lieu où était caché le covenantaire. Il entra sur la pointe du pied ; car l'air résolu aussi bien que l'étrange langage de cet homme singulier lui avait inspiré un sentiment qui ressemblait à du respect. Balfour dormait encore. Un rayon de soleil éclairait son visage, dont l'agitation annonçait un trouble intérieur. Il ne s'était point déshabillé sur sa couche sans rideaux. Sa main droite faisait le geste menaçant, symptôme des rêves de sang et de violence. Sa gauche s'étendait parfois avec le mouvement qu'on fait pour repousser quelqu'un. La sueur couvrait son front, — comme les bulles d'eau qui surnagent sur la surface naguère troublée d'un fleuve ; — des paroles entrecoupées s'échappaient de sa bouche à de courts intervalles.

— Tu es pris, Judas, tu es pris!... n'embrasse pas mes genoux..., immolez-le..., un prêtre!... oui, un prêtre de Baal ; qu'il soit lié et égorgé près du ruisseau de Kishon!... les armes à feu seront impuissantes contre lui... frappez avec le fer... terminez son agonie... terminez son agonie, ne serait-ce que par égard pour ses cheveux blancs!

Alarmé de ces expressions sinistres, qui avaient dans le sommeil toute l'énergie qu'elles auraient eue au moment même de l'accomplissement d'un acte de violence, Morton réveilla son hôte en lui frappant sur l'épaule. Les premiers mots qu'il prononça furent ceux-ci : — Menez-moi où vous voudrez, j'avouerai tout.

Quand il fut complètement réveillé, il reprit son aspect sombre et farouche. Avant de rien dire à Morton, il se jeta à genoux, implorant le ciel pour l'église d'Écosse, le suppliant de regarder comme précieux le sang de ses saints martyrs, et d'étendre son bouclier sur les restes dispersés du troupeau qui s'était réfugié dans le désert pour l'amour de son saint nom. Sa dernière prière appelait la vengeance sur les oppresseurs : — prière rendue encore plus terrible par l'emphase de son langage dans le style oriental de l'Écriture.

Quand il eut fini son invocation au Très-Haut, il se leva, prit Morton par le bras, et ils descendirent du grenier à foin dans l'écurie, où l'homme errant (pour donner à Burley un nom qui a servi souvent à désigner sa secte) commença à préparer son cheval pour son départ. Quand l'animal fut sellé et bridé, Burley pria Morton de l'accompagner jusqu'à une portée de fusil dans le bois, et de le mettre sur sa route pour gagner les marais. Morton y consentit volontiers.

Ils firent environ un mille à l'ombre de grands arbres qui bordaient un sentier conduisant aux montagnes. Ils avaient tous deux gardé le silence jusque là. Burley se tournant alors tout-à-coup vers lui : — Hé bien, lui dit-il, mes paroles d'hier ont-elles porté du fruit dans votre esprit?

— Je suis toujours dans la même opinion, répondit Morton : mon désir est d'allier aussi long-temps que je pourrai les devoirs de chrétien avec ceux de sujet paisible.

— C'est-à-dire, en d'autres termes, reprit Burley en souriant amèrement, que vous voulez servir en même temps Dieu et Mammon; que vos lèvres professeront un jour la vérité, et que le lendemain votre bras versera le sang de ceux qui ont juré de la défendre. Croyez-vous pouvoir toucher de la poix sans noircir vos mains? Croyez-vous vivre parmi les méchans, les papistes, les prélatistes, et partager leurs plaisirs, qui sont comme les mets offerts aux idoles; communiquer peut-être avec leurs filles, comme les enfans de Dieu avec les filles des hommes avant le déluge, et rester exempt de toute souillure? Je vous dis que toute communication avec les ennemis de l'Église est maudite de Dieu. Ne touchez rien, ne goûtez rien, et ne vous affligez pas, jeune homme, comme si vous étiez le seul appelé à dompter vos affections charnelles et à renoncer aux piéges du plaisir : je vous dis que le fils de David a condamné à cette épreuve toute la génération des hommes!

Il monta alors à cheval, et se tournant vers Morton, il répéta le texte de l'Écriture : — Un joug pesant est imposé aux fils d'Adam, depuis le jour qu'ils sortent du sein de leur mère jusqu'à celui où ils retournent à la terre, qui est la mère de toutes choses. L'homme qui est vêtu de soie et qui porte une couronne n'en est pas plus exempt que celui qui est vêtu d'un simple lin... Ils sont tous livrés à la haine, à l'envie, à l'inquiétude, aux combats, aux dangers, et à la peur de la mort.

En parlant ainsi, il mit son cheval au galop et disparut dans la forêt.

— Adieu, sauvage enthousiaste! s'écria Morton en le regardant s'éloigner. Combien la société d'un pareil homme serait dangereuse pour moi en certains instans! L'exagération de ses principes religieux et les conséquences atroces qu'il en tire ne me permettront jamais de penser comme lui; mais est-il possible qu'un homme, qu'un Écossais voie de sang-froid le système de persécution adopté dans ce malheureux pays? N'est-ce pas ainsi qu'on a mis les armes à la main à des gens sages qui n'auraient jamais conçu l'idée de se révolter? N'est-ce pas pour la cause de la liberté civile et religieuse que mon père a combattu? Dois-je rester dans l'inaction? dois-je prendre parti pour les persécuteurs, ou pour les victimes de l'oppression? Mais qui sait si ceux mêmes qui appellent aujourd'hui la liberté à grands cris ne deviendraient pas à l'heure de la victoire les plus cruels et les plus intolérans des oppresseurs? Quelle modération peut-on attendre de ce Balfour et de ceux dont il est un des principaux champions? On dirait que sa main fume encore d'un sang qu'il vient de verser, et que son cœur souffre l'aiguillon d'un remords que son enthousiasme ne peut émousser entièrement ! Je suis fatigué de ne voir autour de moi que la fureur et la violence qui prennent le masque ici de l'autorité civile, là d'un zèle religieux ! Je suis fatigué de mon pays, de moi-même, de ma dépendance, de ces bois, de cette rivière, de cette maison, de tout, excepté d'Édith, qui ne peut être à moi ! L'orgueil de sa grand'mère, les opinions différentes de nos familles, mon état d'esclave, car je n'ai pas même les gages d'un serviteur, tout contrarie mon espoir... Pourquoi prolonger une illusion si pénible ?

— Mais je ne suis pas esclave ! reprit-il tout haut et en se relevant avec fierté; non, d'un côté du moins je suis libre ; je puis changer de demeure, l'épée de mon père m'appartient ; l'Europe est ouverte devant moi comme elle le fut à tant de mes compatriotes qui l'ont remplie du bruit de leurs exploits.

— Peut-être qu'un heureux hasard peut m'élever au rang de nos Ruthwen, de nos Lesley, de nos Monroe, ces capitaines si chers au fameux champion protestant[1] ! Du moins, il me restera l'existence d'un soldat ou le tombeau d'un soldat.

Au moment où il formait cette détermination, il se trouva devant la porte de son oncle, et résolut de ne pas perdre de temps pour lui en faire part.

— Un coup d'œil d'Édith, pensait-il, un seul mot d'elle ferait évanouir toutes mes résolutions : il faut faire un pas qui ne me permette plus de reculer, et ne la revoir que pour lui faire mes adieux.

Il entra avec cette intention dans le salon lambrissé où son oncle prenait ses repas ; il l'y trouva assis dans un grand fauteuil, ayant devant lui une jatte de gruau, qui était son déjeuner ordinaire. La femme de charge favorite

---

[1] Le grand Gustave-Adolphe. — Éd.

était derrière lui, appuyée sur son fauteuil, dans une attitude moitié familière et moitié respectueuse. Le vieillard avait été d'une très grande taille dans sa jeunesse, mais il avait totalement perdu cet avantage, et son dos était courbé de manière à offrir une véritable surface curviligne. Dans une assemblée d'une paroisse voisine où l'on discutait sur la courbure qu'il fallait donner à un pont qu'il s'agissait de jeter sur une petite rivière, un plaisant dit qu'il fallait acheter le dos de Milnwood, parce qu'il n'avait rien qu'il ne fût prêt à donner pour de l'argent. Des pieds d'une grandeur démesurée, des mains aussi sèches que longues, garnies d'ongles que l'acier touchait rarement, des joues creuses, un visage ridé, d'une longueur correspondante à celle de sa personne, de petits yeux gris qui ne brillaient que lorsqu'il était occupé d'une affaire qui devait lui rapporter quelque profit, tel était l'extérieur de M. Morton de Milnwood. La nature se serait montrée peu judicieuse si elle avait placé dans une telle enveloppe un esprit libéral ou bienfaisant : elle n'avait pas commis cette erreur, et l'on trouvait en lui un modèle d'avarice et d'égoïsme.

Lorsque cet aimable personnage aperçut son neveu, avant de lui adresser la parole, il se hâta de porter à sa bouche la première cuillerée de gruau qu'il venait de prendre ; elle était brûlante, et l'ayant avalée sans précaution, la douleur qu'il ressentit augmenta l'envie de gronder qu'il éprouvait déjà.

— Au diable soit qui a préparé ce gruau ! s'écria-t-il en colère, en apostrophant son déjeuner.

— Il est pourtant bon, dit mistress Wilson ; c'est moi qui l'ai fait. Mais pourquoi vous pressez-vous tant ? Voilà ce que c'est que de n'avoir pas de patience !

— Paix ! Alison ; c'est à mon neveu que je veux parler. Eh bien, monsieur, vous menez une belle vie ! vous n'êtes rentré hier qu'à minuit !

— A peu près, monsieur.

— A peu près, monsieur ! voilà une belle réponse ! et pourquoi n'êtes-vous pas rentré aussitôt après la revue?

— Je présume que vous en savez la raison, monsieur; j'ai eu l'avantage d'être le meilleur tireur, et j'ai été obligé de rester pour offrir quelques rafraîchissemens aux autres jeunes gens.

— Des rafraîchissemens? Diable ! et vous venez me dire cela en face? Vous vous mêlez de régaler les autres, vous qui n'auriez pas à dîner si je ne vous gardais chez moi par charité, tandis que j'ai à peine ce qu'il me faut pour vivre! Mais si vous m'occasionez des dépenses, il est temps que vous m'en dédommagiez par votre travail. Je ne vois pas pourquoi vous ne conduiriez pas ma charrue : justement le laboureur vient de nous quitter ; cela vaudrait mieux que de porter ces habits verts, et de dépenser votre argent en poudre et en plomb; vous auriez un honnête métier, et vous gagneriez votre pain sans être à charge à personne.

— Je suis très ambitieux d'avoir un tel métier, mais je ne sais pas mener la charrue.

— Et pourquoi ne le sauriez-vous pas? C'est un métier plus aisé que votre tir au fusil, ou à l'arc, que vous aimez tant. Le vieux Davie laboure maintenant ; et vous pourriez aiguillonner les bœufs pendant deux ou trois jours, en prenant bien garde de ne pas trop les pousser : après cela vous seriez en état de vous mettre entre les branches de la charrue. Vous ne deviendrez pas plus jeune pour apprendre, — rapportez-vous-en à moi. — Notre terre d'Haggis-Holm est dure, et Davie se fait trop vieux.

— Pardonnez-moi si je vous interromps, mon oncle, mais je venais précisément vous faire part d'un projet que j'ai formé, et qui vous délivrera de la charge que je vous occasione.

— Un projet que vous avez formé ! cela doit être curieux. Et quel est ce beau projet, jeune homme?

— Je vais vous le dire en deux mots, monsieur. J'ai dessein de quitter ce pays, et de prendre du service dans un royaume étranger, comme mon père l'a fait avant les troubles qui désolent l'Écosse. Son nom n'est peut-être pas encore oublié dans les pays où il a servi, et ce nom procurera à son fils l'avantage d'y être reçu, ne fût-ce qu'en qualité de soldat.

— Que le ciel nous protège! s'écria la femme de charge: M. Henry s'en aller! Mais non, non, cela n'est pas possible.

Milnwood n'avait pas la moindre envie de laisser partir son neveu, qui lui était utile en bien des occasions, et il fut comme frappé de la foudre en entendant un jeune homme qu'il avait toujours trouvé soumis à ses moindres volontés, aspirer tout-à-coup à un état d'indépendance.

— Et qui vous donnera les moyens d'exécuter ce projet extravagant, monsieur? Ce ne sera pas moi, certainement. Vous comptez faire comme votre père, vous marier, vous faire tuer, pour me laisser sur les bras une nichée d'enfans qui feront du tapage dans ma maison pendant mes vieux jours, et s'envoleront, comme vous, quand ils se sentiront des ailes.

— Je n'ai aucune idée de mariage, dit Henry.

— La, écoutez-le, dit la femme de charge. C'est une pitié d'entendre les jeunes gens parler ainsi. Ne sait-on pas bien qu'il faut qu'ils se marient, ou qu'ils fassent bien pis?

— Paix! Alison, s'écria son maître. Quant à vous, Henry, ôtez-vous cette folie de la tête. C'est la soldatesque que vous avez vue hier qui vous a donné cette idée. Il faut de l'argent pour cela, et vous n'en avez point.

— Mes besoins ne sont pas considérables, monsieur, et si vous vouliez me donner la chaîne d'or que le margrave donna à mon père après la bataille de Lutzen...

— La chaîne d'or! s'écria le vieillard.

— La chaîne d'or, répéta mistress Wilson; miséricorde!

Et tous deux restèrent muets de l'étonnement que leur causait une telle proposition.

— J'en garderai quelques anneaux, comme souvenir de la bravoure qui a mérité ce présent, et le surplus me fournira le moyen de suivre la carrière où mon père a acquis tant de gloire.

— Mon Dieu, M. Henry, ne savez-vous donc pas que mon maître la porte tous les dimanches?

— Les dimanches et les samedis, toutes les fois que je mets mon habit de velours noir, ajouta M. Milnwood. Au surplus, j'ai entendu dire à Wylie Mac-Trickit que ce genre de propriété ne se transmet pas par ligne directe de succession, et appartient au chef de la famille. Savez-vous qu'elle a trois mille anneaux? J'en suis sûr : je les ai comptés mille fois. Elle vaut trois cents livres sterling.

— C'est plus qu'il ne me faut, monsieur. Si vous voulez me donner le tiers de cette somme, et cinq anneaux de la chaîne, le surplus sera un faible dédommagement de la dépense que je vous ai occasionée.

— Ce jeune homme a le cerveau tout-à-fait dérangé, s'écria l'oncle. Oh, grand Dieu! que deviendra la maison de Milnwood quand je n'existerai plus? Ce jeune prodigue vendrait la couronne d'Écosse s'il la possédait.

— Écoutez, monsieur, dit à demi-voix la vieille femme de charge à son maître, c'est un peu votre faute. Vous voulez le tenir trop court. Sa dépense chez Niel, par exemple, eh bien, il faut la payer.

— Si elle excède deux dollars, Alison, je n'en veux pas entendre parler.

— Je règlerai cela avec Niel la première fois que j'irai à la ville, j'en aurai meilleur marché que vous ou que M. Henry. — Elle dit alors tout bas à Morton : — Ne le molestez pas davantage, mais soyez tranquille. Je paierai tout avec l'argent du beurre que je vendrai. Alors parlant à haute voix : — Mais aussi, ajouta-t-elle, ne parlez plus à M. Henry de conduire la charrue. Il ne manque pas de pauvres malheureux dans le pays, qui s'en chargeront pour une bouchée de pain. Cela leur convient mieux qu'à un jeune homme comme lui.

— Et puis nous aurons les dragons en garnison pour avoir donné asile à des rebelles. Jolie affaire où vous nous aurez jetés ! Mais allons, déjeunez, Henry ; ôtez ensuite votre habit vert, et mettez votre raploch [1] gris. C'est un costume plus honnête, et plus agréable à la vue que tout cet attirail de clinquant et de rubans.

Morton, après avoir déjeuné, se retira dans sa chambre, bien convaincu qu'il n'avait en ce moment aucun espoir de réussir dans ses projets. Peut-être ne fut-il pas intérieurement très fâché des obstacles qui s'opposaient à ce qu'il quittât le voisinage de Tillietudlem.

La bonne ménagère le suivit en le frappant doucement sur l'épaule, et lui recommanda d'être un brave enfant, et de bien ménager son habit neuf. Je vais l'emporter avec votre chapeau pour les brosser, ajouta-t-elle, mais ne vous avisez plus de parler de vous en aller ou de vendre la chaîne d'or. Votre oncle aime à vous voir presque autant qu'à compter les anneaux de la chaîne, et vous savez que les vieilles gens ne peuvent pas toujours durer. Ainsi la chaîne, le manoir, les terres, tout cela vous appartiendra quelque jour. Vous épouserez quelque jeune demoiselle que vous aimerez, et vous tiendrez une bonne maison à Milnwood, car il y a de quoi. Cela ne vaut-il pas la peine d'attendre, mon enfant?

Il y avait dans la fin de ce discours quelque chose qui ne sonnait pas désagréablement aux oreilles de Morton. Il serra la main d'Alison, la remercia de son avis, et l'assura qu'il ferait de nouvelles réflexions avant de se décider à prendre un parti.

(1) Habit de gros drap. — Éd.

CHAPITRE VII.

« Je vins à dix-sept ans vivre en cette chaumière,
« Le sort à quatre-vingts m'en bannit pour jamais.
« La jeunesse à son gré peut changer de carrière ;
« Quand l'âge arrive, adieu tout espoir de succès. »
SHAKSPEARE. *Comme il vous plaira.*

Il est temps que nous introduisions nos lecteurs dans le château de Tillietudlem, où lady Bellenden était rentrée de mauvaise humeur contre tout le monde, et ne pouvant digérer l'affront ineffaçable dont elle se croyait couverte par la maladresse publique de Goose Gibby.

L'intendant avait bien recommandé au malheureux homme d'armes de s'éloigner des yeux de lady Marguerite, et de ne pas se montrer en sa présence dans les premiers instans de sa colère.

Le premier soin de lady Bellenden, en arrivant chez elle, fut de faire une enquête solennelle (et elle y présida en personne) sur la conduite du valet de ferme Cuddy Headrigg, qui, en se dispensant d'obéir aux ordres qui lui avaient été donnés de paraître à la revue, avait obligé les chefs de sa troupe à avoir recours à ce malencontreux suppléant. L'accusation ayant été délibérée en règle, lady Bellenden se décida à aller interroger le coupable, ainsi que sa mère (qui était soupçonnée de l'avoir aidé et encouragé dans sa rébellion), et de les chasser de sa baronnie, si elle trouvait que le cas ne fût pas graciable.

Miss Bellenden fut la seule qui osa lui adresser quelques mots en faveur des accusés ; mais son intercession n'obtint pas tout le succès qu'elle aurait eu en toute autre occasion. Dès qu'elle avait appris que Gibby n'avait pas été blessé par sa chute, son désastre lui avait causé une malheureuse envie de rire à laquelle elle n'avait pu résister. Lady Marguerite en avait été choquée au-delà de toute expression, et ne lui avait parlé en revenant au château que pour lui reprocher amèrement d'être insensible à l'honneur de sa famille.

Comme une marque de la rigueur de ses dispositions, lady Marguerite, en cette occasion, changea le jonc à tête d'ivoire sur lequel elle s'appuyait ordinairement, pour une grosse et grande canne à pomme d'or qui avait appartenu à son père, feu le comte de Torwood, et dont elle ne se servait que dans les cérémonies solennelles. Supportée par cette espèce de bâton de commandement, elle entra d'un air de dignité dans l'habitation des délinquans.

La conscience de la vieille Mause semblait lui reprocher quelque chose, car elle ne se leva pas de sa chaise d'osier avec son air habituel de franchise et de cordialité. Elle éprouvait l'embarras d'un accusé qui paraît devant son juge, et qui veut chercher à nier le crime dont il sait qu'il est coupable. Elle n'exprima pas, comme elle n'y manquait jamais, sa reconnaissance de l'honneur que lui faisait lady Bellenden en entrant chez elle. Elle resta muette, immobile, les bras croisés; et son visage offrait un singulier contraste de respect et d'opiniâtreté. Elle fit pourtant une grande révérence, et avança le fauteuil dans lequel lady Marguerite, qui était une châtelaine un peu commère, daignait quelquefois s'asseoir quand elle venait faire jaser la vieille Mause sur les nouvelles du village et des environs. Mais sa maîtresse était trop courroucée pour lui faire en ce moment un tel honneur. Elle fit un geste de la main pour indiquer qu'elle ne voulait pas s'asseoir, et relevant la tête d'un air majestueux, elle lui adressa l'interrogatoire suivant, d'un ton fait pour confondre la coupable.

6

— Est-il vrai, Mause, comme j'en ai été informée par Harrison, Gudyil, et autres de mes gens, que, contre la foi que vous devez à Dieu, au roi, et à moi, votre dame et votre maîtresse, vous ayez empêché votre fils de se trouver au wappen-schaw commandé par le shériff, et que vous ayez rapporté ses armes dans un moment où il n'était plus temps de lui trouver un suppléant convenable ; ce qui a exposé la baronnie de Tillietudlem et ma personne à un affront dont ma famille n'avait jamais eu à rougir depuis le temps de Malcolm Canmore ?

Le respect que Mause avait pour sa maîtresse était extrême, et deux ou trois courts accès de toux exprimèrent l'embarras qu'elle avait à se défendre.

— Certainement, milady..., bien certainement, je suis fâchée..., je suis très fâchée... d'avoir encouru votre déplaisir ; mais, milady..., la maladie de mon fils...

— Ne me parlez pas de maladie. S'il avait été réellement malade, vous seriez venue au château chercher quelques remèdes. Vous savez que j'ai des recettes pour tous les maux.

— Oui, milady, je sais que vous avez fait des cures merveilleuses ; la dernière dose que vous envoyâtes à Cuddy opéra sur lui comme un charme.

— Pourquoi donc, femme, ne pas vous adresser à moi, s'il y avait eu maladie réelle ? Mais il n'y en avait point, vassale déloyale que vous êtes !

— Jamais milady ne m'a donné de tels noms !... moi qui suis née sur la seigneurie de Tillietudlem !... On nous calomnie, milady, si l'on vous a dit que Cuddy et moi nous n'étions pas prêts à verser tout notre sang pour vous, milady, pour miss Édith et pour le vieux château. J'aimerais mieux voir mon fils sous terre que de le voir manquer à ses devoirs envers vous. Mais quant à tous ces wappen-schaws, milady..., excusez, milady..., mais je ne peux trouver rien qui les autorise.

— Qui les autorise! Ne savez-vous donc pas que vous êtes obligés de m'obéir en tout ce que je vous commande? Votre service n'est pas gratuit. Je crois que vous avez des terres pour le faire. Vous êtes des tenanciers bien traités ; vous avez une chaumière, un jardin, et le droit de dépaissance pour une vache : y en a-t-il beaucoup de plus favorisés que vous? Et pour un jour que le service de votre fils m'est nécessaire, vous l'encouragez à y manquer.

— Non, milady, ce n'est pas cela, milady, mais on ne peut servir deux maîtres, milady. Et, s'il faut dire vrai, il en est un là-haut à qui il faut obéir avant milady. Il n'est roi, ni empereur, ni créature terrestre qui puisse passer avant.

— Que veut dire cette vieille folle? s'écria lady Marguerite. Est-ce que je vous ordonne rien contre la conscience?

— Ce n'est pas ce que je veux dire, milady, à l'égard de votre conscience, milady, qui a été instruite comme qui dirait dans les principes prélatistes; mais chacun doit marcher à la lumière de la sienne, et moi j'ai la mienne, ajouta Mause en devenant plus hardie à mesure que la discussion s'animait. Dites-moi de quitter cette chaumière, le jardin, la dépaissance de la vache ; —dites-moi de tout souffrir enfin plutôt que de vouloir que moi ou les miens nous soutenions une mauvaise cause.

— Vous osez appeler mauvaise cause celle que vous êtes appelée à soutenir par les ordres du roi, du conseil privé, du shériff, de votre maîtresse?

— Sans doute, milady. Vous devez vous souvenir que l'Écriture nous parle d'un roi, nommé Nabuchodonosor, qui fit élever une statue d'or dans la plaine de Dura, comme qui dirait sur le bord de l'eau, dans l'endroit où la revue a eu lieu hier. Les princes, les gouverneurs, les capitaines, les juges, les trésoriers, les conseillers et les shériffs reçurent l'ordre de se rendre à l'inauguration de cette image, pour se prosterner et l'adorer au son des trompettes, des flûtes, des harpes, des psaltérions et de toutes sortes d'instrumens de musique.

— Qu'est-ce que cela veut dire, folle? ou qu'a de commun Nabuchodonosor avec le wappen-schaw du Clydesdale?

— Le voici, reprit Mause avec fermeté : l'épiscopat est comme l'image d'or de la plaine de Dura ; et, de même que Sidrac, Meschale et Abednego furent emmenés pour avoir refusé de fléchir le genou, jamais Cuddy Headrigg, pauvre serviteur de milady, ne fera ni révérences ni *génuflexions*, comme on les appelle, dans les maisons des prélats et des desservans ; jamais, du consentement de sa vieille mère du moins, il ne portera les armes pour leur cause, au son du tambour, des orgues, des cornemuses, ou de tout autre instrument de musique.

Lady Marguerite Bellenden entendit ce commentaire de la Bible avec autant d'indignation que de surprise.

— Je vois d'où le vent souffle, s'écria-t-elle ; le mauvais esprit de l'an 1642 s'est remis à l'ouvrage, et chaque vieille folle va vouloir discuter, au coin de son feu, sur la religion avec les docteurs en théologie et les pères de l'Église.

— Si milady veut parler des évêques et des desservans, ils ne sont que les pères-marâtres de l'église d'Écosse ; et, puisque milady parle de se séparer de nous, je puis lui dire ma pensée sur un autre article. Votre seigneurie et l'intendant veulent que Cuddy se serve d'une nouvelle machine pour vanner le blé. Cette machine contredit les vues de la Providence en fournissant du vent pour votre usage particulier et par des moyens humains, au lieu de le demander par la prière ou d'attendre avec patience que la Providence l'envoie d'elle-même sur l'aire [1]. Eh bien! milady...

---

[1] Cette objection fut faite plusieurs fois par les rigides sectaires, contre les vans dont on se sert aujourd'hui.

— Cette femme me rendrait folle, dit lady Marguerite. Puis, reprenant son ton d'autorité et d'indifférence, — Mause, ajouta-t-elle, je vais finir par où j'aurais dû commencer. Vous êtes trop savante pour moi; tout ce que j'ai à vous dire, c'est que, puisque Cuddy ne veut point paraître aux revues quand il en reçoit l'ordre, il faut que vous sortiez du château et de ma baronnie sur-le-champ. Je ne manquerai ni de vieilles femmes ni de laboureurs : mais j'aimerais mieux n'avoir que de la paille et des alouettes dans mes sillons, que de les voir labourés par des rebelles.

— Je suis née ici, milady, et je comptais bien mourir où mourut mon père, et vous avez toujours été une bonne maîtresse; aussi je prierai toujours le ciel pour vous et pour miss Edith. Puisse-t-il vous faire reconnaître que vous êtes engagée dans la mauvaise voie!

— Dans la mauvaise voie, femme incivile !

— Oui, milady, nous marchons en aveugles dans cette vallée de larmes et de ténèbres, et les grands y font des faux pas autant que les petits. Dans mes prières, je l'ai dit, vous ne serez jamais oubliée. J'apprendrai toujours avec joie votre prospérité temporelle et spirituelle; mais je ne puis préférer les ordres d'un maître terrestre à ceux d'un maître divin, je suis prête à souffrir pour la justice.

— Très bien, reprit lady Marguerite en tournant le dos; je vous ai fait savoir ma volonté. Je ne veux point de whigs dans ma baronnie. Vraiment ! ils viendraient bientôt tenir leurs conventicules jusque dans mon antichambre.

Ayant ainsi parlé, elle lui tourna le dos, et se retira d'un air de dignité. Mause, que la présence de lady Marguerite avait empêchée de montrer le chagrin que lui causait l'ordre rigoureux qu'elle venait de recevoir, se mit alors à pleurer amèrement.

Cuddy avait entendu arriver lady Bellenden. Il s'était caché aussitôt dans un petit cabinet dont la porte était vitrée, et qui lui servait de chambre à coucher. De là, s'étant promptement jeté sur son lit, et blotti sous ses couvertures, afin de ne pas démentir l'histoire de sa maladie, il entendit toute cette conversation, et il osait à peine respirer, tant il craignait qu'une partie de l'orage ne tombât sur lui. Dès qu'il jugea sa maîtresse assez loin pour n'avoir plus rien à redouter de sa colère, il sauta à bas du lit, et, quittant sa retraite, il vint rejoindre sa mère.

— Au diable soit la langue des femmes! s'écria-t-il, comme disait mon brave homme de père. Qu'aviez-vous besoin de corner toutes ces sornettes aux oreilles de milady? Il faut que j'aie été bien bête pour me laisser envelopper dans des couvertures comme un hérisson, au lieu d'aller au wappen-schaw comme les autres! Au surplus je vous ai joué un tour, car, aussitôt que vous avez eu le dos tourné, je suis allé voir la revue, j'ai tiré au Perroquet, et je l'ai même touché. J'ai bien voulu damer le pion à milady, mais je ne voulais pas manquer de voir Jenny Dennison, qui devait être à la revue. Cependant, grâce à votre belle équipée, l'épousera qui voudra maintenant. Voici une affaire pire que celle que nous eûmes avec M. Gudyil quand vous me forçâtes de refuser de manger du plum-porridge[1] la veille de Noel, comme si cela faisait quelque chose à Dieu ou aux hommes qu'un pauvre laboureur soupât avec des pâtés au hachis ou des pommes de terre!

— Silence! mon fils, silence! reprit Mause; tu ne peux juger ces choses. C'était un mets défendu, des choses consacrées à des fêtes que ne doit pas reconnaître un bon protestant.

— Et maintenant, continua Cuddy, vous nous avez mis

---

(1) Espèce de pouding. — Éd.

lady Bellenden sur les bras. Si j'avais pu seulement trouver un vêtement décent, j'aurais sauté à bas du lit pour venir lui dire que je monterais à cheval tant qu'elle voudrait, la nuit comme le jour.

— O mon fils! dit la vieille Mause, ne murmure pas de souffrir pour la bonne cause.

— Et qui est-ce qui me dit que c'est la bonne cause? vos prêcheurs? je n'entends rien à tous leurs beaux discours, et je crois que le plus sage pour de pauvres gens et des ignorans comme nous, c'est d'obéir à ceux qui sont faits pour nous commander.

— Comment, Cuddy, vous ne voyez pas la différence qu'il y a entre la pure doctrine évangélique et celle qui a été corrompue par les inventions humaines! Si ce n'est pas pour le salut de votre âme, au moins par respect pour mes cheveux blancs....

— Eh bien, est-ce que je n'ai pas toujours fait ce que vous avez voulu? Au lieu d'aller tranquillement à l'église le dimanche, n'ai-je pas couru les champs avec vous, pour aller écouter au coin d'un bois les sermons de vos prêcheurs *non cornistes?*

— Dites non conformistes, mon fils; c'est ainsi que les appellent les hommes mondains.

— Comme vous voudrez; mais où irons-nous? Je me ferais dragon, car je sais monter à cheval et jouer du sabre; mais vous crieriez contre moi au nom de votre bénédiction et de vos cheveux blancs. (Ici Mause recommençait déjà ses exclamations.) D'ailleurs vous êtes trop vieille pour aller sur le chariot des bagages. Il faudra donc que j'aille rejoindre les révoltés dans les montagnes, pour ne pas mourir de faim; et l'un de ces matins quelque habit rouge me tirera comme un lièvre, ou bien l'on m'enverra dans l'autre monde avec l'écharpe de saint Johnston autour du cou, comme on dit.

— Ne répétez pas ces paroles égoïstes et charnelles,

mon cher Cuddy, c'est douter de la Providence. N'est-il pas écrit : — Je n'ai jamais vu le fils de l'homme vertueux mendier son pain. Hé bien, votre père était un honnête homme, quoiqu'il pensât un peu trop aux choses de ce monde, comme vous.

— Tout cela est bel et bon ; mais je ne vois qu'une porte pour sortir d'embarras. Je sais qu'il y a de la bonne intelligence entre M. Henry Morton et miss Edith. J'ai plus d'une fois porté des livres et des chiffons d'écriture de l'un à l'autre, sans avoir l'air de me douter de ce dont il s'agissait ; je les ai vus souvent se promener ensemble sur le bord du ruisseau de Dinglewood, sans paraître les apercevoir. Ce n'est pas toujours bêtise que d'avoir quelquefois l'air un peu bête. Je sais que M. Milnwood a besoin de quelqu'un pour sa charrue ; il faut aller trouver M. Henry, lui conter ce qui nous arrive, et je suis sûr qu'il nous protègera auprès de son oncle. Je sais bien que le vieux Milnwood ne nous donnera pas de gages, car il a la griffe serrée comme celle du diable ; mais c'est quelque chose que d'avoir du pain, et de ne pas coucher à la belle étoile. Ainsi, ma mère, faisons nos paquets, cela ne sera pas long, et n'attendons pas que M. Harrison et le vieux Gudyil viennent nous mettre dehors par les épaules.

CHAPITRE VIII.

« Du diable si c'est un puritain, ou autre chose
« qu'un homme qui se conforme aux temps et aux
« circonstances. »

SHAKSPEARE.

C'ÉTAIT à l'approche du soir ; Henry Morton aperçut une vieille femme qui, enveloppée de son plaid de tartan, s'avançait vers la maison de Milnwood avec un garçon vigoureux, à l'air stupide et niais, vêtu de gros drap gris, sur lequel elle s'appuyait. La vieille Mause fit la révérence; mais ce fut Cuddy qui porta la parole. Il avait préalablement stipulé qu'il en agirait à sa guise; car tout en reconnaissant son infériorité d'esprit, et quoiqu'il se soumît généralement aux inspirations de sa mère, cependant il l'avait fait convenir que sa petite dose de bon sens les mènerait plus loin dans les choses de ce monde que toute l'éloquence de la vieille, qui parlait comme un ministre. Il entra donc en matière en ces termes :

— Voici un beau temps pour les seigles, M. Henry; le parc de l'ouest aura bonne récolte cette année.

— Je l'espère, Cuddy. Mais qu'est-ce qui vous conduit si tard ici avec votre mère, car je crois que c'est votre mère qui est avec vous?

— Oui, M. Henry; mais c'est ce qui fait trotter les vieilles femmes, la nécessité. Nous cherchons du service.

— Du service, Cuddy, à cette époque de l'année! et par quel hasard?

La vieille Mause ne put se contenir plus long-temps, et, fière de souffrir pour la bonne cause, elle dit avec un air d'humilité et de componction :

— Il a plu au Seigneur, M. Morton, de nous envoyer une tribulation.

— Les femmes ont le diable au corps, dit tout bas Cuddy à sa mère; est-ce que vous voulez nous faire fermer toutes les portes à trente milles à la ronde? Et puis, s'adressant à Morton : — Ma mère est vieille, monsieur, dit-il, elle s'est oubliée un moment en parlant à milady, qui n'aime pas à être contrariée, et personne n'aime à l'être quand on peut l'empêcher, surtout par ses gens; M. Harrison l'intendant et M. Gudyil le sommelier ne sont pas bien disposés pour nous; il ne fait pas bon d'être à Rome et de se quereller avec le pape; nous sommes donc partis de peur de pis, et voici un petit billet que j'ai à vous remettre de la part de quelqu'un de votre connaissance, qui vous en dira davantage.

Morton prit la lettre, et y lut ces mots en rougissant de joie et de surprise : « — Si vous pouvez être utile à ces pauvres gens, vous obligerez E. B. »

— Et en quoi puis-je vous servir, Cuddy? que désirez-vous ? dit Morton après s'être remis de son émotion.

— De l'ouvrage et du pain, M. Henry, car j'ai bon appétit, ainsi que ma mère, quoiqu'elle soit vieille. Je sais que votre oncle a besoin d'un laboureur; s'il veut nous prendre à son service, j'ai de bons bras, je ne demande que la table et le couvert pour deux; quant à mes gages, le laird les fixera comme il voudra.

Morton branla la tête. — La table et le logis, Cuddy, je crois pouvoir vous en répondre; mais quant aux gages, ce sera un chapitre bien plus difficile.

— J'en cours la chance, M. Henry, plutôt que d'aller à Hamilton ou plus loin.

— Hé bien! entrez dans la cuisine, et je vais voir ce que je pourrai faire pour vous.

La négociation n'était pas sans difficultés. Il fallait commencer par gagner la femme de charge, qui fit d'abord mille objections, suivant sa coutume, pour avoir le plaisir de se faire prier. Mais quand elle eut cédé, il fut bien moins difficile de décider M. Milnwood à prendre un domestique qui se contenterait des gages qu'il voudrait bien lui donner. On désigna une masure voisine pour servir d'habitation à Cuddy et à sa mère, et on leur annonça qu'ils seraient nourris de la cuisine commune en attendant qu'ils eussent complété leur établissement. Quant à Morton, il employa une bonne partie du peu d'argent qu'il avait, à faire à Cuddy le cadeau connu en Écosse sous le nom d'arles[1], qui lui prouva tout le cas qu'il faisait

---

(1) C'est sans doute une corruption de notre mot d'*arrhes*. — Éd.

de la lettre de recommandation qu'il lui avait remise.

— Nous voilà donc encore une fois établis, dit alors Cuddy à sa mère, et pour cette fois j'espère que vous ne nous ferez de querelle avec personne, puisque nous sommes chez des gens de votre croyance.

— De *ma* croyance, mon fils! malheur à votre aveuglement et au leur! O Cuddy! ils sont dans la cour des gentils, et n'iront jamais plus loin, j'en ai bien peur. Ils ne valent guère mieux que les prélatistes. N'ont-ils pas pour ministre cet aveugle mondain, Peter Poundtext, jadis saint prédicateur de l'Évangile, et qui aujourd'hui, devenu pasteur apostat pour l'amour d'un vil salaire, a déserté le vrai sentier pour s'égarer en réclamant la *tolérance?* O mon fils! si vous aviez profité des doctrines évangéliques que vous entendîtes dans le vallon de Bengonnar, de la bouche de Richard Rumbleberry, ce jeune martyr qui a souffert pour la foi à Grass-Market[1], avant la Chandeleur! Ne vous disait-il pas que l'*érastianisme* valait aussi peu que le *prélatisme*, et la *tolérance* que l'*érastianisme?*

— A-t-on jamais entendu pareille chose? s'écria Cuddy hors de lui. Vous avez donc juré de nous faire encore chasser? Eh bien! ma mère, je n'ai plus qu'un mot à vous dire : si vous tenez encore une fois un pareil jargon, devant quelqu'un s'entend, parce que quand nous sommes seuls cela m'est égal, il ne fait que m'endormir; mais si vous recommencez devant le monde, je me fais soldat, et je deviens sergent ou capitaine un jour, vous laissant aller à tous les diables avec Rumbleberry. Qu'ai-je gagné à sa prédication? Sans les remèdes de lady Marguerite je serais encore malade du rhumatisme que j'attrapai en l'écoutant quatre heures de suite dans les marécages. Si milady avait su d'où me venait le mal, elle n'eût pas été si empressée de me guérir!

---

[1] Place des exécutions à Édimbourg. — Éd.

Mause gémit sur la dureté de cœur et l'impénitence de son fils Cuddy; mais elle n'osa pas continuer la discussion : elle se rappelait le caractère de feu son mari, dont Cuddy était le portrait vivant, docile en général, et reconnaissant son intelligence supérieure, mais qui, par momens, lorsqu'il était poussé à bout, manifestait une obstination indomptable. Craignant donc qu'il n'exécutât sa menace, elle résolut de mettre un frein à sa langue; elle souffrit même que Poundtext fût loué en sa présence, et n'exprima son opposition que par des soupirs profonds, qui pouvaient passer pour le souvenir des émotions qu'avaient produites en elle les passages pathétiques de ses homélies. Aurait-elle long-temps imposé silence à ses vrais sentimens? ce serait difficile à décider. Un incident imprévu vint la délivrer de cette gêne.

Le laird de Milnwood conservait avec soin tous les anciens usages écossais qui s'accordaient avec son économie. Il réunissait donc à sa table, comme c'était la coutume en Écosse cinquante ans auparavant, tous les domestiques de sa maison; ils prenaient place au bout inférieur de la table, et partageaient le dîner de leur maître.

Le lendemain de l'arrivée de Cuddy, l'heure du dîner ayant sonné, le vieux Robin, qui était sommelier, valet de chambre, cocher, laquais, et que n'était-il pas dans la maison de Milnwood? plaça sur la table une immense jarre remplie d'eau chaude épaissie avec un peu de gruau d'avoine, renforcée de quelques choux, et où nageaient quelques morceaux de mouton maigre; un grand panier de pain fait avec de l'orge et des pois, et une immense pyramide de pommes de terre flanquaient ce premier plat, qui composait tout le premier service. Un saumon bouilli lui succéda; mais il ne faut pas regarder ce poisson comme un objet de luxe : il était si commun à cette saison de l'année dans les rivières d'Écosse, qu'il ne coûtait que la peine de le pêcher; et certains domestiques, en entrant dans une maison, mettaient pour condition qu'on ne leur en ferait pas manger plus de cinq fois par semaine. Un énorme kebbock, fromage de lait de vache et de chèvre, et un pot de beurre salé complétaient l'ordinaire, qui était arrosé de petite bière brassée à la maison. Tous les domestiques pouvaient se régaler à discrétion de cette bonne chère, excepté cependant du mouton, réservé pour les chefs de la famille, en y comprenant mistress Wilson. Pour leur usage particulier, ils avaient une mesure de bière qui méritait peut-être un peu plus que la bière commune le titre d'ale qu'on lui donnait.

Le vieux laird lui-même présidait au haut bout de la table, ayant à sa droite son neveu et la femme de charge favorite à sa gauche. A une distance respectueuse et en dessous de la salière, limite obligée, étaient assis d'abord le vieux et maigre Robin à l'air affamé, courbé par un ancien rhumatisme, puis une sale servante, endurcie au service par l'exigence journalière du laird et de mistress Wilson, un garçon de ferme, un vacher; Cuddy le nouveau venu et sa mère complétaient la table.

Les autres cultivateurs attachés au domaine, habitant leurs propres chaumières, ne faisaient pas meilleure chère, sans doute; mais trop heureux de contenter leur appétit sans être surveillés par les yeux gris du vieux Milnwood, qui semblaient suivre chaque bouchée qu'avalaient ses commensaux, et calculer avec inquiétude la quantité de comestibles dont se chargeait l'estomac de chacun. Cet examen ne fut nullement favorable à Cuddy, qui dépêchait en silence, et avec une célérité incroyable, tout ce dont il remplissait son assiette chaque fois qu'elle se trouvait vide. Le laird jetait de temps en temps un regard d'indignation sur son neveu, qui par son refus de conduire le labour avait rendu ce nouveau venu nécessaire, et qui avait introduit lui-même chez lui ce vorace cormoran.

— Te donner des gages, glouton! se disait Milnwood à

lui-même; tu mangeras en une semaine plus que tu ne pourras gagner en un mois.

Ces réflexions désagréables furent interrompues par le bruit du marteau. On n'attendait aucune visite à une pareille heure, et les troubles qui régnaient dans le pays inspirèrent quelque appréhension. Mistress Wilson courut faire une reconnaissance, et ayant regardé par une petite ouverture pratiquée à la porte, suivant l'usage des maisons d'Écosse, elle revint tout effrayée, levant les bras au ciel, et s'écriant : — Les habits rouges ! les habits rouges !

— Robin, — laboureur... comment vous nomme-t-on, garçon de ferme, neveu Henry, ouvrez vite, voyez ce qu'ils veulent. Parlez-leur poliment. Que le ciel nous préserve! Que viennent-ils faire ici? Tout en parlant, Milnwood mettait dans sa poche les trois cuillères d'argent qui se trouvaient sur la table.

Pendant qu'on faisait entrer les soldats, dont les juremens annonçaient d'avance l'humeur qu'ils éprouvaient d'avoir attendu à la porte, Cuddy dit tout bas à sa mère : — Ah çà, ma mère, il y a long-temps que vous me rendez sourd à force de parler, tâchez aujourd'hui d'être muette; quoique vous soyez ma mère, je ne me soucie pas que les sermons d'une vieille femme me fassent mettre autour du cou un collier qui le serrerait un peu trop.

— Je ne demande pas mieux, mon fils, dit la vieille Mause; mais songez bien que ceux qui renient la parole de Dieu, la parole les reniera...

Elle fut interrompue par l'apparition de quatre soldats du régiment des gardes, commandés par Bothwell.

Ils entrèrent en faisant un bruit terrible avec les éperons de leurs larges bottes et leurs longs sabres traînans. Milnwood et sa femme de charge tremblèrent, connaissant bien le système de pillage et d'exaction qu'on suivait dans ces visites domiciliaires. Henry Morton n'était pas beaucoup plus tranquille, parce qu'il sentait intérieurement qu'il était en contravention aux lois pour avoir donné retraite à Balfour de Burley; la veuve Mause Headrigg était dans un étrange embarras, hésitant entre la crainte de compromettre les jours de son fils, et son zèle enthousiaste, qui lui reprochait de consentir même tacitement à renier sa religion; les autres domestiques tremblaient aussi sans trop savoir pourquoi. Cuddy seul, avec cet air d'indifférence et de stupidité que personne au monde ne peut mieux affecter au besoin qu'un paysan écossais, continuait à avaler de larges cuillerées de bouillon; d'autant mieux qu'en ce moment de trouble il avait accaparé le large vase qui le contenait, afin de s'en servir une triple portion.

— Messieurs, dit Milnwood en saluant humblement le chef de la troupe, que désirez-vous de moi?

— Nous venons de la part du roi, dit Bothwell; et pourquoi diable nous a-t-on fait attendre si long-temps à la porte?

— Nous étions à dîner, dit Milnwood, et notre usage dans les campagnes est de fermer la porte pendant ce temps. Certainement, messieurs, si j'avais su que des serviteurs de notre bon roi se présentaient chez moi, je me serais empressé.... Mais, messieurs, peut-on vous offrir un verre d'ale...., ou d'eau-de-vie...., de vin des Canaries...., de Bordeaux? Et il mettait entre chacune de ses offres le même intervalle qu'un adjudicataire entre chacune de ses enchères sur le lot qu'il désire.

— Du bordeaux pour moi, dit l'un des soldats.

— J'aime mieux l'ale, dit un autre, pourvu que ce soit le vrai jus de John Barley-Corn [1].

— On n'en brassa jamais de meilleure, dit Milnwood, et j'ai bien du regret de n'en pouvoir dire autant du vin: il est faible et froid.

(1) *Jean l'Orge*, personnification populaire de la bière. Sous ce titre, Burns en a chanté l'histoire. — Éd.

— L'eau-de-vie y remédiera, dit un troisième ; un verre d'eau-de-vie après trois verres de vin est parfait pour prévenir les aigreurs d'estomac.

— Eau-de-vie, ale, vins, canaries, bordeaux, nous goûterons de tout, et nous choisirons ensuite ce qui sera le meilleur, dit Bothwell ; et quand le plus endiablé des whigs l'aurait dit, je soutiendrais que c'est parler sagement.

Milnwood tira deux grosses clefs de sa poche en soupirant, et l'on voyait, à la contraction de ses muscles, tout le regret qu'il éprouvait en les donnant à la femme de charge.

— La gouvernante, dit Bothwell en s'asseyant à table, n'est ni assez jeune ni assez jolie pour qu'on pense à la suivre à la cave, et du diable s'il y en a une qu'on puisse envoyer à sa place. Mais qu'est-ce que cela? dit-il en prenant une fourchette pour pêcher un morceau de mouton qui nageait encore dans le brouet. C'est de la cuisine du diable, dit-il après y avoir goûté, il faut des dents de fer pour y mordre.

— Je voudrais avoir quelque chose de meilleur à vous offrir, dit Milnwood alarmé de ces paroles de mécontentement.

— Non, non, dit Bothwell, je n'ai pas le temps de m'en occuper, procédons à notre affaire. — M. Morton, est-ce du ministre presbytérien Poundtext que vous suivez les instructions ?

M. Morton se hâta de répondre avec une apologie : — Oui, parce qu'il a obtenu de Sa Majesté et du conseil privé, en se soumettant aux règlemens, l'autorisation de continuer ses fonctions, car je ne voudrais rien faire qui fût contraire aux lois. Je n'ai aucune objection contre l'établissement d'un épiscopat modéré, si ce n'est que je suis un simple campagnard, que nos ministres sont des gens plus simples, et que je puis suivre plus facilement leurs doctrines ; puis, sauf votre respect, monsieur, le culte des presbytériens est plus économique pour le pays.

— Bon ! bon ! dit Bothwell, ils sont autorisés : tout est dit ; pour ma part, si c'était moi qui faisais la loi, jamais un chien tondu de toute la meute n'aboierait dans une chaire d'Écosse. Mais je suis fait pour obéir. Ah ! voici la liqueur. — Servez, ma bonne vieille.

Bothwell décanta dans une grande tasse de bois le quart d'une bouteille de vin de Bordeaux, et l'ayant goûté : — Vous êtes injuste envers votre vin, mon bon ami, dit-il à M. Milnwood, il vaut mieux que votre eau-de-vie, quoique l'eau-de-vie soit bonne aussi ; voulez-vous me faire raison à la santé du roi ?

— Avec plaisir, dit Milnwood ; mais ce sera avec de l'ale, car je ne bois jamais de bordeaux, et je n'en ai un peu que pour pouvoir en offrir à quelques honorables amis.

— Comme moi, je suppose, dit Bothwell ; et passant la bouteille à Henry : Hé bien ! jeune homme, lui dit-il, me ferez-vous raison à la santé du roi ?

Henry remplit son verre modérément, sans faire attention aux coups de coude de son oncle, qui lui faisait signe de s'en tenir à la bière comme lui.

— Tout le monde a-t-il bu cette santé ? dit Bothwell. Qu'est-ce que c'est que cette vieille femme-là ? donnez-lui un verre d'eau-de-vie, elle boira aussi à la santé du roi, pardieu !

— N'en déplaise à Votre Honneur, dit Cuddy, c'est ma mère, et elle est sourde comme Corra-Linn[1]. Mais si vous le voulez, je boirai pour elle à la santé du roi autant de verres d'eau-de-vie qu'il vous plaira.

— Sur mon âme, jura Bothwell, vous m'avez tout l'air

---

(1) Cascade près de *Lanark*. Le bruit assourdissant de ses eaux fournit sans doute cette comparaison à Cuddy. — Éd.

d'un homme qui aime le brandevin. — Sers-toi ! allons ; hé bien, sers-toi, mon camarade, point de gêne ; liberté entière partout où je suis. Tom, verse rasade à cette fille, quoique ce ne soit qu'une sale guenipe. — Allons, une seconde santé, celle de notre brave commandant, le colonel Grahame de Claverhouse. Mais que diable cette vieille femme a-t-elle à gémir? vit-on jamais une figure plus whig? — Renoncez-vous au *covenant*, bonne femme ?

— Quel *covenant* voulez-vous dire? répondit Cuddy en prévenant la réponse de sa mère ; est-ce le covenant des œuvres, ou celui de la grâce?

— Tous les covenans du monde, dit le soldat.

— Ma mère, cria Cuddy affectant de parler à une sourde, on vous demande si vous renoncez au covenant des œuvres?

— De tout mon cœur, répondit Mause, et puissent mes pas être préservés du piége qu'il cache.

— Allons, dit Bothwell, la vieille a répondu plus franchement que je n'aurais cru. Buvons encore un coup, et procédons à notre affaire. — Vous avez sans doute tous entendu parler, je suppose, du meurtre de l'archevêque de Saint-André, tué par dix ou onze fanatiques armés?

Chacun se regardait en silence ; enfin Milnwood répondit qu'il avait entendu dire quelque chose de ce malheur, mais qu'il doutait que ce bruit fût véritable.

— En voici la relation officielle, dit Bothwell en lui donnant un papier imprimé ; maintenant je vous demande ce que vous pensez de cette action.

— Ce que j'en pense, monsieur? dit Milnwood en bégayant ; mais... j'en pense... ce que le conseil privé a cru devoir en penser.

— Je vous demande votre opinion personnelle, dit Bothwell en élevant la voix.

Milnwood parcourut des yeux le papier, pour y emprunter les expressions les plus fortes de dénonciation, qui s'y trouvaient heureusement en italique, ce qui l'aida beaucoup : — Je pense, s'écria-t-il, que c'est un meurtre détestable, une abomination, un parricide tramé par l'enfer, une honte pour le royaume.

— Bien dit, brave homme, bien dit! à votre santé, et à la propagation des bons principes! vous me devez le coup de remerciement pour vous les avoir appris. Nous le boirons ensemble avec votre propre vin des Canaries, votre bière pèse sur un estomac loyal! — A votre tour, jeune homme, que pensez-vous de cet évènement?

— Je ne trouverais aucune difficulté à vous répondre, lui dit Henry, si je savais de quel droit vous m'interrogez.

— Que le Seigneur nous protège! s'écria mistress Wilson; parler ainsi à un militaire, quand chacun sait qu'ils sont les maîtres dans tout le pays, maîtres des hommes et des femmes, des gens et des bêtes!

Le vieillard, non moins effrayé de l'audace de son neveu, et craignant les suites qu'elle pouvait avoir pour lui-même, s'écria sur-le-champ : — Taisez-vous, monsieur, ou répondez sagement! Oseriez-vous manquer de respect pour l'autorité du roi, en la personne d'un brigadier de ses gardes?

— Taisez-vous tous, s'écria Bothwell en frappant fièrement sur la table, silence! Vous me demandez, dit-il à Henry, de quel droit je vous interroge? ma cocarde et mon sabre doivent vous répondre, c'est un gage de ma commission, comme jamais le vieux Noll [1] n'en donna à ses Têtes-Rondes, et si vous voulez en savoir davantage, voyez l'acte du conseil qui ordonne que tout soldat et tout officier de Sa Majesté sont chargés de rechercher, d'in-

---

(1) Abréviation d'*Olivier*. Olivier Cromwell. — Éd.

terroger et d'arrêter toutes personnes suspectes. Ainsi donc, je vous demande encore une fois ce que vous pensez de la mort de l'archevêque de Saint-André. C'est une pierre de touche que nous avons trouvée pour savoir de quel métal sont les personnes que nous interrogeons.

Henry avait eu le temps de réfléchir qu'en résistant au pouvoir arbitraire confié à de pareilles mains, c'était s'exposer à un danger inutile et risquer d'y entraîner son oncle : il n'éprouvait d'ailleurs aucune répugnance à témoigner l'horreur que lui inspirait un assassinat. Il répondit donc avec sang-froid : — Je n'hésite point à déclarer que les auteurs de ce meurtre ont commis, à mon avis, une action insensée et criminelle ; et qu'ils sont d'autant plus coupables que ce forfait servira de prétexte pour redoubler les rigueurs exercées contre ceux qui en sont innocens, et qui sont aussi éloignés de l'approuver que je le suis moi-même.

Tandis qu'Henry parlait ainsi, Bothwell l'examinait avec attention, et cherchait à se rappeler ses traits.

— Je ne me trompe pas, dit-il enfin ; vous êtes, mon bon ami, le capitaine Perroquet ; je vous ai déjà vu, et je vous ai trouvé en compagnie suspecte.

— Je vous ai vu une fois, dit Henry, chez Niel.

— Et avec qui êtes-vous sorti de chez lui, jeune homme ? N'est-ce pas avec Balfour de Burley, le chef des meurtriers de l'archevêque ?

— Cela est vrai ; jamais je n'aurai recours au mensonge. Mais bien loin de savoir qu'il fût un des assassins du primat, j'ignorais même alors qu'un tel crime eût été commis.

— Dieu nous fasse miséricorde ! s'écria Milnwood ; je suis perdu, ruiné ! La langue de ce malheureux fera sauter sa tête de ses épaules, et me fera perdre jusqu'à l'habit que j'ai sur le corps.

— Mais vous ne pouviez ignorer que Burley est un

rebelle et un traître, qu'il est défendu à tout sujet fidèle du roi d'avoir aucune communication avec lui, de lui donner ni pain, ni eau, ni feu, ni asile; vous saviez cela, et vous avez contrevenu aux lois.

Henry gardait le silence.

— Où l'avez-vous quitté? est-ce sur le grand chemin, ou lui avez-vous donné un abri dans cette maison?

— Dans cette maison! s'écria M. Milnwood: il n'aurait pas été assez hardi pour y introduire un traître.

— Ose-t-il nier qu'il l'ait fait? dit Bothwell.

— Puisque vous m'en accusez comme d'un crime, répondit Henry, nos lois ne vous permettent pas d'exiger que je dise rien qui tende à m'accuser moi-même.

— Oh! les terres de Milnwood, les belles terres de Milnwood, qui sont depuis deux cents ans dans la famille de Morton, s'écria son oncle, les voilà saisies, confisquées, perdues!

— Non, monsieur, dit Henry, je ne souffrirai pas que vous soyez puni pour moi. — Monsieur, dit-il à Bothwell, j'avoue que j'ai donné retraite à cet homme pour une nuit, parce que mon père avait été son ancien camarade; en cela j'ai agi non seulement à l'insu de mon oncle, mais contre les ordres exprès qu'il a donnés de tout temps. Je crois que si mon aveu suffit pour me convaincre, il doit suffire aussi pour la décharge de mon oncle.

— Jeune homme, dit le soldat d'un ton un peu moins dur; je suis fâché, vous êtes un brave, votre oncle est un bon vieux Troyen qui a plus de soins pour ses hôtes que pour lui-même; car il se contente de bière, et leur fait boire son vin. Dites-moi donc tout ce que vous savez de ce Burley, ce qu'il a dit en vous quittant, où il allait, où l'on pourrait le trouver maintenant, et je fermerai les yeux, autant que mon devoir me le permettra, sur la part que vous avez à cette affaire. — Vous ne savez peut-être pas que la tête de cet assassin de whig vaut mille marcs d'ar-

gent... Si je pouvais lui mettre la main dessus! Allons, parlez! où l'avez-vous quitté?

— Monsieur, dit Morton, vous excuserez ma réponse; mais les mêmes raisons qui m'ont décidé à lui donner un asile pour une nuit au risque de me compromettre, moi et les miens, m'obligeraient à garder son secret s'il me l'avait confié.

— Ainsi donc vous refusez de me faire une réponse? dit Bothwell.

— Je n'en ai pas d'autres à vous donner.

— On trouvera peut-être le moyen de vous faire parler en vous mettant une mèche allumée entre chaque doigt.

— Par pitié, monsieur, dit tout bas mistress Wilson à son maître, donnez-leur de l'argent. C'est de l'argent qu'ils veulent. Ils tueront M. Henry, ils vous tueront, ils nous tueront tous.

Milnwood soupira, et d'une voix éteinte, comme s'il allait rendre l'âme, il lui dit : — Si... si vingt... oui, si vingt livres pouvaient arranger cette affaire...

— Mon maître, dit Alison au brigadier, vous donnera vingt livres sterling...

— Vingt livres d'Écosse, sotte femme que vous êtes, interrompit son maître, à qui son avarice fit oublier en ce moment sa déférence habituelle pour sa femme de charge.

— Oui, vingt livres sterling, reprit-elle sans l'écouter, si vous voulez avoir la bonté d'excuser ce jeune étourdi. Il est si entêté, que vous le mettriez en pièces sans en arracher une parole : et quel bien cela vous fera-t-il si vous brûlez ses pauvres doigts?

— Mais, dit Bothwell en hésitant, je ne sais trop que vous dire. Je connais beaucoup de mes camarades qui prendraient l'argent, et qui emmèneraient le jeune homme prisonnier; mais j'ai une conscience, et si votre maître veut exécuter vos offres, et s'obliger à représenter son neveu, et que toute la maison veuille prêter le serment du *test*...

— Nous prêterons tous les sermens que vous voudrez, s'écria Alison : dépêchez-vous, dit-elle tout bas à son maître, allez chercher l'argent, ou ils mettront le feu à la maison.

Le vieux Milnwood jeta un regard désespéré sur sa gouvernante, et sortit à pas lents, semblable à une figure mouvante d'horloge, pour faire voir le jour à ses anges prisonniers, cachés dans les ténèbres depuis bien longtemps.

Cependant Bothwell, prenant une attitude imposante, se préparait à faire prêter le serment dont il avait parlé. Il mit à cet acte à peu près la même dignité qu'on retrouve encore aujourd'hui dans les bureaux des douanes de Sa Majesté.

— Quel est votre nom, femme?

— Alison Wilson, monsieur.

— Bien. Vous, Alison Wilson, déclarez, certifiez et jurez solennellement que vous regardez comme illégal pour les sujets du roi, n'importe sous quel prétexte de réforme ou autre, d'entrer dans aucune ligue ou covenant.....

Ici la cérémonie fut interrompue par une dispute entre Cuddy et sa mère, qui depuis quelque temps parlaient à demi-voix.

— Paix donc, ma mère, paix donc! disait Cuddy, les voilà qui entrent en arrangement; chut! ils vont être d'accord ensemble.

— Je ne me tairai plus, Cuddy! reprit Mause; je veux élever la voix sans rien taire, je confondrai l'homme du péché, l'homme rouge [1] lui-même; et, par ma voix, M. Henry sera délivré des piéges du chasseur!

---

(1) Le soldat. — Tr.

— Allons! dit Cuddy en s'arrachant les cheveux, la voilà qui a une jambe par-dessus la barrière : l'arrête qui peut! je la vois, derrière un dragon, en chemin pour la Tolbooth [1], et moi on m'attache, les mains liées, à la queue d'un de leurs chevaux! La voilà qui a ramassé son sermon, elle va le débiter, nous sommes perdus bêtes et gens.

— Et voilà donc où vous voulez en venir? s'écria Mause le visage enflammé de colère, en étendant vers Bothwell sa main ridée; car la seule mention du serment du *test* l'avait mise hors d'elle-même, en dépit de toute sa prudence et des avis de Cuddy. — Venez-vous donc ici avec vos sermens du *test* qui sont la mort des âmes, la séduction des saints, la confusion des consciences? Ce sont là vos piéges, vos filets, vos trappes! — Mais certes c'est en vain qu'on tend un filet en vue de l'oiseau!

— Oh, oh! bonne dame, dit le soldat, voilà un miracle de whig! la vieille a retrouvé ses oreilles avec sa langue, et je crois qu'elle veut nous rendre sourds à force de crier! Taisez-vous, vieille idiote, et songez à qui vous parlez.

— A qui je parle! Ce royaume d'affliction ne vous connaît que trop bien, méchans adhérens des prélats, soutiens d'une cause coupable, oiseaux de proie et fardeau de la terre. Je parle au soutien de la mauvaise cause, à l'oiseau de proie qui se nourrit de nos cadavres, au séducteur du faible, au meurtrier des saints.

— Sur mon âme, dit Bothwell aussi étonné que le serait un chien de chasse qui verrait une perdrix lui sauter aux yeux pour défendre sa couvée, je n'ai de ma vie rien entendu de si beau! Nous en donnerez-vous encore?

---

[1] Prison d'Édimbourg.

— Oui, encore, dit Mause après avoir éclairci sa voix par une petite toux préparatoire : — vous êtes des Philistins, des Édomites; vous êtes des léopards, et des renards, — des loups nocturnes qui rongent l'os jusqu'à la moelle, — des chiens perfides faisant la guerre aux élus, — des taureaux furieux de Basan, — des serpens venimeux, alliés par le nom et le caractère au grand dragon rouge. — Apocalypse, chapitre XII, versets 3 et 4.

Ici la vieille s'arrêta, épuisée plutôt par manque d'haleine que faute de matières.

— Au diable la vieille sorcière! dit un des dragons : il faut lui mettre un bâillon, et l'emmener au quartier-général.

— Honte à vous, André! dit Bothwell; souvenez-vous que la bonne dame appartient au beau sexe et ne fait qu'user des priviléges de sa langue. Mais écoutez-moi, bonne femme, songez bien que tous les taureaux de Basan et tous les dragons rouges ne seraient pas aussi polis que moi, et ne se contenteraient pas de vous confier à la garde du constable ou de vous faire prendre un plongeon dans un baquet. Cependant il faut que j'emmène ce jeune homme (montrant Henry) au quartier-général. Mon commandant ne me pardonnerait pas de le laisser dans une maison où je trouve tant de fanatisme et de trahison.

— La! voyez ce que vous avez fait! dit tout bas Cuddy à sa mère : grâce à votre bavardage, voilà les Philistins, comme vous les appelez, qui vont emmener M. Henry!

— Taisez-vous, lâche que vous êtes! si vous et tous ces autres gloutons qui sont là comme des vaches gonflées de luzerne, vous aviez dans les bras autant de courage que j'en ai dans la langue, on n'emmènerait jamais en captivité ce précieux jeune homme!

Pendant ce dialogue les soldats s'étaient emparés de leur prisonnier, et lui liaient les mains. Milnwood rentra en ce moment, et, effrayé des préparatifs qu'il voyait faire, il offrit avec un gémissement mal étouffé une bourse à Bothwell. Le brigadier la reçut d'un air d'indifférence, la pesa dans sa main, la fit sauter en l'air, la reprit ensuite, et remuant la tête : — Il y a de quoi passer maintes joyeuses nuits dans ce nid d'anges jaunes, dit-il ; mais du diable si je me compromets pour cela ! Cette vieille femme a parlé trop haut, et devant trop de témoins : je ne puis plus me dispenser d'emmener votre neveu au quartier-général; ainsi je ne dois, en conscience, garder de votre argent que ce qui m'est dû comme une *civilité*.

Alors, ouvrant la bourse, il distribua une pièce d'or à chacun de ses soldats, en prit trois pour lui, et les mit dans sa poche. — Maintenant, ajouta-t-il, je vous donne ma parole d'honneur que votre neveu, le capitaine Perroquet, sera civilement traité pendant la route. Ce doit être une satisfaction pour vous. Quant au reste de l'argent, je vous le rends.

Milnwood tendit promptement la main.

— Seulement, continua Bothwell en jouant toujours avec la bourse, je dois vous rappeler que tout maître d'une maison est responsable de la loyauté de ceux qui l'habitent, et mes camarades ne sont pas obligés de garder le silence sur le sermon que vient de prononcer cette vieille puritaine en plaid de tartan ; il pourrait donc se faire que le conseil privé prononçât contre vous une forte amende.

— Mon bon brigadier ! digne capitaine ! s'écria l'avare épouvanté, personne dans ma maison, à ma connaissance, ne voudrait vous offenser.

— Hé bien ! dit Bothwell, vous allez l'entendre elle-même donner son témoignage, comme elle l'appelle. — Retirez-vous, jeune homme, dit-il à Cuddy qui se plaçait devant elle, et laissez parler votre mère ; elle a sûrement eu le temps de recharger ses armes depuis son premier feu...

— Seigneur mon Dieu! noble monsieur, dit Cuddy, qu'est-ce que la langue d'une vieille femme, pour faire tant de bruit de ce qu'elle peut dire? Ni mon père ni moi nous n'y avons jamais fait attention.

— Paix, mon garçon, dit Bothwell, prenez garde de gâter votre affaire. Vous m'avez l'air plus malin que vous ne voulez le paraître. Allons, bonne dame, montrez que vous savez rendre un brillant témoignage. Vous voyez que votre maître en doute.

Mause n'avait pas besoin d'être stimulée pour se donner carrière :

— Malheur, s'écria-t-elle, malheur aux complaisans et aux égoïstes charnels qui souillent et perdent leur conscience en consentant aux vexations de l'impie, et en donnant le Mammon de l'iniquité aux fils de Bélial, pour faire leur paix avec eux. C'est une complaisance coupable, une lâche alliance avec l'ennemi. C'est le péché que commit Menaham à la vue du Seigneur, quand il donna mille talens au roi d'Assyrie pour que sa main le secourût, second livre des rois, XVe chapitre, 18e verset; c'est le crime d'Abab, quand il envoya de l'or à Teglatphalasar; voyez le même livre des rois, verset 8e; et si Ézéchias lui-même fut regardé comme apostat pour s'être soumis au tribut de Sennachérib, même livre, XVIIIe chapitre, versets 14e et 15e, quel nom méritent les hommes de la génération actuelle, qui paient les impôts et les amendes à d'avides publicains, qui se laissent extorquer par des prêtres mercenaires (dogues muets dormant nuit et jour), et qui offrent des présens à nos oppresseurs? Ils sont comme ceux qui jettent un sort avec eux, qui préparent une table pour leurs soldats et leur offrent à boire.

— Voilà une belle doctrine pour vous, M. Morton! s'écria Bothwell : reste à savoir si elle sera du goût du conseil privé. Je crois que nous pourrons en retenir la plus grande partie dans notre mémoire sans avoir besoin de la plume et des tablettes comme vous en portez à vos conventicules. Vous l'avez entendu, André, elle blâme ceux qui paient les impôts au roi.

— Oui pardieu! et elle a juré que c'était pécher que d'offrir un pot de bière à un soldat ou de l'inviter à se mettre à table, dit André.

— Vous avez entendu, dit Bothwell à Milnwood, c'est votre affaire. En même temps il lui présenta la bourse un peu désenflée, avec un air d'indifférence.

Milnwood, qui semblait accablé sous le poids du malheur, tendit une seconde fois la main pour la reprendre.

— Êtes-vous fou? lui dit tout bas mistress Wilson, dites-lui de la garder. Croyez-vous qu'il ait dessein de vous la rendre? Ayez au moins l'air de la donner.

— Impossible, Alison, impossible! répondit Milnwood dans l'amertume de son cœur, je ne puis dire à ces coquins que je leur donne un argent que j'ai compté tant de fois!

— Il faut donc que je le leur dise, moi, pour éviter de plus grands malheurs. Monsieur, dit-elle à Bothwell, mon maître me charge de vous dire qu'il lui est impossible de reprendre de l'argent qui se trouve en si bonnes mains. Il vous prie de le garder, de traiter son neveu le mieux possible, de faire un rapport favorable de nos dispositions au conseil privé, et de ne pas faire attention aux sots discours d'une vieille misérable qui n'est ici que depuis hier soir, qui va en être chassée, et qui n'y remettra jamais les pieds.

— Oui, oui, c'est bien cela! dit Cuddy. Je savais bien que dès que votre maudite langue aurait dit trois mots, nous serions encore obligés de nous remettre en voyage.

— Paix! mon fils, paix! ne murmurez pas contre nos croix. Remettre le pied ici! non vraiment : le signe qui doit arrêter l'ange exterminateur n'est pas sur la porte. On y pense au monde, et non à ce qui n'est pas de ce monde. On y plaint un parent, et l'on ne s'y inquiète pas du sort des milliers d'élus qui sont persécutés, ou forcés de se rassembler dans les bois pour y entendre la parole, comme un pain mangé en secret, ou emprisonnés, pendus et torturés par ces fils du démon.

— La voilà encore avec son covenant, mon brigadier, dit un des soldats ; n'emmènerons-nous pas cette vieille?

— Taisez-vous, pardieu! lui dit tout bas Bothwell : ne voyez-vous pas qu'elle est bien où elle est, tant qu'il y aura ici un héritier respectable, responsable, et riche en espèces, comme M. Morton de Milnwood, qui a le moyen de payer pour les fautes des autres? Que la vieille s'en aille élever une autre couvée, elle est trop coriace pour être bonne à quelque chose elle-même. Allons, messieurs, une dernière santé avant de partir. A M. Morton de Milnwood, à son hospitalité, au plaisir que nous aurons à le revoir; cela ne sera pas long, s'il garde des fanatiques de cette espèce à son service.

Bothwell ordonna alors à ses soldats de monter à cheval, et s'empara du meilleur que put fournir l'écurie de Milnwood, pour son prisonnier. Mistress Wilson, les larmes aux yeux, remit à Henry un petit paquet contenant les choses qui lui étaient indispensables, et lui glissa mystérieusement dans la main une petite somme d'argent.

Bothwell tint religieusement la promesse qu'il avait faite de bien traiter son prisonnier. Il lui fit délier les mains, et ne prit d'autre précaution que de le placer entre deux de ses cavaliers.

Cela fait, la troupe partit gaiement et laissa la maison de Milnwood dans un trouble extrême.

Le vieux laird lui-même, accablé de l'aventure de son neveu, et désespéré d'avoir donné en pure perte vingt livres sterling, se jeta dans son grand fauteuil, et ne fit que répéter toute la soirée : — Ruiné de tous côtés, corps et biens! corps et biens!

Mistress Wilson soulagea son chagrin par le torrent d'invectives qu'elle fit tomber sur Mause et Cuddy en les mettant à la porte.

— Malheur à ta vieille peau, femme! finit-elle par dire à Mause; grâce à vous, voilà le plus beau jeune homme de la contrée qu'on emmène en prison!

— Ah! dit Mause, on voit bien que vous êtes encore dans les liens du péché, puisque vous vous plaignez de voir celui qui vous est cher souffrir pour la cause de CELUI qui vous a tout donné. J'ai fait pour M. Henry ce que je ferais pour mon propre fils; et si Cuddy était digne de rendre témoignage à Grass-Market....

— Cela viendra, selon toute apparence, dit Alison, à moins que vous ne changiez, lui et vous.

— Non! continua Mause, les Doegs et les Zyphites m'offriraient en vain le pardon pour me séduire; point de lâche complaisance; je persévérerai à porter témoignage contre le papisme, l'épiscopat, l'antinomianisme, l'érastianisme, le relapsarianisme, et tous les piéges du siècle. Je crierais comme une femme en mal d'enfant contre la fatale *tolérance*, qui a été une pierre d'achoppement pour les docteurs eux-mêmes. J'élèverais la voix comme un prédicateur éloquent....

— Allons, allons, ma mère, dit Cuddy en l'entraînant, n'ennuyez pas plus long-temps la bonne dame avec votre témoignage : vous avez prêché pour six jours. Vous nous avez d'abord *prêché* vous et moi hors de notre première maison et de notre jardin, puis de cette nouvelle ville de refuge où nous mettions à peine le pied : vous avez *prêché* M. Henry en prison; vous avez *prêché* vingt livres hors de la poche du laird, qui ne les a pas lâchées de bon cœur. Attendez encore quelque temps avant de me *prêcher* à une potence. Allons, venez. Cette maison a eu assez de votre témoignage pour y réfléchir quelque temps.

Ce disant il entraîna Mause, qui le suivit en murmurant entre les dents, *témoignage*, *covenant*, *impies*, *tolérance*; et tous deux se mirent en marche sans savoir où ils pourraient trouver un nouvel asile.

— La vieille folle! s'écria la gouvernante en les voyant partir. Venir porter le désordre et le malheur dans une maison si paisible. Si, par ma place, je n'étais pas une dame de qualité, ou peu s'en faut, je lui aurais appuyé les dix doigts de mes mains sur ses vieilles côtes.

CHAPITRE IX.

« Je suis enfant de Mars, nourri sous ses auspices,
« Et je puis vous montrer de nobles cicatrices.
« J'ai, sur le champ d'honneur, combattu tour à tour
« La France et mes rivaux, pour la gloire et l'amour. »
BURNS.

— NE vous laissez pas abattre, dit Bothwell à son prisonnier chemin faisant, vous êtes un brave jeune homme. Hé bien! le pire qui puisse vous arriver, c'est d'être pendu; mais, en temps de guerre, cela ne déshonore pas; c'a été le sort de plus d'un honnête garçon. Je ne puis vous cacher que la loi vous condamne, à moins que vous ne fassiez une soumission convenable, et que votre oncle ne paie une bonne amende. Au surplus, nous savons qu'il en a les moyens.

— Le danger de mon oncle est ce qui m'inquiète le plus, dit Morton. Je sais qu'il tient à son argent autant qu'à son existence; et, comme c'est à son insu que j'ai donné retraite à Balfour pour une nuit, je fais des vœux bien sincères pour que, si j'échappe à la peine capitale, l'amende ne tombe que sur moi.

— Eh bien, peut-être, dit Bothwell, que, si vous consentez à prêter serment de fidélité, on vous proposera de servir dans un des régimens écossais qui sont chez l'étranger. Cela n'est pas à dédaigner; si l'on se donne quelques coups, et que vous ayez des amis, vous ne tarderez pas à obtenir une commission d'officier.

— Cette punition n'en serait pas une pour moi, car c'est précisément ce que je désire.

— Tout de bon? mais vous n'êtes donc pas un vrai wigh, après tout?

— Je n'ai embrassé aucun des partis qui divisent l'État. J'ai vécu tranquillement chez mon oncle, et quelquefois je pensais sérieusement à joindre un de nos régimens chez l'étranger.

— Je vous estime pour cette idée. J'ai commencé moi-même de cette manière. J'ai servi long-temps en France dans les gardes écossaises. Que le diable m'emporte si ce n'est pas la meilleure école pour la discipline! on ne s'inquiète pas de ce que vous faites quand vous n'êtes pas de service. Mais manquez à l'appel, et vous verrez comme on vous arrangera. Cela ne m'est arrivé qu'une seule fois, et le vieux capitaine Montgomery me fit monter la garde, attaché à un piquet, sur la plate-forme de l'arsenal, sous un soleil ardent, pendant six heures de suite. Je jurai bien de ne plus manquer à l'appel de ma vie, quand je devrais laisser le paquet de cartes sur la caisse du régiment. Ah! la discipline, c'est la chose capitale.

— Mais d'ailleurs vous aimiez le service?

— *Par excellence!* dit Bothwell. Les femmes, le vin, la bonne chère, on obtient tout pour la peine de le demander. Et si votre conscience peut laisser faire un prêtre à large bedaine qui espèrera vous convertir, il vous aidera à jouir de ces petites consolations, pour se mettre bien avec vous. Où y a-t-il un ministre whig aussi complaisant?

— Nulle part, j'en conviens, dit Henry. Mais quelle était votre principale occupation?

— C'était de garder la personne du roi Louis-le-Grand; et puis de faire quelques expéditions contre les huguenots (c'est-à-dire les protestans) : là nous avions beau jeu; cela m'a formé la main pour mon service actuel. Mais, allons, puisque vous voulez être un bon *camarado*, comme disent les Espagnols, je ferai tout pour vous servir, et il faut que vous ayez votre part de la bourse du vieux oncle, car je crois qu'il ne vous tenait pas le gousset trop bien garni. C'est une loi de bon vivant! quand nous avons des fonds, nous ne laissons jamais un camarade dans le besoin.

En parlant ainsi, Bothwell prit sa bourse, et y mettant la main, il en retira quelques pièces qu'il offrit à Henry sans les compter. Le jeune Morton refusa; et, ne jugeant pas très prudent de lui parler du présent d'Alison, malgré la générosité qu'il lui montrait en ce moment, il lui dit qu'il n'en avait nul besoin, parce qu'il était certain que son oncle lui enverrait de l'argent dès qu'il lui en ferait demander.

— En ce cas, dit Bothwell, elles continueront à lester ma poche; quand elle est bien remplie, je me fais un principe de ne pas quitter l'enseigne du cabaret que je ne l'aie vidée, à moins que mon devoir ne m'appelle : quand ma bourse est si légère que le vent la gonfle, alors, vite à cheval, et l'on trouve toujours quelque moyen de la remplir. Mais quelle est donc cette tour qui s'élève devant nous au milieu des bois?

— C'est le château de Tillietudlem[1], dit un des dra-

---

[1] Une éminence près de Lanark porte encore le nom de *Tillietudlem*, et c'est peut-être jadis le lieu où était situé ce château, dont il ne reste même plus de ruines. — Ed.

gons. C'est là que demeure lady Bellenden, une des meilleures royalistes du pays et une amie du soldat. Lorsque je fus blessé par un de ces chiens de whigs qui me tira un coup de fusil de derrière une haie, j'y passai un mois entier, et je voudrais être encore blessé, si j'étais sûr d'entrer dans des quartiers semblables!

— Oui-dà! dit Bothwell, je veux lui présenter mes respects en passant, et lui demander quelques rafraîchissemens pour mes hommes et mes chevaux. Je me sens aussi altéré que si je n'avais rien bu chez Milnwood. Une excellente chose dans ces temps-ci, ajouta-t-il en s'adressant à Henry, c'est qu'un soldat du roi ne peut passer devant une maison sans trouver à s'y rafraîchir. Dans une maison comme le Tillie... — quel est donc le nom de ce château? — on le sert par amitié; entre-t-il chez un de vos fanatiques avares, il se fait servir de force; se trouve-t-il chez un presbytérien modéré ou autre personne suspecte, la crainte lui fait obtenir tout ce qu'il veut. Ainsi de tous côtés il y a toujours quelque moyen d'apaiser sa soif.

— Et vous vous proposez par conséquent d'entrer dans ce château?

— Bien certainement : comment pourrais-je faire à mes officiers un rapport favorable sur les bons principes de la digne châtelaine, si je ne goûte de son vin des Canaries? car nous aurons du vin des Canaries, j'en suis sûr. C'est la consolation favorite des vieilles douairières de qualité, comme la petite bière est celle de votre oncle.

— En ce cas vous m'accorderez une grâce. Je suis connu dans cette famille, et je ne voudrais pas qu'on y fût instruit de ce qui vient d'arriver. Ne dites pas mon nom, permettez-moi de me couvrir du manteau d'un de vos cavaliers, et ne parlez de moi que comme d'un prisonnier dont vous êtes chargé.

— De tout mon cœur. J'ai promis de vous traiter civilement; je tiendrai parole. — André, donnez votre manteau au prisonnier. Et vous, soldats, songez qu'il y a défense de dire qui il est, et où nous l'avons arrêté, sous peine de passer deux heures sur le cheval de bois.

Ils arrivaient alors devant une porte cintrée, flanquée de deux tourelles, dont l'une, encore entière, était habitée par la famille d'un paysan, et dont l'autre était toute en ruine, à l'exception de l'étage inférieur, qui servait d'étable à vaches. La porte avait été brisée par les soldats de Monk, pendant les guerres civiles, et n'avait jamais été replacée. Bothwell et sa troupe entrèrent donc sans aucun obstacle dans une avenue étroite, pavée de grosses pierres, qui conduisait, en tournant, par une montée rapide, au château, dont on apercevait de temps en temps, à travers les arbres, les boulevards extérieurs. C'était une forteresse gothique, et ce qui en restait encore avait un tel aspect de solidité, que Bothwell s'écria :

— C'est un grand bonheur que ce château soit en de loyales mains ! s'il appartenait à l'ennemi, une douzaine de vieilles femmes pourraient le défendre avec leurs quenouilles contre un escadron de cavalerie, pourvu qu'elles eussent la moitié de la résolution de la vieille folle que nous avons laissée à Milnwood. Sur ma vie, continuat-il en regardant la double tour et les défenses extérieures, c'est un château superbe ; que dit l'inscription, si je me souviens encore un peu de mon latin ? — Réparé par sir Ralph Bellenden en 1350. — C'est une antiquité respectable. Il faut que je me présente devant la vieille dame avec les égards qui lui sont dus, et que je cherche à me rappeler quelques uns des complimens dont j'avais la tête meublée quand je fréquentais la société de ce rang.

Pendant qu'il parlait ainsi, le sommelier, qui avait fait une reconnaissance à travers un des créneaux de la muraille, courut annoncer à lady Marguerite qu'un parti de dragons s'avançait vers le château avec un prisonnier.

— Je suis certain, dit Gudyil, que le sixième est un prisonnier, car son cheval est conduit, et les deux dragons qui le précèdent ont leurs carabines appuyées sur la cuisse : or, c'est ainsi que nous conduisions toujours les prisonniers du temps du grand marquis.

— Des soldats du roi ! dit lady Bellenden ; ils ont sans doute besoin de quelques rafraîchissemens. Courez, Gudyil : dites-leur qu'ils sont les bienvenus, et offrez-leur tout ce qu'ils peuvent désirer. Un instant! Que ma dame de compagnie m'apporte mon manteau et mon écharpe noire : je veux les recevoir moi-même. On ne peut avoir pour eux trop d'attentions dans un temps où ils se donnent tant de mal pour faire respecter l'autorité royale. Écoutez-moi bien, Gudyil : dites à ma nièce de venir me trouver sur-le-champ ; et que Jenny Dennison et deux autres femmes se disposent à me suivre à quelques pas de distance.

Tous ces ordres furent exécutés à l'instant, et lady Marguerite descendit, d'un air de dignité, jusque dans la cour de son château pour recevoir ses hôtes. Bothwell, en saluant la noble et respectable dame, prit quelque chose de cette aisance qui caractérisait les courtisans de Charles II, et ses manières n'offrirent plus la rudesse qu'on pouvait attendre d'un sous-officier de dragons ; son langage sembla aussi s'épurer dans cette circonstance. La vérité est que Bothwell, dans les vicissitudes d'une vie aventureuse et dissipée, avait quelquefois fréquenté des sociétés qui convenaient mieux à la noblesse de son origine qu'au rang qu'il occupait dans le monde. Pour répondre aux offres obligeantes de lady Marguerite, il dit qu'ayant encore une marche de plusieurs milles à faire avant la nuit, il la priait de trouver bon que sa troupe fît reposer ses chevaux une heure dans son château.

— Avec grand plaisir, dit lady Marguerite; mes gens veilleront à ce qu'ils ne manquent de rien, et j'espère que pendant ce temps vous et vos cavaliers vous accepterez quelques rafraîchissemens.

— Personne n'ignore, milady, répondit Bothwell, que c'est toujours ainsi que les serviteurs du roi sont reçus dans les murs de Tillietudlem.

— En toute occasion, dit lady Bellenden charmée de ce compliment, je tâche de m'acquitter de mes devoirs avec honneur et loyauté. Il n'y a pas encore bien long-temps, monsieur le brigadier, que Sa Majesté le roi qui est si glorieusement sur le trône, et qui probablement s'en souvient encore, a daigné honorer mon château de sa présence, et accepter à déjeuner dans une salle qu'on vous montrera, et que nous appelons encore la salle du roi.

Bothwell avait fait mettre pied à terre à sa troupe, et avait recommandé à l'un d'avoir soin des chevaux, à un autre de veiller sur le prisonnier; ainsi il pouvait continuer la conversation que la dame du manoir avait eu la condescendance de commencer.

— Puisque le roi mon maître, milady, a eu l'avantage d'avoir des preuves de votre hospitalité, je ne m'étonne pas qu'elle s'étende à tous ceux qui le servent, et dont le principal mérite consiste dans leur fidélité. Au surplus, j'appartiens à Sa Majesté de plus près que ce grossier habit rouge ne semble l'indiquer.

— Vraiment, monsieur! vous avez peut-être fait partie de sa maison?

— Oui, de sa *maison*, mais non dans le sens que vous entendez, milady; et j'ai par là le droit de me vanter d'être allié aux plus nobles familles d'Écosse, et peut-être à celle de Tillietudlem.

— Je ne vous comprends pas! dit lady Marguerite relevant majestueusement la tête en entendant un propos qu'elle regardait comme une plaisanterie déplacée.

— Dans ma situation, milady, c'est peut-être une folie à moi de rappeler ce souvenir ; mais vous avez dû entendre parler de mon aïeul Francis Stuart, à qui Jacques Ier, son cousin germain, donna le titre de comte de Bothwell, que mes camarades m'ont donné aussi par sobriquet. Sa vie fut un long enchaînement de malheurs, et son nom ne m'a pas été plus utile.

— En vérité ! dit lady Marguerite d'un ton de surprise et d'intérêt ; j'avais bien ouï dire que le petit-fils de cet homme célèbre n'était pas dans une situation convenable à sa naissance ; mais j'étais bien loin de croire qu'il fût si peu avancé dans le service. Comment se peut-il que la fortune ait traité si mal un homme qui a une semblable parenté ?

— Tout cela est dans le cours ordinaire des choses, milady. J'ai eu quelques momens de bonne fortune comme mes voisins ; j'ai vidé plus d'une bouteille avec Rochester ; j'ai fait plus d'une partie avec Buckingham ; j'ai combattu à Tanger avec Sheffield : mais tous ces amis, qui me prenaient volontiers pour compagnon de leurs plaisirs, n'ont jamais songé à m'être utiles. Peut-être, ajouta-t-il avec amertume, ne me suis-je pas montré assez sensible à l'honneur que Wilmot et Villiers [1] faisaient à un descendant des Stuarts d'Écosse en le recevant dans leur société.

— Mais vos amis écossais, M. Stuart, votre famille, qui est en ce pays si nombreuse et si puissante !

— Hé bien, milady, les uns m'auraient volontiers pris pour garde-chasse, parce que je tire passablement ; les autres m'auraient chargé de vider leurs querelles, parce que je manie l'épée assez bien : il en est qui m'auraient volontiers admis à leur table, quand ils n'auraient pu

---

(1) Noms de famille des Rochester et des Buckingham. — Ed.

avoir meilleure compagnie, parce que je puis boire mes trois bouteilles de vin : mais, parens pour parens, et service pour service, j'ai préféré entrer à celui de mon cousin Charles II, quoique la paye soit modique et que la livrée ne soit pas brillante.

— C'est une honte, un véritable scandale! s'écria lady Marguerite. Et pourquoi ne vous adressez-vous pas à Sa Majesté? Le roi ne peut qu'être surpris d'apprendre qu'un rejeton de son auguste famille...

— Excusez la franchise d'un soldat, milady; mais il faut que je dise que le roi est beaucoup plus occupé de ses propres rejetons que de ceux de l'aïeul de son grand-père.

— Hé bien, M. Stuart, il faut que vous me promettiez de coucher cette nuit à Tillietudlem. J'attends demain votre colonel, le brave Claverhouse, à qui le roi a tant d'obligations pour les mesures sévères qu'il prend contre les gens qui n'aspirent qu'à renverser le gouvernement. Je lui demanderai votre avancement, votre prompt avancement, et je suis sûre qu'il a trop de respect pour le sang qui coule dans vos veines, et trop d'égards pour une dame qui a reçu de Sa Majesté de telles marques de distinction, pour me refuser ma demande.

— Je vous remercie, milady : je resterai bien certainement, puisque vous me le permettez; d'ailleurs, ce sera le moyen de présenter plus tôt au colonel Grahame le prisonnier que j'ai avec moi.

— Et quel est ce prisonnier, M. Stuart?

— Un jeune homme de bonne famille, qui a donné retraite à l'un des meurtriers de l'archevêque de Saint-André, et qui a facilité son évasion.

— Quelle honte! s'écria lady Marguerite; je puis bien pardonner les injures que j'ai reçues de ces coquins, M. Stuart, quoique quelques unes aient été de celles qu'on a peine à oublier; mais qu'un homme bien né puisse se rendre le protecteur d'un assassin, et surtout de l'assassin d'un vieillard, d'un archevêque, d'un primat! quelle honte! Si vous voulez le tenir renfermé sans embarrasser vos gens, Harrison ou Gudyil iront chercher la clef de notre cachot. Il n'a pas été ouvert depuis la bataille de Kilsythe, lorsque mon pauvre sir Arthur Bellenden y renferma vingt-deux whigs: il n'est pas malsain, car il n'est qu'à deux étages sous terre; et je crois qu'il y a un soupirail pour en renouveler l'air.

— Mille pardons, milady : je ne doute pas que votre cachot ne soit admirable, mais j'ai promis que mon prisonnier serait traité avec égards. Je vous demanderai donc une chambre pour lui, et j'aurai soin de le surveiller de manière à ce qu'il ne puisse pas plus s'échapper que s'il avait les fers aux pieds et aux mains.

— Comme il vous plaira, M. Stuart ; vous connaissez votre devoir. Je vous laisse; j'ai chargé mon intendant Harrison de veiller à ce qu'il ne vous manque rien. Je serais charmée de pouvoir vous tenir compagnie, mais....

— Point d'apologie, milady : je sens parfaitement que le grossier habit rouge du roi Charles II détruit les priviléges que pourrait avoir le sang du roi Jacques V.

— Pas à mon égard, M. Stuart : ne le croyez pas; vous me feriez injure. Je parlerai demain à votre colonel, et j'espère que vous vous trouverez bientôt élevé à un poste dont personne n'aurait à rougir.

— Je crains, milady, que votre espoir ne se trouve trompé; mais je ne vous suis pas moins obligé de vos intentions favorables; et, dans tous les cas, je passerai une bonne soirée avec M. Harrison.

Lady Marguerite lui fit une révérence cérémonieuse, avec tous les égards qu'elle croyait devoir au sang royal, même quand il coulait dans les veines d'un brigadier aux gardes, et se retira en l'assurant que tout ce qui se trouvait dans le château de Tillietudlem était à son service et à celui de ses cavaliers.

Le brigadier Bothwell ne manqua pas de prendre la bonne dame au mot. Il eut bientôt oublié le haut rang d'où sa famille était descendue, dans un joyeux banquet pendant lequel M. Harrison s'évertua pour obtenir le meilleur vin du cellier, et pour exciter son hôte à la gaieté par son exemple, ce qui, dans ces occasions, produit plus d'effet que le précepte. Le vieux Gudyil se mit d'une partie si conforme à ses goûts, à peu près comme Davy, dans la seconde partie du Règne d'Henry IV [1], partagea les débauches de son maître, le juge Shallow. Il descendit en courant à la cave, au risque de se casser le cou, pour explorer une *catacombe* secrète, connue, disait-il, de lui seul, et qui, sous sa surintendance, ne s'était jamais ouverte et ne s'ouvrirait jamais que pour un véritable ami du roi.

— Quand certain duc dîna ici, dit le sommelier en s'asseyant au bout de la table, tenu en respect par la généalogie de Bothwell, mais rapprochant sa chaise à chaque phrase, — quand certain duc dîna ici, milady demanda instamment une bouteille de ce bourgogne, mais je ne sais trop comment il se fit, M. Stuart, que je ne me fiai pas à lui, quoiqu'il se prétendît l'ami du gouvernement. Ce vieux duc James avait perdu son cœur avant de perdre la tête ; et l'homme de Worcester n'était qu'un insipide pouding, ni bon à bouillir, ni bon à frire... (Après cette observation triviale, qu'il croyait très ingénieuse, Gudyil, comme un ingénieur habile, s'approcha en zigzag de la place qu'il voulait conquérir, c'est-à-dire de la table.) Ainsi donc, monsieur, plus milady criait : Du bourgogne pour Sa Grâce! — le vieux bourgogne, ce bourgogne de l'année 1639, — plus je me disais à moi-même : Du diable

---

[1] C'est une des pièces historiques de Shakspeare. — Ed.

s'il en entre une goutte dans son gosier, jusqu'à ce que je sois plus assuré de ses vrais principes!... Le bordeaux et le vin des Canaries sont suffisans pour lui. Non, non, messieurs, tant que je serai sommelier de Tillietudlem, je me charge de ne pas donner ce que nous avons de meilleur à une personne douteuse; mais parlez-moi d'un véritable ami du roi, de la bonne cause et de l'épiscopat modéré. Si je trouve, dis-je, un homme qui défend bravement le roi et l'église, comme je le fis moi-même pendant la vie de mon maître, et sous le grand Montrose, il n'y a rien de trop bon pour cet homme-là dans le cellier.

Pendant cette harangue, la place avait été pleinement occupée par le sommelier, qui, devenu le commensal de Bothwell, ajouta:

— Et maintenant, M. Francis Stuart de Bothwell, j'ai l'honneur de boire à votre chère santé et à votre grade prochain; puissiez-vous être heureux dans l'entreprise de purger ce pays de tout wigh, tête-ronde, fanatique et covenantaire!

Bothwell, comme on le croira sans peine, avait depuis long-temps cessé d'être scrupuleux sur le choix de sa compagnie; il préférait celle que lui procurait son rang, parce qu'il aimait plus encore sa convenance qu'il n'était jaloux de son origine. Il répondit donc à la santé du sommelier en reconnaissant l'excellence du vin. M. Gudyil, admis régulièrement à cette honorable société, continua à lui fournir les moyens de boire gaiement jusqu'à la pointe du jour.

CHAPITRE X.

« Si je te proposais de voguer avec toi
« Sur le cristal uni d'une mer sans orage,
« Pour laisser là l'esquif et gagner le rivage
« Quand le souffle des vents inspirerait l'effroi? »
PRIOR.

TANDIS que lady Margaret tenait avec le noble sous-officier de dragons la conférence que nous avons rapportée dans le chapitre précédent, sa petite-fille, qui ne partageait pas son enthousiasme pour tout ce qui appartenait au sang royal, n'avait honoré Bothwell que d'un coup d'œil, et n'avait vu en lui qu'un homme robuste, dont les traits brunis par les intempéries de l'air exprimaient à la fois le mécontentement et l'insouciante gaieté de ces hommes qui cherchent à s'étourdir et à oublier leur orgueil dans la dissipation. Les soldats avaient encore moins attiré son attention; mais le prisonnier, qui, enveloppé dans son manteau, prenait un soin particulier de cacher sa figure, excitait en elle un intérêt involontaire. Elle pouvait difficilement en détacher ses yeux, et cependant elle se reprochait une curiosité qui semblait évidemment faire de la peine à celui qui en était l'objet.

— Je voudrais savoir qui est ce pauvre malheureux, dit-elle à Jenny Dennison, suivante qui était spécialement à son service.

— Je pensais la même chose, miss Edith, mais ce ne peut être Cuddy Headrigg, qui est plus grand et plus robuste.

— Cependant, continua miss Bellenden, c'est peut-être quelque voisin pour lequel nous pourrions avoir quelque motif de nous intéresser.

— Je puis bientôt savoir qui il est, une fois que les soldats seront établis au château; car j'en connais un très bien, le plus jeune et le mieux fait.

— Je crois que vous connaissez tous les fainéans du canton, répondit sa maîtresse.

— Non, miss Edith; je ne suis pas si prompte à faire des connaissances. Certes, on ne peut pas s'empêcher de connaître de vue ceux qui ne cessent de vous regarder à l'église ou au marché; mais je parle à un très petit nombre de jeunes gens, à moins qu'ils ne soient de la maison, ou les trois Steinsons, et Tom Rand, et le jeune meunier, et les cinq Howison, et le Long Tom Gilly, et...

— Je vous en prie, finissez cette liste de vos exceptions, qui menace d'être longue, et dites-moi comment vous avez connu ce jeune soldat.

— Mon Dieu, miss Edith, c'est Tom Holliday, le soldat qui fut blessé à deux pas d'ici par les gens du conventicule d'Outer-Side-Moor, et qui a passé plus d'un mois au château. Ah! je peux lui demander tout ce que je voudrai, je suis bien sûre que Tom ne me refusera pas.

— Tâchez donc de trouver l'occasion de lui demander le nom du prisonnier, et venez me rejoindre dans ma chambre.

Jenny s'acquitta de sa commission, et ne tarda pas à rejoindre sa maîtresse avec un air qui annonçait la surprise, la consternation, et un vif intérêt pour le prisonnier.

— Eh bien, Jenny! dit Edith, pourquoi cet air effrayé? serait-ce véritablement ce pauvre Cuddy?

— Cuddy! répondit la fidèle femme de chambre, qui n'ignorait pas combien elle allait causer de chagrin à sa maîtresse; non, non, miss Edith, ce n'est pas Cuddy! mais qui l'aurait jamais cru? c'est le jeune Milnwood lui-même.

— Le jeune Milnwood! s'écria Edith en pâlissant à son

tour, cela est impossible! absolument impossible! son oncle va entendre le service d'un ministre toléré par la loi, et le jeune Milnwood lui-même n'a jamais pris part à ces malheureuses dissensions. Il est bien certainement innocent, à moins qu'il n'ait réclamé contre quelque injustice.

— Ce n'est pas dans un temps comme celui-ci, miss Edith, qu'il s'agit de savoir ce qui est justice ou injustice. Il serait plus innocent que l'enfant nouveau-né, qu'on trouverait le moyen de le faire paraître coupable, si on le voulait. Mais Tom Holliday m'a dit qu'il y va même de sa vie, car il a recélé un de ces hommes du comté de Fife qui ont tué le vieux archevêque.

— Il y va de sa vie! s'écria miss Bellenden pouvant à peine respirer : il faut que je le voie, que je lui parle... On ne lui fera, on ne peut lui faire perdre la vie!

— Ah! ma chère miss, pensez à votre grand'mère, au danger, à la difficulté. Il est gardé à vue jusqu'à l'arrivée de Claverhouse; et, s'il ne peut lui donner satisfaction, Tom Holliday assure que son affaire sera bientôt faite. — A genoux, — en joue, — feu. — Tout juste comme on fit à ce pauvre vieux sourd John Macbriar, qui périt parce qu'il ne put répondre à des questions qu'il n'entendait pas.

— S'il faut qu'il meure, Jenny, je mourrai avec lui. Ne me parlez ni de dangers ni de difficultés. Faites-moi parler à Holliday, conduisez-moi vers lui, je me jetterai à ses pieds, je le prierai, je le supplierai, je lui dirai que pour le salut de son âme...

— Merci de moi! notre jeune lady aux genoux d'Holliday, et lui parlant de son âme, tandis qu'il sait à peine s'il en a une! Mauvais projet, ma chère maîtresse, et qui ne peut réussir. Si vous voulez absolument voir le jeune Milnwood, laissez-moi conduire cette affaire, et cependant je ne vois pas à quoi cela pourra servir. Je ne sais comment je dois m'y prendre avec Holliday, c'est lui qui est de garde à la tour où le jeune Milnwood est enfermé.

— Allez vite me chercher un plaid, Jenny; ne perdez pas un instant. Il faut que je le voie. Je trouverai quelque moyen de le sauver. Dépêchez-vous, si vous tenez à obtenir jamais quelque chose de moi.

Jenny courut au plus vite, et revint bientôt avec un plaid dans lequel Edith s'enveloppa de manière à se cacher le visage et à déguiser en partie le reste de sa personne. Il existait alors pour arranger les plaids une manière particulière aux dames de ce temps-là et du siècle suivant. Selon les anciens vénérables de l'Église, cette manière était propre à faciliter les intrigues; aussi dirigèrent-ils plus d'un décret pieux de l'assemblée [1] contre cette façon de mettre le manteau; mais la mode, alors comme toujours, prévalut sur leur autorité, et tant qu'on porta des plaids, les femmes de tous les rangs les employèrent souvent comme une espèce de masque et de voile.

Ainsi déguisée, Edith s'avança d'un pas tremblant au lieu où Morton était enfermé.

C'était une espèce de cabinet d'une des tours, et la porte donnait sur une galerie dans laquelle Holliday se promenait en long et en large; car Bothwell, fidèle à sa promesse, et touché peut-être de la jeunesse et de la conduite noble du prisonnier, n'avait pas voulu placer le garde dans le même appartement. Holliday, la carabine sur l'épaule, se consolait de sa solitude en s'humectant le gosier de temps en temps avec une bouteille de vin placée sur une table, et qui avait succédé à un pot de bière qu'il avait déjà vidé. En arrivant à la porte de la galerie, elles

---

(1) Nous avons déjà dit que l'assemblée générale du clergé d'Ecosse est une espèce de concile qui exerce un droit de censure sur les laïques comme sur les ministres. — Ed.

l'entendirent fredonner l'air joyeux de cette ballade écossaise qui commence par

> Entre Dundee et Saint-Johnstone
> Avec moi vous viendrez, ma bonne.

— Surtout laissez-moi faire, dit Jenny; je sais comment il faut m'y prendre avec lui. Ne dites pas un seul mot.

Elle ouvrit la porte de la galerie au moment où la sentinelle tournait le dos; et, prenant un ton de coquetterie villageoise, elle se mit à chanter sur le même air :

> Je suivrais un soldat! qui, moi?
> Oh mon Dieu! que dirait ma mère?
> C'est un lord qu'il me faut, ma foi!
> Cherche donc une autre bergère.

— Une vraie provocation, par Jupiter! dit Holliday en faisant un demi-tour, et deux contre un, encore! mais il n'est pas aisé de battre le soldat avec sa propre giberne, dit le proverbe; et il continua la chanson où la demoiselle l'avait laissée :

> Tu me suivras, te dis-je, un jour,
> Pour partager mon lit, ma table;
> Pour danser au son du tambour.
> Tu me suivras, bergère aimable.

— A présent payez-moi ma chanson, ma jolie garde-malade, dit-il à Jenny.

— Je n'aurais jamais pensé à cela, monsieur Holliday, lui dit-elle en le repoussant avec un air de fâcherie parfaitement joué pour la circonstance; et que penserait mon amie, si je vous laissais faire? Je vous assure que vous ne me verrez plus, si vous n'êtes pas plus poli. Est-ce que vous ne devriez pas rougir? Croyez-vous que ce soit pour ces folies que je sois venue ici avec mon amie, monsieur Holliday?

— Et pour quelles folies y êtes-vous venue, miss Jenny?

— Ma cousine a besoin de parler à M. Morton, votre prisonnier, et je suis venue pour l'accompagner.

— Vraiment ? Diable ! et comment vous proposez-vous d'entrer dans cette chambre ? Vous et votre cousine ne me paraissez pas assez minces pour passer par le trou de la serrure, et quant à ouvrir la porte, il ne faut pas en parler.

— Il ne faut pas en parler, mais il faut le faire, dit la persévérante Jenny.

— Très joli projet, ma jolie Jenny, dit Holliday. Et il se remit en marche dans la galerie en fredonnant :

>Approche-toi du puits, et vois,
> Ma chère Jeannette;
>Approche-toi du puits, et vois,
> Ma chère Jeannette,
>   Ton joli minois.

— Vous ne voulez donc pas nous laisser entrer, monsieur Holliday ? hé bien, tant pis pour vous. Voici la dernière fois que vous me verrez, et je garderai pour moi ce que je vous destinais.

En parlant ainsi elle faisait jouer dans sa main un dollar d'argent.

— Donnez-lui de l'or ! lui dit tout bas miss Edith.

— Non, non, répondit Jenny ; l'argent est assez bon pour les gens qui, comme lui, ne se soucient pas des coups d'œil d'une jolie fille ; d'ailleurs il pourrait soupçonner que vous êtes plus que vous ne paraissez. L'argent n'est pas si commun. Ayant parlé ainsi tout bas à sa maîtresse, elle éleva la voix et dit : — Hé bien, monsieur Holliday, ma cousine n'a pas le temps de rester ici ; voyez donc si vous voulez nous laisser entrer, ou bien nous nous en allons.

— Un moment, dit le soldat, un moment ! parlementons un peu : si je laisse entrer votre cousine, me tiendrez-vous compagnie jusqu'à ce qu'elle revienne ? c'est le moyen que nous soyons tous contens.

— Oui-dà ! et croyez-vous donc que ma cousine et moi

soyons filles à compromettre notre réputation en restant tête à tête avec un homme comme vous ou comme votre prisonnier ! Non, non, monsieur Holliday, rayez cela de vos tablettes. Ah! mon Dieu, quelle différence entre ce que certaines gens promettent et ce qu'ils tiennent ! Combien de fois ne m'avez-vous pas dit de vous demander tout ce que je voudrais ; et pour la première fois que je vous fais une demande, vous me refusez ! ce n'est pas ainsi qu'agissait ce pauvre Cuddy que vous méprisez tant. Il se serait fait pendre plutôt que de réfléchir deux fois à ce que j'exigeais de lui.

— Au diable soit Cuddy ! s'écria le dragon ; j'espère bien qu'il sera pendu tout de bon un de ces matins. Je l'ai vu aujourd'hui à Milnwood avec sa vieille mère puritaine, et, si j'avais su que vous me le jetteriez à la tête, je l'aurais emmené pieds et poings liés et attaché à la queue de mon cheval. Ah! nous avions de quoi l'arrêter.

— Fort bien ! fort bien ! si vous forcez Cuddy à s'enfuir dans les bois et dans les montagnes, prenez garde qu'il ne vous lâche un bon coup de fusil. Il est bon tireur ; il a été le troisième au Perroquet. Il est aussi fidèle à sa promesse qu'adroit de l'œil et de la main, quoiqu'il ne fasse pas tant de phrases que certaines gens de votre connaissance ; mais cela m'est égal. Allons, ma cousine, allons-nous-en.

— Attendez donc, Jenny ! Diable ! croyez-vous donc que je fasse long feu, quand j'ai dit quelque chose ? Où est donc mon brigadier ?

— A table, avec l'intendant et Gudyil, buvant et mangeant.

— Il est en sûreté, certes. Et que font mes camarades ?

— Ils font circuler la tasse avec le fauconnier et les autres domestiques.

— Ont-ils de la bière en abondance ?

— Six gallons, et de la meilleure.

— Alors, ma petite Jenny, ils ne viendront que pour

me relever de garde, et peut-être plus tard. Mais me promettez-vous de venir me voir seule une autre fois?

— Peut-être oui, peut-être non. Mais, en attendant, voilà un dollar dont vous aimerez la compagnie autant que la mienne.

— Dieu me damne si cela est vrai! dit-il en prenant l'argent; mais c'est pour m'indemniser du risque que je cours; car si le colonel savait ce que je fais pour vous, il me ferait monter un cheval de bois aussi haut que la tour de Tillietudlem. Mais chacun dans le régiment prend tout ce qu'il peut attraper. Bothwell, avec son sang royal, nous donne un bon exemple. Si je ne comptais que sur vous, ma petite diablesse, je perdrais ma peine et ma poudre, tandis que ce camarade (en regardant le dollar) sera bon tant qu'il durera. Allons, voilà la porte ouverte, entrez; mais ne vous amusez pas à jaser trop long-temps avec le jeune whig, et, dès que je vous appellerai, sortez bien vite, comme si vous entendiez battre la générale.

Dès qu'elles furent entrées, il ferma la porte sur elles, reprit sa carabine, et continua sa marche mesurée dans la galerie, en sifflant comme une sentinelle qui ne pense qu'à tuer le temps.

Morton était assis, les coudes sur une table, la tête appuyée sur ses mains, et il semblait livré à de sérieuses réflexions. Il leva les yeux en entendant ouvrir la porte, et voyant entrer deux femmes, il fit un mouvement de surprise. Edith n'avait ni la force d'avancer ni celle de parler. Sa modestie avait fait disparaître le courage et l'espérance de secourir Morton, que le désespoir lui avait inspiré. Un chaos pénible d'idées accablait son esprit, et elle concevait même la crainte de s'être dégradée aux yeux de son amant en se permettant une démarche peu conforme à la retenue de son sexe, quoique les circonstances parussent l'excuser. Elle restait sans mouvement et presque sans connaissance, appuyée sur le bras de sa suivante, qui s'efforçait en vain de la rassurer et de lui rendre du courage, en lui disant tout bas : — Hé bien, miss Edith, nous voilà entrées : profitons du moment! le sergent peut venir faire sa ronde, et il ne faut pas exposer le pauvre Holliday à être puni pour nous avoir obligées.

Morton commençait à soupçonner la vérité et s'avançait timidement. Quelle autre qu'Edith pouvait prendre intérêt à lui dans le château de lady Bellenden? Cependant le costume dont elle était revêtue et le plaid qui la couvrait l'empêchant de la reconnaître, il craignait, en montrant ses soupçons, de commettre une méprise offensante pour l'objet de sa tendresse. Enfin Jenny, que son caractère résolu et sa hardiesse d'esprit rendaient propre au rôle qu'elle jouait, prit sur elle de rompre la glace.

— M. Morton, lui dit-elle, miss Edith est bien chagrine de votre situation, et elle vient...

Elle n'eut pas besoin d'en dire davantage, Henry était auprès d'Edith et presque à ses pieds; il s'était emparé d'une de ses mains, et l'accablait de remerciemens que son émotion rendait presque inintelligibles, et que nous ne pourrions interpréter que par une description exacte des gestes et des mouvemens passionnés qui indiquaient le trouble de son âme.

Edith resta quelques minutes aussi immobile que la statue d'une sainte à qui un adorateur vient porter un religieux hommage. Enfin, revenant à elle, elle dégagea sa main de celle d'Henry : — Me pardonnerez-vous, lui dit-elle d'une voix faiblement articulée, une démarche que j'ai peine à excuser moi-même? Mais l'amitié que j'ai conçue pour vous depuis long-temps est trop forte pour que je puisse vous abandonner quand il semble que tout le monde vous abandonne. Pourquoi donc êtes-vous ainsi arrêté? que peut-on faire pour vous? Mon oncle, qui vous estime, et M. Milnwood lui-même, ne peuvent-ils vous servir? Que faut-il faire pour vous sauver? qu'avez-vous à craindre?

— Je ne crains plus rien! s'écria Henry en saisissant de nouveau la main qui lui était échappée, et qu'Edith alors ne chercha plus à retirer. Quoi qu'il puisse m'arriver, ce moment est le plus heureux de ma vie. C'est à vous, chère Edith (j'aurais dû dire miss Bellenden, mais l'infortune donne quelques droits), c'est à vous que je dois le seul instant de bonheur qui ait embelli mon existence; et, s'il faut perdre la vie, ce souvenir consolera mes derniers momens.

— Mais est-il possible, M. Morton, que vous, qui n'aviez jusqu'ici pris aucune part à nos dissensions civiles, vous vous y trouviez tellement impliqué tout-à-coup que, pour expier cette faute, il ne faille rien moins que...

Elle s'arrêta ici, et ne put rendre l'idée qu'elle voulait exprimer.

— Rien moins que ma vie, voulez-vous dire? répondit Morton avec calme; je crois qu'elle dépend entièrement de la volonté de mes juges. Mes gardes me disent pourtant qu'il peut se faire qu'on me permette de prendre du service dans un régiment écossais en pays étranger. Je croyais, il y a quelques instans, pouvoir embrasser cette alternative avec plaisir; mais depuis que je vous ai revue, miss Bellenden, je sens que l'exil serait plus cruel pour moi que la mort.

— Il est donc vrai que vous avez été assez imprudent pour avoir des liaisons avec quelqu'un des misérables qui ont assassiné le primat?

— J'ignorais même que ce crime eût été commis quand j'ai donné asile pour une nuit à un de ces insensés, qui avait été l'ami et le camarade de mon père. Mais cette excuse ne sera point admise : excepté vous, miss Bellenden, qui voudra me croire?... Je vous avouerai même que, quand cette circonstance m'eût été connue, je n'aurais pu me décider à refuser un asile momentané au fugitif.

— Et par qui et au nom de quelle autorité votre conduite sera-t-elle examinée et jugée?

— Au nom de quelle autorité? répondit Morton, au nom de celle du colonel Grahame de Claverhouse, m'a-t-on dit. Il est un des membres de la commission militaire à laquelle notre roi, notre conseil privé et notre parlement, jadis plus soigneux de nos priviléges, ont confié le soin de nos biens et de nos vies.

— Claverhouse! s'écria Edith : vous êtes donc condamné avant d'avoir été entendu. Il a écrit à ma grand'mère qu'il serait ici demain matin. Il va attaquer une troupe de rebelles qui se sont réunis dans la partie haute de ce comté, et qui sont excités par deux ou trois des meurtriers du primat. Les expressions de sa lettre et les menaces qu'elle contient m'ont fait frissonner, lors même que j'étais éloignée de penser que... qu'un ami...

— Ne concevez pas des inquiétudes exagérées par rapport à moi, ma chère Edith. Quelque sévère que puisse être Claverhouse, il est, dit-on, brave, noble, et homme d'honneur : je suis fils d'un soldat, et je plaiderai ma cause en soldat. Peut-être écoutera-t-il une défense franche et sincère plus favorablement que ne le ferait un juge civil, esclave tremblant des circonstances. Au surplus, dans un moment où tous les ressorts de la justice sont brisés, je crois que je préférerais perdre la vie par suite du despotisme militaire, plutôt que par la sentence prétendue légale d'un juge corrompu, qui n'emploie la connaissance qu'il a des lois destinées à nous protéger que pour en faire des instrumens de tyrannie et de destruction.

— Vous êtes perdu! s'écria Edith; vous êtes perdu si votre sort dépend de Claverhouse! le malheureux primat était son ami intime et avait été son premier protecteur. Il dit, dans sa lettre à ma mère, qu'il n'y a nulle grâce à espérer pour aucun de ceux qui donneront asile ou secours à quelqu'un de ses meurtriers ; que ni excuse ni subterfuge ne pourront les sauver ; qu'il vengera la mort du prélat en faisant tomber autant de têtes qu'il avait de cheveux blancs.

— Jenny Dennison avait jusque là gardé le silence ; mais, voyant que les deux amans ne trouvaient aucun remède aux malheurs qui les menaçaient, elle crut pouvoir hasarder de donner son avis.

— Je vous demande pardon, miss Edith ; mais nous n'avons pas de temps à perdre. Que Milnwood mette ma robe et mon plaid, il sortira avec vous sans qu'Holliday le reconnaisse. Il n'y voit plus clair, grâce à l'ale qu'il a bue. Vous lui montrerez le chemin pour sortir du château, et vous rentrerez dans votre appartement ; moi, je m'envelopperai dans le manteau gris de M. Morton, je jouerai le rôle du prisonnier, et, dans une demi-heure, j'appellerai Holliday, et lui dirai de me laisser sortir.

— De vous laisser sortir ! dit Morton : savez-vous bien que votre vie répondrait de mon évasion ?

— Ne craignez rien, dit Jenny : pour son propre intérêt, il ne voudra pas avouer qu'il ait permis à quelqu'un d'entrer ici, et il cherchera quelque autre excuse pour rendre compte de votre fuite.

— Oui par Dieu ! dit Holliday en ouvrant la porte ; mais si je suis aveugle, je ne suis pas sourd, et pour faire réussir votre plan il ne fallait pas parler si haut. Allons, allons, miss Jenny ; et vous aussi, madame la cousine, je ne veux pas savoir votre vrai nom quoique vous fussiez sur le point de me jouer un méchant tour. En avant, marche ! il faut battre en retraite, ou j'appelle la garde.

— J'espère, mon cher ami, lui dit Morton d'un ton d'inquiétude, que vous ne parlerez pas de ce projet, et je vous donne ma parole d'honneur que, de mon côté, je garderai le secret sur la complaisance que vous avez eue de permettre à ces dames d'entrer ici. Si vous nous avez entendus, vous avez dû remarquer que je n'ai pas accepté la proposition de cette bonne fille.

— Oui, diablement bonne, sans doute! dit Holliday, au surplus je n'aime pas plus qu'un autre à bavarder, ni à faire des rapports. Mais, quant à cette petite diablesse de Jenny Dennison, elle mériterait bien quelque correction pour avoir voulu mettre dans la nasse un pauvre diable qui n'a rien à se reprocher que d'avoir fait trop d'attention à son minois.

Jenny eut recours à l'excuse ordinaire de son sexe : elle mit son mouchoir sur ses yeux, et pleura ou feignit de pleurer. Cette ruse de guerre produisit tout son effet accoutumé.

— Allons, dit Holliday d'un ton plus doux, si vous avez quelque chose à vous dire, que ce soit fait en deux minutes. L'ivrogne de Bothwell n'aurait qu'à se mettre en tête de faire sa ronde une demi-heure plus tôt que de coutume, nous aurions une vilaine affaire sur les bras.

— Allons, Edith, dit Morton en affectant une fermeté qui était bien loin de son cœur, ne restez pas plus longtemps ; abandonnez-moi à ma destinée. Je puis tout endurer, puisque j'ai eu le bonheur de vous voir, et que vous prenez quelque intérêt à moi. Adieu ; ne courez pas le risque d'être découverte.

En parlant ainsi, il la conduisit vers la porte, et elle sortit appuyée sur sa fidèle Jenny, sans avoir la force de lui répondre.

— Chacun a son goût, dit Holliday en refermant la porte : le diable m'emporte si je voudrais affliger une si jolie fille pour tous les drôles qui ont juré le covenant.

Lorsque Edith fut rentrée dans son appartement, elle s'abandonna à toute sa douleur, et Jenny chercha à lui inspirer quelques motifs d'espérance et de consolation.

— Ne vous affligez pas ainsi, miss Edith, lui dit-elle;

qui sait ce qui peut arriver? Le jeune Milnwood est un brave gentilhomme, d'une bonne naissance; on ne le traitera pas comme ces pauvres whigs qu'on arrête dans les marais, pour les pendre sans cérémonie. Son oncle est riche, et peut le tirer d'affaire avec de l'argent. Votre oncle pourrait aussi parler pour lui, car il connaît les habits rouges.

— Vous avez raison, Jenny, dit Edith, sortant de l'accablement où elle était plongée; c'est le moment d'agir, et non de se livrer au désespoir. Il faut que vous trouviez quelqu'un qui porte ce soir même une lettre à mon oncle.

— A Charnwood, madame! à l'heure qu'il est! Songez-vous qu'il y a plus de six milles d'ici? Je ne sais si un homme pourrait entreprendre d'y aller, surtout depuis qu'on a mis une sentinelle à la porte. Pauvre Cuddy! s'il était ici, je n'avais qu'un mot à lui dire, et il partait sans demander pour qui ni pourquoi. Je n'ai pas encore eu le temps de faire connaissance avec celui qui l'a remplacé. D'ailleurs on dit qu'il va épouser Meg Murdierson, la laide créature.

— Il faut, Jenny, que vous trouviez quelqu'un; il y va de la mort ou de la vie.

— J'irais volontiers moi-même, milady, car je me glisserais par la fenêtre de la cuisine, et puis le long du vieux if. — Je l'ai fait plus d'une fois. — Mais la route est dangereuse. — Il y a tant d'habits rouges qui rôdent çà et là! sans parler des whigs, qui ne valent guère mieux (les jeunes gens du moins), s'ils rencontrent une fille dans les marais. — Ce n'est pas la longueur du chemin qui me fait peur. — Je ferais dix milles au clair de lune.

— Ne pouvez-vous trouver quelqu'un qui, par charité ou pour de l'argent, me rendrait ce service? dit miss Bellenden avec la plus cruelle anxiété.

— Je ne sais trop à qui m'adresser, dit Jenny après

avoir réfléchi un moment : je crois bien que Gibby se chargera de cette commission; mais il ne connaît peut-être pas bien le chemin, quoiqu'il ne soit pas bien difficile s'il suit le sentier où passent les gens à cheval, qu'il fasse bien attention de tourner à gauche près de Cappercleugh, qu'il ne se noie pas dans la mare de Whomlekirn, etc., etc; il peut encore être emmené aux montagnes par les whigs ou conduit en prison par les habits rouges.

— Il faut, dit Edith, courir toutes ces chances, si vous ne trouvez pas un meilleur messager. Cherchez-le donc sur-le-champ; qu'il se prépare à partir secrètement. S'il rencontre en route quelqu'un qui l'arrête, qu'il dise qu'il porte une lettre au major Bellenden à Charnwood, mais sans ajouter de quelle part.

— J'entends, dit Jenny, le petit drôle s'en trouvera bien; Tibbie, la fille de basse-cour, aura soin des oies. Je n'ai qu'un mot à lui dire, et je promettrai à Gibby que vous ferez sa paix avec lady Margaret; puis à son retour nous lui donnerons un dollar.

— Dites-lui qu'il en aura deux s'il s'acquitte bien de sa commission.

Pendant que Jenny allait éveiller Gibby, qui se couchait ordinairement avec le soleil et à la même heure que les oies confiées à sa garde, Edith écrivit au major la lettre suivante, ayant pour suscription :

Au major Bellenden de Charnwood, mon très honoré oncle.

« MON CHER ONCLE,

« Je désire avoir des nouvelles de votre santé. Je crains que votre goutte ne vous tourmente, et nous avons été fort inquiètes, ma mère et moi, de ne pas vous voir au wappen-schaw. Si elle vous permet de sortir, nous serons bien charmées de vous voir demain matin : le colonel Grahame de Claverhouse devant venir déjeuner à notre humble manoir, la compagnie d'un militaire comme vous lui sera sans doute plus agréable que celle de deux femmes. Je vous prie de dire à mistress Carfoot, votre femme de charge, de m'envoyer une robe de soie garnie de dentelles que j'ai laissée dans le troisième tiroir de la commode de la chambre verte, que vous voulez bien appeler la mienne. Envoyez-moi aussi le second volume du *Grand Cyrus*, en étant restée à l'emprisonnement de Philipdaspes, page 732. Mais surtout n'oubliez pas d'être ici demain à huit heures du matin ; votre bidet à l'amble est si bon que vous n'aurez pas besoin pour arriver de vous lever de meilleure heure que de coutume. Je prie le ciel qu'il vous conserve en bonne santé, et je reste, mon cher oncle, votre nièce affectionnée et soumise.

» Edith Bellenden. »

« *P. S.* Un parti de soldats a amené hier soir ici votre jeune ami, M. Henry Morton de Milnwood. Vous serez sans doute fâché d'apprendre son arrestation. Je vous en informe dans le cas où vous jugeriez convenable de parler en sa faveur au colonel Grahame. Je n'en ai rien dit à ma mère : vous savez qu'elle a des préventions contre sa famille. »

Cette lettre cachetée fut remise à Jenny, et la fidèle confidente se hâta de la porter à Gibby, qu'elle trouva prêt à partir. Elle lui donna ses instructions sur la route qu'il devait suivre, craignant toujours qu'il ne se trompât, ce qui était fort possible, car il n'avait fait ce chemin que cinq à six fois, et il n'avait guère plus de mémoire que de jugement. Enfin elle le fit sortir secrètement du château par la fenêtre près de laquelle était le grand if, grâce aux branches duquel il descendit jusqu'à terre sans accident.

Elle retourna alors vers sa maîtresse, l'engagea à se mettre au lit, et tâcha de lui faire espérer que Gibby réussirait dans son message, regrettant néanmoins de n'avoir pu y employer le fidèle Cuddy, en qui elle aurait eu bien plus de confiance.

Gibby fut cependant bien plus heureux comme messager qu'il ne l'avait été comme cavalier. Le hasard le servit en cela plutôt que son intelligence. Il ne s'égara que neuf fois, et il arriva à Charnwood comme l'aurore commençait à paraître, après avoir mis près de huit heures pour faire un trajet de dix milles ; car on en comptait ordinairement six et un petit bout de chemin, or ce petit bout équivaut généralement à plus d'un tiers de la route.

CHAPITRE XI.

« Déjà la troupe arrive, et le commandant crie :
« *Halte!* ou bien, *Pied à terre!* à sa cavalerie. »
SWIFT.

Gédéon Pique, le vieux valet de chambre du major Bellenden, entra dans sa chambre une heure plus tôt que de coutume, et, après avoir disposé les habits de son maître auprès de son lit, il s'excusa de le réveiller, en lui annonçant qu'un exprès venait d'arriver de Tillietudlem.

— Un exprès de Tillietudlem! dit le major en se soulevant sur son lit : ouvrez les volets, Pique ; tirez les rideaux... J'espère que ma belle-sœur n'est pas malade... Mais voyons ce que dit cette lettre. C'est de ma petite-nièce... Hum!... *la goutte!* Elle sait que je n'en ai pas entendu parler depuis la Chandeleur!... *Sa robe de soie!* comme si elle n'en avait pas d'autre... *Le grand Cyrus!*... Philipdaspes. Philippe-le-Diable!... Est-elle devenue folle, de m'envoyer un exprès, et de me réveiller à cinq heures du matin pour toutes ces fariboles?... Et que dit son post-scriptum !... Ah ! mon Dieu ! Pique, mon cheval ; vite, sellez le vieux Kilsythe, et un autre pour vous.

— J'espère, monsieur, qu'il n'y a pas de mauvaises nouvelles de Tillietudlem? dit Pique, surpris de l'émotion subite de son maître.

— Si... non... si... C'est-à-dire, il faut que je m'y rende à l'instant, pour parler à Claverhouse. Ainsi donc, Pique, mon cheval sur-le-champ... Oh ! mon Dieu, dans quel temps nous vivons ! Le fils de mon ancien camarade... Et cette petite avec sa robe, son Cyrus et sa goutte ! mettre dans son post-scriptum la seule chose intéressante de sa lettre !

Pique ne perdit pas de temps. Le vieux major fut bientôt sur son cheval de bataille, aussi solide en selle que Marc-Antoine lui-même, et sur la route de Tillietudlem. Chemin faisant, il résolut de ne point parler à sa belle-sœur de la principale affaire qui l'amenait chez elle, parce qu'il connaissait sa haine invétérée pour tout ce qui était presbytérien, et que la famille de Morton appartenait à cette secte. Il espéra que son crédit pourrait suffire pour obtenir de Claverhouse la mise en liberté de son jeune ami.

— Loyal comme il doit l'être, pensait-il en lui-même, il ne peut refuser une grâce à un vieux soldat comme moi, et il doit être charmé de rendre service au fils d'un autre vieux soldat. Je n'ai jamais connu un bon militaire qui ne fût franc et humain, et quoiqu'ils soient quelquefois obligés d'être sévères, j'aime encore mieux que l'exécution des lois leur soit confiée qu'à quelque légiste minutieux, ou aux cervelles épaisses de nos gentilshommes campagnards.

Telles étaient les pensées qui occupaient le major Miles Bellenden, lorsque Gudyil (à demi ivre) prit la bride de son cheval pour l'aider à en descendre dans la cour du château de Tillietudlem.

— Hé bien! Gudyil, lui dit le vieux major, quelle diable de discipline observez-vous donc? Vous avez déjà lu la Bible de Genève ce matin.

— J'ai lu les litanies, dit John branlant la tête avec toute la gravité d'un ivrogne. — Que voulez-vous, monsieur le major, la vie est courte : nous sommes des fleurs des champs, des lis de la vallée.

— Des fleurs, des lis, mon camarade? de vieux soldats comme vous et moi sont plutôt des chardons et des orties. Mais je vois que vous pensez qu'ils valent encore la peine d'être arrosés.

— Je suis un vieux soldat, monsieur le major, grâce au ciel, et je...

— Vous voulez dire un vieux buveur, Gudyil. Mais annoncez-moi à votre maîtresse.

Gudyil le conduisit dans une salle où lady Marguerite était occupée à faire les préparatifs convenables pour la réception du colonel Grahame de Claverhouse, que l'un des partis qui divisaient l'Écosse honorait et respectait comme un héros, tandis que l'autre le détestait comme un tyran sanguinaire.

— Ne vous ai-je pas répété, Mysie, disait-elle à une de ses femmes, que je voulais que tout fût rangé aujourd'hui absolument dans le même ordre que le jour à jamais mémorable où Sa Majesté daigna déjeuner à Tillietudlem?

— Sans doute, milady, et, autant qu'il m'en souvient...

— Vous avez donc oublié, interrompit milady, que Sa Majesté poussa vers sa droite, près d'une bouteille de vin de Bordeaux, un pâté de venaison qui était placé à sa gauche, en disant qu'ils étaient trop bons amis pour qu'on dût les séparer?

— Je m'en souviens fort bien, milady, et vous me l'avez rappelé plusieurs fois; mais j'ai cru qu'il fallait mettre les choses dans l'état où elles étaient lorsque Sa

Majesté entra dans la salle, plus semblable à un ange qu'à un homme s'il n'avait pas eu le teint si brun.

— Vous avez cru très mal, Mysie. Il faut que tout soit placé conformément au goût manifesté par Sa Majesté. Son bon plaisir doit être une loi pour nous, et pour tous ceux qui habiteront jamais Tillietudlem.

— Cela est fort aisé, milady, dit Mysie en faisant le changement désiré; mais si vous voulez mettre toutes choses dans l'état où Sa Majesté les a laissées, il faudrait faire une fameuse brèche au pâté.

On ouvrit la porte en ce moment.

— Que voulez-vous, Gudyil? je ne puis parler à personne à présent. Ah! c'est vous, mon frère! dit-elle d'un air de surprise : voilà une visite bien matinale!

— Je n'en suis pas moins le bienvenu, j'espère? dit le major. J'ai appris par un billet qu'Edith a écrit à Charnwood pour redemander quelques hardes et des livres, que Claverhouse déjeunait ce matin chez vous, et j'ai pensé que ce jeune soldat ne serait pas fâché de causer un instant avec un vieux mousquet comme moi. J'ai dit à Pique de seller Kilsythe, et nous voici.

— C'est très bien fait, mon frère, et je vous aurais invité si j'avais cru en avoir le temps. Vous voyez comme je suis occupée des préparatifs. Je veux que tout soit dans le même ordre que le jour où...

— Où le roi a déjeuné à Tillietudlem? interrompit le major, qui, comme toutes les connaissances de lady Marguerite, tremblait quand la vieille dame entamait ce chapitre, et qui désirait y couper court. — Je m'en souviens fort bien. — Vous savez que j'étais derrière le fauteuil de Sa Majesté.

— Oui, mon frère, et sans doute vous pourrez m'aider à me rappeler la position exacte de chaque chose.

— Non, sur ma foi! le dîner maudit que Noll [1] nous

---

(1) Cromwell. — Ed.

donna à Worcester quelques jours après, chassa toute votre bonne chère de ma mémoire. Mais comment donc, vous avez même fait mettre le grand fauteuil en cuir de turquie avec les coussins brodés... ?

— Dites le trône, mon frère, s'il vous plaît.

— Hé bien ! le trône, soit. Est-ce de là que Claverhouse doit procéder à l'attaque du pâté ?

— Non, mon frère ; ce trône, ayant eu l'honneur de servir de siége à Sa Majesté, ne sera jamais, tant que je vivrai, profané par personne au-dessous d'un monarque.

— Il ne fallait donc pas l'exposer à la vue d'un brave cavalier qui aura fait dix milles à cheval avant le déjeuner; car il me semble qu'il s'y trouverait assis à l'aise. Mais où est Édith ?

— Sur les créneaux de la tour, pour nous avertir de l'arrivée de nos hôtes.

— Hé bien, je vais la rejoindre, et je vous laisse finir l'arrangement de votre ligne de bataille ; et si, comme je le pense, vos dispositions sont terminées, vous ferez bien d'y venir avec moi. Savez-vous que c'est une belle chose que de voir un régiment de cavalerie en marche ?

En parlant ainsi il offrit son bras, avec la politesse d'un ancien courtisan, à lady Marguerite, qui l'accepta, en le remerciant par une révérence telle qu'en faisaient les dames à Holyrood-House avant l'année 1642, qui pendant quelque temps fit passer de mode la cour et les révérences de cour.

Ayant gravi maint passage et maint escalier tournant, ils arrivèrent sur la plate-forme de la tour, où ils trouvèrent Edith, non dans l'attitude d'une personne qui attend avec impatience et curiosité l'arrivée d'un régiment de dragons, mais pâle, abattue, et offrant dans tous ses traits la preuve que le sommeil n'avait pas visité ses paupières la nuit précédente.

Le bon major fut inquiet de son air défait, dont lady

Bellenden ne s'était pas aperçue dans l'embarras de ses préparatifs.

— Qu'avez-vous donc, petite fille? dit-il; vous avez l'air de la femme d'un officier qui va ouvrir une lettre le lendemain d'une bataille, et qui craint d'apprendre que son mari fait partie des blessés ou des morts. Mais je sais ce que vous avez. Pourquoi persistez-vous à lire ces romans jour et nuit, et à gémir sur des malheurs imaginaires? Croyez-vous que le grand Artamène combattit seul contre un bataillon? Un contre trois, c'est déjà beaucoup, et je n'ai connu que mon caporal Raddlebanes qui se souciât de cette partie inégale. Mais ces maudits livres déprécient les exploits les plus fameux. Vous croyez, je parie, que Raddlebanes n'est qu'un pauvre soldat à côté d'Artamène. Je voudrais que les gens qui écrivent ces billevesées fussent mis au piquet pour leur récompense.

Lady Marguerite, qui aimait les romans, en prit la défense.

— M. Scudéri, dit-elle, est aussi un militaire, et distingué, m'a-t-on dit, ainsi que le sieur d'Urfé.

— Tant pis pour eux, ils auraient dû savoir ce qu'ils disaient. Pour moi, depuis vingt ans je n'ai lu que la Bible, le *Devoir de l'homme*, et plus récemment la *Pallas armata* de Turner, ou traité sur l'exercice de la lance. J'avoue que sa discipline n'est guère de mon goût. Il veut placer la cavalerie au front au lieu de la placer sur les ailes. Certes, si j'avais fait cela à Kilsythe, la première décharge eût fait reculer nos chevaux jusqu'au milieu de nos montagnards. Mais j'entends les timbales.

Les regards se tournèrent du côté de la route. La tour de Tillietudlem dominait toute la vallée. Ce château est situé, s'il existe encore, sur un rivage élevé à pente très rapide, à l'extrémité d'un angle formé par la jonction d'un ruisseau considérable avec la Clyde. Sur le ruisseau, près de son embouchure, était un pont étroit, d'une seule arche, sur lequel passait la route pour tourner ensuite à la base de la hauteur. La forteresse, commandant ainsi le pont et la route, avait été en temps de guerre un poste important dont il était nécessaire d'être maître pour assurer les communications entre la région supérieure, presque inculte, du canton, et la partie inférieure, plus susceptible de culture, où s'étend la vallée. La vue y domine une campagne boisée dans sa perspective éloignée; mais le terrain plus uni, ou d'une pente plus douce, qui avoisine la rivière, forme des champs cultivés que partagent irrégulièrement de petits taillis et des haies. On dirait que ces vertes clôtures ont été élaguées de la forêt qui les entoure, et dont les masses touffues occupent au loin les pentes plus escarpées et les inégalités plus saillantes du terrain. La rivière limpide, mais offrant la couleur foncée des cailloux appelés *cairngorum*, descend par des détours hardis à travers cette contrée pittoresque, tantôt visible, tantôt disparaissant sous le feuillage des arbres qui accompagnent son cours sinueux. Plus favorisés que dans d'autres cantons de l'Écosse, les paysans ont planté généralement des vergers autour de leur *cottage*, et les fleurs des pommiers, à cette époque de l'année, donnent à une grande partie du paysage l'aspect d'un riche parterre.

En remontant la rivière, la scène n'avait plus cet aspect riant; la contrée devenait aride, inculte et montagneuse; les arbres étaient rares et ne croissaient que sur les bords de l'eau. A des landes marécageuses succédaient des élévations sans formes élégantes, et surmontées à leur tour par un rang de sombres montagnes qu'on distinguait confusément à l'extrême horizon. Ainsi la tour commandait deux perspectives, l'une richement cultivée et ornée, l'autre offrant le caractère monotone et triste d'un désert inhospitalier.

Dans cette occasion, tous les regards étaient fixés sur

la perspective la plus riante, non pas seulement à cause de l'attrait du paysage lui-même, mais plutôt parce que c'était de ce côté que les sons éloignés de la musique militaire annonçaient l'approche des cavaliers attendus à Tillietudlem. Leurs rangs brillans furent bientôt aperçus; ils paraissaient et disparaissaient suivant les irrégularités de la route et la nature du terrain, alternativement découvert et boisé, mais signalés surtout par les éclairs de lumière que le soleil faisait jaillir de leurs armes. Le spectacle était imposant pour l'imagination; car il y avait environ deux cent cinquante dragons en marche, qui venaient, bannières déployées, au bruit des trompettes et des timbales. Bientôt on put distinctement compter leurs rangs et admirer chaque soldat, supérieurement monté et équipé.

— C'est un spectacle qui me rajeunit de trente ans, dit le vieux major; et cependant je n'aime pas le service que ces pauvres diables sont obligés de faire. J'ai eu, comme un autre, ma part des guerres civiles; mais je me trouvais bien plus à mon aise lorsque je combattais sur le continent, face à face avec des figures étrangères, et dont le langage n'était pas le mien. C'est une chose terrible que d'entendre un malheureux vous demander merci en écossais, et d'être obligé de le sabrer comme si un Français vous criait *miséricorde!* Les voilà qui sortent du bois de Netherwood. Sur mon honneur, ce sont de beaux hommes, et supérieurement montés. Celui qui galope en avant de la colonne est sans doute Claverhouse. Oui, il se met à la tête de la troupe pour passer le pont. Ils seront ici dans cinq minutes.

Lorsque la cavalerie eut passé le pont, elle se divisa en deux corps. Les soldats, conduits par les sous-officiers, prirent le chemin de la ferme, où lady Bellenden avait fait préparer ce qui était nécessaire pour leur réception; les officiers, avec le drapeau et une escorte pour le garder, gravirent le sentier étroit et escarpé qui conduisait à la porte du château, qui était ouverte pour leur réception.

Lady Bellenden, Edith et le major, descendirent alors de leur poste d'observation pour recevoir leurs hôtes, avec une suite de domestiques en aussi bon ordre que le leur permettaient les orgies de la nuit. Le brave cornette, parent du colonel et un Grahame comme lui, avec qui le lecteur a déjà fait connaissance, baissa le drapeau en l'honneur des dames, au milieu des fanfares militaires, et les vieux murs du château retentirent du son des instrumens et des hennissemens des coursiers.

Claverhouse montait un cheval parfaitement noir, le plus beau peut-être de toute l'Écosse, bien dressé, accoutumé au feu, et qui l'avait sauvé de plusieurs dangers. Toutes ces circonstances faisaient courir le bruit parmi les presbytériens rebelles, que ce cheval lui avait été donné par l'ennemi du genre humain, pour l'aider à les persécuter, et qu'il ne pouvait être blessé ni par l'acier ni par le plomb. Claverhouse mit pied à terre, vint présenter ses respects aux dames avec une galanterie militaire, et demanda mille excuses à lady Margaret de l'embarras qu'il lui occasionait. Lady Bellenden l'assura qu'elle ne pouvait que s'applaudir de la circonstance qui amenait chez elle un officier si distingué, un serviteur si loyal de Sa Majesté. Enfin, lorsque toutes les formules de politesse furent épuisées, le colonel demanda la permission d'entendre le rapport qu'avait à lui faire le sergent Bothwell, et se retira à l'écart pendant quelques minutes pour lui parler.

Le major saisit cette occasion pour dire à Edith, sans que lady Bellenden pût l'entendre : — N'êtes-vous donc pas folle, ma nièce, de m'écrire une lettre remplie de je ne sais combien de sornettes à propos de robes, de romans, et de placer dans un post-scriptum la seule chose qui pût m'intéresser ?

— C'est que, mon oncle, dit Edith en hésitant, je...

je ne savais pas trop si... s'il était convenable que...

— Je vous entends, reprit-il : que vous prissiez intérêt à un presbytérien ; mais j'étais l'ami du père de ce jeune homme. C'était un brave militaire. S'il a pris une fois les armes pour la mauvaise cause, il les a aussi portées pour la bonne. Au surplus, vous avez eu raison de ne pas parler de cette affaire à votre grand'mère, et comptez que j'en ferai autant. Je trouverai le moment de dire un mot à Claverhouse. Mais on va déjeuner, suivons-les.

CHAPITRE XII.

« Leur déjeuner était chaud : cet usage
« Sera suivi par tout voyageur sage. »
PRIOR.

LE déjeuner de lady Bellenden ne ressemblait pas plus à nos déjeuners modernes, que la salle pavée de Tillietudlem aux salles à manger de notre temps. On n'y voyait ni thé, ni café, ni une variété de petits pains, mais des viandes solides et substantielles. — Le jambon *ecclésiastique*, le *chevaleresque* aloyau, le noble *baron* de bœuf, le *royal* pâté de venaison [1], tandis que des flacons d'argent, échappés au pillage des covenantaires, circulaient pleins d'ale, d'hydromel, ou de vins généreux de diverses qualités.

L'appétit des convives était digne de cette magnificence et de ces mets substantiels. On ne s'amusait pas à la bagatelle ; on ne mangeait pas du bout des lèvres ; les dents travaillaient avec cette persévérance qui n'est con-

(1) Nous croyons devoir reproduire ici le texte de ces expressions de gastronomie féodale : *priestly ham, knightly sirloin, noble baron of beef, priesty venison panty.* — ED.

nue que de ceux qui se lèvent avant le jour, et qui ont fait une route pénible.

Lady Margaret voyait avec délices ses hôtes honorables faire honneur au repas qu'elle avait préparé pour eux. Elle n'avait guère l'occasion de les inviter à manger avec ces instances pressantes auxquelles les dames de cette époque soumettaient leurs convives, comme *à la peine forte et dure.*

Le seul colonel semblait négliger la bonne chère qui lui était offerte; et, placé près de miss Bellenden, il était plus occupé de lui faire la cour que de satisfaire son appétit. Edith écoutait, sans y répondre, les complimens qu'il lui adressait. Vainement il prouvait que sa voix, qui dans les combats se faisait entendre comme la trompette guerrière, pouvait aussi moduler les accens d'une conversation intéressante : l'idée qu'elle était à côté de ce chef redoutable, de la volonté duquel dépendait le sort d'Henry; le souvenir de la terreur qu'inspirait dans tout le comté le nom seul du colonel, la privèrent quelque temps du courage de lui parler et même de le regarder. Enhardie enfin par le son flatteur de sa voix, elle se hasarda à jeter les yeux sur lui, et ne vit dans sa personne, au premier abord du moins, aucun des attributs de terreur dont ses craintes l'avaient entouré, rien qui justifiât ses appréhensions.

Grahame de Claverhouse était encore dans la fleur de la jeunesse : sa taille était moyenne, mais élégante; ses discours, ses gestes, ses manières, annonçaient qu'il avait vécu dans le monde des grands et des heureux ; ses traits avaient une régularité presque féminine : son visage ovale, un nez bien fait, des yeux presque noirs, un teint assez brun pour ne pas avoir un air efféminé, une lèvre supérieure légèrement relevée comme celle d'une statue grecque, de petites moustaches d'un brun clair, enfin une abondance de longs cheveux bouclés de la même couleur, qui tombaient jusque sur ses épaules, formaient un ensemble comme les artistes aiment à en peindre, et les dames à en contempler.

Cet extérieur semblait le rendre plus propre à briller dans un salon que sur un champ de bataille; l'expression de douceur et de gaieté qui régnait sur son visage le faisait prendre, au premier coup d'œil, pour un homme plus amoureux des plaisirs que de la gloire. Il n'en était pourtant pas moins connu par la sévérité de son caractère, et ses ennemis mêmes étaient forcés de rendre justice à sa bravoure. Il avait un esprit entreprenant, savait concevoir et exécuter les desseins les plus hardis, et possédait toute la prudence de Machiavel. Profond politique, il s'était naturellement pénétré de ce mépris des droits individuels qu'inspirent les intrigues de l'ambition. De sang-froid au milieu des plus grands dangers, ardent à suivre un succès, il craignait aussi peu la mort pour lui-même, qu'il était impitoyable pour la donner aux autres.

Tels sont les caractères qu'enfantent les discordes civiles. Les plus brillantes qualités, perverties par l'esprit de parti et exaspérées par une opposition journalière, se trouvent souvent combinées avec des vices et des excès qui les privent de tout leur mérite et de leur éclat.

Edith montrait tant de trouble en répondant aux complimens que le colonel ne cessait de lui prodiguer, que son aïeule crut devoir venir à son secours.

— Dans notre vie retirée, dit-elle à Claverhouse, miss Edith Bellenden a si peu vu les personnes de son rang, qu'il n'est pas étonnant qu'elle éprouve quelque embarras pour répondre en termes convenables. Nous avons rarement, colonel, l'avantage de recevoir ici quelque officier, et le jeune lord Evandale est le seul que nous ayons le plaisir de voir assez souvent. Et, puisque j'ai nommé cet excellent gentilhomme, puis-je demander si je ne devais pas avoir l'honneur de le voir ce matin avec le régiment?

— Lord Evandale était en marche avec nous, milady; mais j'ai été obligé de le détacher, avec sa compagnie, pour dissiper un conventicule de ces importuns garnemens, qui ont eu l'impudence de s'assembler à cinq milles de mon quartier-général.

— En vérité, je n'aurais jamais cru tant de présomption à ces rebelles. Dans quel temps nous vivons, colonel! Il y a en Écosse un mauvais esprit qui souffle aux vassaux des personnes de rang l'insubordination et la révolte. Croiriez-vous qu'un des miens a refusé d'aller au wappenschaw? N'y a-t-il pas des lois, colonel Grahame, pour punir cette obstination?

— Je crois que j'en pourrais trouver une. Comment se nomme le coupable; et où demeure-t-il?

— Son nom est Cuthbert Headrigg. Quant à son domicile, je ne puis vous en instruire; car vous devez bien croire, colonel, que, d'après une telle conduite, il n'a pas fait un long séjour à Tillietudlem; je l'en ai chassé à l'instant, et j'ignore ce qu'il est devenu. Je ne lui souhaite pas de mal cependant; mais un emprisonnement de quelques jours, ou même quelques coups de baguette, feraient un bon exemple dans le voisinage. Il a obéi, je crois, à l'influence de sa mère; comme c'était une ancienne domestique de la famille, ce qui me porte un peu à la commisération, quoique..., continua-t-elle en regardant les portraits de son époux et de ses fils avec un profond soupir, — quoique j'aie peu de motifs personnels pour avoir pitié de cette race obstinée de rebelles : ce sont eux qui m'ont privée de mon époux et de mes enfans, et sans la protection de notre auguste monarque et de ses braves soldats, ils me dépouilleraient de même de mes terres et de mes biens. Croiriez-vous bien que sept de nos fermiers ont osé refuser le paiement de leurs rentes? qu'ils ont dit à mon intendant qu'ils ne reconnaissaient plus pour roi et pour seigneurs que ceux qui avaient juré le *covenant?*

— J'irai régler ce compte avec eux, si vous me le permettez, milady. Il est de mon devoir de soutenir l'autorité, surtout quand elle est dans des mains aussi respectables que celles de lady Bellenden. Mais il n'est que trop vrai que les mauvais principes se propagent de plus en plus dans ce canton, et je vais être forcé de prendre contre les rebelles des mesures de sévérité qui s'accordent mieux avec mon devoir qu'avec mon caractère. Cela me rappelle, milady, que j'ai des remerciemens à vous faire pour l'hospitalité que vous avez daigné accorder à un détachement de mes dragons qui m'amènent un prisonnier accusé d'avoir donné retraite au lâche assassin Balfour de Burley.

— Le château de Tillietudlem, colonel, a toujours été ouvert aux serviteurs de Sa Majesté; et quand il cessera de l'être, c'est qu'il n'y restera plus pierre sur pierre. Mais me permettez-vous de vous faire observer, colonel Grahame, que le gentilhomme qui commande ce détachement ne me semble pas au rang qui lui conviendrait, si nous considérons quel sang coule dans ses veines. Si j'osais me flatter de voir accueillir ma requête en sa faveur, je vous supplierais de lui accorder de l'avancement à la première occasion.

— Vous voulez parler du brigadier Francis Stuart, que nous nommons Bothwell, dit Claverhouse en souriant : il a l'écorce un peu rude, et il a quelquefois de la peine à se plier aux règles de la discipline; mais le moindre désir de lady Bellenden doit être une loi pour moi. — (Bothwell entrait au même instant.) — Bothwell, lui dit le colonel, allez baiser la main de lady Marguerite, et remerciez-la. Grâce à l'intérêt qu'elle prend à votre avancement, la première commission vacante dans ce régiment sera pour vous.

Bothwell fit d'un air de hauteur cet acte d'humilité, et dit ensuite tout haut : — A coup sûr personne ne peut se trouver déshonoré de baiser la main d'une dame ; mais quand il s'agirait d'obtenir le grade de général, je ne baiserais pas la main d'un homme, à moins que ce ne fût celle du roi.

— Vous l'entendez, dit Claverhouse en souriant ; voilà le grand écueil pour lui. — Il ne peut oublier sa généalogie.

— Mon noble colonel, dit Bothwell, je sais que vous n'oublierez pas la promesse que vous venez de me faire. Peut-être alors permettrez-vous au cornette Stuart de se souvenir de son grand-père, que le brigadier doit oublier.

— Cela suffit, monsieur, dit Claverhouse du ton impérieux qui lui était habituel ; dites-moi ce que vous veniez m'apprendre.

— Lord Evandale, mon colonel, vient de faire halte sur la route, en face du château, avec sa troupe ; il ramène quelques prisonniers.

— Lord Evandale ! dit lady Marguerite ; j'espère, colonel, que vous lui permettrez d'entrer et de venir déjeuner. Vous savez que Sa Majesté même n'a point passé devant mon château sans y prendre quelques rafraîchissemens.

C'était la troisième fois, depuis son arrivée, que Claverhouse entendait mentionner ce mémorable évènement, et se hâtant d'interrompre à temps le récit : — Oh ! dit-il en souriant, et jetant les yeux sur Edith, je sais que je mettrais lord Evandale en pénitence si je le tenais en vue de ce château sans lui permettre d'y entrer. Bothwell, faites dire à lord Evandale que lady Marguerite le prie de venir déjeuner, et que je l'attends.

— Qu'on dise à Harrison d'avoir soin des cavaliers et des chevaux, s'écria lady Bellenden.

Le cœur d'Edith battait vivement pendant cette conversation. Elle espéra que l'influence qu'elle savait avoir sur lord Evandale pourrait lui fournir le moyen de sauver Morton, si l'intercession de son oncle auprès de Claverhouse se trouvait infructueuse. En toute autre circonstance, elle n'aurait pas voulu s'adresser à lord Evandale pour en obtenir une grâce, parce que, malgré son inexpérience, sa délicatesse naturelle lui faisait sentir qu'une jeune femme qui contracte une obligation envers un jeune homme, lui donne sur elle un avantage dont il est souvent porté à abuser. Mais une raison qui l'en aurait encore détournée bien davantage, c'était qu'elle n'ignorait pas que toutes les commères des environs parlaient de son mariage avec lui comme d'une chose décidée. Lord Evandale lui avait rendu des soins très assidus depuis un an; elle ne pouvait se dissimuler qu'elle lui avait plu; elle savait que s'il faisait une déclaration formelle de ses sentimens, ses prétentions seraient fortement appuyées par lady Marguerite et par tous ses amis. Elle n'avait donc d'autre motif à alléguer pour lui refuser sa main, que la préférence qu'elle accordait à un autre, et elle savait que l'aveu de ce secret serait aussi inutile que dangereux. Elle résolut donc d'attendre ce que produirait l'intercession de son oncle. Elle savait que le visage du vieillard, plein de franchise, lui apprendrait bientôt si elle était insuffisante, et en ce cas elle se déterminerait, comme par un dernier effort, à essayer son propre crédit sur lord Evandale, en faveur de Morton.

Elle ne fut pas long-temps dans l'incertitude. Le major avait fait les honneurs de la table en riant et causant avec les militaires qui étaient assis près de lui; quand le repas fut terminé, il put quitter son siége, et s'approchant de sa nièce, il la pria de le présenter à Claverhouse d'une manière particulière. Celui-ci connaissait le caractère et la réputation du major, et l'accueillit avec les plus grands égards. Ils ne tardèrent pas à se retirer à l'écart, et miss Bellenden, dont le cœur battait vivement, ne les perdit pas de vue un seul instant, cherchant à deviner, d'après leurs gestes et l'expression de leurs traits, le résultat de leur conférence.

Elle vit d'abord en Claverhouse cet air ouvert et poli qui semble disposé à accorder une faveur, mais qui cependant est mêlé de quelque réserve, et ne veut s'engager à rien avant de bien connaître ce qu'on a à lui demander. A mesure que la conversation avançait, le front du colonel devenait plus sombre : ses sourcils se rapprochaient ; un air d'impatience, quoique toujours mêlé de politesse, se peignait dans tous ses traits, et Edith crut y lire la condamnation d'Henry. Le langage du major paraissait calme, quoique pressant, et il semblait appuyer sa demande de tout le crédit que devaient lui donner son âge et sa réputation. Enfin le colonel, pour se débarrasser d'une sollicitation qu'il regardait comme importune, fit un mouvement pour rejoindre la compagnie : il se trouva alors si près d'Edith, qu'elle l'entendit prononcer ces paroles : — Impossible, major, impossible! l'indulgence, en pareil cas, excède mes pouvoirs ; pour toute autre chose je serais enchanté de vous être agréable... Mais, voici Evandale qui nous apporte des nouvelles... Hé bien, Evandale, qu'avez-vous à nous apprendre?

— Des nouvelles désagréables, mon colonel, répondit lord Evandale, dont les bottes étaient couvertes de boue, et dont l'uniforme était dans le désordre qui annonce un officier qui vient de combattre : — Un corps considérable de whigs est en armes dans les montagnes, et en pleine révolte. Ils ont brûlé publiquement l'acte de suprématie, celui de l'établissement de l'épiscopat, et l'ordonnance qui commande une fête d'expiation pour le martyre de

Charles Iᵉʳ; déclarant que leur intention est de soutenir la réformation et le *covenant* jusqu'à la mort.

Cette nouvelle inattendue frappa d'une surprise pénible tous ceux qui l'entendirent, excepté Claverhouse.

— Et vous appelez cela une nouvelle désagréable? c'est la meilleure que j'aie apprise depuis six mois. Maintenant que ces misérables sont rassemblés, nous les aurons bientôt expédiés. Quand la couleuvre relève la tête, ajouta-t-il en appuyant sa botte par terre comme s'il écrasait un reptile, il est facile de la mettre à mort; elle n'est dangereuse que lorsqu'elle se cache sous l'herbe de son marécage. — Et où sont ces misérables?

— A dix milles d'ici, dans un lieu nommé Loudon-Hill, au milieu des montagnes. J'ai dispersé le conventicule contre lequel vous m'avez envoyé; j'ai arrêté une vieille trompette de sédition qui prêchait ouvertement la révolte, avec un ou deux de ses auditeurs, et j'ai appris de quelques hommes de la campagne et de nos espions les détails que je viens de vous donner.

— Savez-vous quel est leur nombre?

— Probablement mille à douze cents hommes. Les rapports varient à cet égard.

— Il est donc temps de les joindre. Bothwell, faites sonner le boute-selle sur-le-champ.

Bothwell, qui, comme le coursier de l'Écriture, aspirait de loin l'odeur des combats, se hâta d'aller transmettre ses ordres à six nègres parés d'un uniforme blanc richement galonné, avec des hausse-cols en argent massif, et des brassards du même métal. Bientôt, grâce à ces noirs musiciens, les murs du château retentirent du son des trompettes.

— Vous partez donc? s'écria lady Marguerite, à qui ce signal rappela ses malheurs passés. Hélas! parmi les braves serviteurs du roi rassemblés dans mon château, combien en est-il que je n'aurai plus le bonheur de voir? Ne feriez-vous pas mieux de vous assurer de la force des rebelles?

— Leur nombre ne peut pas encore être bien considérable, dit Claverhouse, mais je ne dois pas perdre un instant. Ils seraient bientôt dix fois plus nombreux si je donnais aux malveillans de ce canton le temps de les rejoindre.

— Il en est déjà qui sont en marche, dit lord Evandale ; et l'on m'a assuré qu'ils attendent un renfort de presbytériens soi-disant soumis aux lois, et qui sont commandés par le jeune Milnwood, fils du fameux colonel des têtes-rondes, Silas Morton.

Ce discours ne produisit pas la même impression sur tous ceux qui l'entendirent. Edith tomba sur une chaise, accablée de terreur et de désespoir ; Claverhouse jeta sur le major un regard de triomphe qui semblait lui dire :
— Eh bien ! vous voyez quels sont les principes du jeune homme pour qui vous vous intéressez !

Le major, le feu dans les yeux, s'écria vivement : — C'est un mensonge, une infâme calomnie inventée par ces misérables rebelles pour se procurer des partisans. Je répondrais d'Henry Morton comme de mon propre fils ; il a d'aussi bons principes qu'aucun officier des gardes. Edith Bellenden pourrait l'attester comme moi ; je l'ai souvent vu lire dans le même livre de prières qu'elle, et ils savaient par cœur les leçons aussi bien que le ministre. Mais faites-le venir, qu'il s'explique lui-même. Écoutez sa justification.

— Innocent ou coupable, dit le colonel, je n'y vois nul inconvénient. Major Allan, prenez un guide, et conduisez le régiment vers Loudon-Hill. Marchez au pas, afin de ne pas fatiguer les chevaux. Lord Evandale et moi nous vous joindrons dans un quart d'heure. Que Bothwell, avec une escorte, nous amène les prisonniers.

Allan quitta sur-le-champ l'appartement, ainsi que tous

les officiers, excepté lord Evandale et le colonel; et le son de la musique militaire se joignant au bruit des chevaux, annonça que le régiment se mettait en marche.

Tandis que Claverhouse cherchait à calmer les terreurs de lady Marguerite et à ramener le major Bellenden à son opinion sur le jeune Morton, Evandale, surmontant cette défiance de soi-même, qui rend toujours un jeune amant timide près de l'objet de sa tendresse, s'approcha de miss Edith, et lui dit d'un ton aussi tendre que respectueux :

— Nous allons vous quitter, et pour remplir un devoir qui doit peut-être nous exposer à quelques dangers. — Adieu, chère miss Bellenden, ajouta-t-il en lui pressant la main, qu'il serra avec une vive émotion. — Adieu, et permettez-moi de dire chère Edith, pour la première et peut-être pour la dernière fois. La circonstance de cette séparation doit me faire excuser si je dis un adieu si solennel à celle que je connais depuis si long-temps, et pour qui j'éprouve un si profond respect.

Le son de sa voix annonçait en lui un sentiment bien plus vif que celui dont il parlait. Il était impossible qu'Edith s'y trompât, et qu'elle restât entièrement insensible à l'expression d'une tendresse aussi modeste que profondément sentie. Quoique accablée par le danger que courait en ce moment l'amant que son cœur préférait, elle ne put s'empêcher d'être émue de compassion pour un brave jeune homme qui prenait congé d'elle pour s'exposer à tous les périls de la guerre.

— J'espère..., je me flatte, dit-elle, que vous ne courrez aucun danger; que la crainte, plutôt que la force des armes, dispersera les insurgés, et que vous reviendrez bientôt recevoir les félicitations et les témoignages d'amitié de tous les habitans de ce château.

— De *tous*, répéta-t-il en appuyant sur ce mot d'un ton de doute et de mélancolie, que ne puis-je le croire! Mais je ne compte pas sur un succès si prompt; notre corps est

trop peu nombreux pour intimider les rebelles et étouffer
la révolte sans effusion de sang. Ces hommes sont enthousiastes et déterminés ; ils ont des chefs qui ne sont pas sans
quelques connaissances militaires. Je ne puis m'empêcher
de croire que l'impétuosité de notre colonel nous fait marcher trop précipitamment contre eux ; mais mon devoir
est d'obéir, et il en est bien peu parmi nous qui aient
moins de raisons que moi de craindre le danger.

Edith avait alors l'occasion de parler à lord Evandale en
faveur d'Henry ; c'était la seule voie qui parût encore ouverte pour le sauver. Elle hésita cependant, comme craignant d'abuser de la tendre confiance d'un amant qui venait
de déclarer indirectement que son cœur était à elle. Pouvait-elle, sans manquer à l'honneur, engager Evandale à
intercéder pour un rival ? pouvait-elle avec prudence lui
avoir une obligation sans lui donner des espérances qu'elle
ne devait jamais réaliser ? Mais le moment était trop urgent
pour rester indécise ou pour amener adroitement sa demande.

— Nous expédierons ce jeune homme de l'autre côté
du château, dit Claverhouse. Allons, lord Evandale, je
suis fâché de vous interrompre ; mais il faut monter à
cheval. Bothwell, pourquoi n'amenez-vous pas le prisonnier ? Faites charger les carabines de votre détachement.

Edit crut entendre dans ces paroles l'arrêt de mort de
son amant. Elle surmonta toute la répugnance qu'elle
éprouvait à s'adresser à lord Evandale. — Milord, lui dit-
elle, ce jeune homme est un ami intime de mon oncle.
Vous devez avoir du crédit sur votre colonel. Ne puis-je
vous demander votre intercession ? Mon oncle vous en aurait une éternelle reconnaissance.

— Vous évaluez mon crédit beaucoup trop haut, miss
Bellenden : j'ai été bien souvent malheureux dans de pa
reilles demandes, que l'humanité seule m'a inspirées.

— Essayez encore une fois, pour l'amour de mon oncle!

— Et pourquoi pas pour l'amour de vous? Ne voulez-vous pas me permettre de croire que je *vous* obligerais personnellement en cette occasion? Avez-vous assez peu de confiance en un ancien ami, pour ne pas lui laisser la satisfaction de penser qu'il fait quelque chose qui puisse vous être agréable?

— Sûrement, répondit Edith..., bien certainement..., vous m'obligerez infiniment. Je m'intéresse beaucoup à M. Morton..., à cause de mon oncle. Au nom du ciel, milord, ne perdez pas un instant. Le bruit des pas des soldats qui entraient avec leur prisonnier avait rendu Edith plus hardie et plus pressante dans ses sollicitations.

— J'atteste le ciel qu'il ne mourra pas, dit lord Evandale, dussé-je mourir en sa place! Mais, ajouta-t-il en lui prenant une main qu'elle n'eut pas le courage de retirer, ne m'accorderez-vous pas aussi une grâce?

— Tout ce qu'il est possible à la tendresse d'une sœur d'accorder.

— Et voilà donc tout ce que vous pouvez accorder à mon attachement pendant ma vie, et à mon souvenir après ma mort!

— Ne parlez pas ainsi, milord, vous me désespérez, et vous ne vous rendez pas justice. Il n'est personne pour qui j'aie plus d'estime, et à qui j'accorderais plus volontiers une marque de considération, excepté...

Un soupir qu'elle entendit lui fit tourner la tête pendant qu'elle cherchait de quelle manière elle pourrait expliquer les réticences de sa phrase : c'était Morton, chargé de fers et conduit par des soldats, pour être présenté à Claverhouse. Les mots qu'elle venait de prononcer avaient frappé ses oreilles, et un coup d'œil de reproche, qu'il lui jeta en passant, la convainquit qu'il les avait mal interprétés. Il ne manquait plus rien pour compléter la confusion et la détresse d'Edith. Les couleurs dont son visage était animé l'abandonnèrent à l'instant, et firent place à une pâleur mortelle. Evandale remarqua ce changement ; sa pénétration soupçonna bientôt la nature de l'intérêt que l'objet de son attachement prenait au prisonnier ; il porta ses regards alternativement sur Edith et sur Henry, et se trouva confirmé dans ses soupçons.

— Je crois, dit-il après un moment de silence, que c'est ce jeune homme qui a été le meilleur tireur au Perroquet.

— Je... ne sais pas trop, dit Edith en balbutiant. Je... ne crois pas.

— C'est lui ! dit Evandale, j'en suis certain. Il n'est pas étonnant, ajouta-t-il avec un peu de hauteur, qu'un vainqueur intéresse vivement une belle.

Il quitta Edith en ce moment, s'avança vers Claverhouse, qui s'était assis devant une table, se plaça à quelque distance de lui, appuyé sur la garde de son épée, spectateur silencieux, mais non désintéressé, de ce qui allait se passer.

CHAPITRE XIII.

« Craignez surtout, seigneur, la jalousie. »
SHAKSPEARE. *Othello.*

Pour expliquer l'effet qu'avaient produit sur le malheureux prisonnier le peu de mots qu'il avait entendus, il est indispensable que nous rendions compte de la situation d'esprit où il se trouvait en ce moment, et que nous disions un mot de l'origine de sa connaissance avec miss Bellenden.

Henry Morton était un de ces caractères heureusement

doués par la nature, qui possèdent plus de talens qu'ils ne s'en attribuent eux-mêmes. Il tenait de son père un courage à toute épreuve, et une haine insurmontable contre toute espèce d'oppression en religion comme en politique. Son enthousiasme n'avait rien de commun avec le fanatisme et le mécontentement farouche de l'esprit puritain. Il le devait à la rectitude naturelle de son jugement autant qu'aux fréquentes visites qu'il faisait au major Bellenden, chez qui il avait l'occasion de rencontrer des personnes éclairées dont la conversation lui apprit que le mérite et la vertu ne sont pas le partage exclusif d'une seule secte religieuse.

L'avarice sordide de son oncle avait retardé son éducation par plus d'un obstacle; mais il avait si bien profité des occasions de s'instruire, que ses amis étaient surpris de ses progrès. Son âme était pourtant abattue par le sentiment de sa pauvreté, de sa dépendance, et surtout de son instruction incomplète. Il en résultait une défiance de lui-même et un air de réserve qui faisaient que les talens et la force de caractère que nous avons déjà dit qu'il possédait n'étaient connus que de quelques amis particuliers. Les circonstances avaient multiplié les préventions dont il était souvent l'objet : ne s'étant attaché à aucun des partis qui divisaient alors l'Écosse, il passait pour indécis, pour indifférent, pour un homme que ni la religion ni le patriotisme ne pouvaient émouvoir. Cette conjecture était pourtant bien injuste, car la neutralité qu'il avait adoptée avait pris naissance dans des motifs bien différens et bien dignes d'éloges. Il avait formé peu de liaisons avec les presbytériens, objets de la persécution, parce qu'il était dégoûté par leur étroit esprit de parti, leur sombre fanatisme, leur aversion pour toute instruction mondaine ou toute récréation innocente, enfin leur implacable ressentiment politique. Mais son âme était encore plus révoltée par les mesures oppressives et tyranniques du gouvernement, la licence et la brutalité du soldat, les échafauds et les massacres, les garnisaires et les exactions militaires, qui réduisaient un peuple libre à l'existence des esclaves d'Asie. Condamnant donc chaque parti tour à tour, chaque fois que leurs excès frappaient immédiatement sa vue, dégoûté par tant de maux qu'il ne pouvait adoucir, n'entendant que des plaintes ou des cris de triomphe qui ne pouvaient exciter sa sympathie, il aurait quitté l'Écosse depuis long-temps, si ce n'eût été son amour pour Edith Bellenden.

Le major Bellenden avait été ami intime du colonel Silas Morton. Henry était le bienvenu à Charnwood. C'était là qu'il avait vu Edith ; et le major, aussi éloigné de concevoir un soupçon dans ce cas-là que *mon oncle Tobie* [1] *lui-même,* n'avait pas la moindre idée des conséquences que pouvaient amener les fréquentes occasions que ces jeunes gens avaient de se voir. L'amour, comme c'est assez l'usage, emprunta le nom de l'amitié, se servit de son langage, et réclama ses priviléges. Lorsque miss Bellenden revenait à Tillietudlem, on aurait pu s'étonner que le goût de la promenade la conduisît si souvent dans une prairie située à deux milles du château, où le hasard voulait qu'Henry ne manquât jamais de se trouver. Ces rencontres, quelque fréquentes qu'elles fussent, ne semblaient pourtant surprenantes ni à l'un ni à l'autre, et elles finirent par devenir une espèce de rendez-vous. On s'envoyait des livres, des dessins, des lettres, et chaque envoi donnait lieu à une nouvelle correspondance. Le mot d'amour n'avait pas été prononcé ; mais chacun d'eux connaissait parfaitement la situation de son cœur, et devinait les sentimens de l'autre. Enfin ce commerce, qui avait tant de charmes pour eux, et qui ne les laissait pas sans inquiétude pour l'avenir, avait continué sans explication jusqu'à l'époque où nous sommes arrivés.

(1) L'oncle du *Tristram Shandy* de Sterne. — Tr.

D'après cet état de choses et la défiance naturelle que Morton avait de lui-même, il ne se dissimulait pas le peu d'espérance qu'il avait de pouvoir jamais obtenir la main d'Edith. Sa fortune, sa naissance, sa beauté, ses talens, devaient nécessairement la faire rechercher par des jeunes gens qui seraient accueillis par la famille de miss Bellenden plus favorablement qu'il ne pouvait se flatter de l'être jamais. Le bruit public annonçait lord Evandale comme devant être le plus heureux de ses rivaux, et ses fréquentes visites à Tillietudlem, ainsi que l'estime particulière que lui témoignait lady Marguerite, semblaient en être la confirmation.

Jenny Dennison avait aussi contribué à augmenter sa jalousie. C'était une véritable coquette de village; et, quand elle ne pouvait tourmenter ses propres amans, elle trouvait quelque plaisir à inquiéter celui de sa maîtresse. Ce n'est pas qu'elle eût envie de desservir Henry. Il lui plaisait beaucoup, parce qu'il était beau garçon, et parce qu'elle savait qu'il était aimé de miss Edith, à qui elle était véritablement attachée. Mais lord Evandale n'était pas moins bien fait; il avait le moyen d'être infiniment plus libéral qu'Henry ne pouvait l'être, et la balance penchait en sa faveur dans le cœur de Jenny. Elle voyait d'ailleurs bien plus d'honneur et de profit pour elle à être femme de chambre de lady Evandale que de mistress Morton. Elle tourmentait donc fréquemment Henry, tantôt par un avis amical, tantôt par une plaisanterie, tantôt par une confidence inquiétante, mais qui tendaient toujours à lui faire concevoir l'idée que miss Bellenden, malgré ses rendez-vous et ses échanges de livres, de dessins et de lettres, finirait par devenir lady Evandale.

Ces insinuations se rapportaient si bien aux craintes et aux soupçons que Morton avait conçus lui-même, qu'il n'était pas éloigné d'éprouver cette jalousie que connaissent tous ceux qui ont aimé véritablement, et surtout ceux dont l'amour est contrarié par des obstacles que lui opposent la fortune, la naissance, ou la volonté des parens. Edith elle-même, par suite de sa franchise naturelle, avait contribué, quelques jours auparavant, à développer encore davantage ce sentiment dans le cœur de son amant. Leur conversation était tombée sur des excès qui avaient été commis tout récemment par un parti de soldats qu'on disait, quoiqu'à tort, commandé par lord Evandale. Edith, aussi fidèle en amitié qu'en amour, avait été un peu choquée de quelques remarques que Morton s'était permises en cette occasion, et que sa jalousie avait sans doute rendues plus sévères. Elle prit la défense de lord Evandale avec une vivacité qui blessa cruellement Henry, au grand plaisir de Jenny, compagne ordinaire des promenades de sa maîtresse. Edith lut dans les yeux d'Henry les soupçons qu'il concevait ; elle tâcha indirectement de les détruire : mais l'impression n'était pas facile à effacer ; et ce motif n'avait pas eu peu d'influence sur Henry dans la détermination qu'il avait prise de chercher du service chez l'étranger, projet qui échoua, comme nous l'avons raconté.

La visite qu'il avait reçue d'Edith dans son emprisonnement, et le vif intérêt qu'elle lui avait témoigné, auraient dû dissiper entièrement ses soupçons ; mais, ingénieux à se tourmenter, il pensa qu'il pouvait l'attribuer à l'amitié, ou peut-être à une préférence passagère qui céderait bientôt aux circonstances, aux sollicitations de ses amis, à l'autorité de lady Marguerite, et aux assiduités de lord Evandale.

— Pourquoi, se disait-il, ne puis-je pas me montrer en homme, et prétendre hautement à sa main avant qu'un autre m'efface entièrement de son cœur ? Je dois en accuser une maudite tyrannie qui pèse en même temps sur nos corps, nos âmes, nos fortunes et nos affections ; et c'est à l'un des coupe-gorges pensionnés de ce gouvernement oppresseur que je céderais miss Bellenden ! Non, jamais...

Ah ! c'est un juste châtiment de mon indifférence, que de me voir à mon tour opprimé dans ce qui est le plus capable de me révolter.

Telles étaient les idées qui déchiraient son cœur, lorsque Bothwell entra dans sa chambre, suivi de deux dragons, dont l'un portait des fers.

—Il faut me suivre, jeune homme, lui dit-il ; mais d'abord il faut faire votre toilette.

—Ma toilette ! reprit Morton, que voulez-vous dire ?

—Qu'il faut mettre ces bracelets. Je n'oserais pas..... Non, par le diable ! il n'est rien que je ne puisse oser ; mais je ne voudrais pas, pour trois heures de pillage d'une ville prise d'assaut, faire paraître un prisonnier devant mon colonel sans qu'il eût les fers aux mains. Ainsi donc, jeune homme, prenez votre parti.

Il s'avança vers lui ; mais Morton, saisissant une chaise de chêne sur laquelle il était assis, menaça de fendre le crâne à quiconque voudrait le soumettre à cette indignité.

—Songez que vous ne seriez pas le plus fort, dit Bothwell ; mais j'aimerais mieux que vous vous soumissiez tranquillement.

Il disait la vérité, car il craignait que la résistance d'Henry ne causât quelque bruit, et que son colonel ne vînt à apprendre que, contre ses ordres exprès, il avait gardé un prisonnier sans le mettre aux fers.

—De la prudence ! continua-t-il, ne gâtez pas votre affaire. On dit dans le château que la petite-fille de lady Marguerite va épouser notre jeune capitaine lord Evandale, et je viens de l'entendre lui demander d'intercéder pour vous auprès du colonel. Mais que diable avez-vous donc ? vous voilà plus blanc qu'une chemise ! Voulez-vous un verre d'eau-de-vie ?

Pendant ce temps, il s'occupait de lui mettre les fers aux mains, et Morton n'opposa plus aucune résistance.

— Miss Bellenden demander ma vie à lord Evandale ! s'écria Henry.

— Oui, oui ; il n'y a pas de meilleure protection que celle des femmes. Elles emportent tout d'assaut, dans un camp comme à la cour.

— Ma vie demandée à *lui*, et par *elle !* Oui, oui, mettez-moi ces fers ; je ne m'y oppose plus : le coup qui a pénétré jusqu'au fond de mon âme est bien plus cruel. — Ma vie demandée par Edith, et à lord Evandale !

— Très possible ! il a plus de crédit sur le colonel qu'aucun officier du régiment.

En parlant ainsi, Bothwell conduisait son prisonnier dans la salle où Claverhouse l'attendait. Les mots que Henry entendit prononcer à Edith le confirmèrent dans la pensée qu'elle aimait Evandale, et qu'elle employait son influence sur lui pour le sauver. Dès ce moment, la vie qu'il devrait à l'intercession d'un rival lui devint odieuse ; et, se dévouant à la mort, il résolut de défendre avec force les droits de son pays, outragés en sa personne. On aurait pu comparer la révolution opérée dans son âme à celle que subit une paisible demeure domestique que l'entrée soudaine de la force armée convertit en forteresse formidable. Il s'approcha donc avec fermeté de la table près de laquelle était assis le colonel Grahame, après avoir jeté sur Edith un regard dans lequel se peignaient la douleur et le reproche, expression de son dernier adieu.

— De quel droit, monsieur, lui dit-il avec fermeté sans attendre qu'on l'interrogeât ; de quel droit ces soldats m'ont-ils enlevé à ma famille, chargé de fers, et conduit devant vous ?

— Par mon ordre, dit Claverhouse ; et je vous donne maintenant celui de vous taire, et d'écouter mes questions.

— Je veux savoir, répliqua Morton avec hardiesse, si

je suis légalement détenu, si je suis devant un magistrat civil, ou si les droits de mon pays sont méconnus et outragés en ma personne.

— Voilà, sur mon honneur, un gaillard déterminé! dit le colonel.

— Êtes-vous fou? s'écria le major. Pour l'amour de Dieu, Henry, songez donc que vous êtes devant un officier supérieur de Sa Majesté.

— C'est pour cette raison même, monsieur, répliqua Henry, que je désire savoir de quel droit il me retient prisonnier sans mandat d'arrêt décerné contre moi. Si j'étais devant un magistrat, je sais que la soumission serait mon devoir.

— Votre jeune ami, dit Claverhouse au major, est un de ces messieurs pointilleux qui, comme le fou de la comédie, ne voudraient pas nouer leur cravate sans un mandat du juge de paix; mais je lui apprendrai, avant que nous nous séparions, que mon aiguillette est une marque d'autorité qui vaut bien la masse d'un homme de justice. Ainsi, pour mettre fin à cette discussion, vous plaira-t-il, jeune homme, de me dire quand et où vous avez vu Balfour de Burley?

— Comme je ne vous reconnais pas le droit de me faire cette question, je n'y répondrai pas.

— Je le ferai donc pour vous. Vous avez avoué à mon brigadier que vous avez donné asile à ce traître que vous connaissiez pour tel. Pourquoi n'êtes-vous pas aussi franc avec moi?

— Parce que je présume que votre naissance et votre éducation doivent vous avoir appris à connaître quels sont les droits de tout Écossais, et que je veux vous faire voir qu'il en existe encore qui savent les faire valoir.

— Et vous seriez sans doute disposé à les soutenir les armes à la main?

— Si nous étions tête à tête, et que je fusse armé comme

vous, vous ne me feriez pas deux fois cette question.

— C'en est assez, répliqua Claverhouse : vos discours confirment l'idée que j'avais conçue de vous. Mais vous êtes le fils d'un soldat, vous paraissez avoir de la bravoure; et, quoique vous soyez un rebelle, je vous épargnerai l'infamie d'une mort déshonorante.

— De quelque manière que je doive mourir, je mourrai comme le fils d'un brave militaire, et l'infamie dont vous parlez retombera sur ceux qui versent le sang innocent.

— A merveille! Vous avez cinq minutes pour faire votre paix avec le ciel. Bothwell, conduisez le prisonnier dans la cour, et disposez votre peloton.

Une semblable conversation avait glacé d'horreur et réduit au silence tous ceux qui l'entendaient; mais en cet instant tous se récrièrent, et intercédèrent auprès du colonel en faveur de Morton. Lady Marguerite même, qui, malgré ses préjugés et ses préventions, n'avait pas renoncé à cette sensibilité qui fait le plus bel ornement de son sexe, insistait fortement.

— Colonel Grahame, s'écria-t-elle, épargnez ce jeune imprudent; que son sang ne souille pas les murs d'une maison où vous avez reçu l'hospitalité!

— Vous m'épargneriez le chagrin de vous refuser, madame, répondit Claverhouse, si vous réfléchissiez au sang que ses pareils ont fait répandre.

— Je laisse le soin de la vengeance à Dieu, colonel, s'écria la vieille dame, dont tout le corps tremblait d'agitation. La mort de ce jeune homme ne rendra pas la vie à ceux que nous regrettons. Jamais le sang n'a été répandu dans les murs de Tillietudlem. Accordez-moi sa vie!

— Il faut que je fasse mon devoir, madame. Lorsque vous savez que des révoltés sont en armes près de vous, pouvez-vous demander le pardon d'un jeune fanatique qui suffirait seul pour souffler la rébellion dans tout le royaume? Impossible!

—Colonel! s'écria le major Bellenden, ne croyez pas que, malgré mon âge, je laisse impunément assassiner sous mes yeux le fils de mon ami. Vous me rendrez raison de cet acte de violence.

— Quand vous voudrez, major, répondit froidement Claverhouse... Bothwell, emmenez le prisonnier.

Celle qui prenait le plus d'intérêt à cette discussion avait fait trois fois un effort pour parler; trois fois sa langue lui avait refusé la parole. Elle était restée sur sa chaise, comme plongée dans un profond accablement. En ce moment elle se leva, voulut s'élancer vers le colonel, mais les forces lui manquèrent, et elle tomba sans connaissance entre les bras de Jenny, qui heureusement se trouvait derrière elle.

—Du secours! s'écria Jenny : bon Dieu! ma jeune maîtresse se meurt!

A cette exclamation, lord Evandale, qui, pendant toute cette scène, était resté immobile, appuyé sur son sabre, et la tête penchée sur ses mains, se leva à son tour, et s'adressant à Claverhouse : — Colonel, lui dit-il, avant que le prisonnier sorte d'ici, je désire vous dire un mot en particulier.

Claverhouse parut surpris; mais il se leva sur-le-champ; et, ayant suivi le jeune capitaine dans un coin de la salle, il eut avec lui la conversation suivante :

— Je n'ai pas besoin de vous rappeler, colonel, dit Evandale, que l'année dernière, lorsque vous avez obtenu des marques de l'intérêt de ma famille auprès du conseil privé, vous m'avez témoigné que c'était à moi que vous en aviez l'obligation.

— Certainement, mon cher Evandale, et je serai enchanté quand je pourrai trouver l'occasion d'acquitter la dette que j'ai contractée envers vous.

— Elle se présente, colonel : accordez-moi la vie de ce jeune homme.

— Evandale!... vous êtes fou! absolument fou!... Quel intérêt pouvez-vous prendre aux jours de ce jeune fanatique? Son père était l'homme le plus dangereux de toute l'Écosse : froid, résolu, adoré du soldat, inflexible dans ses maudits principes. Son fils paraît formé sur son modèle, et vous ne pouvez vous imaginer tous les maux qu'il peut causer. Si c'était un homme sans conséquence, quelque misérable paysan, un obscur enthousiaste, croyez-vous que j'aurais refusé sa grâce à lady Marguerite et au major? Mais il s'agit ici d'un jeune homme bien né, plein de feu et de courage, ayant un nom connu dans toute l'Écosse. Il ne manque aux rebelles qu'un chef comme lui pour donner à leur parti la consistance qui lui manque, et pour diriger leur aveugle enthousiasme... Je ne vous fais pas ces réflexions pour vous refuser, mais pour vous engager à réfléchir sur les conséquences de votre demande. Je n'éluderai jamais une promesse, ni l'occasion de reconnaître un service. Si vous voulez qu'il vive, il vivra.

— Gardez-le prisonnier ; il ne pourra plus être dangereux ; mais permettez-moi, colonel, d'insister pour obtenir sa vie. J'ai les plus fortes raisons pour le désirer.

— Qu'il vive donc ! je ne puis vous refuser ce que vous me demandez de cette manière ; mais souvenez-vous, milord, que si vous voulez parvenir à un grade éminent au service du roi et de votre patrie, votre premier soin doit être d'oublier vos affections, vos sentimens, vos passions. Vous ne devez songer qu'à vos devoirs et à l'intérêt public. Nous ne vivons pas dans un temps où l'on puisse sacrifier au radotage des vieillards ou aux larmes des femmes les mesures indispensables de sévérité que nous forcent d'adopter les dangers qui nous entourent. Souvenez-vous aussi que si je cède aujourd'hui à vos prières, cette complaisance doit m'épargner de semblables sollicitations à l'avenir.

Ils se rapprochèrent alors de la table, et le colonel fixa les yeux sur Morton, pour observer quel effet avait produit sur lui la sentence de mort qu'il venait de prononcer, et qui faisait frissonner tous les spectateurs.

— Voyez-le, dit-il à voix basse à Evandale; il doit se croire aux portes du trépas. Il n'a ni pâli ni frémi; son œil est calme, son front est serein, son cœur est peut-être le seul, dans cette salle, dont les battemens ne soient pas accélérés. Regardez-le bien, Evandale; si jamais cet homme se trouve à la tête d'un parti de rebelles, vous aurez à vous repentir de m'avoir forcé à l'indulgence. — Jeune homme, dit-il alors à Morton, grâce à l'intercession de vos amis, votre vie est sauve, quant à présent... Bothwell, emmenez le prisonnier, et qu'on veille sur lui avec attention.

L'idée de devoir la vie à son rival fut insupportable pour Morton : — Si je dois la vie à lord Evandale, s'écria-t-il...

— Bothwell, interrompit le colonel, emmenez le prisonnier; je n'ai pas le temps d'écouter tous ses beaux discours.

Bothwell fit sortir Morton, et dès qu'ils furent dans la cour : — Quand vous auriez plus d'une vie à perdre, lui dit-il, ce serait une imprudence de les hasarder comme vous le faites. Si vous laissez ainsi courir votre langue, je ne vous donne pas cinq minutes à vivre, et vous resterez dans le premier fossé que nous trouverons; mais j'aurai soin de vous éloigner des yeux du colonel. Allons, venez joindre nos autres prisonniers.

Malgré la rudesse de ses manières, le brigadier éprouvait véritablement de l'intérêt pour Henry, dont il aimait le courage et la fermeté; et c'eût été avec regret qu'il eût exécuté l'ordre de le faire fusiller. Il le conduisit devant le château, où une vieille femme et deux hommes, que lord Evandale avait faits prisonniers, étaient gardés par un piquet de dragons.

Pendant ce temps Claverhouse faisait ses adieux à lady Marguerite, qui ne pouvait oublier le peu d'égards qu'il avait eu à ses prières.

— J'avais pensé jusqu'à présent, lui dit-elle, que le château de Tillietudlem, où Sa Majesté a daigné s'arrêter, pouvait être comme une place de refuge, même pour ceux à la conduite desquels il y aurait quelque reproche à faire ; mais je vois que le vieux fruit n'a plus de saveur. Les services de ma famille datent de trop loin, et ils sont oubliés.

— Jamais ils ne le seront pour moi, dit le colonel ; permettez-moi de vous l'assurer. Un devoir que je regardais comme sacré a pu seul me faire hésiter à me rendre à vos désirs et à ceux du major ; mais à présent, ma chère lady Bellenden, permettez-moi d'espérer que tout est pardonné. Je vous ramènerai ce soir deux cents rebelles prisonniers ; et je vous promets de pardonner à cinquante pour l'amour de vous.

— J'apprendrai vos succès avec plaisir, colonel, dit le major, mais suivez l'avis d'un vieux soldat, épargnez le sang après le combat. Maintenant permettez-moi de vous demander la liberté du jeune Morton sur ma caution.

— Nous règlerons cela à mon retour, dit Claverhouse ; cependant soyez certain que sa vie est en sûreté.

Pendant cette conversation, les yeux de lord Evandale cherchaient Edith, mais Jenny avait fait transporter sa maîtresse dans son appartement.

Ce fut avec lenteur qu'il obéit aux ordres de l'impatient Claverhouse, qui, après avoir pris congé de lady Margaret et du major, s'était rendu à la hâte dans la cour. Déjà les prisonniers et leurs gardes étaient en route, et les officiers les suivirent avec leurs dragons d'escorte. Tous se pressèrent d'atteindre le gros du régiment, car on supposait que l'on serait en vue de l'ennemi en moins de deux heures.

CHAPITRE XIV.

« Courez, mes chiens, oubliez votre maître ;
« Légers faucons, sans moi fendez les airs ;
« Je fuis ces lieux pour n'y plus reparaître,
« Mon suzerain, prenez mes domaines déserts. »
Vieille ballade.

Nous avons laissé Morton voyageant avec trois compagnons de captivité, sous l'escorte d'une escouade du régiment, commandée par le brigadier Bothwell, formant l'arrière-garde de Claverhouse. Ils dirigeaient leur route vers les montagnes, où on leur avait dit que les presbytériens insurgés s'étaient réunis en armes. Ils n'étaient encore qu'à environ un quart de mille de Tillietudlem, quand ils virent passer Claverhouse et Evandale qui, avec leurs dragons d'ordonnance, couraient au galop pour rejoindre la tête de la colonne. Dès qu'ils furent éloignés, Bothwell fit faire halte, s'approcha de Morton, et détacha ses fers.

— Sang royal n'a que sa parole, lui dit-il ; j'ai promis de vous traiter civilement en ce qui dépendrait de moi, et je tiens ma promesse. Caporal Inglis, placez M. Morton à côté du jeune prisonnier, et permettez-leur de causer si cela leur fait plaisir ; mettez deux cavaliers à côté d'eux, la carabine chargée ; et si l'un d'eux tente de s'échapper, qu'ils lui fassent sauter le crâne. — Ce n'est pas manquer de civilité, dit-il à Henry ; vous savez que ce sont les lois de la guerre. Inglis, accouplez le prédicateur avec la vieille femme, ils iront bien ensemble ; et, s'ils disent un mot de leur jargon fanatique, qu'on prenne un ceinturon, et qu'on leur en caresse les épaules ; on peut espérer de se débarrasser honnêtement d'un prêtre réduit au silence ; si vous lui défendez de pérorer, sa bile séditieuse l'étouffera.

Ayant fait ainsi ses dispositions, Bothwell se remit à la tête de sa troupe, qui prit le trot pour rejoindre le régiment. Inglis, ses six hommes et les prisonniers, suivaient de près.

Morton, en proie aux divers sentimens qui l'agitaient, ne s'était nullement inquiété des précautions prises par Bothwell pour l'empêcher de s'enfuir ; à peine avait-il même remarqué qu'il l'avait délivré de ses fers. Il éprouvait ce vide du cœur qui succède ordinairement au tumulte des passions ; et, n'étant plus soutenu par sa fierté et par le sentiment de son innocence, qui lui avait inspiré ses réponses à Claverhouse, il regardait avec découragement le pays qu'ils parcouraient, et qui lui rappelait à chaque pas le souvenir de son bonheur passé et de ses espérances trompées; il se trouvait alors sur une hauteur d'où l'on découvrait les tours de Tillietudlem. C'était là qu'il s'arrêtait, et en allant et en revenant, pour contempler la demeure de celle qu'il espérait rencontrer, ou qu'il venait de quitter. Il tourna ses regards de ce côté, pour faire ses derniers adieux à des lieux si tendrement chéris, et poussa un profond soupir, auquel répondit un soupir moins sentimental arraché sympathiquement à son compagnon de captivité, dont les regards avaient pris la même direction. En se retournant, leurs yeux se rencontrèrent, et Morton reconnut Cuddy Headrigg, dont les traits exprimaient le chagrin qu'il sentait pour lui-même, et la compassion que lui inspirait la situation de son compagnon d'infortune.

— Hélas ! M. Henry, dit le ci-devant laboureur du château de Tillietudlem, n'est-il pas bien triste de nous voir promener ainsi par le pays, comme si nous étions une des merveilles du monde?

— Je suis fâché de vous voir ici, Cuddy, répondit

Morton; car le chagrin qu'il éprouvait n'éteignait pas sa sensibilité pour celui des autres.

— Je le suis aussi, M. Henry, et le suis pour vous et pour moi; mais toute cette affliction ne nous fera pas grand bien, à ce que je puis voir. Quant à moi, continua le laboureur, qui consolait son cœur en parlant, quoiqu'il sût bien que c'était peine perdue; quant à moi, bien certainement je n'ai pas mérité d'être ici; je n'ai de ma vie dit un seul mot contre roi ou prêtre; mais ma mère, pauvre femme, ne peut retenir sa vieille langue, et j'en porte la peine avec elle; c'est tout simple.

— Votre mère est donc aussi prisonnière? lui demanda Morton, songeant à peine à ce qu'il disait.

— Sans doute; elle est derrière nous, comme une mariée, à côté de ce vieux ministre, Gabriel Kettledrummle. Plût au diable qu'il eût été ce matin dans la caisse d'un tambour ou dans un chaudron[1], pour l'intérêt que je lui porte. Il faut que vous sachiez que lorsque le vieux M. Milnwood, votre oncle, et sa ménagère, nous eurent chassés du château, comme si nous avions eu la peste, et barricadé ensuite toutes les portes, sans doute de peur que nous n'y rentrions, — Eh bien! dis-je à ma mère, qu'allons-nous devenir? Grâce à vous, toutes les portes du pays nous seront fermées, à présent que vous nous avez fait chasser de chez notre ancienne maîtresse, et que vous êtes cause que le jeune Milnwood vient d'être arrêté. Ma mère me répondit : — Ne vous désespérez pas, mon fils, mais ceignez vos reins pour la grande tâche de ce jour, et donnez en homme votre témoignage sur la montagne du Covenant.

---

(1) Gabriel Kettledrummle, Gabriel *timbale*. Cuddy joue ici sur le nom du prédicateur, qui, décomposé, signifie en anglais *chaudron-tambour* (kettledrummle). On doit renoncer quelquefois à traduire les jeux de mots, qu'il ne faut pas cependant négliger pour faire connaître le style des divers interlocuteurs. — Ed.

— Vous avez été à un conventicule, à ce que je vois? reprit Morton.

— Vous allez voir, répondit Cuddy. Je ne savais trop que faire de mieux. Je me laissai donc conduire chez une vieille folle comme elle, qui n'avait à nous donner que du bouillon clair et des galettes ; mais il fallut d'abord rendre maintes actions de grâces, chanter des psaumes qui me semblaient bien longs, tant j'étais ennuyé et affamé. Eh bien ! elles m'éveillèrent à la pointe du jour, et j'allai faire le whig avec elles, bon gré mal gré, à une grande assemblée des leurs tenue à Miry-Sikes ; et là ce Gabriel Kettledrummle leur cornait aux oreilles d'élever leur témoignage et de courir à la bataille de Ramoth Gilead, de je ne sais quel endroit. Oh ! M. Henry, le vieux prêcheur leur débitait sa doctrine avec une telle force de poumons que vous l'auriez entendu d'un mille sous le vent. — Il beuglait comme une vache dans un loaning[1] étranger. — Ma foi, pensai-je, il n'y a pas de lieu appelé Ramoth Gilead dans nos environs. — Ce doit être quelque part dans l'ouest. Avant que nous y arrivions, je tâcherai de filer avec ma mère, car je ne veux pas me mettre dans un mauvais pas pour tous les Kettledrummle du monde. — Tant il y a, continua Cuddy, qui trouvait une consolation à raconter ses infortunes, sans trop prendre garde si celui à qui il parlait l'écoutait bien attentivement ; tant il y a qu'à la fin de ce prêche on dit tout-à-coup qu'il arrivait des dragons. Les uns s'enfuirent, les autres crièrent : — Restez ! et : A bas les Philistins ! Je cherchais à entraîner ma mère avant que les habits rouges n'arrivassent, mais j'aurais aussi aisément fait marcher un bœuf de ma charrue sans aiguillon. Le brouillard était épais, nous étions dans une ravine étroite, j'avais donc quelque espoir que

---

[1] Lieu consacré habituellement à traire les vaches, près de la ferme ou du village. — Ed.

les dragons ne nous verraient pas si nous savions retenir nos langues; mais, comme si le vieux Kettledrummle n'avait pas déjà fait assez de bruit pour réveiller un mort, ils se mirent tous à crier un psaume que vous auriez entendu de Lanrick. — Bref, pour abréger, lord Evandale arriva avec une vingtaine d'habits rouges. Deux ou trois mutins voulurent résister, la Bible d'une main et le pistolet de l'autre, mais on leur eut bientôt lavé la tête. Cependant il n'y a pas eu beaucoup de mal, car lord Evandale criait : — Dispersez-les, mais ne tuez personne.

— Et vous, Cuddy, n'avez-vous fait aucune résistance? dit Morton, qui sentait probablement que dans ce moment il aurait attaqué lord Evandale pour un bien moindre prétexte.

— Non, en vérité, répondit Cuddy. Je me tenais devant ma vieille mère et criais *merci!* Mais deux habits rouges survinrent, et l'un des deux allait frapper la pauvre femme du plat de son sabre; alors je leur montrai mon bâton, et je les menaçai de les bien recevoir. Les habits rouges s'en prirent à moi, me frappèrent, et j'avais bien de la peine à parer ma tête avec ma main quand arriva lord Evandale; je criai que nous servions à Tillietudlem; et vous savez qu'on a toujours cru qu'il aimait à lorgner notre jeune miss. Il me dit de jeter mon bâton; et ma mère et moi nous nous rendîmes prisonniers. Nous aurions peut-être pu nous sauver, mais ce malheureux Kettledrummle fut aussi arrêté; car il montait le cheval d'André Wilson, qui a été un cheval de troupe, et plus Kettledrummle jouait de l'éperon pour le faire fuir, plus la bête entêtée courait du côté des dragons. — Eh bien! quand ma mère et lui furent ensemble, ils se mirent à provoquer les soldats de la bonne manière. — Bâtards de la fille de Babylone était le plus doux des mots qui sortaient de leur gosier. Aussi le four fut bientôt rallumé. On nous emmena tous les trois pour faire ce qu'ils appellent un exemple.

— Infâme et intolérable persécution! dit Morton se parlant lui-même à demi-voix; voici un pauvre garçon paisible que l'amour filial seul a conduit dans ce conventicule, enchaîné comme un brigand et un meurtrier! il mourra du supplice destiné aux scélérats, sans y être condamné par un jugement légal, que la loi accorde au dernier des malfaiteurs! Souffrir une telle tyrannie, en être seulement témoin, c'en est assez pour faire bouillir le sang dans les veines à l'esclave le plus timide.

— Certainement, dit Cuddy qui n'entendit et ne comprit qu'en partie ce qu'un ressentiment personnel arrachait à Morton, il n'est pas bien de mal parler des gens en dignité. Milady nous le répétait souvent, et elle avait droit de le dire, puisqu'elle est elle-même dans un rang de *dignité*. Je l'écoutais avec patience, d'autant mieux que, quand elle nous avait fait un discours sur nos devoirs, elle finissait toujours par nous donner un bon coup à boire ou une bonne soupe. Mais que nous donnent ces lords d'Édimbourg après leurs belles proclamations? pas un verre d'eau. Ils envoient contre nous les habits rouges, qui nous prennent tout ce qui leur convient : on nous poursuit comme des voleurs, on nous assomme, on nous pend. Je ne puis pas dire que je trouve tout cela très bien.

— Cela serait effectivement fort étrange, dit Morton avec une agitation qu'il avait peine à contenir.

— Et le pire de tout cela, c'est que ces damnés habits rouges viennent nous souffler nos maîtresses. Quel crève-cœur n'ai-je pas eu ce matin, en passant près du château de Tillietudlem, à l'heure de la soupe, de voir la fumée sortant de ma cabane, et de penser qu'un autre que ma mère était assis au coin du feu. Mais j'ai encore eu le cœur plus malade, en voyant ce damné dragon, Tom Holliday, embrasser Jenny Dennison à ma barbe! Qui croirait qu'une femme ait l'impudence de faire une pareille chose? mais elles n'ont des yeux que pour les habits rouges. J'ai quelquefois eu envie de me faire dragon moi-même, dans l'espoir que je plairais davantage à Jenny. Cependant je ne puis pas trop la blâmer, car enfin c'était pour moi qu'elle laissait Tom chiffonner ainsi ses rubans de tête.

— Pour vous? s'écria Morton, qui ne pouvait s'empêcher de prendre quelque intérêt à une histoire qui avait un rapport si singulier avec la sienne.

— Sans doute, dit Cuddy : la pauvre fille, en filant doux avec ce coquin (Dieu le damne!) voulait avoir la permission d'approcher de moi, pour me glisser dans la main quelques pièces d'argent qui étaient sans doute la moitié de ses épargnes, car je sais qu'elle avait dépensé l'autre moitié pour se requinquer le jour où elle vint nous voir tirer au Perroquet.

— Et avez-vous accepté, Cuddy?

— Non, en conscience, M. Milnwood; j'ai été assez sot pour les lui remettre dans la main. Je ne pouvais me résoudre à lui avoir de l'obligation après qu'elle s'était laissé embrasser par ce coquin. Mais j'ai eu tort; cet argent m'aurait bien servi pour ma mère et pour moi, au lieu qu'elle le dépensera en inutilités.

La conversation souffrit ici une longue interruption. Cuddy s'occupait sans doute à regretter de n'avoir pas accepté le présent de sa maîtresse, et Henry réfléchissait sur les causes qui avaient pu déterminer lord Evandale à intercéder en sa faveur, d'après la demande de miss Bellenden.

— N'est-il pas possible, se disait-il à lui-même, que j'aie mal interprété l'influence qu'elle a sur lord Evandale? Dois-je la blâmer trop sévèrement, si elle a eu recours, pour me sauver, à quelque dissimulation? Sans donner d'espérance à lord Evandale, ne peut-elle pas d'ailleurs avoir intéressé en ma faveur la générosité qu'on lui suppose, et l'avoir engagé, par honneur, à protéger un rival favorisé?

Cependant les mots qu'avait prononcés Edith, et dont il n'avait entendu qu'une partie, retentissaient encore à ses oreilles, et blessaient son cœur comme le dard d'une vipère. — Il n'est rien qu'elle ne puisse lui accorder. — Était-il possible d'exprimer d'une manière plus étendue la préférence qu'elle a pour lui! De la part d'une jeune fille, de telles paroles disent tout ce qu'elle peut dire quand elle aime. Elle est à jamais perdue pour moi. Il ne me reste que la vengeance pour mes injures personnelles et pour les maux dont on accable mon pays!

Cuddy, selon toute apparence, mais avec moins de raffinement, poursuivait le même cours d'idées, car il dit tout-à-coup à Morton, à voix basse : — Y aurait-il du mal à nous tirer des mains de ces coquins, si nous en trouvions l'occasion?

— Pas le moindre, dit Morton : et si elle se présente, croyez bien que je ne la laisserai pas échapper.

— Je suis bien aise que vous parliez ainsi. Je ne suis qu'un pauvre diable, mais je pense de même, et je crois que nous ne serions pas coupables de nous remettre en liberté par ruse ou par force, si la chose était faisable. Je ne suis pas homme à reculer s'il fallait en venir là. Mais notre vieille dame aurait appelé cela une résistance à l'autorité royale.

— Je résisterai, dit Morton, à toute autorité humaine qui envahit tyranniquement mes droits et ma charte d'homme libre. Je suis décidé à ne pas me laisser traîner en prison, ou peut-être au gibet, si je puis m'échapper par adresse ou par force.

— Oh bien! c'est justement ce que je pensais, en supposant l'occasion favorable de nous échapper : mais vous me parlez de *charte*. Ce sont des choses qui n'appartiennent qu'à ceux qui sont gentilshommes comme vous ; cela ne me va pas à moi qui ne suis qu'un laboureur.

— La charte dont je parle, dit Morton, est commune au dernier Écossais. C'est cette délivrance des coups de fouet et de l'esclavage qui était réclamée par l'apôtre saint Paul lui-même, comme vous pouvez le lire dans l'Écriture ; charte que tout homme né libre est appelé à défendre pour soi-même et pour ses concitoyens.

— Oh ! monsieur, reprit Cuddy, il se serait passé longtemps avant que milady Margaret ou ma mère eussent trouvé semblable doctrine dans la Bible. L'une disait toujours de payer le tribut à César, et l'autre n'est pas moins folle de son *whigisme*[1]. J'ai tout perdu en écoutant deux vieilles radoteuses ; mais si je pouvais trouver un gentilhomme qui voulût me prendre à son service, je suis sûr que je ferais une tout autre figure. J'espère que Votre Honneur se souviendra de ce que je viens de dire, si nous nous tirons jamais de cette maison d'esclavage, et que vous me prendrez pour votre *varlet de chambre*[2].

— Mon valet de chambre, Cuddy ! hélas ! ce serait une pauvre place, quand même nous serions en liberté.

— Je sais bien ce que vous voulez dire. Vous craignez que je ne vous fasse pas honneur, parce que je ne suis qu'un paysan ; mais il faut que vous sachiez que je ne suis pas, après tout, si dur de cervelle. Il n'est rien qu'on puisse faire avec la main que je n'aie appris très aisément, excepté lire, écrire et chiffrer. Mais mon pareil n'existe pas à la *balle au pied*, et je jouerais du sabre aussi bien que le caporal Inglis que voilà. Je lui ai déjà cassé la tête une fois, tout fier qu'il est sur son cheval derrière nous. — Mais

---

(1) *Whiggery.*

(1) *Waley-de-Shamble.* Cuddy prononce ce mot de manière à le faire signifier peut-être un *gras de boucherie.* C'est un calembourg à la Sancho Pança, intraduisible en français ; l'équivalent serait un *balai de chanvre.* — Éᴅ.

vous ne resterez peut-être pas dans le pays? ajouta-t-il en interrompant ce sujet.

— Cela est fort probable.

— Peu importe. Je conduirai ma mère dans Gallougate de Glascow, chez ma vieille tante Meg, et là elle ne courra le risque ni de mourir de faim, ni d'être brûlée comme une sorcière, ou pendue comme une vieille femme whig, car le prevôt de Glascow a pitié, dit-on, de ces pauvres créatures. Puis vous et moi nous irions chercher et faire fortune comme les hommes des vieux contes sur Jock le Tueur de Géans, et Valentin et Orson[1]. Enfin, nous reviendrons dans la bonne Écosse, comme dit la chanson, je me remettrai à la charrue et je tracerai de si beaux sillons sur ces terres de Milnwood, que le plaisir seul de les voir vaudrait celui de boire une pinte de bon vin.

— J'ai peur, mon bon ami Cuddy, répondit Morton, qu'il y ait peu de chances de nous voir revenir à nos anciennes occupations.

— Bah! bah! monsieur, il est toujours bon de se tenir le cœur gai. — Tout vaisseau démâté ne fait pas naufrage. — Mais qu'est-ce que j'entends? — Ah! mon Dieu! voilà encore ma mère qui prêche. — Sa voix retentit comme un vent d'orage. — Bien! voilà Kettledrummle qui s'en mêle aussi. Si les soldats sont de mauvaise humeur, ils les tueront, et nous par compagnie.

La conversation fut en effet interrompue par le bruit que faisaient le prédicateur et la vieille Mause, dont les voix ressemblaient aux sons d'un basson et d'un mauvais violon mal d'accord ensemble. Ils s'étaient d'abord contentés de se plaindre réciproquement : ils s'étaient ensuite livrés à leur indignation contre leurs persécuteurs, mais tout bas et avec modération : enfin, s'échauffant peu à peu, leur colère ne put plus se contenir.

[1] Contes de la Bibliothèque bleue de l'Angleterre. — Ed.

— Malheur, malheur, trois fois malheur à vous, aux persécuteurs violens et sanguinaires! s'écriait le révérend Gabriel Kettledrummle; malheur, et trois fois malheur à vous jusqu'à la rupture des sceaux, le retentissement des trompettes et l'épanchement des urnes fatales.

— Oui, oui. — Confusion à leurs fronts hideux, et le revers de la main pour eux le jour du jugement! dit la vieille Mause d'un ton de fausset aigre.

— Je vous dis, continua le prédicateur, que vos marches à pied et à cheval, — les hennissemens et les bonds de vos coursiers, — vos cruautés sanglantes, barbares, inhumaines, — vos tentatives pour réduire au silence, assoupir et corrompre les consciences des pauvres âmes, par vos sermens contradictoires et diaboliques, se sont élevés de la terre au ciel comme une horrible voix de parjure pour hâter la vengeance. — Oh!

— Et je vous dis, criait Mause presque en même temps et sur le même air, je vous dis que tant que ce vieux souffle qui sort de mon sein..., et il est cruellement épuisé par cette course avec les asthmatiques[1] et ce trot forcé...

— Plût au diable que ce trot se changeât en galop, si cela pouvait lui fermer la bouche! dit Cuddy.

— Avec ce souffle épuisé, reprit Mause, je témoignerai contre les apostasies, les défections, les défalcations, et les lâchetés de ce royaume, contre les injures et les causes de la colère céleste.

— Paix, bonne femme, paix! dit le prédicateur après un accès de toux qui avait permis à Mause de prononcer son anathème en place du sien. Paix! n'ôtez pas la parole de la bouche d'un serviteur de l'autel. J'élève donc la voix, et je vous dis qu'avant que cette scène soit jouée, vous apprendrez que ni un Judas désespéré comme votre prélat Sharpe, qui est allé où il était attendu, — ni un

---

(1) C'est schismatiques qu'elle veut dire. — T B.

profanateur du sanctuaire et un Holopherne comme le sanguinaire Claverhouse, — ni un ambitieux Diotrephes comme le jeune Evandale, — ni un sordide et mondain Demas comme celui qu'on appelle le brigadier Bothwell, qui dérobe à chaque veuve son denier ou sa boîte à farine, — ni vos carabines, ni vos pistolets, ni vos sabres, ni vos chevaux, ni vos selles, ni vos brides, ni vos sangles, ni vos muselières, ni vos martingales, ne résisteront aux flèches dont le fer est affilé, ni à l'arc qui est tendu contre vous !

— Non, non, jamais, j'espère, répéta Mause : ils sont tous des réprouvés, des balais de destruction, propres à être jetés au feu après avoir servi à enlever les immondices du temple, — des cordes de fouet destinées au châtiment de ceux qui aiment mieux leurs biens terrestres que la croix du Covenant, mais qui ensuite ne sont plus bonnes qu'à faire des courroies pour les souliers du diable.

— Le diable m'emporte, dit Cuddy à Morton, si ma mère ne prêche pas aussi bien que le ministre ! — Mais c'est dommage qu'il ait sa maudite toux, qui arrive toujours au plus beau de son sermon. — Puis il a contre lui la longue marche de ce matin. — Du diable si je ne voudrais pas qu'il réduisît ma mère au silence en criant plus haut qu'elle ; et puis il répondrait tout seul de ses œuvres.

— Il est heureux que le chemin soit sûr et que les dragons ne prêtent pas grande attention à ce qu'ils disent, au milieu du bruit que font les pieds des chevaux ; mais quand nous serons sur un terrain moins pierreux, nous aurons des nouvelles de toutes ces belles choses.

La conjecture de Cuddy était juste. On traversa bientôt le gazon d'une lande marécageuse, et le témoignage des deux captifs put être entendu clairement.

— J'élèverai ma voix comme un pélican du désert, s'écria Kettledrummle.

— Et moi, reprit Mause, comme un moineau sur les toits des maisons.

— Holà ! ho ! dit le caporal, mettez un frein à vos langues, ou, de par tous les diables, je vous mettrai une martingale.

— Je ne me tairai point, s'écria Kettledrummle ; je n'obéirai point à un profane !

— Je ne m'embarrasse pas des ordres d'un têt de terre, dit Mause, quand il serait plus rouge que les briques de la tour de Babel, et s'appellerait un caporal.

— Holliday ! s'écria le caporal, as-tu des bâillons, mon camarade ? il faut leur fermer la bouche, ou ils nous rendront sourds.

Mais avant qu'on eût exécuté la menace du caporal, un dragon, arrivant au grand galop, vint parler à Bothwell, qui était loin en avant de sa troupe. Dès que celui-ci eut reçu les ordres qu'on lui apportait, il rejoignit ses soldats, et leur ordonna de serrer leurs rangs et d'avancer avec précaution et en silence, attendu qu'ils allaient se trouver en présence de l'ennemi.

CHAPITRE XV.

« *Quantùm in nobis*, en gens de bien,
« Nous avons jugé convenable,
« Pour épargner le sang chrétien,
« De terminer à l'amiable,
« Sans injure, et surtout sans coups,
« Ce différend funeste à tous. »
BUTLER.

Les cavaliers doublèrent bientôt le pas ; ce qui mit hors d'haleine les captifs enthousiastes, sans leur ôter la bonne envie de continuer leurs harangues. Ils avaient laissé derrière eux depuis un mille les taillis entrecoupés de clairières qui succèdent aux bois de Tillietudlem. Quelques bouleaux et quelques chênes étaient encore suspendus sur les ravines étroites, ou formaient çà et là des bouquets de verdure dans les lieux bas de la bruyère ; mais bientôt s'offrit une vaste plaine déserte, où quelques monticules couverts de fougères étaient séparés par de profondes excavations, passages des torrens, qui, pendant l'été, ne servaient de lits qu'à de faibles ruisseaux, dont l'eau s'échappait à peine à travers l'obstacle des bancs de gravier ou de pierre attestant les ravages de l'hiver.

Cette contrée aride s'étendait plus loin que la portée de la vue, sans grandeur, et même sans la dignité sauvage des montagnes solitaires, images de ces dissipateurs réduits à une vie obscure et pénible par la conséquence de leurs vices et de leurs bruyantes folies. Elle formait un contraste frappant avec d'autres plaines plus favorisées, et cultivées par la main de l'homme : c'était comme un exemple de la toute-puissance de la nature et de la lutte inutile des mortels contre le désavantage du sol et du climat.

Un effet remarquable de ces vastes plaines, c'est qu'elles inspirent l'idée de l'isolement à ceux mêmes qui les traversent en grand nombre, tant l'imagination est frappée de la disproportion qui existe entre le désert et les hommes qui le parcourent. C'est ainsi qu'une caravane de mille voyageurs, dans les sables de l'Afrique ou de l'Arabie, éprouve ce sentiment de la solitude, inconnu à l'homme qui se voit dans une contrée cultivée.

Ce ne fut donc pas sans émotion que Morton aperçut, à environ un demi-mille de distance, le régiment de Claverhouse, qui gagnait, par un chemin tortueux, le sommet d'une des principales hauteurs. Rien ne le cachait alors à la vue, et le nombre des cavaliers, qui paraissait considérable lorsqu'il occupait beaucoup d'espace dans d'étroits sentiers, n'offrait aux yeux, maintenant qu'ils étaient réunis, qu'une force peu imposante et presque méprisable.

— Bien certainement, pensa Morton, une poignée d'hommes déterminés pourrait aisément défendre n'importe quel défilé de ces montagnes contre une troupe si peu considérable, pourvu que leur courage fût égal à leur enthousiasme.

Tandis qu'il faisait ces réflexions, la troupe de Bothwell rejoignait le régiment. Le chemin était si difficile, qu'on était obligé de quitter les sentiers battus et de passer où l'on pouvait, à cause des flaques d'eau ou des pentes escarpées. La détresse du révérend Gabriel et de Mause Headrigg augmentait considérablement, les soldats qui les gardaient les forçant, au risque de tous les dangers auxquels les prisonniers se trouvaient exposés par leur inexpérience, à les suivre au travers des mares, des ravins et des buissons.

— J'ai sauté par-dessus une muraille avec l'aide de Dieu! s'écria Mause dont le cheval venait de franchir un petit mur de terre formant jadis un enclos maintenant abandonné. Elle avait perdu son bonnet dans la secousse, et ses cheveux gris flottaient au gré du vent.

— Je suis tombé dans un sol fangeux où le pied ne trouve aucun point d'appui, je suis au milieu des eaux profondes où les torrens inondent mon corps, s'écriait Kettledrummle en traversant une de ces flaques humides qui servent à entretenir les marais [1]. Son cheval s'enfonçait jusqu'à la sangle, et dans les efforts qu'il faisait pour s'en tirer, il couvrait d'une boue noire les habits et le visage de son cavalier.

Ces exclamations amusaient leurs conducteurs, mais ils ne tardèrent pas à être occupés d'idées plus sérieuses.

---

(1) Qu'on appelle en Ecosse *well-hear*.

Le gros du régiment n'était pas très éloigné du sommet de l'éminence qu'il gravissait, quand on vit revenir en désordre quelques cavaliers qui avaient été détachés en avant pour faire une reconnaissance; ils étaient poursuivis par dix ou douze hommes à cheval, armés de carabines. Deux d'entre eux eurent la hardiesse de s'avancer jusqu'au haut de la montagne, firent feu, blessèrent deux dragons, et se retirèrent ensuite avec un air de calme qui annonçait qu'ils n'étaient pas effrayés des forces déployées contre eux, et qu'ils comptaient sur le nombre de leurs partisans.

Cet incident fit suspendre la marche de tout le corps de cavalerie; et, pendant que Claverhouse recevait le rapport des vedettes qui avaient été aussi repoussées sur la colonne principale, lord Evandale se dirigea vers le sommet de la côte sur laquelle les cavaliers de l'ennemi s'étaient retirés; le major Allan, le cornette Grahame et les autres officiers s'occupèrent de tirer le régiment des mauvais chemins pour le ranger en bataille en deux lignes, destinées à se soutenir mutuellement.

L'ordre d'avancer fut donné. En quelques minutes la première ligne atteignit la hauteur; la seconde y arriva bientôt aussi avec l'arrière-garde et les prisonniers, de sorte que Morton et ses compagnons de captivité purent juger de la résistance qu'allait rencontrer Claverhouse, et des chances de leur délivrance.

Le haut de la montagne où les dragons se rangeaient en bataille formait d'abord un grand plateau, et se prolongeait par une pente assez douce, du côté opposé à celui par lequel ils étaient montés, vers un petit marais éloigné d'un quart de mille. Ce local n'était pas défavorable aux manœuvres de la cavalerie, mais le marais était coupé par un assez large fossé. C'était une issue naturelle des marais, ou un canal artificiel dont les bords étaient coupés par de petits fossés remplis d'eau, et d'où l'on avait retiré, en creusant, des amas de tourbe. Çà et là croissaient aussi quelques aulnes, qui, aimant les lieux humides, continuaient à y végéter en touffes rabougries ; car cette terre ingrate et cette eau stagnante ne pouvaient nourrir des arbres de haute taille. Au-delà du grand fossé d'écoulement, le sol s'élevait de nouveau en colline couverte de bruyère, au pied de laquelle, comme pour défendre les inégalités du local et le fossé qui protégeait leur front, le corps des insurgés semblait disposé à attendre l'attaque.

Leur infanterie se déployait sur trois lignes. La première était munie d'armes à feu de toute espèce, et s'était avancée assez près du fossé pour pouvoir tirer sur la cavalerie royale quand elle descendrait de la montagne, ce qu'elle ne pouvait faire sans exposer toute sa ligne. Derrière était un corps de piquiers destinés à recevoir les dragons, s'ils entreprenaient de forcer le passage, tentative qui menaçait de leur être encore plus fatale. La troisième ligne était composée de paysans armés de faux fixées à des perches, de bêches, de fourches, de bâtons, de pieux, et de toutes sortes d'ustensiles rustiques, transformés par la vengeance en instrumens de guerre. Sur chaque flanc était un petit corps de cavalerie, en-delà du marais, afin de pouvoir manœuvrer sur un terrain solide si l'ennemi forçait le passage. Les cavaliers semblaient mal armés, encore plus mal montés ; mais ils étaient pleins d'ardeur pour leur cause, étant la plupart de petits propriétaires ou des fermiers assez aisés pour servir à cheval. Ceux qui avaient forcé à la retraite la garde avancée du régiment rejoignaient en ce moment leur escadron ; c'étaient les seuls individus de l'armée insurgée qui semblaient être en mouvement. Tous les autres étaient fermes à leur poste, immobiles comme les pointes de rochers qui perçaient la terre de toutes parts.

Le nombre des insurgés n'excédait guère mille hommes; mais dans ce nombre il n'y en avait pas moitié qui fussent bien armés, et il se trouvait tout au plus une centaine de cavaliers. Cependant leurs chefs étaient pleins de confiance, ne doutant pas que la force de leur position, la supériorité du nombre, la certitude qu'après une telle démarche il n'y avait plus de pardon à espérer, et pardessus tout l'enthousiasme qui les animait, ne suppléassent au manque d'armes et d'équipement, et au défaut de discipline militaire.

Sur le revers de la montagne qui dominait les insurgés, on voyait des femmes, et même des enfans, qu'un zèle farouche, semblable à celui de la vieille Mause, avait entraînés dans ces solitudes. Ils semblaient se disposer à être spectateurs du combat qui allait décider de leur sort et de celui de leurs pères, de leurs maris, de leurs enfans. Semblables aux femmes des anciens Germains, elles poussèrent des cris aigus quand elles virent briller les armes des dragons sur le sommet de la montagne opposée, et ces exhortations échauffant l'ardeur des leurs, leur inspiraient la résolution de combattre jusqu'au dernier soupir pour tout ce qu'ils avaient de plus cher : ce fut ce qu'ils annoncèrent par une grande clameur qui se répéta de rang en rang.

Lorsque les cavaliers se furent déployés sur le plateau de la montagne, leurs trompettes et leurs timbales firent entendre les sons précurseurs du combat, qui semblaient dans ce désert le signal de l'ange exterminateur. Les persécutés y répondirent en unissant leurs voix en chœur pour chanter solennellement les deux premiers versets du 76ᵉ psaume, d'après la traduction en vers de l'église d'Ecosse.

« — Dieu est connu dans la terre de Juda, son nom est grand dans Israel, son tabernacle est à Salem et son trône à Sion.

» — C'est là qu'il a brisé les flèches brûlantes, les boucliers, les épées et tous les attributs de la guerre. Tu t'es montré avec éclat, Seigneur, du haut des montagnes éternelles. »

Une acclamation générale termina le premier verset, et après un moment de silence, le second fut repris par les presbytériens, qui appliquaient la destruction des Assyriens à la bataille qui allait se livrer.

« — Ceux qui avaient le cœur fier ont été dépouillés; ils se sont endormis, les hommes puissans, et ils se sont réveillés sans force.

» — Ta voix menaçante, ô Dieu de Jacob! a prononcé contre eux une malédiction qui a fait dormir d'un sommeil funeste les coursiers et les chariots.

» — Tu es terrible, grand Dieu! qui résisterait à ta colère? »

Il y eut encore une nouvelle acclamation suivie du plus profond silence.

Pendant que le bruit de cette psalmodie était répété par tous les échos des campagnes, Claverhouse examinait avec attention la position des lieux et l'ordre de bataille des presbytériens, qui semblaient déterminés à ne pas en changer.

— Il faut que ces rustres aient avec eux quelques vieux soldats! s'écria-t-il; celui qui a choisi cette position n'est pas un paysan.

— Il paraît certain que Burley s'y trouve, dit lord Evandale. On cite aussi Haxton de Rathillet, Paton de Meadowhead, Cleland, et quelques autres personnes qui ont du service militaire.

— Je le pensais ainsi, dit Claverhouse, à la manière dont ces cavaliers détachés ont fait franchir le fossé à leurs chevaux en retournant à leur poste. Il était aisé de voir qu'il y avait parmi eux quelques Têtes-Rondes, la vraie race du vieux Covenant. Il faut ici autant de sang-froid que de courage. — Evandale, faites venir les officiers.

En parlant ainsi, il s'avança vers un monticule couvert

de mousse, et qui était peut-être la tombe d'un ancien chef des Celtes.

— Messieurs, dit Claverhouse, je ne vous ai pas appelés pour vous former en conseil de guerre. Jamais je ne chercherai à rejeter sur d'autres la responsabilité dont mon grade me charge. Je désire m'éclairer de vos opinions, me réservant ensuite le droit de suivre la mienne, comme le font la plupart de ceux qui demandent des avis. Qu'en dites-vous, cornette Grahame? attaquerons-nous ces misérables qui beuglent là-bas? Vous êtes le plus jeune et le plus ardent, parlez le premier.

— Tant que j'aurai l'honneur de porter l'étendard du régiment des gardes, dit le cornette Grahame, il ne reculera jamais de mon gré devant des rebelles. Mon avis est : En avant, marche, au nom du roi!

— Et vous, Allan, que pensez-vous? dit le colonel au major : parlez, car Evandale est trop modeste pour vouloir donner son opinion avant d'avoir entendu la vôtre.

Le major était un ancien cavalier, plein de sens et d'expérience. — Ces drôles, dit-il, sont trois ou quatre contre un. Cette circonstance m'inquièterait peu en rase campagne; mais ils ont l'avantage des lieux, leur position est très forte, et ils ne paraissent pas avoir envie de la quitter. Je pense donc, avec toute la déférence possible pour l'opinion du cornette Grahame, que le parti le plus sage serait d'établir notre quartier-général à Tillietudlem, d'intercepter toute communication entre les montagnes et le plat pays, et d'envoyer demander des renforts à lord Ross, qui est à Glasgow avec un régiment d'infanterie. Par ce moyen, nous leur intercepterions la route de la vallée de la Clyde, et ou nous les forcerons à quitter leur position avantageuse, ou, s'ils persistent à la conserver, nous les en débusquerons plus aisément, quand nous aurons notre infanterie pour agir efficacement parmi ces fossés, ces fondrières, et ces flaques d'eau.

— Allons donc ! dit le cornette Grahame, que signifie l'avantage d'une position quand elle est gardée par des fanatiques qui s'amusent à chanter des cantiques avec de vieilles femmes?

— On peut ne pas se battre plus mal, reprit le major Allan, parce qu'on honore la Bible et le psautier. Ces gens-là seront durs comme le fer : je les connais de vieille date.

— Leur psalmodie nasillarde, dit Grahame, rappelle au major la déroute de Dunbar.

— Si vous aviez été à cette déroute, jeune homme, dit le major, vous vous en souviendriez aussi long-temps qu'il vous reste à vivre.

— Silence, messieurs, dit Claverhouse; toutes ces reparties ne sont pas de saison. Je serais assez disposé à suivre votre avis, major, si nos vedettes, que j'aurai soin de punir sévèrement, nous avaient prévenus à temps du nombre et de la position des ennemis. Mais nous étant présentés devant eux en ordre de bataille, la retraite du régiment des gardes serait attribuée à la timidité, augmenterait la présomption des rebelles, et serait le signal d'une insurrection générale dans tout l'ouest. Dans ce cas, bien loin d'obtenir des renforts de lord Ross, nous pourrions avoir à craindre de voir intercepter toute communication entre lui et nous. Notre retraite serait aussi fatale pour la cause du roi que la perte d'une bataille. Quant à la différence qui peut en résulter pour notre sûreté individuelle, je suis sûr que c'est une considération qui n'occupe pas un instant un seul des gentilshommes qui m'écoutent. Il se trouve sûrement dans le marais quelque endroit praticable par où nous pourrons forcer le passage; et une fois sur un bon terrain, je me flatte qu'il n'est pas un cavalier dans mon régiment qui ne soit convaincu que nous viendrions aisément à bout de ces misérables sans armes et sans discipline, fussent-ils deux fois aussi nombreux. Que pensez-vous, lord Evandale?

— Je pense, répondit-il, que, quelle que soit l'issue de cette journée, elle verra couler bien du sang; que nous aurons à regretter la perte de maint brave; et que nous serons obligés de massacrer un grand nombre de ces hommes égarés, qui, après tout, sont comme nous des Écossais, des sujets du roi Charles.

— Dites des rebelles! s'écria Claverhouse avec feu, des scélérats qui ne méritent ni le nom d'Écossais ni celui de sujets du roi! Mais voyons, milord, quelle est votre opinion?

— D'essayer d'entrer en composition avec ces hommes ignorans et égarés.

— En composition avec des rebelles qui ont les armes à la main! Jamais, tant que j'existerai!

— Je n'entends pas que nous leur demandions une grâce, mais que nous leur en offrions une. Envoyez-leur un trompette et un parlementaire; offrez-leur le pardon à condition qu'ils mettront bas les armes et qu'ils se disperseront sur-le-champ. J'ai souvent entendu dire que si l'on avait suivi cette marche avant la bataille de Pentland-Hills, on aurait épargné bien du sang.

— Mais, dit Claverhouse, qui diable voudra se charger d'aller parler à ces enragés fanatiques? Ils ne connaissent pas les lois de la guerre; ne sont-ce pas leurs chefs qui ont assassiné le malheureux archevêque de Saint-André? Ils tueront notre parlementaire, vous dis-je, quand ce ne serait que pour teindre de sang les mains de leurs partisans et les obliger à renoncer, comme eux, à tout espoir de pardon.

— J'irai les trouver moi-même, si vous me le permettez, dit Evandale. Je risquerai volontiers ma vie pour empêcher l'effusion de sang qui se prépare.

— Vous n'irez point, dit le colonel après avoir réfléchi un instant: votre rang, votre situation, votre grade, rendent la conservation de vos jours nécessaire à la patrie dans un temps où les bons principes sont si rares. Cependant je veux suivre votre avis. Voici mon neveu Dick Grahame qui ne craint ni le fer ni le feu, qui croit avoir le talisman d'invulnérabilité dont ces forcenés prétendent que le diable a doué son oncle. Il prendra un drapeau blanc, se fera précéder par un trompette, et avancera au bord du fossé qui coupe le marais, pour les avertir de poser les armes et de se disperser.

— De tout mon cœur, colonel, répondit le cornette. J'attacherai ma cravate au bout d'une pique pour me servir de drapeau blanc. Pas un de ces coquins n'a vu de sa vie une dentelle de Bruxelles.

— Colonel Grahame, dit lord Evandale pendant que le jeune officier était allé chercher son cheval pour partir, ce jeune homme est votre neveu, votre plus proche parent! Pour l'amour du ciel, permettez-moi de me charger de cette mission. C'est moi qui en ai ouvert l'avis, c'est à moi de courir le danger auquel elle peut exposer.

— Quand il serait mon fils unique, dit le colonel, je n'y consentirais point. Mes affections particulières ne m'empêcheront jamais de remplir mes devoirs comme homme public. Si Dick Grahame succombe, sa perte ne retombera presque que sur moi. La vôtre, milord, en serait une pour le roi et pour la patrie... Allons, messieurs, que chacun retourne à son poste, et si notre parlementaire ne réussit pas dans sa mission, nous attaquons à l'instant même, en répétant la devise d'Écosse : *Dieu défend le droit.*

CHAPITRE XVI.

« Fer et bâton se heurtent avec bruit. »
HUDIBRAS.

Le cornette Grahame descendit la hauteur portant à la main son drapeau blanc improvisé ; il sifflait joyeusement un air qu'accompagnait le pas de son cheval bien dressé. Le trompette le suivait. Des deux flancs de la petite armée presbytérienne se détachaient cinq ou six cavaliers qui ressemblaient à des officiers. Ils se réunirent dans le centre, et s'avancèrent ensemble vers le fossé. Le cornette se dirigea vers ce groupe en gardant toujours la rive opposée. Les deux partis avaient les yeux fixés sur lui, et des deux côtés, sans faire tort au courage d'aucun parti, on désirait sans doute que cette ambassade pût prévenir la querelle sanglante qu'on prévoyait.

Lorsque Grahame fut arrivé en face des cavaliers qui, en venant recevoir son message, semblaient se désigner comme les chefs de l'ennemi, il fit sonner de la trompette pour demander une entrevue. Les insurgés n'ayant aucun instrument de musique militaire pour lui répondre, l'un d'eux fit quelques pas en avant, et lui demanda d'un ton brusque pourquoi il s'approchait de leurs rangs.

— Pour vous sommer, dit Grahame, au nom du roi, et du colonel Grahame de Claverhouse, investi spécialement des pouvoirs du très honorable conseil privé d'Écosse, de mettre bas les armes, et de congédier tous ceux que vous avez excités à la révolte en opposition aux lois de Dieu, du roi et du pays.

— Retourne vers ceux qui t'envoient : dis-leur que nous sommes en armes pour maintenir le Covenant et une

Église persécutée. Dis-leur que nous renonçons au licencieux et parjure Charles Stuart, que vous appelez roi, comme il a renoncé au Covenant, qu'il avait juré de soutenir de tout son pouvoir, réellement, constamment et sincèrement, tous les jours de sa vie, sans avoir d'autres amis que les amis du Covenant, et d'autres ennemis que ses ennemis. Loin de tenir au serment qu'il avait fait devant Dieu et les anges, son premier pas, après son retour dans ses royaumes, a été d'usurper la prérogative du Très-Haut par l'*acte* infâme de la *suprémalie*, et en expulsant arbitrairement et sans procédure judiciaire des centaines de fidèles prédicateurs fameux, pour arracher le pain de vie de la bouche des pauvres créatures affamées, et les forcer de se nourrir du mets insipide des quatorze prélats intrus et de leurs desservans, sycophantes charnels et scandaleux.

— Je ne suis pas venu pour vous entendre prêcher, dit l'officier, mais pour savoir en un mot si vous voulez vous disperser sous la condition d'un pardon général, dont on n'excepte que les assassins de l'archevêque de Saint-André, ou si vous préférez attendre l'attaque des troupes de Sa Majesté, qui vont tomber à l'instant même sur vous.

— Eh bien, en un mot, nous sommes tous ici avec nos épées sur la cuisse, comme des sentinelles vigilantes. Nous aurons tous des intérêts communs, comme des frères unis par la justice; quiconque nous attaquera dans notre bonne cause... eh bien! que son sang retombe sur sa tête. Retourne vers ceux qui t'ont envoyé. Puisse Dieu vous éclairer sur vos mauvaises voies.

— Ne vous nomme-t-on pas Balfour de Burley? dit Grahame, qui commençait à se souvenir qu'il avait vu quelque part l'homme qui prenait la parole.

— Et quand cela serait, qu'aurais-tu à lui dire?

— Que comme vous êtes exclu du pardon que je suis

chargé d'offrir au nom du roi et de mon commandant, ce n'est point pour traiter avec vous et vos pareils, mais avec ces gens de la campagne, que je suis envoyé.

— Tu es encore jeune, ami, et tu ne connais pas ton métier. Tu devrais savoir qu'on ne peut traiter avec une armée que par l'entremise de ses chefs, et qu'un parlementaire qui agit autrement perd ses droits à son sauf-conduit.

En parlant ainsi, il prit sa carabine et l'arma.

— Les menaces d'un meurtrier ne m'empêcheront pas de remplir mon devoir. Braves gens, au nom du roi et de mon pays, écoutez, cria-t-il en élevant la voix : je proclame un pardon général au nom du roi et de mon chef commandant, si vous mettez bas les armes, excepté...

— Je t'ai averti, dit Burley en le couchant en joue.

— Pardon général, continua Grahame, excepté...

— Que Dieu fasse grâce à ton âme, dit Burley; *amen!* et il lâcha la détente de sa carabine.

Le coup fut mortel. Le cornette Richard Grahame tomba de cheval, s'écria : — Ma pauvre mère! — et ferma les yeux pour ne plus les rouvrir. Son cheval effrayé prit la fuite au galop vers le régiment, suivi par le trompette non moins épouvanté.

— Qu'avez-vous fait? dit un de ceux qui accompagnaient Burley.

— Mon devoir, répondit-il d'un ton ferme. Frappe pour montrer ton zèle, a dit l'Écriture. Que l'un d'eux à présent ose venir nous parler de pardon.

Claverhouse vit tomber son neveu; jetant sur Évandale un coup d'œil qui annonçait une émotion qu'on ne peut décrire, il lui dit : — Vous voyez! — Et ses traits reprirent au même instant leur sérénité ordinaire.

— Je le vengerai ou je périrai, s'écria lord Évandale; et, excitant son cheval de l'éperon, il descendit de la montagne au grand galop, suivi de toute sa compagnie et de celle de Grahame, qui partit sans recevoir d'ordre.

— Halte! s'écria Claverhouse, halte! cette précipitation nous perdra; — et se jetant l'épée à la main au-devant du second corps, ce ne fut pas sans peine qu'il parvint, à force de prières et de menaces, à l'empêcher de suivre cet exemple contagieux.

Dès qu'il vit les dragons rentrés dans la subordination, — Allan, dit-il au major, conduisez la seconde ligne au pas vers le bas de la montagne, pour soutenir lord Evandale, qui va avoir besoin de secours. Bothwell, tu es un drôle brave et entreprenant.

— Oui-dà! dit Bothwell entre ses dents, vous vous en souvenez en ce moment!

— Prends dix hommes avec toi, tâche de tourner le marais, et attaque les ennemis en flanc, tandis que nous les combattrons de front.

Bothwell partit à l'instant pour exécuter ces ordres.

Comme Claverhouse l'avait prévu, la troupe de lord Evandale, qui était descendue avec impétuosité dans le marais, ne tarda pas à être arrêtée par les difficultés que le terrain opposait à sa marche. L'endroit où ils se trouvaient était une espèce de bourbier fangeux dans lequel leurs chevaux ne pouvaient avancer. Les uns cherchaient à pousser en avant vers le fossé, les autres s'écartaient sur les côtés, tous dans l'espoir d'arriver sur un terrain plus solide. Enfin, dès qu'ils furent à une portée de fusil, le feu des insurgés fit tomber une vingtaine de cavaliers, ce qui augmenta encore le désordre.

Pendant ce temps lord Evandale, à la tête d'un petit nombre de cavaliers bien montés, avait trouvé le moyen de passer le fossé; mais, dès qu'il l'eut traversé, il fut chargé par le corps de cavalerie qui se trouvait sur le flanc gauche de l'infanterie des insurgés; ceux-ci, encouragés par la faiblesse du détachement qui accompagnait Evandale, tombèrent sur lui avec fureur, en criant : — Malheur aux Philistins incirconcis! Périsse Dagon et ses adorateurs!

Le jeune capitaine combattit comme un lion; mais la plupart de ceux qui l'avaient suivi étaient tués, et il aurait partagé le même sort si Claverhouse, qui venait d'arriver au bord du fossé avec le reste du régiment, n'eût fait faire un feu bien nourri sur l'ennemi, qui commença à plier; lord Evandale, profitant de ce moment pour se dégager, rejoignit le colonel avec les hommes qui lui restaient.

Malgré la perte que le feu du régiment venait de faire éprouver aux insurgés, leurs chefs n'en voyaient pas moins tout l'avantage que leur donnait leur nombre et surtout leur position, et ils restaient convaincus qu'avec du courage et de la persévérance ils seraient infailliblement victorieux. Ils parcouraient donc les rangs de leurs soldats, les exhortaient à tenir ferme, et dirigeaient un feu soutenu contre les dragons.

Claverhouse fit plusieurs tentatives pour passer le fossé, afin de pouvoir engager le combat sur un terrain moins défavorable, mais il lui fut impossible de réussir.

— Il faudra faire retraite, dit-il à lord Evandale, à moins que la diversion de Bothwell ne nous favorise. En attendant, faites retirer le régiment hors de portée, et placez derrière ces buissons des tirailleurs pour inquiéter l'ennemi et le tenir en haleine.

Ces ordres ayant été exécutés, il attendait avec impatience l'instant où Bothwell commencerait son attaque. Mais Bothwell avait trouvé aussi des difficultés à combattre : le mouvement qu'il avait fait n'avait pas échappé à la pénétration de Burley, qui en avait fait faire un semblable à son corps de cavalerie de l'aile droite; de sorte que, lorsque le brigadier eut tourné le marais et passé le ruisseau, il s'aperçut qu'il avait en face un ennemi trois fois plus nombreux. Cet obstacle inattendu ne l'arrêta pas un instant.

— En avant, mes amis! dit-il à sa troupe; qu'il ne soit pas dit que nous aurons reculé devant cette bande de misérables têtes rondes!

Et, comme inspiré par l'esprit de ses ancêtres, il cria à haute voix : — Bothwell! Bothwell! et chargeant avec impétuosité la cavalerie ennemie, il la força de reculer à une portée de pistolet, et tua trois hommes de sa propre main.

Burley, prévoyant les suites funestes qu'aurait pour son parti un échec sur ce point, et sentant combien les troupes régulières avaient d'avantages, même sur le nombre, par une plus grande adresse dans le maniement des armes, courut à Bothwell, et l'attaqua corps à corps. Chacun des combattans était regardé comme le principal champion de sa troupe, et il en résulta un évènement plus rare dans l'histoire que dans les romans. Les soldats s'arrêtèrent des deux côtés, comme si de l'issue de ce combat singulier dépendait celle de la bataille. Bothwell et Burley semblaient partager la même opinion; car, après quelques instans de combat, ils s'arrêtèrent, comme d'un commun accord, pour reprendre haleine, et se préparer à un duel dans lequel chacun d'eux reconnaissait qu'il avait trouvé un adversaire digne de lui.

— Tu es le meurtrier Burley, dit Bothwell en brandissant son sabre et en grinçant les dents : tu m'as échappé une fois, mais aujourd'hui (ajouta-t-il en faisant un serment que nous n'osons répéter) je pendrai à ma selle ta tête, qui vaut son pesant d'or, ou mon cheval s'en ira sans son maître.

— Oui, dit Burley en jetant sur lui un regard farouche, oui, je suis ce John Balfour qui t'a promis que lorsqu'il t'aurait renversé, tu ne te relèverais pas. Que

Dieu fasse retomber cette menace sur moi, si je ne tiens pas ma parole.

— Hé bien, un lit dans la fougère ou mille marcs d'argent! dit Bothwell en lui portant un coup de sabre.

— L'épée du Seigneur et de Gédéon est avec moi, dit Burley en parant le coup et l'attaquant à son tour.

Jamais peut-être on n'avait vu de combat aussi égal. On voyait dans les deux adversaires la même force de corps, le même courage, la même animosité; ils maniaient leurs armes avec la même adresse, et gouvernaient leurs chevaux avec la même dextérité. Ils se firent réciproquement plusieurs blessures, dont aucune n'était dangereuse. Enfin le sabre de Bothwell s'étant malheureusement brisé, il s'élança avec fureur sur son ennemi, le saisit par le baudrier, le fit tomber de son cheval, et fut entraîné avec lui dans sa chute. Les compagnons de Burley accoururent à son secours, mais les dragons les repoussèrent, et l'engagement devint général. Les chevaux passèrent à plusieurs reprises sur le corps des deux combattans, plus que jamais acharnés l'un contre l'autre, et qui, l'écume à la bouche, cherchaient à se déchirer et à s'étouffer, avec la rage de deux boule-dogues dressés au combat. Enfin le pied d'un cheval cassa le bras droit du brigadier, qui lâcha prise avec un gémissement étouffé; puis les deux combattans se relevèrent. Le bras de Bothwell pendait désarmé à son côté; sa main gauche voulut saisir son poignard, mais il était tombé du fourreau. Restant donc tout-à-fait sans défense, Bothwell jeta sur Burley un regard plein de rage et de désespoir; celui-ci, avec un sourire farouche, brandit son épée, et la passa au travers du corps de son adversaire. Bothwell reçut le coup sans tomber. Il ne chercha plus à se défendre; mais, regardant Balfour avec l'expression de la haine, il s'écria:

— Applaudis-toi, misérable rustre, tu as versé le sang des rois.

— Meurs, dit Balfour en le perçant une seconde fois, meurs, chien altéré de sang! meurs comme tu as vécu! meurs comme les bêtes farouches, sans rien croire, sans rien espérer!...

— Et sans rien CRAINDRE, ajouta Bothwell. Ces paroles furent son dernier effort. Il tomba en les prononçant, et il expira.

Saisir un coursier par la bride, se mettre en selle et voler au secours des siens, fut pour Burley l'affaire d'un moment. La chute de Bothwell avait augmenté leur courage autant qu'elle avait diminué la confiance des dragons; le succès ne fut plus disputé. Une partie des soldats furent tués, les autres prirent la fuite, et se sauvèrent de différens côtés dans le marais. Burley défendit qu'on les poursuivît, et, ralliant son parti, traversa à son tour le fossé, pour exécuter contre Claverhouse la même manœuvre que celui-ci avait commandée contre lui. Il envoya un cavalier porter aux insurgés la nouvelle de l'avantage qu'il venait de remporter, leur fit donner ordre de passer le fossé et de commencer une attaque générale, en les exhortant, au nom du ciel, à franchir le marécage et à achever l'œuvre glorieuse du Seigneur.

Pendant ce temps, Claverhouse avait réparé la confusion, résultat d'une première attaque qui avait été aussi malheureuse qu'irrégulière. Les tirailleurs qu'il avait placés derrière des buissons fatiguaient l'ennemi par un feu continuel et bien dirigé, et il attendait l'effet de la diversion que devait opérer Bothwell, pour faire marcher tout le régiment contre les insurgés.

En ce moment un dragon, couvert de sang et de sueur, et dont le cheval, hors d'haleine, prouvait assez qu'il n'était pas venu au pas, se présenta devant lui.

— Qu'y a-t-il de nouveau, Holliday? lui dit le colonel, qui connaissait par leur nom tous les hommes de son régiment: où est Bothwell?

— Mort, dit Holliday, et plus d'un brave avec lui.

— Le roi a donc perdu un brave soldat, dit Claverhouse avec son sang-froid ordinaire; l'ennemi a sans doute franchi le marais?

— Avec un fort parti de cavalerie commandé par ce diable incarné qui a tué Bothwell, dit le soldat effrayé.

— Paix, dit Claverhouse, paix! je vous défends d'en parler à qui que ce soit.... Major Allan, il faut faire retraite; la nécessité nous y contraint.... Lord Evandale, rappelez les tirailleurs. Formez le régiment en trois corps. Allan commandera le premier, vous resterez au centre, et moi, avec l'arrière-garde, je tiendrai ces coquins en échec jusqu'à ce que vous ayez regagné le plateau de la montagne. Ne perdez pas de temps, je vois toute leur ligne en mouvement, et ils s'apprêtent sûrement à passer le fossé.

— Mais que deviendront Bothwell et son détachement? dit lord Evandale.

— On en a disposé, dit le colonel; et, se penchant à l'oreille de lord Evandale : Bothwell, ajouta-t-il, est maintenant au service d'un autre maître.... Allons, messieurs, ne perdez pas de temps, formez le régiment. Une retraite est une chose toute nouvelle pour nous, mais nous prendrons notre revanche un autre jour.

Allan et Evandale allaient remplir leur mission; mais au moment où, par leur ordre, le régiment se partageait en deux corps pour opérer la retraite, un nombre considérable d'insurgés avaient franchi le fossé, pendant que les dragons étaient encore en désordre. Claverhouse, qui avait gardé près de sa personne quelques uns de ceux de ses soldats qu'il connaissait pour les plus braves, chargea l'ennemi à leur tête, et le reste du régiment eut le temps de commencer sa retraite; plusieurs des rebelles furent tués, d'autres repoussés vers le marais.

Mais l'avant-garde de ces derniers reçut bientôt du renfort, et Claverhouse fut forcé de suivre ses troupes mises en déroute.

Jamais homme ne soutint mieux sa réputation de bravoure : remarquable par son coursier noir et son panache blanc, il était à la tête de toutes les charges qu'il ordonnait à chaque occasion favorable pour arrêter les vainqueurs et couvrir la retraite des siens. Il servait de but à toutes les balles ; mais on aurait dit qu'il était également impassible et invulnérable. Les superstitieux fanatiques, qui le regardaient comme doué par le malin esprit de moyens surnaturels de défense, disaient qu'on voyait les balles qui frappaient ses bottes et son pourpoint, rejaillir comme la grêle qui tombe sur un rocher de granit. Quelques uns brisaient même des pièces d'argent pour en charger leurs fusils, espérant que peut-être ce métal atteindrait le persécuteur de leur sainte Église.

— Éprouvez-le à l'arme blanche, s'écriait-on à chaque décharge. — La poudre n'a aucun pouvoir sur lui. Autant vaudrait tirer sur le Vieil Ennemi lui-même[1] ! Mais vainement répétait-on tout haut ces paroles, tel était l'effroi que Claverhouse inspirait aux insurgés, qu'ils ouvraient leurs rangs à son approche ; et aucun n'osait se mesurer avec lui le fer à la main. Il combattait pourtant avec tout le désavantage que donne une retraite faite en désordre.

Les soldats, voyant derrière lui le grand nombre de presbytériens qui avaient dépassé le marais, rompirent leurs rangs ; à chaque nouvelle manœuvre, le major Allan et Evandale trouvaient plus difficile leur tâche de maintenir le bon ordre. En approchant du plateau élevé d'où ils étaient descendus pour leur malheur, l'épouvante devint presque panique. Chacun était impatient de mettre le sommet de la montagne entre soi et le feu continuel des presbytériens. Aucun n'aurait voulu se sacrifier pour les

---

(1) Le diable. — Tr.

autres. Plusieurs prirent la fuite au galop, et les officiers avaient à craindre que bientôt cet exemple ne fût suivi de tous.

Au milieu de cette scène de tumulte et de confusion, des plaintes des blessés, des acclamations du triomphe, du bruit d'un feu roulant de mousqueterie, Evandale ne put s'empêcher de remarquer l'air calme que conservait le colonel. En déjeunant le matin chez lady Marguerite, il n'avait pas l'air plus tranquille. Il s'était approché d'Evandale pour donner ses ordres et renforcer son arrière-garde de quelques hommes de bonne volonté.

— Encore quelques minutes, dit-il, ces coquins nous laisseront, à vous, au vieux Allan et à moi, l'honneur de combattre seuls. Il faut que je disperse les fusiliers qui nous importunent de si près, ou nous serons couverts de honte. Ne cherchez pas à me secourir, si vous me voyez succomber; mais tenez-vous à la tête de vos dragons. Tirez-vous d'ici comme vous pourrez, au nom de Dieu, et dites au roi et au conseil privé que je suis mort en faisant mon devoir.

Ce disant, il se fit suivre par une vingtaine de braves, et fit à leur tête une charge si vive et si peu attendue, qu'il porta le désordre dans les premiers rangs des ennemis, qu'il força de reculer à quelque distance. Dans la confusion de cette attaque, il distingua Balfour, et, désirant frapper ses adhérens de terreur, il lui porta sur la tête un coup si vigoureux, qu'il fendit l'espèce de casque qui le couvrait et le renversa de cheval, étourdi quoique non blessé. On ne manqua pas depuis de trouver merveilleux qu'un homme aussi fort que Balfour de Burley eût succombé sous le coup de Claverhouse, si faiblement constitué en apparence; et, par conséquent, le vulgaire attribua à un secours surnaturel l'effet de cette énergie que peut donner le courage seul à un plus faible bras. Claverhouse cependant s'était trop avancé dans cette dernière charge, et il se trouva en ce moment complètement entouré.

Lord Evandale vit le danger de son commandant : ses dragons avaient fait une halte pendant que ceux qui étaient sous les ordres du major se mettaient en marche. Oubliant les ordres contraires de Claverhouse, il ordonna à sa troupe de descendre la hauteur et de dégager leur colonel. Les uns obéirent, les autres prirent la fuite vers la montagne ; mais, à la tête de ceux qui voulurent bien le suivre, il dégagea Claverhouse. Il était temps que ce secours arrivât : le cheval du colonel venait d'être blessé d'un coup de faux par un paysan qui se disposait à lui en porter un second, quand Evandale le renversa.

Lorsqu'ils furent sortis de la mêlée, ils regardèrent autour d'eux. La division d'Allan avait quitté la montagne : l'autorité de cet officier avait été insuffisante pour retenir les fuyards. Celle d'Evandale était dispersée de tous côtés.

— Qu'allons-nous faire, colonel ? dit lord Evandale.

— Nous sommes restés les derniers sur le champ de bataille, dit le colonel. Hector lui-même dirait qu'il n'y a pas de honte à fuir quand on a bien combattu, et qu'on est un contre vingt. Sauvez-vous, mes enfans, et ralliez-vous le plus tôt possible... Allons, milord, un temps de galop, nous aussi.

En parlant ainsi, il donna un coup d'éperon à son cheval ; et ce généreux animal, oubliant sa blessure, sembla redoubler d'ardeur, malgré le sang qu'il perdait, comme s'il eût su que le salut de son maître dépendait de la vitesse de sa course.

Quelques officiers et quelques soldats le suivirent en désordre. La fuite de Claverhouse fut le signal donné aux derniers combattans de ne plus prolonger une vaine résistance, et de céder le champ de bataille aux insurgés victorieux.

CHAPITRE XVII.

« Mais voyez ! — Au milieu des horreurs de la guerre
« Quel généreux coursier, de sueur tout couvert,
« Précipite ses pas dans ce vaste désert. »
CAMPBELL.

Pendant l'action dont nous venons de donner les détails, Morton, Cuddy et sa mère, et le révérend Gabriel Kettledrummle, étaient restés sur le plateau de la montagne, contre la petite butte auprès de laquelle Claverhouse avait tenu conseil avec ses officiers, et ils pouvaient voir parfaitement tout ce qui se passait sous leurs pieds. Ils étaient gardés par le caporal Inglis et quatre cavaliers, et ceux-ci n'étaient pas moins attentifs aux évènemens du combat qu'aux mouvemens de leurs prisonniers.

— Si ces gens savent se battre, dit Cuddy à Morton à demi-voix, nous aurons quelque espoir de nous tirer d'ici francs de collier ; mais je n'ai guère de confiance en eux, ils n'ont guère d'expérience des armes.

— Ils n'en ont pas besoin de beaucoup, Cuddy, répondit Morton : ils ont une excellente position ; ils sont armés ; leur nombre est quatre fois plus considérable que celui de leurs ennemis. S'ils ne savent pas combattre en ce moment pour leur liberté, ils méritent de la perdre à jamais !

— O ciel ! voilà un beau spectacle, en vérité ! s'écria Mause. Mon esprit est comme celui du prophète Élie ; il brûle au dedans de moi. — Mes entrailles sont comme le vin qui fermente. Puisse le Seigneur jeter un regard sur son peuple, dans ce jour de jugement et de clémence !... Qu'avez-vous donc, précieux monsieur Gabriel Kettledrummle? qu'avez-vous donc, vous dis-je, vous qui êtes un nazaréen plus pur que la neige, plus blanc que le lait, plus vermeil que le soufre (voulant dire saphir[1])? Vous voilà plus noir que le charbon : votre beauté s'est évanouie quand l'heure est venue de parler hautement, et de prier pour ceux qui portent témoignage avec leur sang et celui de leurs ennemis.

Cette apostrophe contenait une espèce de reproche, et M. Kettledrummle, qui tonnait dans la chaire quand l'ennemi était loin, et qui, comme nous l'avons vu, ne se taisait pas toujours, même quand il était en son pouvoir, était devenu muet en entendant le feu roulant, les cris et les clameurs qui s'élevaient. Trop troublé pour prêcher alors les erreurs du presbytérianisme, comme la courageuse Mause l'attendait de lui, trop accablé même pour prier, il ne perdit pourtant pas sa présence d'esprit, et n'oublia pas le soin de sa réputation de prédicateur pur et éloquent.

— Paix, femme! s'écria-t-il; silence! Ne troublez pas mes méditations et la lutte intérieure de l'esprit. Mais, à dire vrai, quelque balle pourrait arriver jusqu'ici, et je vais me retirer derrière cette butte, comme dans une place de sûreté.

— C'est un lâche, après tout, dit Cuddy, qui ne manquait pas lui-même de cette espèce de courage qui naît de l'insensibilité du danger. — Ce n'est qu'un lâche! cette tête-là ne remplira jamais le bonnet de Rumbleberry. — Diantre! Rumbleberry se battait comme un dragon volant. Quel dommage qu'il ne put esquiver le gibet où on le pendit, le pauvre homme! Mais on prétend qu'il s'y rendit en chantant gaiement, tout juste comme j'irais à un plat de soupe si j'avais bien faim, comme je crois que je l'aurai bientôt. — O ciel! c'est un spectacle effrayant, et cependant on ne peut en détourner les yeux!

---

(1) *Sulphur*, soufre, pour *surphires*, saphir. — Ed.

En effet, la curiosité de Morton et de Cuddy et l'enthousiasme de la vieille Mause les retint sur l'emplacement le plus favorable pour voir le combat, pendant que Kettledrummle occupait seul son lieu de refuge; mais ils ne pouvaient déterminer positivement quelle serait l'issue du combat. Il était facile de juger que les presbytériens se défendaient vaillamment, à la fumée épaisse qui, sillonnée fréquemment par des éclairs de flamme, enveloppait les deux partis d'un nuage sulfureux. D'un autre côté, de continuelles décharges, partant des lieux situés plus près de la montagne, attestaient la persévérance des troupes royales, qui, bien disciplinées et bien commandées, avaient de grands avantages sur une troupe de paysans sans discipline. Enfin, des chevaux privés de leurs maîtres, mais qu'on reconnaissait aisément à leur enharnachement comme appartenant au régiment des gardes, furent aperçus courant çà et là. Des soldats démontés accoururent du côté de la montagne; un grand nombre de fuyards ne tardèrent pas à les suivre, et il n'y eut plus moyen de douter de l'issue de la bataille. On vit un corps nombreux de dragons sortir des tourbillons de fumée, venir se rallier en désordre sur le revers de la montagne, et leurs officiers les retenaient difficilement à leurs rangs. Enfin le corps d'Evandale se montra aussi en pleine retraite. La victoire des presbytériens fut évidente alors, et les prisonniers se réjouirent de leur prochaine délivrance.

— Ils fuient! ils fuient! s'écria Mause avec transport. O les sanguinaires tyrans! ils n'ont jamais galopé si vite! ô les perfides Égyptiens, les orgueilleux Assyriens, les Philistins, les Moabites, les Édomites, les Ismaélites! Le Seigneur leur a opposé des glaives tranchans; il en fera la pâture des oiseaux du ciel et des animaux de la terre. Voyez comme les nuages roulent, et comme le feu brille derrière eux, précédant les élus de l'alliance! Telles étaient les colonnes de fumée et de flamme qui guidèrent le peuple d'Israel dans la terre d'Égypte. Voici le jour de la délivrance pour les justes, et le jour de la colère pour les oppresseurs et les impies!

— Merci du Seigneur, ma mère, retenez votre langue! s'écria Cuddy; allez plutôt rejoindre Kettledrummle, ce brave homme. Ces infernales balles des whigs ne connaissent personne, et elles tueraient une vieille femme qui psalmodie, comme un dragon qui jure.

— Ne craignez rien pour moi, Cuddy, répondit la vieille fanatique; je veux, comme Débora, monter sur cette éminence, et élever ma voix contre ces hommes du pays des gentils, dont les coursiers sont déferrés par leurs propres courbettes.

La vieille enthousiaste aurait dans le fait accompli le dessein de grimper sur la butte pour y servir, disait-elle, de signal et de bannière à son peuple, si Cuddy, avec plus de tendresse filiale que de respect, ne l'eût retenue aussi bien que purent le lui permettre les liens dont ses mains étaient garrottées.

— Oh! Milnwood, dit-il alors, a-t-on jamais vu mortel se battre comme ce démon de Claverhouse? trois fois il a été entouré, trois fois il a su se dégager. Mais je crois que nous ne tarderons pas à être libres; le caporal et ses soldats tournent à tout moment la tête, comme s'ils préféraient la route qui est derrière eux à celle qui est devant.

Cuddy ne se trompait pas. Dès qu'Inglis et ses soldats s'aperçurent que Claverhouse revenait à toute bride vers la montagne, et qu'un corps de cavalerie des insurgés se mettait à leur poursuite, ils ne jugèrent pas à propos de rester plus long-temps, et s'enfuirent avec leurs camarades.

Morton et la vieille, dont les mains étaient libres, s'occupèrent alors de détacher les liens de Cuddy et du prédicateur, à qui on avait attaché les bras avec une corde derrière le dos ; et, comme ils terminaient cette besogne, qui leur offrit quelques difficultés, le reste des dragons arrivait. Le désordre et la confusion inséparables d'une telle retraite régnaient dans leurs rangs ; ils formaient pourtant encore un peloton d'environ quarante hommes. Claverhouse était à leur tête, le sabre nu à la main, tout couvert de sang et de sueur. Lord Evandale marchait le dernier, exhortant les soldats à tenir ferme et à ne pas se débander.

Ils passaient à peu de distance de l'endroit où se trouvaient Morton et ses compagnons. Mause, les yeux rayonnans de joie et d'enthousiasme, ses cheveux gris agités par le vent, et étendant un bras décharné, semblait une vieille bacchante ou une sorcière de Thessalie dans les transports d'une fureur prophétique. Reconnaissant bientôt Claverhouse à la tête des fuyards, elle s'écria avec une amère ironie :

— Arrêtez ! arrêtez ! vous qui aimiez tant à assister aux assemblées des saints ; — vous qui parcouriez tous les déserts d'Écosse pour y découvrir un conventicule, vous en avez trouvé un à présent ; ne voulez-vous donc plus rien entendre ? Écoutez le prêche du soir. Malheur, continua-t-elle en changeant de ton, malheur à vous ! Puissiez-vous voir succomber la créature dont la vitesse fait votre confiance ! Fuyez, vous qui avez versé tant de sang, et qui maintenant pensez à sauver le vôtre ! fuyez avec la malédiction d'un Séméi, les menaces d'un Doëg. Le glaive est tiré, il vous atteindra malgré votre prompte fuite !

Claverhouse avait alors autre chose à faire qu'à s'occuper des injures d'une vieille femme ; il gravissait à la hâte le sommet de la montagne, pressé de mettre ses dragons loin de la portée du feu, pour rallier les fuyards autour de sa bannière. Mais au moment où son arrière-garde parvenait sur le plateau, une balle frappa le cheval de lord

Evandale, qui s'abattit sous lui. Deux des cavaliers whigs qui étaient les plus ardens à le poursuivre doublèrent le pas pour le tuer, car jusque là on n'avait point fait de quartier; mais Morton courut pour lui sauver la vie s'il le pouvait, obéissant à sa générosité naturelle, et au désir de reconnaître le service qu'il avait reçu le matin même de lord Evandale, service si pénible à son cœur. Il avait à peine aidé Evandale, qui était blessé, à se relever, que les deux cavaliers survinrent, et l'un d'eux s'écriant : — Mort au tyran en habit rouge, lui adressa un coup d'épée. Morton détourna, non sans peine, le bras du whig, qui n'était autre que Burley lui-même, en s'écriant : — Faites quartier à ce gentilhomme, pour l'amour de moi, — pour l'amour d'Henry Morton qui vous a naguère donné un asile, ajouta-t-il en voyant que Burley ne le reconnaissait pas aussitôt.

— Henry Morton? reprit Burley en essuyant avec une main sanglante le sang qui couvrait son front. N'avais-je pas dit que le fils de Silas Morton sortirait de la terre de servitude, et n'habiterait pas long-temps sous les tentes des Amalécites? Tu es un tison arraché au feu. — Mais, quant à cet apôtre botté de l'épiscopat, il doit mourir; nous devons les frapper tous depuis le lever jusqu'au coucher du soleil. C'est notre mission de les égorger comme les enfans d'Amalec, de détruire tout ce qu'ils possèdent, et de n'épargner ni homme, ni femme, ni enfant à la mamelle : ainsi donc, ne me retiens pas, continua-t-il en menaçant de nouveau Evandale, il ne faut pas que cette œuvre soit faite avec négligence.

— Non, non, vous ne devez pas le tuer, vous ne le tuerez point, surtout lorsqu'il est hors d'état de résister, s'écria Morton en se mettant entre Evandale et Burley. Il m'a sauvé la vie ce matin, la vie que je ne devais perdre que pour vous avoir donné asile. Verser son sang quand il est sans défense, ce serait non seulement une cruauté odieuse à Dieu et aux hommes, mais encore une abominable ingratitude envers lui et envers moi.

Burley s'arrêta. — Tu es encore, lui dit-il, dans la cour des gentils; j'ai pitié de ta faiblesse et de ton aveuglement. Le pain des forts n'est pas fait pour les enfans, ni la puissante et terrible mission qui m'a mis le glaive à la main, pour ceux dont les cœurs habitent encore des demeures d'argile, dont les pas sont embarrassés dans les filets d'une sympathie mortelle, et qui se parent d'une justice semblable à des haillons hideux. Mais il vaut mieux gagner une âme à la vérité, que d'en envoyer une à Tophet; je donne la vie à ce jeune homme, si telle est aussi la volonté du grand conseil de l'armée de Dieu, qui vient de nous accorder une faveur signalée. Tu es sans arme; attends-moi ici, je t'y rejoindrai après avoir poursuivi les pécheurs et détruit les Amalécites depuis Havilah jusqu'à Sur.

En parlant ainsi, il fit sentir l'éperon à son cheval et se remit à la poursuite des fuyards.

— Cuddy, s'écria Morton, pour l'amour du ciel, arrêtez un de ces chevaux qui courent çà et là, et amenez-le à lord Evandale. Sa vie ne serait pas en sûreté avec ces hommes sans pitié. — Vous êtes blessé, milord; serez-vous en état de continuer votre retraite? ajouta-t-il en s'adressant au prisonnier encore étourdi de sa chute.

— Je l'espère, dit Evandale; mais est-il possible? est-ce bien à M. Morton que je dois la vie?

— Envers tout autre j'en aurais agi de même, par simple humanité; avec vous, milord, je remplis un devoir sacré de reconnaissance.

Cuddy arrivait en cet instant avec un cheval.

— Montez, milord, dit le bon Cuddy, montez, et fuyez à l'instant comme un faucon: ces enragés tuent tout ce qu'ils rencontrent, blessés et prisonniers.

Lord Evandale s'apprêtant à monter à cheval, Cuddy voulut lui tenir l'étrier.

— Retire-toi, mon brave garçon, lui dit-il; le service que tu veux me rendre pourrait te coûter la vie. — Monsieur Morton, vous voilà plus que quitte envers moi : croyez-bien que jamais je n'oublierai votre générosité. Adieu.

A peine était-il parti, qu'ils virent arriver plusieurs insurgés. — Mort aux traîtres! crièrent quelques uns d'eux en montrant Morton et Cuddy, ils ont facilité la fuite d'un Philistin.

— Et que vouliez-vous que nous fissions? dit Cuddy; pouvions-nous arrêter un homme qui avait une épée et deux pistolets? Au lieu de nous faire ces reproches, vous auriez mieux fait d'accourir plus vite.

Cette excuse n'aurait pas été admise; mais Kettledrummle, qui était remis de son accès de frayeur, et qui était connu et respecté de la plupart des presbytériens, devint un intercesseur actif et utile, ainsi que Mause, qui possédait aussi bien que lui le langage des persécutés.

— Ne les touchez pas! ne les touchez pas! C'est le fils du fameux Silas Morton, par qui le Seigneur fit jadis de si grandes choses lorsqu'il délivra son peuple de l'épiscopat et renouvela le Covenant : c'était un champion et un héros de ces jours heureux où il y avait puissance, efficacité, conviction, et conversion des pécheurs, cœurs sincères, fraternité de saints, et abondance des parfums du jardin d'Eden.

— Et voilà mon fils, s'écria Mause à son tour, c'est Cuddy, le fils de son père Judden Headrigg, honnête et brave homme, et de moi Mause Middlemass, indigne membre du troupeau évangélique, et une des vôtres. N'éteignez pas la famille des Kohathites parmi les Lévites. Nombres IV et VII. Laissez-nous, et allez poursuivre la victoire que vous accorde la Providence, au lieu de perdre ici le temps en paroles.

Cette troupe continua sa route; mais elle fut suivie de

plusieurs autres auxquelles il fallut donner la même explication. L'intervention de Kettledrummle fut encore nécessaire, et se trouva toujours utile. S'enhardissant à mesure qu'il sentait que sa protection devenait avantageuse à ses anciens compagnons de captivité, il se donna une bonne partie de la victoire de ce jour, en appelant à Morton et à Cuddy pour leur faire déclarer s'il n'avait pas prié, les mains élevées au ciel, comme Moïse sur la montagne, pour qu'Israel triomphât d'Amalec, leur accordant en même temps la gloire de lui avoir soutenu les bras, comme Aaron et Hur l'avaient fait pour le prophète. Probablement il attribuait à ses compagnons d'infortune cette part dans le succès, pour les engager à garder le silence sur l'excès de terreur qui l'avait forcé à se cacher dans le combat, et ils jugèrent que la prudence leur faisait une loi de garder le silence à cet égard.

Tout ce qu'avait dit Kettledrummle se répéta de bouche en bouche, avec des variations, des augmentations que chacun y faisait, comme c'est l'ordinaire ; et bientôt le bruit fut répandu dans tous les rangs que le jeune Morton de Milnwood, fils du colonel Silas Morton, qui avait été l'un des plus braves soldats du Covenant, le digne prédicateur Gabriel Kettledrummle, et une femme chrétienne d'une rare dévotion, et tout aussi habile que Kettledrummle à prêcher une doctrine et à commenter un texte, venaient d'arriver avec un renfort de cent hommes bien armés, pour défendre la bonne cause.

CHAPITRE XVIII.

« La chaire alors, vrai tambour de l'Église,
« Retentissait sous les poings des prêcheurs. »
Butler.

Pendant ce temps la cavalerie des insurgés revenait de sa poursuite, fatiguée des efforts inutiles qu'elle avait faits pour atteindre les débris épars du régiment des gardes. L'infanterie était rassemblée sur le champ de bataille conquis. Tous étaient épuisés de lassitude et de faim; mais la joie du triomphe les soutenait et leur tenait lieu de repos et de nourriture. Il est certain qu'ils avaient obtenu plus qu'ils n'auraient osé espérer : sans faire eux-mêmes une très grande perte, ils avaient mis en déroute complète un régiment composé d'hommes d'élite, et commandé par le premier officier d'Écosse, dont le nom seul suffisait depuis long-temps pour les glacer d'effroi. Ils avaient pris les armes par désespoir plutôt que dans l'attente du succès, et ce succès même semblait encore les surprendre. Leur réunion avait été presque fortuite; aucun de leurs chefs n'avait été légalement nommé ni reconnu, et il résulta de ce défaut d'organisation que toute l'armée se forma, en quelque sorte, en conseil de guerre, pour délibérer sur la marche qu'on devait suivre. Il n'y avait pas d'opinion si extravagante qui ne trouvât des approbateurs. On voulait marcher en même temps sur Glascow, sur Hamilton, sur Edimbourg, même sur Londres. Les uns voulaient envoyer une députation à Charles II, pour le convertir et lui ouvrir les yeux sur l'erreur de ses voies; les autres, moins charitables, demandaient qu'on proclamât un successeur à la couronne; il en était même qui proposaient d'ériger l'Écosse en république. Les plus sensés et les plus modérés voulaient seulement un parlement libre et une assemblée libre de l'Église. Cependant une clameur s'éleva des rangs du soldat, qui criait pour avoir des vivres sans que personne s'occupât des mesures nécessaires pour se procurer les provisions et le repos dont chacun avait besoin. En un mot, le camp des covenantaires était près de se dissoudre au moment même du triomphe, comme se dissoudrait une corde de sable, faute de principes élémentaires d'union et de combinaison.

Tel est l'état de confusion dans lequel Burley trouva sa troupe en revenant de la poursuite des vaincus. Avec l'adresse d'un homme habitué à se tirer des embarras les plus difficiles, il fit arrêter que cent hommes des moins fatigués seraient chargés de faire la garde autour du camp; que ceux qui avaient agi comme chefs pendant la bataille formeraient un comité directeur jusqu'à ce que les officiers fussent régulièrement choisis; enfin que, pour couronner la victoire, le révérend Kettledrummle prononcerait sur-le-champ un discours d'actions de grâces au Ciel. Il comptait beaucoup sur ce dernier expédient, et ce n'était pas sans raison, pour occuper l'attention de la masse des insurgés, se proposant pendant ce temps de tenir un conseil de guerre avec deux ou trois chefs, sans être troublé par des clameurs ou par des opinions ridicules.

Kettledrummle répondit parfaitement à l'attente de Burley. Il prêcha pendant deux mortelles heures sans reprendre haleine; et lui seul peut-être était capable de captiver si long-temps, par la force de sa doctrine et de ses poumons, dans un pareil moment, l'attention de l'armée : mais il possédait parfaitement ce genre d'éloquence sûre et variée des prédicateurs de cette époque. Quoique la nourriture spirituelle qu'il distribuait eût causé des nausées à des auditeurs d'un goût délicat, elle était faite pour flatter le palais de ceux à qui il la destinait.

Son texte fut tiré du XLIX⁰ chapitre d'Isaïe : « — Même les captifs des puissans seront délivrés. Je combattrai ceux qui te combattent, et je sauverai tes enfans.

» — Je nourrirai tes oppresseurs de leur propre chair, je les enivrerai de leur propre sang comme d'un vin délicieux, et toute la terre saura que je suis ton Sauveur et le Tout-Puissant de Jacob. »

Le discours qu'il prononça sur ce sujet était divisé en quinze points, chacun desquels avait sept applications, dont deux de consolation, deux de terreur, deux pour déclarer les causes de l'apostasie et de la colère céleste, et une pour annoncer la délivrance promise et attendue. Le premier point fut consacré à parler de sa délivrance et de celle de ses compagnons ; et il désigna à ce sujet le jeune Milnwood comme un champion envoyé par Dieu même pour faire triompher la bonne cause. Les autres détaillaient les diverses natures de punition que le ciel devait faire pleuvoir sur un gouvernement persécuteur. Il était tour à tour énergique et familier, puis déclamateur, bruyant, énergique ; tantôt il s'élevait jusqu'au sublime, et tantôt il tombait au-dessous du burlesque.

Il trouva une transition pour réclamer avec chaleur le droit qu'a tout homme libre d'adorer Dieu selon sa conscience ; puis il accusa de la misère et des péchés du peuple ces chefs négligens qui avaient non seulement manqué d'établir le presbytérianisme comme la religion nationale, mais avaient toléré des sectaires de toute sorte, papistes, épiscopaux, érastiens, se targuant à faux du titre de presbytériens, sociniens et quakers. Tous ces sectaires, proposa Kettledrummle, devraient être chassés par un acte de bannissement, afin de rétablir dans toute son intégrité la beauté du sanctuaire. La doctrine des armes défensives et de la résistance à Charles II ne fut pas oubliée. Kettledrummle fit observer qu'au lieu d'être un père nourricier pour l'Église, ce monarque n'avait nourri que ses

propres bâtards. Il détailla la vie et les conversations de
ce joyeux prince, qui prêtait, il est vrai, aux tableaux
grossiers de cet orateur peu courtisan. Aussi Kettledrummle lui donna-t-il les noms assez durs de Jéroboam,
Amri, Akab, Psallum, Peka, et ceux de monarque flétri
dans les chroniques. Il conclut par cette franche application de l'Écriture : « — Tophet est préparé depuis long-
temps. Un Tophet est prêt pour le ROI. Ce lieu est profond et large : le bûcher en est de feu et de bois ; le souffle
du Seigneur, tel qu'un fleuve de bitume, va l'allumer ! »

Dès que Kettledrummle eut fini son sermon et qu'il fut
descendu de la pointe d'un rocher qui lui servait de chaire,
un autre prédicateur s'y élança. Il ne ressemblait guère à
celui qui l'y avait précédé. Le révérend Kettledrummle
était déjà avancé en âge, d'une corpulence énorme ; ses
traits stupides et sans expression semblaient annoncer
qu'il entrait dans la composition de son être moins d'esprit que de matière. Celui qui lui succédait était un jeune
homme âgé tout au plus de vingt-cinq ans. Sa maigreur et
ses joues caves rendaient témoignage à ses veilles, à ses
jeûnes, à ses travaux apostoliques, qui l'avaient exposé
plusieurs fois aux rigueurs de la prison et aux périls de la
fuite ; malgré sa jeunesse, les épreuves qu'il avait subies
lui donnaient le plus grand crédit parmi les fanatiques de
sa secte. Il promena un instant ses regards sur l'assemblée
et sur le champ de bataille ; un air de triomphe se peignit sur ses traits pâles et décolorés, qui parurent un moment s'animer de joie et d'enthousiasme. Il joignit les
mains, leva les yeux au ciel, et resta quelques instans
comme absorbé dans une contemplation mentale. Lorsqu'il commença à parler, une voix faible, un organe dé-
fectueux, semblaient lui permettre à peine de se faire entendre ; et cependant le plus profond silence régnait parmi
ses auditeurs, qui recueillaient ses paroles avec autant de
soin que les Israélites ramassaient la manne dans le désert.

Ce silence réagissait sur le prédicateur lui-même : son ton devint plus distinct, ses gestes plus énergiques; il semblait que le zèle religieux triomphait en lui de la faiblesse. Son éloquence naturelle se ressentait bien un peu des formes grossières de sa secte; cependant, grâce à un instinct de bon goût, elle était plus pure que celle de ses collègues. Le langage de l'Écriture, quelquefois dégradé dans leur bouche par une fausse application, était dans les discours de Macbriar d'un effet solennel, comme celui que produisent les rayons du jour illuminant les images des saints et des martyrs sur les vitraux gothiques d'une ancienne cathédrale.

Il peignit sous les plus vives couleurs la désolation de l'église presbytérienne, la compara à Agar cherchant à ranimer la vie de son fils dans le désert, à Juda sous le palmier, déplorant la dévastation de son temple, et enfin à Rachel pleurant ses enfans et refusant toute consolation. Mais il fut surtout sublime lorsqu'il félicita les combattans sur la victoire qu'ils venaient de remporter, en les exhortant à se souvenir des marques de protection qu'ils venaient de recevoir d'en-haut, et à marcher d'un pas ferme et assuré dans la carrière qui leur était ouverte.

— Vos vêtemens sont teints, mais non avec les sucs du pressoir; vos épées sont rougies de sang, s'écria-t-il, mais non du sang des boucs et des agneaux. Le sable du désert que vous foulez aux pieds est arrosé de sang, mais non du sang des taureaux; car le Seigneur a fait un sacrifice à Bozrah et un grand carnage dans la terre d'Idumée. Ce ne sont point les premiers-nés du troupeau, les débris des offrandes, que vous voyez dans les sillons du laboureur; ce n'est point le parfum de la myrrhe, de l'encens ou des herbes odoriférantes qui s'élève à vos narines; mais ces corps sanglans sont les cadavres de ceux qui tenaient l'arc et la lance, de ceux qui étaient cruels, sans pitié, dont la voix retentissait comme celle des flots, et qui montaient de puissans coursiers rangés en bataille. Ce sont les cadavres des guerriers qui marchaient contre Jacob au jour de sa délivrance, et cette vapeur est la fumée des flammes qui les ont dévorés. Ces coteaux sauvages qui vous entourent ne sont point un sanctuaire de cèdre orné d'argent ; vous n'êtes point des prêtres au pied de l'autel avec des encensoirs et des torches ; mais vous tenez dans vos mains l'épée, l'arc et les instrumens de la mort. Cependant, en vérité, je vous le dis, lors de la plus grande gloire du temple, jamais un sacrifice ne fut plus agréable que celui de ce jour, où vous venez d'immoler les oppresseurs et les tyrans : les rochers vous servent d'autel, la voûte du ciel de sanctuaire, et vos glaives d'instrumens de sacrifice. Ne laissez donc pas le soc dans le sillon. Ne vous détournez pas du sentier où vous êtes entrés comme les saints des anciens temps, que Dieu suscita pour la gloire de son nom. Ne vous arrêtez pas dans votre carrière, de peur que la fin ne soit pire que le commencement. Levez donc un étendard dans cette contrée, sonnez la trompette sur les montagnes ; que le berger abandonne son troupeau, le laboureur ses semailles. Faites une garde vigilante, aiguisez les flèches, polissez les boucliers, nommez vos chefs. Que les fantassins s'avancent comme les vents, les cavaliers comme les vagues : car le chemin des oppresseurs est coupé, leurs verges de châtiment sont brûlées, et leurs combattans ont tourné la face du côté de la fuite. Le ciel a été avec vous, il a brisé l'arc des forts ; que chaque cœur ressemble à celui de Machabée, chaque bras au bras de Samson, chaque glaive au glaive de Gédéon, qui ne se détourna jamais du carnage : la bannière de la réformation flotte sur les montagnes dans toute sa splendeur première, et les portes de l'enfer ne prévaudront pas contre elle.

Heureux celui qui dans ce jour engagera sa maison pour un casque, vendra ses vêtemens pour une épée, et se réunira à la sainte ligue du Covenant jusqu'à l'accomplissement de la promesse ! Malheur à celui qui, égoïste et charnel, se retirera de la grande œuvre; car la malédiction sera avec lui, et la malédiction de Méroz, parce qu'il n'est pas venu au secours du Seigneur contre les impies! Levez-vous donc, et agissez. Le sang des martyrs fumant sur les échafauds crie vengeance; les ossemens des saints qui blanchissent les grandes routes veulent des représailles. Les gémissemens des captifs des îles désertes de la mer et des cachots de la tyrannie implorent leur délivrance. Les prières des chrétiens persécutés, qui se cachent dans les cavernes et les solitudes, mourant de faim et manquant de tout, parce qu'ils ont préféré servir Dieu plutôt que l'homme, ces prières sont avec vous, prenant d'assaut les portes du ciel pour vous y faire admettre. Le ciel lui-même combattra pour vous comme les astres combattirent contre Sisara. Que celui donc qui veut mériter la gloire dans ce monde, et l'éternelle félicité dans l'autre, se mette au service de Dieu, et reçoive son salaire des mains de son serviteur... C'est-à-dire une bénédiction pour lui et ses enfans jusqu'à la neuvième génération; qu'il reçoive la bénédiction de la promesse à jamais et toujours. *Amen.*

L'éloquence du prédicateur fut récompensée par le murmure général d'approbation qui retentit au loin dans les rangs de l'armée. Les blessés oublièrent leur souffrance, et les faibles leurs privations, en écoutant une doctrine qui, les élevant au-dessus des besoins et des calamités de ce monde, identifiait leur cause avec celle de la Divinité. Un grand nombre se réunit autour du prédicateur, quand il descendit de l'éminence du haut de laquelle il avait fait son exhortation; on l'embrassait avec des mains encore sanglantes, et en jurant de se montrer les vrais soldats du Très-Haut. Épuisé par son enthousiasme et la ferveur dont il avait animé son discours, le ministre pouvait seulement répondre avec des accens entrecoupés : — Dieu vous bénisse, mes frères. C'est de sa cause qu'il s'agit. — Soyez fermes, soyez hommes de cœur : tout ce qu'il peut vous arriver de pire n'est qu'un passage plus court et sanglant pour parvenir au ciel.

Pendant les exercices spirituels, Balfour et les autres chefs n'avaient pas perdu leur temps. Ils avaient fait allumer des feux, placé des sentinelles partout, ordonné de reconnaissances, et s'étaient procuré des vivres dans les villages les plus voisins. Balfour envoya des émissaires de divers côtés pour répandre le bruit du succès qu'il avait obtenu, et engager par là tous ses partisans à se déclarer enfin il fit partir des détachemens pour s'emparer, de gré ou de force, dans les environs, de tout ce qui pouvait être nécessaire à ses troupes. Il réussit au-delà de ses espérances; car on se rendit maître, dans un village voisin, d'un magasin de vivres, de fourrages et de munitions qui appartenait aux troupes royales. L'armée en conçu une nouvelle audace ; et, tandis que peu d'heures auparavant bien des gens sentaient se refroidir l'ardeur de leur zèle, tous les combattans juraient maintenant de ne pas quitter les armes avant d'avoir obtenu un triomphe complet.

Quelque idée qu'on puisse avoir de l'extravagance et du fanatisme étroit de ces sectaires, il est impossible de refuser la gloire du courage à quelques centaines de paysans, qui, sans chefs, sans argent, sans magasins, sans plan arrêté, et presque sans armes, inspirés seulement par leur zèle religieux et par la haine de l'oppression, osaient déclarer la guerre à un gouvernement établi, que soutenaient une armée régulière et les forces de trois royaumes.

CHAPITRE XIX.

« Vous voyez qu'un vieillard parfois peut être utile. »
SHAKSPEARE.

Il faut que nous retournions maintenant au château de Tillietudlem, que le départ du régiment des gardes avait laissé plongé dans le silence et l'inquiétude.

Les assurances de lord Evandale n'avaient pas entièrement calmé les craintes d'Edith. Elle le connaissait généreux, et incapable de manquer à sa parole ; mais il était évident qu'il soupçonnait Henry d'être un rival heureux. N'était-ce pas attendre de lui un effort au-dessus de la nature humaine, que de supposer qu'il s'occuperait de veiller à la sûreté de Morton, et qu'il le préserverait des dangers auxquels devaient l'exposer sa captivité et les préventions conçues contre lui ? Elle s'abandonnait donc à de vives alarmes, et fermait l'oreille aux motifs de consolation que Jenny Dennison lui suggérait l'un après l'autre, comme un habile général envoie successivement des renforts à une division engagée avec l'ennemi.

D'abord Jenny assurait qu'elle était moralement certaine qu'il n'arriverait aucun mal à Henry ; ensuite elle ne pouvait oublier que dans le cas contraire lord Evandale restait, et n'était pas un parti à dédaigner. Et puis, qui pouvait répondre du succès d'une bataille ? Si les whigs avaient le dessus, Henry et Cuddy se joindraient à eux, viendraient au château, et les enlèveraient toutes deux de vive force.

— Car j'ai oublié de vous dire, miss Edith, continua-t-elle en pleurant, que ce pauvre Cuddy est aussi entre les mains des soldats. On l'a amené ici prisonnier ce matin : j'ai été obligée de dire de belles paroles à Holliday pour obtenir la permission de lui parler, et Cuddy ne m'en a pas su aussi bon gré qu'il l'aurait dû. Mais, bah! ajouta-t-elle en changeant brusquement de ton et en remettant son mouchoir dans sa poche, je n'ai pas besoin de rendre mes yeux rouges en pleurant. Quand ils emmèneraient la moitié des jeunes gens, il en resterait encore assez.

Les autres habitans du château n'étaient ni plus contens ni moins inquiets. Lady Marguerite pensait que le colonel, en lui refusant la grâce d'un homme condamné par lui, avait manqué à la déférence due à son rang, et avait même empiété sur ses droits seigneuriaux, en voulant le faire exécuter sur ses domaines.

— Claverhouse aurait dû se rappeler, mon frère, dit-elle, que la baronnie de Tillietudlem a toujours joui du droit de haute et moyenne justice, et par conséquent si le coupable devait être exécuté sur mes terres (ce que je considère comme peu honnête, puisque ce château n'est habité que par des femmes, pour qui ces scènes tragiques ne sont pas agréables), il aurait dû le remettre entre les mains de mon bailli pour qu'il présidât à l'exécution.

— La loi martiale fait taire toutes les autres, ma sœur, interrompit le major. Je conviens cependant que le colonel n'a pas apporté l'attention convenable à votre demande; et je ne suis pas très flatté moi-même qu'il ait refusé à un vieux serviteur du roi tel que moi une grâce qu'il a accordée au jeune Evandale, sans doute parce qu'il est lord, et qu'il a du crédit près du conseil privé. Mais, pourvu que la vie du pauvre jeune homme soit sauvée, je me console aisément avec le refrain d'une chanson aussi vieille que moi. — Et là-dessus il fredonna ce couplet :

> En vain l'hiver couvre de ses frimas
> Ton vieux manteau, ta tête qui grisonne,

> Fier cavalier, pour marcher aux combats,
> Echauffe-toi par le jus de la tonne.

— Je prétends passer la journée avec vous, ma sœur. Je veux avoir des nouvelles de cette affaire de Loudon-Hill. Cependant je ne puis croire qu'un attroupement de paysans tienne devant un régiment comme celui que nous avons vu ce matin. Ah! il fut un temps où je n'aurais pu rester tranquille, assis dans un fauteuil, quand je savais qu'on se battait à dix milles de moi. Mais, comme ajoute la vieille chanson,

> L'acier brillant est rongé par la rouille,
> L'arc le plus fort est brisé par le temps :
> Ce dieu jaloux à la longue dépouille
> De leurs cheveux le front des verts galans.

— Nous serons enchantées que vous restiez avec nous, mon frère ; mais, quoiqu'il ne soit pas très poli de vous laisser seul, il faut que vous me permettiez de veiller à ce qu'on rétablisse l'ordre dans le château ; vous sentez que la nombreuse compagnie que j'ai reçue doit l'avoir un peu dérangé.

— Oh! je hais la cérémonie comme un cheval qui bronche. D'ailleurs, votre personne resterait avec moi, que votre esprit serait avec les débris du déjeuner. — Où est Edith?

— Dans sa chambre. Elle est incommodée d'un mal de cœur, m'a-t-on dit ; je crois qu'elle s'est mise au lit. Dès qu'elle s'éveillera, je lui ferai prendre des gouttes cordiales.

— Bah ! bah ! dit le major, elle n'a d'autre mal que la peur des soldats. Elle n'est pas habituée à voir un jeune homme de sa connaissance emmené pour être fusillé ; un autre partir tout-à-coup, sans savoir si on le verra revenir. Mais si la guerre civile se rallume, il faudra bien qu'elle s'y accoutume.

— A Dieu ne plaise, mon frère !

— Oui, vous avez raison, à Dieu ne plaise! Mais qu'on appelle Harrison, je ferai une partie de trictrac avec lui.

— Oh! dit Gudyil, il est sorti à cheval pour tâcher d'avoir quelques nouvelles de la bataille.

— Au diable la bataille! s'écria le major; elle a mis le désordre dans tout le château. On dirait qu'on n'en a jamais vu dans ce pays. On se souvient pourtant de celle de Kilsythe, John?

— Et celle de Tippermuir, monsieur le major? répondit Gudyil; j'y combattais à côté de feu mon maître.

— Et de celle d'Alford, John, où je commandais la cavalerie; et de celle d'Inverlochy, où j'étais aide de camp du grand marquis; et Auld-Earn, — et le pont de la Dee?

— Et Philiphaugh, n'en déplaise à Votre Honneur, dit John.

— Hum! dit le major, moins nous parlerons de celle-là, mieux cela vaudra.

Cependant, ayant une fois entamé le sujet des campagnes de Montrose, le major et Gudyil tinrent assez long-temps en échec ce formidable ennemi appelé le temps, avec lequel les vétérans, dans le peu de jours tranquilles dont ils jouissent à la fin de leur carrière, sont presque toujours en état d'hostilité.

On a fréquemment remarqué que les nouvelles des évènemens importans se répandent avec une célérité qui passe toute croyance, et que des rapports, vrais quant au fond, quoique inexacts dans les détails, précèdent toujours l'annonce officielle, comme si des oiseaux les avaient apportés à travers les airs. De tels bruits anticipent sur la réalité comme *ces ombres de l'avenir* aperçues par le devin montagnard [1]. Harrison n'était encore qu'à quatre ou cinq milles de Tillietudlem, lorsqu'il arriva dans un village où le bruit de la victoire des presbytériens était déjà répandu.

---

(1) *Shadows of coming events.* Voyez le *Lochiel* de Campbell. — Ed.

Il écouta à la hâte les détails qu'on put lui donner, et, tournant bride, il revint au château au grand galop.

Son premier soin fut de chercher le major. Il causait encore avec Gudyil. — Vous devez vous souvenir, disait-il, que ce fut au siége du Dundee que je...

— Fasse le ciel, monsieur le major, s'écria Harrison, que nous ne voyions pas demain celui du château de Tillietudlem !

— Que voulez-vous dire, Harrison ? s'écria le major étonné : que diable signifie cela ?

— Sur mon honneur, monsieur le major, le bruit général, et qui ne paraît que trop véritable, est que le colonel Claverhouse a été battu ; quelques uns disent même qu'il est tué : on ajoute que le régiment est en déroute, et que les rebelles s'avancent de ce côté, mettant à feu et à sang tout ce qui n'est pas de leur parti.

— Je n'en crois rien, dit le major en se levant brusquement : jamais on ne me persuadera que le régiment des gardes ait reculé devant des rebelles. — Mais pourquoi parlé-je ainsi ? N'ai-je pas vu moi-même arriver de pareilles choses ? — Pique ! — Pique ! allons donc, Pique ! montez à cheval, et avancez du côté de Loudon-Hill, jusqu'à ce que vous ayez des renseignemens certains sur tout ce qui s'est passé. — Mais, en mettant les choses au pis, Gudyil, je pense que ce château serait en état d'arrêter quelque temps les rebelles, s'il avait des vivres, des munitions et une garnison. Sa position est importante. Elle commande le passage entre le haut et le bas pays. Il est heureux que je me trouve ici ! — Harrison, faites prendre les armes à tout ce qui se trouve d'hommes dans le château. Gudyil, voyez les provisions que vous avez et celles qu'on peut se procurer. Faites venir les bestiaux de la ferme dans les écuries du château. — Le puits ne tarit jamais. Il y a quelques vieux canons sur les tours. — Si nous avions des munitions !

— Les soldats, dit Harrison, en ont laissé ce matin quelques caissons à la ferme, et ils doivent les reprendre en repassant.

— Excellent! dit le major; hâtez-vous de les faire entrer au château, et réunissez toutes les armes que vous pourrez vous procurer, fusils, pistolets, épées, sabres, piques; ne laissez pas un poinçon. — Fort heureux que je sois ici! — Mais il faut que je parle à ma sœur à l'instant.

Lady Marguerite fut étourdie d'une nouvelle si inattendue et si alarmante. Il lui avait semblé que la force imposante qui avait quitté son château dans la matinée suffisait pour mettre en déroute tous les mécontens d'Écosse, et sa première idée fut qu'il lui serait impossible de résister à une troupe qui avait suffi pour triompher du régiment de Claverhouse.

— Malheur à nous, mon frère, s'écria-t-elle, malheur à nous! A quoi servira tout ce que nous pourrons faire? Ils détruiront mon château; ils tueront Edith; car, pour moi, Dieu sait que le soin de ma vie n'est pas ce qui m'occupe. Le mieux ne serait-il pas de nous soumettre?

— Ne vous effrayez pas, ma sœur, répondit le major; la place est forte, l'ennemi ignorant et mal armé. La maison de mon frère ne deviendra pas une caverne de brigands et de rebelles, tant que le vieux Miles Bellenden existera. Mon bras est plus faible qu'autrefois; mais, grâce à mes cheveux blancs, j'ai quelque connaissance de la guerre, et je... Ah! voici Pique qui nous apporte des nouvelles. Eh bien! Pique, qu'avez-vous appris?

— Eh bien, dit Pique avec un grand sang-froid, déroute complète.

— Qui avez-vous vu? demanda le major. Qui vous a donné cette nouvelle?

— Une demi-douzaine de dragons qui fuient du côté

d'Hamilton, et qui semblent se disputer à qui arrivera le plus vite ; gagne la bataille qui voudra !

— Continuez vos préparatifs, Harrison. Gudyil, faites tuer autant de bœufs que vous pourrez en saler. Envoyez à la ville, et faites-en rapporter de la farine et d'autres provisions. Ne perdez pas un seul instant. — Ma sœur, vous feriez peut-être bien de vous retirer à Charnwood avec ma nièce, pendant que les chemins sont encore libres.

— Non, mon frère ; puisque vous croyez que mon vieux château peut tenir contre les rebelles, je ne le quitterai point. Je l'ai quitté deux fois en semblables occasions dans ma jeunesse, et, en y revenant, je n'y ai plus revu ses plus braves défenseurs. J'y resterai donc, dussé-je y trouver la fin de mon pèlerinage sur cette terre.

— Après tout, c'est peut-être le parti le plus sûr pour Edith et pour vous. Cette affaire va être le signal d'une insurrection générale des presbytériens d'ici à Glascow, et vous pourriez courir à Charnwood encore plus de dangers qu'ici.

— Mon frère, dit gravement lady Marguerite, comme vous êtes le plus proche parent de défunt mon époux, je vous investis, par ce gage (et elle lui remit la vénérable canne à pomme d'or qui avait appartenu à son père, le comte de Torwood), du commandement du château de Tiellietudlem, du droit d'y exercer haute et moyenne justice, de commander mes vassaux, de les punir comme je pourrais le faire moi-même, et je me flatte que vous défendrez convenablement une place dans laquelle Sa Majesté le roi Charles II ne dédaigna pas...

— C'est bon, c'est bon, ma sœur, interrompit le major ; nous n'avons pas le temps en ce moment de parler du roi et de son déjeuner.

A l'instant il quitta sa sœur, et courut avec la vivacité d'un jeune homme de vingt-cinq ans faire la revue de la garnison, et examiner les moyens de défense de la place.

Des précipices et des rochers escarpés rendaient le château de Tillietudlem inaccessible de trois côtés, et le seul par où l'on pût en approcher était entouré de murailles très épaisses, et précédé d'une cour fermée par d'autres remparts, qui étaient flanqués de tourelles et crénelés. Au milieu du château s'élevait une tour qui dominait tous les environs, et sur la plate-forme de laquelle se trouvaient quelques vieilles pièces de siége et d'autres petits canons, qu'on appelait du vieux nom de coulevrines, faucons et fauconneaux.

On était donc parfaitement à l'abri d'un coup de main; mais on avait à craindre la famine et un assaut.

Le major ayant fait charger les canons, les fit pointer de manière à commander la route par où les rebelles devaient avancer. Il fit abattre des arbres qui auraient nui à l'effet de son artillerie; et, avec leurs troncs et d'autres matériaux, on construisit à la hâte plusieurs rangs de barricades dans l'avenue. Il barricada encore plus fortement la grande porte de la cour, et n'y laissa ouvert qu'un étroit guichet.

Ce qu'il avait le plus à craindre était la faiblesse de la garnison. Tous les efforts d'Harrison n'avaient pu parvenir qu'à rassembler neuf hommes, en y comprenant Gudyil et lui. Le major et son fidèle Pique complétaient le nombre de onze, dont une bonne partie étaient déjà avancés en âge. On aurait pu aller jusqu'à douze; mais lady Marguerite, qui n'avait pas oublié l'affront auquel la maladresse de Goose Gibby l'avait exposée le jour de la revue, ne voulut pas permettre qu'on lui donnât des armes, et déclara qu'elle aimerait mieux voir prendre le château que de devoir son salut à un tel défenseur. C'était donc avec une garnison de onze hommes, y compris le commandant, que le major Bellenden résolut de défendre la place jusqu'à la dernière extrémité.

Les préparatifs de défense ne pouvaient se faire sans le fracas ordinaire en pareille occasion. Les femmes criaient, les chiens hurlaient, les hommes juraient, la cour retentissait du bruit des messagers qui partaient ou arrivaient à chaque instant : un chariot de farine qu'on amena de la ville, tous les bestiaux de la ferme qui entrèrent dans le château, redoublaient la confusion ; enfin la tour de Tillietudlem était devenue celle de Babel.

Tout ce fracas, qui aurait pu réveiller les morts, ne tarda pas à arriver aux oreilles d'Edith, et à interrompre les réflexions auxquelles elle se livrait. A défaut de la colombe pour messager, elle envoya Jenny s'informer de la cause du tumulte extraordinaire qui régnait dans le château ; mais Jenny, semblable au corbeau sorti de l'arche, trouva tant de choses à demander ou à apprendre, qu'elle oublia d'aller rejoindre sa maîtresse. Miss Bellenden, dont l'inquiétude redoublait, et qui n'avait pas une colombe à faire partir ensuite, se détermina à descendre pour chercher elle-même des informations. Dès la première question qu'elle fit, cinq à six voix lui répondirent en même temps que Claverhouse et tout son régiment avaient été tués, et que dix mille insurgés, commandés par John Balfour de Burley, le jeune Milnwood et Cuddy Headrigg, marchaient sur le château pour s'en emparer. L'étrange association de ces trois noms lui parut une preuve de la fausseté de cette nouvelle, et cependant le mouvement qu'elle voyait lui démontrait qu'on avait conçu de vives craintes.

— Où est lady Marguerite ? demanda Edith.

— Dans son oratoire, lui répondit-on.

C'était un cabinet servant de tribune dans la chapelle du château, où lady Bellenden se retirait dans les occasions extraordinaires, quand elle voulait se livrer d'une manière particulière à quelques exercices de dévotion, ce qui lui arrivait les anniversaires des jours où elle avait perdu son mari et ses enfans, et toutes les fois qu'elle pouvait avoir à craindre des malheurs publics ou domestiques. Elle avait sévèrement défendu qu'on vînt jamais l'y interrompre ; et Edith, accoutumée au plus grand respect pour les volontés de son aïeule, n'osa enfreindre ses ordres, même en cette circonstance.

— Où est le major Bellenden ? reprit-elle.

On lui apprit qu'il était sur la plate-forme de la tour, occupé à mettre en ordre l'artillerie qui la garnissait. Elle y courut sur-le-champ, et le trouva au milieu de son élément, donnant des ordres et des instructions, encourageant, grondant, enfin remplissant tous les devoirs d'un bon gouverneur.

— Au nom du ciel, mon oncle, s'écria Edith, de quoi s'agit-il donc ?

— De quoi il s'agit, ma chère ? répondit-il froidement et tout en examinant la position d'un canon avec ses yeux armés de lunettes. — Gudyil, pointez ce canon davantage sur la droite. De quoi il s'agit ? Claverhouse est en déroute ; les whigs marchent sur le château. Il ne s'agit que de cela.

— Bon Dieu ! s'écria Edith en jetant les yeux sur la route, ils arrivent déjà ! je les aperçois.

— De quel côté ? dit le major en mettant ses lunettes. Mes amis, soyez à vos canons, mèche allumée ; il faut que ces coquins nous paient un tribut, dès qu'ils seront à portée. Mais un moment, un moment ! ce sont des cavaliers du régiment des gardes.

— Oh ! non, mon oncle, dit Edith : voyez comme ils marchent en désordre, sans garder leurs rangs ; il est impossible que ce soit la belle troupe que nous avons vue ce matin.

— Ma chère enfant, dit le major, vous ne savez pas quelle différence il y a entre le régiment qui marche au combat, et celui qui fuit après une défaite. Mais je ne me trompe pas, et je distingue même leur drapeau. Je suis charmé qu'ils aient pu le sauver.

Plus les cavaliers avançaient, plus il était facile de reconnaître qu'ils faisaient effectivement partie du régiment des gardes. Ils firent halte devant le château, et l'officier qui les commandait entra dans l'avenue.

— C'est Claverhouse! s'écria le major; c'est bien lui, certainement. Je suis ravi qu'il ne soit pas tué; mais il paraît qu'il a perdu son fameux cheval noir. Gudyil, allez prévenir lady Marguerite. Faites préparer des rafraîchissemens, des fourrages. Allons, ma nièce, descendons sur-le-champ; nous allons enfin avoir des nouvelles positives.

CHAPITRE XX.

> « Il marche avec insouciance,
> « Rien ne semble troubler son cœur.
> « Il lui reste peu d'espérance,
> « Il a gardé son air vainqueur. »
> HARDYKNUTE.

Le colonel Grahame de Claverhouse se présenta devant la famille de lady Marguerite, rassemblée dans la grande salle du château, avec la même sérénité et la même courtoisie aimable qu'il avait le matin même de ce jour. Il avait eu assez de sang-froid pour réparer en partie le désordre de son habillement. Il avait fait disparaître de ses mains les traces qu'y avait empreintes le sang des ennemis, et l'on aurait cru qu'il venait de faire une promenade du matin.

— Je suis affligée, colonel, dit la vieille dame les yeux en pleurs, cruellement affligée.

— Et moi, je suis affligé, ma chère lady Margaret, dit Claverhouse, de penser qu'après notre mésaventure vous ne soyez pas trop en sûreté dans votre château : votre loyauté bien connue, et l'hospitalité que vous avez accordée ce matin aux troupes de Sa Majesté, peuvent avoir des suites dangereuses pour vous. Je viens donc vous proposer, si la protection d'un pauvre fuyard ne vous paraît pas à mépriser, de vous escorter, ainsi que miss Edith, jusqu'à Glascow, d'où je vous ferai conduire à Edimbourg ou au château de Dumbarton, comme vous le jugerez convenable.

— Je vous suis bien obligée, colonel Grahame, répondit lady Marguerite ; mais mon frère a entrepris de défendre le château contre les rebelles, et jamais Margaret Bellenden ne fuira de ses foyers, tant qu'il s'y trouvera un brave militaire qui se charge de l'y défendre.

— Le major Bellenden a formé ce dessein ! s'écria Claverhouse en tournant sur lui des yeux où brillait la joie. Et pourquoi en douterais-je? il est digne du reste de sa vie. Mais, major, avez-vous les moyens de résister à une attaque ?

— Rien ne me manque, dit le major, que des hommes et des provisions.

— Je puis, dit le colonel, vous laisser douze ou vingt hommes qui tiendraient sur la brèche, le diable montât-il lui-même à l'assaut. Vous rendriez un grand service à l'état en arrêtant ici l'ennemi, ne fût-ce qu'une semaine, et d'ici à ce temps vous recevrez bien certainement des secours.

— Avec vingt hommes courageux, dit le major, je réponds du château pendant cet espace de temps. J'y ai fait entrer les caissons que vous aviez laissés à la ferme ; et, quant aux provisions, j'espère que les messagers qui sont partis pour tous les villages voisins vont en apporter. Au surplus nous mangerons les semelles de nos chaussures avant de nous rendre.

— Oserai-je vous faire une demande, colonel? dit lady Marguerite : je désirerais que le détachement que vous voulez bien ajouter à ma garnison fût commandé par le brigadier Francis Stuart. Ce serait un moyen de motiver sa promotion à un grade supérieur, et la noblesse de son sang m'intéresse pour lui.

— Les campagnes du brigadier sont terminées, milady, dit Claverhouse, et ce n'est plus dans ce monde qu'il peut espérer de l'avancement.

— Pardon, dit le major en prenant le colonel par le bras et en s'éloignant des dames ; mais je suis inquiet pour mes amis. Je crains que vous n'ayez fait une autre perte, et plus importante : j'ai remarqué que ce n'est plus votre neveu qui porte votre étendard.

— Vous avez raison, major, répondit Claverhouse sans changer de ton : mon neveu n'existe plus ; il est mort d'une manière digne de lui, en faisant son devoir.

— Grand Dieu ! quel malheur ! s'écria le major : un si beau jeune homme, si brave, qui donnait tant d'espérances !

— Tout cela est vrai, dit Claverhouse : je regardais le pauvre Richard comme mon fils ; c'était la prunelle de mes yeux, mon héritier présomptif ; mais je vis, major, ajouta-t-il en lui serrant la main, je vis pour le venger.

— Colonel Grahame, dit le brave vétéran en essuyant une larme qui s'échappait de ses yeux, je m'applaudis de vous voir supporter ce malheur avec tant de fermeté.

— Je ne suis point un homme qui rapporte tout à soi. Quoi qu'on en puisse dire, major, je ne suis égoïste ni dans mes espérances, ni dans mes craintes, ni dans mes plaisirs, ni dans mes chagrins. Ce n'est point dans des vues d'intérêt personnel que j'ai été sévère, avide, ambitieux ; le service du roi mon maître et le bien de mon pays, voilà quel fut toujours mon but. Peut-être ai-je poussé la sévérité un peu loin, mais j'ai agi pour le mieux, et je ne dois pas plus montrer de faiblesse pour mes souffrances que je n'en ai fait voir pour celles des autres.

— Je suis étonné de votre courage après un évènement dont les conséquences peuvent être si fâcheuses, dit le major.

— Oui, reprit Claverhouse, mes ennemis dans le conseil m'accuseront de ce revers : — je méprise leurs accusations. Ils me calomnieront auprès du souverain : — je saurai leur répondre. Les rebelles triompheront de ma défaite : — le jour viendra où je leur prouverai qu'ils ont triomphé trop tôt. Le jeune homme qui vient de succomber était la seule barrière entre un avide collatéral et moi, car vous savez que le ciel ne m'a pas accordé d'enfans; mais ce malheur ne frappe que moi, et la patrie a moins à regretter sa perte que celle de lord Evandale, qui, après avoir vaillamment combattu, a, je crois, péri pareillement.

— Quelle journée fatale, colonel! On m'a dit que l'impétuosité de cet infortuné et brave jeune homme a été l'une des causes de la perte de la bataille.

— Ne parlez pas ainsi, major. Si quelque blâme a été mérité aujourd'hui, qu'il s'attache aux vivans, et qu'il ne flétrisse pas les lauriers de ceux qui sont morts avec gloire. Je ne puis cependant vous assurer que lord Evandale ait succombé. Mais il est mort ou prisonnier, j'en ai peur. Il était hors de la mêlée, du moins la dernière fois que j'ai pu lui parler. Nous quittions le champ de bataille avec environ vingt hommes d'arrière-garde; le reste du régiment était presque tout dispersé.

— Votre troupe est augmentée depuis votre arrivée ici, colonel, dit le major en regardant par une fenêtre qui dominait sur l'avant-cour du château, où les soldats étaient entrés.

— Oh! dit Claverhouse, mes coquins ne sont tentés

ni de déserter, ni de s'écarter plus loin que la première frayeur ne les a emportés. Il ne règne pas beaucoup d'amitié entre eux et les paysans de ce pays : chaque village par où ils passeraient isolément s'insurgerait contre eux ; et les faux, les fourches et les pioches leur inspirent une terreur salutaire qui les ramène sous leur drapeau. — Mais parlons maintenant de vos plans, de vos besoins, et des moyens de correspondre avec vous. A vous dire vrai, je doute de pouvoir rester long-temps à Glascow, même quand j'aurai joint lord Ross. Ce succès passager de ces fanatiques va évoquer le diable dans tous nos cantons de l'ouest.

Passant à la discussion des moyens de défense, Claverhouse et le major convinrent de la manière dont ils pourraient entretenir une correspondance dans le cas où l'insurrection viendrait à s'étendre. Le colonel renouvela son offre de conduire à Glascow lady Bellenden et miss Edith ; mais le major pensa qu'elles seraient aussi en sûreté à Tillietudlem.

Le colonel prit congé des deux dames avec sa politesse ordinaire. Il les assura qu'il éprouvait le plus grand regret d'être obligé de les quitter dans un moment aussi dangereux, et leur dit que son premier soin serait de racheter son honneur de brave et galant chevalier ; qu'ainsi elles pouvaient être sûres de le revoir, ou d'avoir de ses nouvelles très incessamment.

Lady Marguerite était trop inquiète et trop agitée pour lui répondre comme elle l'aurait fait en toute autre circonstance. Elle se borna, en lui faisant ses adieux, à remercier Claverhouse du renfort qu'il avait promis de lui laisser. Il tardait à Edith de s'assurer du sort d'Henry Morton, mais elle ne put trouver un prétexte pour introduire son nom. Elle se flatta que son oncle en aurait parlé au colonel dans la conversation particulière qu'ils avaient eue ensemble, mais elle se trompait. Le major était si occupé de ses préparatifs de défense, qu'il ne parla pas d'autre chose avec Claverhouse; et si son propre fils se fût trouvé dans la situation d'Henry, il est probable qu'il l'aurait oublié de même.

Claverhouse descendit pour se mettre à la tête des débris de son régiment, et le major l'accompagna pour recevoir le détachement qu'il devait lui laisser.

— Je ne puis vous donner aucun officier, dit Claverhouse : il ne m'en reste qu'un très petit nombre, et leurs efforts joints aux miens suffiront à peine pour maintenir l'ordre et la discipline parmi mes cavaliers. Je vous laisserai Inglis pour les commander sous vos ordres, mais si quelque officier du régiment venait au château après mon départ, je vous autorise à le retenir, et sa présence ne sera pas inutile pour assurer la subordination.

Les cavaliers étant prêts à partir, il fit sortir des rangs seize hommes, les mit sous le commandement du caporal Inglis, à qui il donna le grade de brigadier, et leur dit ensuite : — Je vous confie la défense de ce château sous les ordres du major Bellenden, fidèle serviteur du roi. Si vous vous conduisez avec sagesse, courage et soumission, chacun de vous sera récompensé à mon retour. Si quelqu'un néglige l'un de ces devoirs, ou se permet le moindre excès, le prevôt et la corde. Vous me connaissez, et vous savez que je ne manque jamais à ma parole.

En quittant ses dragons il les salua militairement, puis se retournant vers le major :

— Adieu, major, dit-il en lui serrant la main, mon amitié vous est acquise pour la vie. Puissiez-vous réussir dans votre entreprise! et puissions-nous tous deux voir des temps plus prospères!

La troupe se mit alors en marche. Elle n'avait plus cet air fier et cette apparence brillante qu'on lui avait vue quand elle avait quitté le château le matin; mais, grâce aux efforts du major Allan, l'ordre s'était rétabli dans ses rangs, et l'on pouvait encore reconnaître qu'elle appartenait au régiment des gardes.

Le major, aussitôt après leur départ, envoya une vedette pour reconnaître les mouvemens de l'ennemi. Tout ce qu'il put apprendre fut qu'il paraissait disposé à passer la nuit sur le champ de bataille. Les chefs avaient envoyé dans tous les villages voisins pour se procurer des provisions. Il arriva de là que, dans le même endroit, on recevait, au nom du roi, l'ordre d'en porter au château de Tillietudlem, et au nom de l'Église, celui d'en faire passer aux tentes des saints défenseurs de la vraie religion, en armes pour la cause du Covenant, et campés à Drumclog, près de Loudon-Hill. Chaque demande de cette nature était accompagnée de menaces si l'on n'y obéissait, car ceux qui les faisaient savaient que, sans ce moyen, l'on déterminerait avec peine les paysans à se séparer de ce qui leur appartenait. Les pauvres gens qui recevaient ces ordres contradictoires étaient donc fort embarrassés pour savoir s'ils devaient se tourner à droite ou à gauche, et, à dire vrai, il y en eut quelques uns qui se tournèrent des deux côtés.

— Ces maudits temps rendraient fou l'homme le plus sage, dit Niel Blane, hôte prudent que nous connaissons déjà. Il faut pourtant prendre son parti. Voyons, Jenny, quelles provisions avons-nous à la maison?

— Quatre sacs d'avoine, mon père, deux d'orge, et deux de pois.

— Eh bien, mon enfant, continua-t-il en poussant un gros soupir, dites à Bauldy de porter l'orge et les pois au camp de Drumclog. C'est un whig qui a été le laboureur de feu notre ménagère. — Des galettes de grain mêlé conviendront à ces estomacs presbytériens. Qu'il dise bien que c'est notre dernière once de provisions, ou s'il se fait scrupule de dire un mensonge (ce qui n'est pas probable, puisque c'est dans l'intérêt de la maison), qu'il attende que Duncan Glen, le vieux soldat ivrogne, soit de retour de Tillietudlem, où je vais l'envoyer porter de l'orge avec mes respectueux complimens à milady et au major. Duncan dira aussi que c'est tout ce qui me reste, et s'il conduit bien cette affaire, je le régalerai d'une tasse de whisky, et du meilleur.

— Mais, mon père, qu'est-ce qui nous restera pour nous, quand nous aurons donné tout ce que nous avons?

— Vous avez oublié que nous avons un sac de farine de froment, mon enfant. Il faudra bien nous résoudre à le manger, dit Niel d'un ton de résignation. Ce n'est pas une trop mauvaise nourriture, et les Anglais la préfèrent, quoique les Écossais prétendent que la farine d'orge vaut mieux pour faire le pudding.

Tandis que le prudent et pacifique Niel cherchait ainsi à se faire des amis dans les deux partis, tous ceux qui étaient poussés par l'esprit public ou l'esprit de parti prenaient les armes. Les royalistes n'étaient pas nombreux dans ce canton, mais c'étaient pour la plupart des propriétaires recommandables par leur aisance et leur origine, et qui, avec leurs frères, leurs cousins, leurs alliés jusqu'à la neuvième génération, et leurs domestiques, formaient une espèce de milice capable de défendre leurs petits châteaux fortifiés, d'y refuser toute demande de subside, et d'intercepter les provisions envoyées au camp presbytérien. La nouvelle que le château de Tillietudlem allait se défendre donna du courage à ces volontaires féodaux, qui le considéraient comme une place où l'on pourrait se réfugier en dernier lieu, si la résistance devenait inutile.

D'un autre côté, les bourgs, les villages, les fermes, et les domaines des petits propriétaires, envoyaient de nombreux renforts à l'armée presbytérienne.

C'était là qu'étaient ceux qui avaient le plus souffert de

l'oppression de cette époque. Les esprits étaient exaspérés: tous virent avec plaisir l'échec qu'avaient essuyé leurs persécuteurs, et regardèrent la victoire des rebelles comme une porte qui leur était ouverte par la Providence pour secouer le joug du despotisme militaire. On voyait à chaque instant arriver au camp de Loudon-Hill des détachémens nombreux d'hommes décidés à partager le sort des vainqueurs de cette journée.

CHAPITRE XXI.

Ananias. « Je n'aime point cet homme. C'est un païen qui
« ne parle que le langage de Canaan.
Tribulation. « Attendez la vocation et l'inspiration de l'Esprit.
« Vous avez mal fait de le menacer. »
BEN JOHNSON. *L'Alchimiste.*

Nous avons laissé Henry Morton au milieu du champ de bataille. Assis près d'un des feux de garde, il mangeait sa part des provisions de l'armée, rêvant au parti qu'il allait prendre, lorsque Burley survint avec le jeune ministre dont l'exhortation, après la victoire, avait produit un si grand effet.

— Henry Morton, dit brusquement Balfour, le conseil de guerre de l'armée du Covenant, espérant que le fils de Silas Morton ne peut être un tiède Laodicéen dans ce grand jour, vous a nommé un de ses chefs, avec le droit de voter, et toute l'autorité nécessaire à un officier qui commande à des chrétiens.

— M. Balfour, reprit Morton sans hésiter, je suis sensible, comme je dois l'être, à cette marque de confiance. Personne n'aurait droit d'être surpris que les injustices que souffre ce malheureux pays, celles que j'ai éprouvées moi-même, me fissent prendre les armes pour le soutien de la liberté civile et religieuse; mais, avant d'accepter un commandement parmi vous, j'ai besoin de connaître un peu mieux les principes qui vous dirigent.

— Pouvez-vous douter de nos principes? ne savez-vous pas que nous voulons relever le sanctuaire détruit, réunir les saints dispersés par la persécution, et anéantir l'homme du péché?

— Je vous avouerai franchement, M. Burley, que ce genre de langage, qui produit tant d'effet sur bien des gens, est tout-à-fait impuissant sur moi : il est bon que vous le sachiez, avant que nous formions une liaison plus étroite.

Ici le jeune ministre poussa un soupir qu'on pouvait nommer un gémissement.

— Je vois que je n'ai pas votre approbation, monsieur, lui dit Morton. C'est peut-être parce que vous ne me comprenez pas : je respecte les saintes Écritures autant que qui que ce soit, et c'est par suite de ce respect qu'en tâchant d'y conformer ma conduite je ne crois pas devoir en citer des textes à chaque instant, au risque d'en dénaturer l'esprit.

Le ministre, qui se nommait Ephraïm Macbriar, parut très scandalisé et comme étourdi de cette déclaration. Il s'apprêtait à y répondre.

— Paix, Ephraïm! dit Burley, souvenez-vous que c'est un enfant encore enveloppé dans ses langes. — Écoute-moi, Morton, je vais te parler le langage de la raison charnelle, puisque c'est encore là ton guide aveugle et imparfait. Pour quel objet consentirais-tu à tirer l'épée? N'est-ce pas pour obtenir la liberté des citoyens et de l'Église; pour que des lois sages empêchent un gouvernement arbitraire de confisquer les biens, d'emprisonner les individus, et de torturer les consciences selon leur caprice?

— Sans doute, dit Morton, de tels motifs légitimeraient la guerre à mes yeux, et je combattrais pour les soutenir tant que ma main pourra tenir une épée.

— Ce n'est pas cela, s'écria Macbriar, il faut marcher droit au but. Ma conscience ne me permet pas de transiger, et de peindre les causes de la vengeance divine sous de fausses couleurs.

— Paix, Ephraïm Macbriar! répéta Burley.

— Je ne me tairai pas, dit le jeune homme; ne s'agit-il pas de la cause du maître qui m'a envoyé? N'est-ce pas une profanation de son autorité, une usurpation de sa puissance, une abjuration de son nom, que de mettre à sa place un roi ou un parlement, comme maître et gouverneur de sa maison, époux adultère de son épouse?

— C'est bien parler, dit Burley en le tirant à part, mais c'est parler sans prudence. N'avez-vous pas entendu cette nuit, dans le conseil, que la division règne déjà parmi les restes dispersés des justes? Voudriez-vous encore mettre un voile de séparation entre eux? Voulez-vous bâtir une muraille avec un mortier imparfait? un seul de leurs regards pourra la renverser.

— Je sais, reprit le jeune ministre, que tu es fidèle, honnête et zélé jusqu'à la mort; mais crois-moi, ces ruses mondaines, ces ménagemens avec le péché et la faiblesse, sont des moyens coupables, et je crains que le ciel ne nous prive de l'honneur de faire beaucoup pour sa gloire, si nous cherchons des stratagèmes et des soutiens charnels. Une sainte fin demande des moyens sanctifiés.

— Je te dis, répondit Balfour, que tu es trop rigide. Nous avons besoin de l'aide des Laodicéens et des Érastiens. Il nous faut accueillir pour un temps les modérés. Les fils de Zerniah sont encore trop forts pour nous.

— Tel n'est point mon avis, dit Macbriar; Dieu peut opérer la délivrance de son peuple par un petit nombre aussi bien que par la multitude. J'en appelle à l'armée des fidèles qui furent vaincus à Pentland pour avoir reconnu les intérêts charnels du tyran oppresseur Charles Stuart.

— Va donc faire tes représentations au conseil, car tu sais qu'il a décidé de faire une déclaration qui puisse satisfaire toutes les consciences timorées et délicates. Ne m'empêche pas de gagner à notre parti un jeune homme dont le nom seul fera sortir de terre des légions pour soutenir la bonne cause.

— Fais ce que tu voudras; je ne veux pas contribuer à égarer ce jeune homme, ni à l'entraîner dans le péril, sans assurer sa récompense éternelle.

Débarrassé du fougueux prédicateur, Burley, plus habile, vint rejoindre son prosélyte; mais pour nous dispenser de détailler les argumens par lesquels il engagea Morton à se joindre aux insurgés, nous prendrons cette occasion pour faire mieux connaître à nos lecteurs celui qui les employa, et les motifs qu'il avait pour s'intéresser si vivement à ce que Morton embrassât la cause qu'il défendait.

John Balfour de Kinloch, ou Burley, car il est désigné sous ces deux noms dans les histoires et les proclamations de cette époque malheureuse, était d'une bonne famille du comté de Fife, et possédait une assez belle fortune. Il avait adopté le parti des armes dès ses premières années, et avait passé sa jeunesse dans des excès de toute nature; mais de bonne heure il avait renoncé à la débauche, et embrassé les dogmes les plus rigoureux du calvinisme. Malheureusement il fut plus facile à ce caractère sombre, rêveur et entreprenant, de renoncer à ses habitudes d'intempérance qu'à un instinct de vengeance et d'ambition qui, malgré ses principes religieux, ne cessa de dominer son esprit. Plein d'audace dans ses projets, impétueux et violent dans l'exécution, n'imposant aucun frein à son besoin d'indépendance et de révolte, le but de tous ses désirs était de devenir le chef des presbytériens.

Pour y parvenir il avait suivi tous les conventicules des

whigs. Il les avait plus d'une fois commandés lorsqu'ils s'étaient levés en armes, et il avait battu les forces envoyées contre eux. Enfin son enthousiasme farouche joint, comme on l'a prétendu, à des motifs de vengeance particulière, le mirent à la tête de ceux qui assassinèrent le primat d'Écosse comme auteur de toutes les souffrances des presbytériens. Les mesures violentes adoptées par le gouvernement pour punir ce crime, non seulement sur ceux qui l'avaient commis, mais sur tous les membres de la religion à laquelle ils appartenaient, vinrent réveiller le souvenir d'anciennes persécutions. Il ne restait plus d'autre ressource aux proscrits que la force des armes, et ce fut ce qui occasiona l'insurrection qui commença par la défaite de Claverhouse à Loudon-Hill.

Mais, malgré la part qu'il avait eue à ce succès, Burley était loin de se croire au terme de son ambition. Il savait tout ce qu'il avait à craindre de la différence d'opinions qui divisait les insurgés par rapport au meurtre de l'archevêque Sharpe. Les plus violens l'approuvaient comme un acte de justice inspiré par la Divinité ; mais la plupart des presbytériens le désavouaient comme un crime punissable, tout en admettant que l'archevêque avait été récompensé selon ses mérites.

Les insurgés différaient encore d'opinion sur un autre point dont nous avons déjà dit quelque chose. Les plus fanatiques condamnaient comme coupables d'un abandon pusillanime des droits de l'Église, ces prédicateurs et ces congrégations qui se contentaient d'exercer leur culte avec la permission du gouvernement établi. — C'était, disaient-ils, un véritable érastianisme, ou soumission de l'Église de Dieu à un gouvernement terrestre, ce qui ne valait guère mieux, selon eux, que l'épiscopat ou le papisme. — D'une autre part, les modérés consentaient à reconnaître les droits du roi au trône, et son autorité en matière civile, tout autant qu'elle ne blessait ni les libertés du sujet ni les lois du royaume ; mais les sectaires les plus exaltés, appelés Caméroniens, du nom de leur chef Richard Caméron, allaient jusqu'à renier le monarque régnant et tous ceux de ses successeurs qui ne voudraient pas jurer la ligue solennelle du Covenant. Les germes de désunion abondaient en conséquence dans ce malheureux parti. Burley, tout enthousiaste qu'il était dans son austérité de principes, prévoyait qu'on perdrait tout si dans une telle crise on ne recherchait pas l'unité avant toute chose. Nous l'avons vu désapprouver le zèle trop ardent de Macbriar, et désirer les secours des presbytériens modérés, avec l'arrière-pensée de leur imposer un jour un gouvernement de son choix après avoir renversé le gouvernement établi.

Ce motif faisait désirer vivement à Burley d'entraîner Henry Morton dans les rangs des insurgés, afin d'y retenir les presbytériens modérés, parmi lesquels la mémoire du colonel Silas Morton était encore chérie et respectée, et qui reconnaîtraient volontiers son fils pour leur chef. Il se flattait d'ailleurs d'exercer quelque influence sur l'esprit de ce jeune homme, fils de son ancien compagnon d'armes, et de conserver, par ce moyen, autant de crédit sur les modérés qu'il en avait sur les fanatiques. Il avait donc vanté au conseil de guerre, dont il était l'âme, les talens et les dispositions de Morton, et avait obtenu sans peine sa nomination au rang d'un des capitaines de cette armée divisée et sans discipline.

Les argumens dont il se servit pour déterminer Henry à accepter cette dangereuse promotion étaient aussi adroits que pressans. Il ne chercha pas de détours pour avouer qu'il avait sur le gouvernement ecclésiastique les mêmes idées que le fougueux prédicateur qui venait de les quitter ; mais il prétendit que, dans la crise où étaient les affaires de la nation, une légère différence d'opinion ne devait pas empêcher ceux qui désiraient le bien de leur patrie de prendre les armes pour la défendre. Plusieurs sujets de division, ajouta-t-il, naissaient de circonstances qui cesseraient dès que la délivrance de l'Écosse serait complète : telle était, par exemple, la question sur la *tolérance légale* ; car, une fois que le presbytérianisme serait triomphant, il ne serait plus nécessaire de faire un semblable compromis avec l'autorité : donc toute discussion sur la légalité de la tolérance serait par là réduite à néant. Burley insista principalement sur la nécessité de profiter de l'avantage décisif qu'on venait d'obtenir ; que ce succès allait soulever en leur faveur tous les comtés de l'ouest de l'Écosse ; enfin qu'on se rendrait coupable si, par crainte ou par indifférence, on refusait de coopérer au triomphe de la cause de la justice.

Morton, doué d'un caractère fier et indépendant, n'était que trop porté à se joindre à une insurrection dont le but semblait être de faire rendre la liberté à son pays. Il craignait, à la vérité, que cette grande entreprise ne fût pas soutenue par des forces suffisantes, et que ceux qui la conduisaient n'eussent pas assez de sagesse et d'idées libérales pour bien user du succès. D'ailleurs considérant les injures que subissaient tous les jours ses compatriotes, et celles qu'il avait essuyées personnellement, il était dans une situation précaire et dangereuse vis-à-vis du gouvernement : tout se réunissait pour l'engager à se rendre aux propositions de Burley. Cependant, en lui annonçant qu'il acceptait le grade que le conseil de guerre lui avait conféré, il y mit une sorte de restriction.

— Je suis prêt, dit-il, à joindre mes faibles efforts aux vôtres pour travailler à l'émancipation de mon pays ; mais ne vous méprenez pas sur mes intentions. Je condamne absolument l'acte qui paraît avoir déterminé cette lutte, et si l'on doit se permettre encore de telles mesures, il ne faut pas compter sur ma participation.

Le sang monta au visage basané de Burley. — Vous voulez parler de la mort de James Sharpe? lui dit-il en cherchant à cacher son agitation.

— Franchement, répondit Morton, telle était ma pensée.

— Vous croyez donc, lui dit Burley, que le Tout-Puissant, dans des temps difficiles, ne suscite pas des instrumens pour délivrer son Église des oppresseurs? Vous pensez que la justice d'une exécution consiste non dans le crime du coupable, ou dans l'effet salutaire de l'exemple, mais seulement dans la robe du juge, le siége du tribunal, et la voix de celui qui condamne. Un châtiment juste n'est-il pas juste dans une bruyère écartée comme sur l'échafaud? Et quand, par avarice ou par leur alliance avec les transgresseurs, des juges constitués souffrent non seulement qu'ils traversent le pays en liberté, mais encore qu'ils s'asseyent parmi eux, et teignent leurs vêtemens dans le sang des saints, ne doit-on pas des louanges aux braves qui consacrent leur épée à la cause publique?

— Je ne veux juger cette action individuelle, reprit Morton, que pour vous prévenir de mes principes. Je vous répète donc que la supposition que vous venez de faire ne me satisfait pas. Que le Tout-Puissant, dans sa providence mystérieuse, appelle un homme sanguinaire à verser le sang d'un coupable, cela justifie-t-il ceux qui, sans aucune autorité, prennent sur eux de se rendre les instrumens d'un meurtre, et osent s'appeler les exécuteurs de la vengeance divine?

— Et ne le sommes-nous pas? dit Burley d'un ton d'enthousiasme. Tous ceux qui ont reconnu le Covenant et la sainte ligue de l'église d'Écosse ne sont-ils pas obligés par ce Covenant à exterminer le Judas qui a vendu la cause de Dieu pour cinquante mille marcs d'argent de revenu annuel? Si nous l'avions rencontré sur le chemin lorsqu'il revenait de nous trahir à Londres, et si nous l'avions frappé alors du tranchant de l'épée, nous n'aurions fait que remplir le devoir d'hommes fidèles à leur cause et à leurs sermens enregistrés dans le ciel. L'exécution elle-même n'est-elle pas la preuve de notre mission? Le Seigneur ne l'a-t-il pas livré en nos mains, quand nous ne cherchions qu'un de ses satellites subalternes? Ne priâmes-nous pas pour être éclairés? L'ordre de punir ne se grava-t-il pas dans nos cœurs comme si ces mots y avaient été tracés avec la pointe d'un diamant : — « Vous le saisirez et le tuerez? » Le sacrifice ne dura-t-il pas une demi-heure entière dans une plaine campagne, malgré les patrouilles des garnisons? Qui interrompit cette grande œuvre? Entendit-on même un seul chien aboyer pendant notre marche et notre rencontre, pendant le temps de sa mort et de notre dispersion? Qui donc osera dire qu'un bras plus puissant que le nôtre ne se révéla pas ce jour-là [1] ?

— Vous vous abusez vous-même, M. Balfour, répondit Morton. Cette facilité d'exécution et de fuite favorisa souvent les plus grands crimes. Mais ce n'est pas à moi de vous juger. La première délivrance de l'Écosse eut pour signal un acte de violence qu'aucun homme ne peut justifier, le meurtre de Cumming par la main de Robert Bruce. Tout en blâmant votre action, je veux bien supposer que vous avez eu des motifs valables à vos yeux, sinon aux miens. Je n'en fais mention que pour vous déclarer que je prétends me joindre à des hommes prêts à faire la guerre comme le doivent les nations civilisées, mais sans approuver l'acte de violence qui l'a fait naître.

Balfour se mordit les lèvres, et se contint pour ne pas répondre avec violence. Il s'aperçut avec dépit qu'en fait de principes, son jeune frère d'armes avait une rectitude de jugement et une fermeté d'âme qui ne lui per-

---

[1] De fréquentes allusions à cette scène tragique nous engagent à indiquer au lecteur un tableau national du peintre William Allan, qui représente le meurtre du primat avec toutes ses circonstances. La gravure de ce tableau, due au burin de M. James Stewart, est dédiée à sir Walter Scott. — Éd.

mettaient guère d'exercer sur lui l'influence qu'il avait compté obtenir. Après un moment de silence il lui dit avec sang-froid :

— Ma conduite n'a été cachée ni aux hommes ni aux anges. Ce que ma main a fait n'a pas été désavoué par ma bouche. Je suis prêt à le soutenir partout, les armes à la main, dans le conseil, sur le champ de bataille, à l'échafaud, ou au jour du grand jugement. Je ne veux pas plus long-temps discuter avec un homme qui est de l'autre côté du voile du sanctuaire. Mais si vous consentez à faire partie de nos frères, suivez-moi au conseil qui va délibérer sur la marche de l'armée et sur les moyens de profiter de la victoire.

Morton se leva et le suivit en silence, mécontent de son associé, et plus satisfait de la justice de la cause qu'il avait épousée que des mesures et des motifs de la plupart de ceux qui la défendaient avec lui.

CHAPITRE XXII.

« Reconnaissez des Grecs les nombreux bataillons,
« Hé bien, autant de chefs, autant de factions ! »
SHAKSPEARE. *Troïlus et Cressida.*

Au pied de la montagne, à un quart de mille environ du champ de bataille, était la hutte d'un berger, misérable refuge, mais seul abri qu'on pût trouver à cette distance. Tel était le lieu choisi par les chefs presbytériens pour y tenir leur conseil de guerre, et c'est là que Burley conduisit Morton.

Celui-ci, en s'en approchant, ne fut pas peu surpris du tumulte et des cris qui frappèrent ses oreilles. Le calme et la gravité qu'il aurait voulu voir présider à un conseil destiné à délibérer sur des sujets si importans, et dans un moment si critique, semblaient avoir fait place à la discorde et à la confusion. Morton en tira un augure peu favorable à la réussite de l'entreprise. La porte était ouverte, et assiégée d'une foule de curieux, qui, sans prendre part à la délibération, croyaient avoir au moins le droit de l'entendre. A force de prières, de menaces, et en employant quelque violence, Burley, à qui l'on accordait une sorte de supériorité dans l'armée, parvint à entrer, et à introduire son compagnon. S'il se fût agi d'une affaire moins importante, Morton aurait été amusé par le spectacle singulier qui s'offrit alors à ses yeux, et par les discours qu'il entendit.

Cette chaumière obscure et à demi ruinée était éclairée en partie par un feu de genêts épineux, coupés dans le voisinage, et dont la fumée, ne trouvant pas une issue suffisante par la cheminée, se répandait dans toute la chambre, et formait en s'élevant une espèce de dôme ténébreux au-dessus de la tête des chefs assemblés, — symbole de leur théologie métaphysique. Quelques chandelles, attachées le long des murs avec de la terre glaise, semblaient des étoiles qu'on aperçoit à travers un brouillard.

A la lueur de ce crépuscule on lisait sur les figures des chefs que les uns étaient gonflés par l'orgueil du succès, et les autres animés d'un enthousiasme féroce. Quelques uns, irrésolus et inquiets, auraient voulu ne pas se trouver engagés dans une cause qu'ils ne se sentaient pas les moyens de soutenir, et ils n'y persistaient que parce qu'ils n'osaient faire un pas en arrière. Dans le fait c'était un corps composé d'élémens disparates, et qui ne pouvaient se combiner ensemble. Les plus ardens étaient ceux qui, comme Burley, avaient pris part au meurtre du primat, et qui, sachant que leur tête était mise à prix, ne pouvaient se sauver qu'à la faveur d'un incendie général; mais leur zèle ne l'emportait pas sur celui des prédicateurs, qui, refusant de se soumettre au gouvernement, préféraient prêcher leurs sectateurs dans le désert, plutôt que de les assembler dans des temples, de peur d'avoir l'air de reconnaître à l'autorité mondaine le droit de demander des comptes à la suprématie ecclésiastique. La classe des modérés se composait de gentilshommes mécontens et de fermiers poussés à bout par une oppression intolérable ; ils avaient avec eux leurs prêtres, qui, ayant la plupart profité de la tolérance légale, se préparaient à résister à la déclaration que les plus fanatiques se proposaient d'exiger d'eux pour leur faire porter témoignage contre le péché de la soumission aux actes du gouvernement. Cette question délicate avait été écartée dans le premier moment où il s'était agi de rédiger un manifeste ; mais on l'avait remise sur le tapis en l'absence de Burley, qui, à sa grande vexation, trouva qu'elle occupait toute l'éloquence de Macbriar, de Kettledrummle et des autres prédicateurs du désert. La polémique était engagée entre eux et Pierre Poundtext, le pasteur toléré de la paroisse de Milnwood, qui avait ceint l'épée, mais qui, avant d'être appelé à combattre en pleine campagne pour la bonne cause, défendait vaillamment ses dogmes particuliers au conseil. Poundtext et Kettledrummle étaient directement aux prises. On eût dit, à l'action des deux adversaires, qu'ils joignaient les coups aux paroles.

Il s'agissait en ce moment de rédiger un manifeste pour expliquer les motifs de l'insurrection. Macbriar, Kettledrummle et plusieurs autres, voulaient y insérer un anathème contre ceux qui avaient eu la faiblesse de faire au gouvernement quelques concessions, et d'exercer leur ministère avec les restrictions qu'il avait cru devoir y apporter. Poundtext et ses adhérens soutenaient avec opiniâtreté la légitimité de leurs opinions ; et, comme la vigueur des poumons était égale de chaque côté, qu'ils citaient avec une égale promptitude les textes à l'appui de leurs doctrines, c'était le bruit qu'ils faisaient et les clameurs de leurs adhérens qui avaient frappé les oreilles de Morton à son approche de la chaumière.

Burley, scandalisé de cette scène, employa tout le crédit dont il jouissait pour obtenir du silence; il leur remontra fortement les inconvéniens qui résulteraient de leur désunion, dans un moment où il s'agissait de rallier tous les efforts contre l'ennemi commun, et il obtint enfin que toute discussion cesserait sur le point contesté. Mais quoique Kettledrummle et Poundtext se trouvassent ainsi réduits au silence, ils jetaient l'un sur l'autre des regards de colère, comme deux chiens qui, séparés au milieu de leur combat, se retirent chacun sous la chaise de son maître, surveillent tous leurs mouvemens respectifs, et font voir, par leurs yeux étincelans, leurs murmures grondeurs, leurs poils hérissés, qu'ils n'attendent que l'occasion de se livrer à leur rancune, et de s'élancer de nouveau l'un contre l'autre.

Burley profita du moment de silence qu'il avait obtenu pour présenter au conseil M. Henry Morton de Milnwood. Il en parla comme d'un homme profondément touché des malheurs du temps, et prêt à sacrifier ses biens et sa vie pour une cause à laquelle son père, le colonel Silas Morton, avait rendu des services signalés. Henry fut accueilli avec distinction par son ancien pasteur Pierre Poundtext, qui lui serra la main avec amitié, et par tous ceux qui professaient quelques principes de modération. Les autres murmurèrent les mots d'érastianisme, et quelques uns rappelèrent tout bas que Silas Morton avait fini par apostasier et reconnaître l'autorité du tyran Charles Stuart, ouvrant ainsi la porte à l'oppression sous laquelle gémissait l'église presbytérienne de l'Écosse. Cependant comme l'intérêt général exigeait, de leur aveu, qu'on ne refusât les services d'aucun de ceux qui voulaient mettre la main à l'œuvre, Morton fut reconnu pour un des chefs de l'armée, sinon avec l'approbation universelle, au moins sans que personne dît un seul mot pour s'y opposer.

Burley alors engagea les chefs à diviser en compagnies tous les hommes qui composaient l'armée, et dont le nombre croissait à chaque instant. Dans cette répartition, les insurgés de la paroisse et de la congrégation de Poundtext se rangèrent naturellement sous le commandement d'Henry Morton, qui était né au milieu d'eux.

Cette affaire terminée, il devint nécessaire de déterminer la marche des opérations militaires. Le cœur de Morton battit vivement quand il entendit proposer de s'emparer d'abord du château de Tillietudlem, comme d'une position des plus importantes. Poundtext insistait plus que tout autre sur la nécessité de cette mesure, et les habitans des environs appuyaient son avis, parce que ce château pouvait offrir une retraite aux troupes royalistes qui brûleraient leurs maisons et persécuteraient leurs familles lorsque l'armée ne s'y trouverait plus pour les défendre.

— J'opine, dit Poundtext (car les théologiens de cette époque n'hésitaient pas à donner leur opinion sur les opérations militaires, malgré leur ignorance profonde sur cet objet), j'opine pour qu'on s'empare de la forteresse de cette femme nommée lady Margaret Bellenden; sa race rebelle et sanguinaire a toujours fait peser sa main sur les enfans du Covenant; leur crampon a déchiré nos visages, et leur bride a contenu nos mâchoires.

— La place est forte, dit Burley; mais quels sont ses moyens de défense? Deux femmes peuvent-elles essayer de nous résister?

— Il s'y trouve aussi, dit Poundtext, John Gudyil, sommelier de la vieille dame, qui se vante d'avoir été soldat dès son enfance, et d'avoir porté les armes sous James Grahame de Montrose, ce fils de Bélial.

— Allons donc! dit Burley d'un air de mépris, un sommelier!

— Il s'y trouve encore, continua Poundtext, ce vieux royaliste, Miles Bellenden de Charnwood, dont les mains ont souvent été trempées dans le sang des saints.

— Si ce Miles Bellenden, dit Burley, est le frère de sir Arthur, c'est un homme qui ne remettra pas son épée dans le fourreau quand il l'en aura tirée; mais il doit être fort âgé.

— Le bruit courait dans le pays tout à l'heure, dit un autre qui ne faisait que d'arriver, que depuis la nouvelle de la déroute du régiment, on a fait entrer dans le château des vivres et des soldats, et qu'on en a fermé la porte : cette famille fut toujours une famille fière et opiniâtre dans le mal.

— Jamais ce ne sera de mon consentement, dit Burley, que nous perdrons notre temps à faire le siège d'un château. Il faut marcher en avant, et profiter de notre avantage pour nous emparer de Glascow. Je ne crois pas que les débris du régiment que nous avons battu aujourd'hui, ni même celui de lord Ross, s'avisent de nous y attendre.

— Du moins, reprit Poundtext, nous pouvons déployer notre bannière devant Tillietudlem, et faire une sommation au château. Quoique ce soit une race de rebelles, peut-être se rendront-ils. Nous donnerons un sauf-conduit pour Edimbourg à lady Marguerite Bellenden, à sa petite-fille, à Jenny Dennison, vierge assez attrayante, et aux autres femmes; mais nous mettrons aux fers John Gudyil, Hugues Harrison et Miles Bellenden, comme ils ont fait eux-mêmes aux saints martyrs dans le temps passé.

— Qui parle de paix et de sauf-conduits? s'écria une voix aigre et glapissante sortant du milieu de la foule.

— Silence, frère Habacuc, silence ! dit Macbriar d'un ton de mansuétude.

— Je ne me tairai pas, continua la même voix. Est-ce le temps de parler de paix et de sauf-conduits, quand les entrailles de la terre sont ébranlées ? quand les rivières deviennent des fleuves de sang ? quand le glaive à deux tranchans est sorti du fourreau, altéré de carnage, et prêt à dévorer la chair comme le feu dévore le chaume ?

En parlant ainsi, le nouvel orateur parvint à s'avancer dans l'intérieur du cercle, et montra aux yeux étonnés de Morton une figure analogue à la voix et aux discours qu'il venait d'entendre. Cet homme avait un habit en haillons qui avait jadis été noir, et par-dessus il portait les lambeaux du plaid d'un berger. Ce vêtement était, à coup sûr, insuffisant pour le préserver du froid, et à peine suffisait-il au besoin de la décence. Une longue barbe, blanche comme la neige, flottait sur sa poitrine, et ses cheveux de même couleur, auxquels le peigne était inconnu, tombaient de tous côtés en désordre. Son visage, maigri par la famine, offrait à peine les traits d'un homme. Son regard était farouche, et ses yeux perçans et égarés annonçaient une imagination déréglée. Il tenait en main un sabre rouillé, teint de sang, et ses ongles ressemblaient aux serres d'un aigle.

— Au nom du ciel, quel est cet homme ? dit tout bas, à Poundtext, Morton, choqué de la vue d'un être qui semblait un prêtre cannibale ou un druide venant de sacrifier des victimes humaines.

— C'est Habacuc Mucklewrath, répondit Poundtext sur le même ton. Il a beaucoup souffert dans les dernières guerres; il a été long-temps en prison, son esprit était égaré quand il en est sorti, et je crains véritablement qu'il ne soit possédé du démon. Cependant nos frères exagérés se figurent que l'Esprit l'inspire, et que ses paroles fructifient en eux.

La voix de Poundtext fut couverte parcelle de Mucklewrath, qui répéta d'un ton à faire trembler les soliveaux de la chaumière : — Qui parle ici de paix et de sauf-conduits? qui ose parler de merci pour la maison sanguinaire des méchans? N'est-il pas écrit : — « Vous écraserez contre la pierre la tête de leurs enfans? Précipitez du haut de leur tour la mère et la fille ; que les chiens s'engraissent de leur sang, comme de celui de Jézabel, l'épouse d'Achab, et que leurs cadavres pourrissent dans le champ de leurs pères! »

— C'est bien parler, s'écrièrent plusieurs voix farouches derrière lui ; nous ne rendrons pas grand service à la bonne cause, si nous épargnons déjà les ennemis du ciel.

— C'est une abomination, une impiété révoltante, s'écria Morton, ne pouvant plus contenir son indignation. — Croyez-vous mériter la protection du ciel en écoutant les propos horribles de la folie et de l'atrocité?

— Paix, jeune homme, paix! dit Kettledrummle, tu censures ce que tu ne connais pas. Est-ce à toi de juger du vase dans lequel le ciel verse ses inspirations?

— Nous jugeons de l'arbre par ses fruits, dit Poundtext, et nous ne croyons pas qu'une contravention aux lois divines puisse être une inspiration céleste.

— Vous oubliez, frère Poundtext, dit Macbriar, que nous sommes arrivés aux derniers jours où les signes et les miracles seront multipliés. Poundtext s'apprêtait à répondre ; mais la voix criarde d'Habacuc se fit encore entendre.

— Qui parle de signes et de miracles? ne suis-je pas Habacuc Mucklewrath, dont le nom est changé en celui de Magor-Misabid, parce que je suis devenu un épouvantail pour moi-même et pour tous ceux qui me regardent. — Je l'ai entendu! — Où l'ai-je entendu? N'est-ce pas dans la tour de Bass, qui domine la vaste mer?

— Je l'ai entendu au milieu des mugissemens du vent, du murmure des vagues et des cris des oiseaux qui nageaient, volaient et retombaient dans le sein des ondes.

— Je l'ai vu! — Où l'ai-je vu? N'est-ce pas sur les hauteurs de Dumbarton, d'où l'œil se repose sur des plaines fertiles à l'ouest, et au nord sur les sauvages montagnes d'Écosse : je l'ai vu au milieu des nuages de la tempête et des éclairs du ciel qui étincelaient en longues flammes, comme les bannières flottantes d'une armée. — Qu'ai-je vu? des cadavres, des chevaux blessés, le tumulte de la bataille et des vêtemens ensanglantés. — Qu'ai-je entendu? une voix qui criait : Frappez, tuez, soyez sans pitié, immolez jeunes gens et vieillards, la vierge, l'enfant et la mère en cheveux blancs; portez la destruction dans la maison et remplissez la cour de cadavres.

— C'est l'ordre d'en-haut! s'écrièrent plusieurs voix. Il y a six jours qu'il n'a ni mangé ni parlé. Nous obéirons à l'inspiration.

Étonné, dégoûté, saisi d'horreur de ce qu'il venait de voir et d'entendre, Morton se retira du cercle, et sortit de la chaumière. Burley, qui ne le perdait pas de vue, le suivit aussitôt, et, le prenant par le bras :

— Où allez-vous? lui dit-il.

— Je l'ignore. Peu m'importe. Mais je ne puis rester ici plus long-temps.

— Es-tu sitôt fatigué, jeune homme? à peine as-tu la main à la charrue, et tu veux déjà l'abandonner! Est-ce là ton dévouement à la cause qu'avait embrassée ton père?

— La cause la plus juste, dit Morton avec feu, ne peut réussir sous de pareils auspices. Un parti veut obéir aux rêves d'un fou altéré de sang; un de vos chefs est un pédant scolastique; un autre...

Il s'arrêta, et Burley acheva la phrase.

— Un autre, veux-tu dire, est un assassin, un Balfour de Burley. Mais tu ne réfléchis pas, jeune homme, que, dans ces jours de vengeance, ce ne sont pas des hommes égoïstes et de sang-froid qui se lèvent pour exécuter les jugemens du ciel, et accomplir la délivrance du peuple. Si tu avais vu les armées d'Angleterre pendant son parlement de 1642, lorsque leurs rangs étaient remplis de sectaires et d'enthousiastes plus farouches que les anabaptistes de Munster, tu aurais eu bien d'autres sujets d'étonnement. Et cependant ces hommes étaient invincibles, et leurs mains firent des miracles pour la liberté de leur pays.

— Mais leurs conseils étaient tenus avec sagesse ; et, malgré la violence de leur zèle et l'extravagance de leurs opinions, ils exécutaient les ordres de leurs chefs et ne se portaient pas à des actes de cruauté inutiles. Je l'ai entendu dire vingt fois à mon père. Vos conseils, au contraire, semblent un véritable chaos.

— Patience, Henry Morton, tu ne dois pas abandonner la cause de la religion et de la patrie pour un discours extravagant ou pour une action qui te semble blâmable. Écoute-moi. J'ai déjà fait sentir aux plus sages de nos amis que notre conseil est trop nombreux. On paraît d'accord de le réduire à six des principaux chefs. Tu en seras un ; tu y auras ta voix ; tu pourras y favoriser le parti de la modération, quand tu le jugeras convenable. Es-tu satisfait ?

— Sans doute je serai charmé de contribuer à adoucir les horreurs de la guerre civile, et je n'abandonnerai le poste que j'ai accepté que lorsque je verrai adopter des mesures contre lesquelles ma conscience se révoltera. Jamais je ne pourrai, de sang-froid, massacrer un ennemi qui demande quartier après la bataille : jamais je ne consentirai à une exécution sans jugement. Vous pouvez compter que je m'y opposerai constamment et de tout mon pouvoir.

Balfour fit un geste d'impatience.

— Tu verras, dit-il, que la génération opiniâtre et au cœur dur à laquelle nous avons affaire doit être châtiée avec des scorpions, jusqu'à ce qu'elle soit humiliée et qu'elle reçoive la punition de son iniquité. Voici ce qui a été dit contre elle : — « Je susciterai contre vous un glaive vengeur de mon Covenant. » — Mais nous consulterons en tout la prudence et la sagesse, comme le fit James Melvyn, qui frappa le tyran et l'oppresseur, le cardinal Beaton.

— Je vous avoue, dit Morton, qu'une cruauté préméditée me cause plus d'horreur que celle qui est l'effet de la chaleur du fanatisme et de la vengeance.

— Tu es encore jeune, dit Burley ; tu ne sais pas que quelques gouttes de sang ne sont rien quand il s'agit d'éteindre un incendie. Mais ne t'effraie pas, tu auras voix au conseil dans tous les cas, et il est possible que nous soyons souvent du même avis, ou à peu près.

Morton n'était qu'à demi satisfait ; mais il ne jugea pas à propos de pousser l'entretien plus loin. Burley le quitta en lui conseillant de prendre quelque repos, attendu que l'armée se mettrait probablement en marche le lendemain de grand matin.

— N'allez-vous pas en faire autant ? lui dit Henry.

— Non, dit Burley ; mes yeux ne peuvent pas encore se fermer. Il faut que le choix du nouveau conseil soit fait cette nuit, et demain je vous appellerai pour prendre part à ses délibérations.

Lorsque Burley fut parti, Morton, en examinant l'endroit où il se trouvait, crut ne pouvoir en rencontrer un plus convenable pour y passer la nuit. La terre était garnie de mousse, et une pointe de rocher le mettait à l'abri du vent. Il s'enveloppa dans le manteau de dragon qu'il avait conservé, et avant qu'il eût le temps de réfléchir sur l'état fâcheux de son pays, et sur la situation critique où il se trouvait lui-même, un sommeil profond vint le délasser des fatigues de corps et d'esprit qu'il avait essuyées pendant cette journée.

L'armée dormit sur le champ de bataille. Les principaux chefs eurent une longue conférence avec Burley sur l'état de leurs affaires, et l'on plaça autour du camp des sentinelles qui se tinrent éveillées en chantant des cantiques, ou en écoutant les exhortations de ceux qui avaient reçu le don de prêcher.

CHAPITRE XXIII.

> « Aisément obtenu ; maintenant à cheval ! »
> SHAKSPEARE. *Henry IV*, première partie.

HENRY s'éveilla au premier rayon de l'aurore, et vit près de lui le fidèle Cuddy, un porte-manteau dans les mains.

— J'ai mis vos affaires en ordre, en attendant votre réveil, M. Henry, dit Cuddy. C'est mon devoir, puisque vous voulez bien me prendre à votre service.

— Moi, Cuddy ! c'est un rêve que vous avez fait cette nuit.

— Non, monsieur, répondit Cuddy. Lorsque j'étais hier les mains liées sur un cheval, je vous ai dit que si nous redevenions libres, je voulais être votre domestique. Vous ne m'avez pas répondu. Si ce n'est pas là y consentir, je ne m'y connais pas. Il est bien vrai que vous ne m'avez pas donné d'arrhes, mais vous me les aviez déjà données à Milnwood.

— Hé bien, Cuddy, si vous ne craignez pas de vous associer à ma mauvaise fortune...

— Ne dites pas cela, M. Henry, ne dites pas cela. Notre

fortune prendra une bonne tournure, pourvu que ma mère ne vienne pas à la traverse... J'ai déjà bien commencé la campagne, et je vois que la guerre n'est pas un métier difficile à apprendre.

— Vous avez été à la maraude, Cuddy!.... sinon d'où vous viendrait ce porte-manteau?

— Il n'y a là ni maraude ni autre chose de ce genre. Je l'ai eu très légitimement par un commerce permis. J'avais vu nos gens déshabiller les dragons morts, et les laisser nus comme l'enfant qui vient de naître. Mais, lorsque nos whigs furent occupés d'écouter les sermons de Kettledrummle, et de cet autre bavard dont je ne sais pas le nom, je me mis en marche, et j'arrivai dans un endroit qu'on n'avait pas encore visité. Or, devinez qui je trouvai là étendu sur le carreau? notre ancienne connaissance, le brigadier Bothwell.

— Quoi! cet homme est mort? dit Morton.

— Oh! bien mort. Ses yeux étaient ouverts, son front baissé, ses dents serrées les unes contre les autres, comme celles d'une trappe à prendre les fouines au printemps. En vérité j'avais presque peur de le regarder, cependant je pensai à prendre ma revanche avec lui. J'ai donc vidé ses poches comme il a fait dans sa vie à de plus honnêtes gens; et voilà votre argent (ou celui de votre oncle, ce qui est la même chose), les mêmes pièces d'or qu'il reçut à Milnwood le malheureux soir que nous devînmes soldats.

— Je crois, Cuddy, que, sachant d'où vient cet argent, nous pouvons nous en servir sans scrupule; mais je veux le partager avec vous.

— Un moment, M. Henry, un moment! Cette bague qui était pendue sur son sein, attachée à un ruban noir... Pauvre diable! c'est peut-être quelque souvenir d'amour! Quelque dur que soit le cœur, il est toujours tendre pour une jolie fille; et voici un livre avec des papiers; j'ai trouvé deux ou trois objets que je garderai à mon usage, avec un équipement de linge qui me servira pour notre campagne.

— Pour un débutant, Cuddy, lui dit son nouveau maître, vous ne commencez pas mal.

— N'est-il pas vrai? répondit Cuddy d'un air content de lui-même; je vous avais bien dit que je n'étais pas si bête quand il s'agissait de l'adresse des mains; et, Dieu merci, j'ai trouvé deux bonnes montures. Un pauvre tisserand qui a quitté sa navette et sa maison pour venir errer sur les montagnes avait attrapé deux chevaux de dragons qu'il ne pouvait gouverner; il s'est donc estimé très heureux de les céder pour un noble d'or; je les aurais eus pour la moitié de cet argent, mais comment changer une pièce de monnaie dans cet endroit-ci? Vous trouverez donc le noble de moins dans la bourse de Bothwell.

— Vous avez fait une très bonne acquisition, Cuddy. Mais quel est ce porte-manteau?

— Le porte-manteau? il était hier à lord Evandale, aujourd'hui il est à vous; je l'ai trouvé derrière ce buisson de genêts là-bas; chaque chien a son jour; vous savez la chanson :

<blockquote>Ma mère, à votre tour, a dit Tom-o'-the-linn.</blockquote>

Et à ce propos, je voudrais bien aller voir ce que devient ma mère, si vous n'avez rien à m'ordonner...

— Mais, dit Morton, je ne puis accepter ces choses sans vous récompenser.

— Allons donc, monsieur; prenez toujours : quant à la récompense, nous en causerons une autre fois. Je me suis pourvu moi-même de ce qui me convenait; qu'aurais-je fait des beaux habits de lord Evandale? ceux du brigadier Bothwell sont fort bons pour moi.

Ne pouvant décider son serviteur désintéressé à rien accepter pour lui de ses dépouilles de guerre, Morton résolut de profiter de la première occasion pour restituer ce qui appartenait à lord Evandale s'il vivait encore ; en attendant, il n'hésita pas à faire usage du butin de Cuddy pour changer de linge, et à profiter de certains petits articles de peu de valeur que contenait le porte-manteau.

Il jeta ensuite les yeux sur les papiers de Bothwell : il y en avait de plusieurs sortes. Il y trouva le contrôle de ses cavaliers ; la note de ceux qui étaient absens par congé ; une liste de malintentionnés à mettre à l'amende ; la copie d'un mandat du conseil privé pour arrêter différentes personnes ; divers certificats des chefs sous lesquels il avait servi, et qui faisaient tous l'éloge de son courage ; des mémoires de dépenses faites dans des cabarets, etc., etc. La pièce la plus remarquable était son arbre généalogique, fait avec grand soin, et accompagné des documens nécessaires pour démontrer son authenticité. Il s'y trouvait aussi une liste très exacte de tous les biens qui avaient appartenu aux comtes de Bothwell, et qui avaient été confisqués, avec le nom des personnes à qui Jacques VI les avait accordés, et de ceux qui en étaient actuellement possesseurs. Bothwell avait écrit au bas : *Haud immemor*. F. S. E. B.[1].

Avec ces documens, qui peignaient le caractère et les sentimens du propriétaire de ces papiers, il y en avait d'autres qui le montraient sous un jour bien différent.

Dans un secret du portefeuille, que Morton ne découvrit pas sans peine, étaient deux ou trois lettres de l'écriture d'une femme. La date en remontait à vingt ans; elles n'avaient point d'adresse, et n'étaient signées que par des initiales. Sans avoir le temps de les lire attentivement, Morton s'aperçut qu'elles contenaient les expressions d'un amour fidèle, qui cherche à calmer les soupçons jaloux d'un amant dont le caractère impétueux et impatient était

---

(1) *Je ne l'oublierai pas.* Francis Stuart, Comte Bothwell. — Ed.

le sujet de tendres plaintes. L'encre de ces lettres était effacée par le temps, et, malgré le soin avec lequel elles avaient été conservées, elles restaient illisibles dans deux ou trois endroits.

N'importe! Ces mots étaient écrits sur l'enveloppe de celle qui avait le plus souffert, *Je les sais par cœur.*

Avec ces lettres, Morton trouva une boucle de cheveux pliée dans une copie de vers, dont le sentiment valait mieux que le style plein de concetti qui tenaient au goût de l'époque.

> Lien chéri de deux amans fidèles,
> Que le trépas, hélas! a désunis;
> Gage d'amour, à mon cœur tu rappelles
> Cet heureux jour où tu me fus remis.
> Ah! si mon sein, qui t'a servi d'asile,
> N'altéra pas l'or pur de ta couleur,
> Mon sein brûlant d'une rage inutile,
> Avec les flots disputant de fureur,
> Et qui parfois, dans sa douleur amère,
> En palpitant ébranlerait la terre...
> Si ta couleur conserve son éclat,
> Malgré les feux de cet ardent climat,
> De mon Agnès quel eût été l'empire
> Sur les pensers de ce cœur malheureux!
> Si j'avais eu pour astre son sourire,
> Serais-je donc à la terre odieux,
> Maudit du ciel, et maudissant la vie?...
> Que n'ai-je, hélas! conservé mon amie!

Après la lecture de ces vers, Morton ne put s'empêcher de réfléchir avec compassion au sort de cet homme bizarre et malheureux, qui, dans un état de misère et presque de mépris, semblait avoir sans cesse devant les yeux le rang élevé auquel sa naissance lui donnait des droits, et qui, plongé dans une grossière licence, se souvenait secrètement, avec quelques remords, du temps de sa jeunesse où il avait conçu une passion vertueuse.

— Hélas! que sommes-nous, se disait Morton, si nos meilleurs sentimens peuvent ainsi se dégrader, si notre orgueil dégénère en un mépris hautain de l'opinion, et si les regrets d'une affection malheureuse habitent le même cœur que la débauche, la soif de la vengeance et la rapine ont choisi pour séjour? C'est partout la même chose. Les principes généreux d'un homme dégénèrent en une froide insensibilité; la piété d'un autre en enthousiasme fanatique. Nos résolutions, nos passions sont comme les vagues de la mer, et sans l'aide de celui qui a créé le cœur humain, nous ne pouvons dire à ces vagues : *Vous n'irez pas plus loin.*

Pendant qu'il moralisait ainsi, Burley se présenta devant lui.

— Déjà debout! lui dit-il. C'est bien. C'est une preuve de zèle pour la bonne cause. Mais quels sont ces papiers?

Morton lui rendit un compte succinct de l'expédition de Cuddy, et lui remit les papiers de Bothwell. Burley examina avec attention tous ceux qui avaient quelque rapport aux affaires publiques; mais pour les vers, il les jeta avec mépris : — Lorsque, grâce à la protection du ciel, dit-il, je délivrai la terre de cet instrument de persécution, je ne croyais guère qu'un homme qui avait de la bravoure se fût dégradé jusqu'à s'occuper de choses aussi futiles que profanes. Mais je vois que Satan distribue à ses favoris tous les genres de talens, et que la même main à laquelle il donne le pouvoir de massacrer les élus dans cette vallée de perdition, peut aussi pincer un luth ou une guitare, pour consommer la perte des filles du péché dans les jeux de la vanité.

— Vos idées de devoir, dit Morton, excluent donc l'amour des beaux-arts, qu'on regarde en général comme propres à purifier et élever l'âme?

— Sous quelque nom que vous déguisiez les plaisirs du monde, ils ne sont pour moi que vanité; ils n'offrent que des piéges. Nous n'avons qu'un but sur la terre, c'est de reconstruire le temple du Seigneur.

— Mon père m'a dit souvent que bien des gens qui s'emparaient de l'autorité au nom du ciel l'exerçaient avec autant de sévérité, et avaient autant de répugnance à s'en dessaisir, que si l'ambition avait été leur seul motif; mais ce n'est pas le sujet dont nous avons à parler en ce moment. Avez-vous réussi à faire nommer un nouveau conseil?

— La nomination est faite. Il est composé de six membres; vous en faites partie, et je viens vous chercher pour que vous preniez part à la délibération.

Morton le suivit dans la même chaumière où il avait été la veille, et où leurs collègues les attendaient. Les deux principales factions qui divisaient cette armée rassemblée à la hâte étaient enfin convenues, après une longue et tumultueuse discussion, que chacune d'elles nommerait trois membres du conseil. Les caméroniens avaient choisi Burley, Macbriar et Kettledrummle, et les modérés Poundtext, Henry Morton et un petit propriétaire, le laird de Langcale. Les deux partis se trouvaient ainsi complètement balancés par cette représentation dans le conseil; mais il paraissait probable que les opinions les plus violentes prévaudraient toujours.

La délibération de ce jour, du moins, fut plus paisible qu'on ne devait s'y attendre d'après celle de la veille. Après avoir examiné leurs ressources actuelles et leur augmentation présumable, les chefs résolurent de garder leur position toute la journée, afin de donner aux renforts qu'ils attendaient le temps de les joindre; mais ils arrêtèrent qu'on marcherait le lendemain vers Tillietudlem, et qu'on ferait au château une sommation de se rendre. Si les habitans s'y refusaient, on risquerait un assaut; et s'il ne réussissait pas, on laisserait devant la place une force suffisante pour la bloquer et la réduire par la famine, tandis que le principal corps d'armée se porterait sur Glascow, pour en chasser lord Ross et Claverhouse.

Tel fut le résultat de la délibération. La première démarche d'Henry dans sa nouvelle carrière allait donc être d'attaquer un château appartenant à la mère de celle qui possédait toute son affection, et qui était défendu par le major Bellenden, pour qui il avait autant d'estime que d'amitié et de reconnaissance. Il sentait tout l'embarras de sa position. Il se consola pourtant en songeant que l'autorité qu'il venait d'acquérir dans l'armée lui donnerait la facilité d'accorder aux habitans de Tillietudlem une protection sur laquelle ils n'auraient pu compter s'il ne s'y était pas trouvé. Il se flatta même qu'il pourrait ménager, entre le château et les presbytériens, des conditions de neutralité qui pourraient mettre la famille Bellenden à l'abri des dangers de la guerre civile.

CHAPITRE XXIV.

« A cet affreux carnage échappé; non sans peine,
« Arrive un chevalier inondé de sueur :
« Son coursier haletant avec lenteur se traîne. »
FINLAY.

Occupons-nous maintenant des habitans de Tillietudlem. L'aurore du jour qui suivit le combat de Loudon-Hill avait lui sur les créneaux, et les défenseurs de la place avaient déjà repris leurs travaux de fortification, lorsque la sentinelle postée sur une haute tour appelée la Tour de Garde annonça qu'un cavalier arrivait. Lorsqu'il en fut un peu plus près, on reconnut l'uniforme du régiment des gardes. La lenteur du pas de son cheval, et la manière dont celui qui le montait se tenait en selle, annonçaient qu'il était malade ou blessé. On courut ouvrir le guichet pour le faire entrer, et l'on reconnut avec joie lord Evandale. Il était tellement affaibli par la perte de sang qu'avaient occasionée ses blessures, qu'il fallut qu'on l'aidât à descendre de cheval ; et lorsqu'il entra dans le salon, appuyé sur un domestique, les deux dames jetèrent un cri de surprise et d'horreur. Pâle comme la mort, couvert de sang, avec son uniforme déchiré et ses cheveux en désordre, il ressemblait moins à un homme qu'à un spectre.

— Dieu soit loué ! s'écria lady Marguerite quand elle fut revenue de son effroi ; Dieu soit loué de vous avoir arraché des mains des scélérats altérés de sang qui ont massacré tant de fidèles serviteurs du roi !

— Grâce au ciel ! dit Edith, vous êtes ici, vous êtes en sûreté ! Que de craintes nous avons eues pour vous ! Mais vous êtes blessé, milord, et je crains que vous ne trouviez pas ici les secours nécessaires.

— Mes blessures ne sont pas dangereuses, dit lord Evandale, qu'on avait fait asseoir sur un fauteuil ; ce n'est que la perte de mon sang qui m'a épuisé. Mais je ne viens pas ici pour ajouter à vos dangers par ma faiblesse. Mon seul but, en entrant au château, était de voir si je pouvais vous être de quelque utilité. Permettez-moi, lady Marguerite, d'agir en cette occasion comme votre fils ! — comme votre frère, Edith.

Il appuya sur ces mots *votre frère*, comme s'il eût craint qu'Edith pût croire que c'était en qualité d'amant qu'il faisait ces offres de service. Elle s'aperçut de sa délicatesse, et n'y fut pas insensible ; mais ce n'était pas l'instant de faire assaut de beaux sentimens.

— Nous sommes disposés à nous défendre, milord, dit la vieille dame avec dignité. Mon frère a pris le commandement de la garnison, et j'espère qu'avec la grâce de Dieu les rebelles trouveront ici la réception qu'ils méritent.

— Que j'aurais de plaisir, dit lord Evandale, à coopérer à la défense du château ! Mais dans l'état de faiblesse où je suis réduit, je ne serais qu'un fardeau pour vous. Ma présence pourrait même accroître votre danger, car si les rebelles apprenaient qu'un officier du régiment des gardes a reçu asile à Tillietudlem, ils n'en seraient que plus acharnés à s'en emparer. S'ils ne le trouvent défendu que par votre famille, ils pourront marcher sur Glascow plutôt que de risquer un assaut.

— Pouvez-vous, milord, s'écria Edith avec cet élan de sensibilité qui caractérise souvent les femmes, et qui leur convient si bien, pouvez-vous nous croire capables d'assez de lâcheté et d'égoïsme pour consentir à votre départ? Croyez-vous que de telles considérations puissent empêcher vos amis de vous donner une retraite protectrice dans un moment où le pays est couvert d'ennemis, où il vous est impossible de vous défendre? Existe-t-il en Ecosse une chaumière d'où l'on consentît à vous laisser sortir dans une pareille situation? Pensez-vous que nous souffrirons que vous quittiez un château que nous croyons assez fort pour nous protéger?

Edith prononça ces mots d'une voix agitée par son émotion; et la rougeur qui colorait ses joues annonçait toute la sincérité et la générosité de ses sentimens.

— Lord Evandale ne peut songer à nous quitter, dit lady Marguerite. Je panserai ses blessures moi-même : c'est tout ce que peut faire une dame de mon âge en temps de guerre; mais quitter le château de Tillietudlem quand l'épée de l'ennemi menace de l'immoler... je ne le permettrais pas au dernier des soldats qui portent l'uniforme de Sa Majesté, encore moins à lord Evandale. Ma maison n'est point faite pour un tel déshonneur. Le château de Tillietudlem a été trop honoré de la visite de Sa Maj...

Elle fut interrompue ici par l'arrivée du major.

— Nous avons fait un prisonnier, mon oncle, s'écria Edith, un prisonnier blessé, et qui veut nous échapper.

J'espère que vous nous aiderez à le retenir de force.

— Lord Evandale! s'écria le major; j'éprouve autant de plaisir que lorsque j'obtins mon premier grade. Claverhouse nous avait fait craindre que vous ne fussiez prisonnier, ou que vous n'eussiez même perdu la vie.

— Je la dois à un de vos amis, dit lord Evandale avec quelque émotion, et en baissant les yeux, comme s'il eût craint de voir l'impression que ce qu'il allait dire pouvait causer à miss Bellenden. J'étais renversé de cheval, sans défense, et le fer était levé sur ma tête, lorsque M. Morton, le prisonnier pour lequel vous vous êtes vous-même intéressé hier, s'est généreusement interposé en ma faveur, a sauvé mes jours au risque des siens, et m'a fourni les moyens de m'évader.

En achevant ces mots, une curiosité pénible pour son cœur triompha de sa première résolution. Il leva les yeux sur Edith, et crut lire dans les siens la joie qu'elle ressentait en apprenant que son amant vivait, qu'il était libre, et qu'il ne s'était pas laissé vaincre en générosité. Tels étaient en effet ses sentimens; mais il s'y mêlait une véritable admiration pour la franchise avec laquelle lord Evandale venait de rendre justice à son rival, et de reconnaître qu'il en avait reçu un service que, suivant toute probabilité, il aurait mieux aimé devoir à tout autre.

Le major, qui n'aurait pas remarqué l'émotion de sa nièce et de lord Evandale, eût-elle été mille fois plus évidente, se contenta de dire : — Puisque Henry Morton a quelque influence sur ces misérables, je suis ravi qu'il en ait fait un si bon usage; mais j'espère qu'il se tirera de leurs mains aussitôt qu'il le pourra. Je ne doute pas qu'il le désire : je connais ses principes, et je sais qu'il déteste leur jargon mystique et leur hypocrisie. Je l'ai entendu bien souvent rire de la pédanterie de ce vieux coquin, le ministre presbytérien Poundtext, qui, après avoir joui pendant tant d'années de la tolérance du gouvernement, vient de lever le masque à la première occasion, et de joindre les insurgés à la tête de plus des trois quarts des habitans de sa paroisse, entraînés par ses discours. — Mais comment vous êtes-vous échappé, après avoir quitté le champ de bataille, milord?

— Hélas! dit lord Evandale en souriant, comme un chevalier poltron, en usant de toute la vitesse de mon cheval. J'ai pris la route sur laquelle je croyais avoir le moins à craindre de rencontrer des ennemis, et vous ne devineriez jamais où j'ai trouvé une retraite cette nuit.

— Au château de Bracklan, sans doute, dit lady Marguerite, ou chez quelque autre gentilhomme loyal.

— Non, milady; je me suis présenté dans quelques châteaux, et j'en ai été éconduit sous différens prétextes, mais, s'il faut dire la vérité, parce qu'on craignait que ma présence n'y attirât l'ennemi. C'est dans une chaumière que j'ai trouvé un refuge, chez une pauvre veuve dont le mari a été fusillé, il y a trois mois, par un détachement de mon corps, et dont les deux fils sont en ce moment à l'armée des insurgés.

— Est-il possible? une femme fanatique a pu être capable de tant de générosité! Mais sans doute elle ne partage pas les sentimens de sa famille?

— Pardonnez-moi, milady; mais elle n'a vu en moi qu'un homme blessé et en danger; elle a oublié que j'étais un officier appartenant au parti ennemi; elle a bandé mes blessures, elle m'a donné un lit, elle m'a dérobé à la vue d'un détachement d'insurgés qui poursuivait les fuyards, et ne m'a laissé partir ce matin qu'après s'être assurée que je pouvais me rendre ici sans risques.

— Voilà une noble action, dit miss Bellenden, et je suis certaine, milord, que vous trouverez quelque occasion de récompenser tant de générosité.

— J'ai contracté pendant cette malheureuse journée,

miss Edith, des obligations de toutes parts; mais je me flatte qu'on ne m'accusera pas de manquer de reconnaissance quand l'occasion de la prouver se présentera.

Chacun alors renouvela ses instances pour engager lord Evandale à rester au château, et le major se servit d'un argument qui l'y décida sur-le-champ.

— Vous ne disconviendrez pas, milord, lui dit-il, que vous ne deviez de la soumission aux ordres de votre colonel. Je vous apprendrai donc qu'il m'a autorisé à retenir au château un officier de son régiment, s'il s'en présentait quelqu'un, afin de maintenir l'ordre et la discipline parmi les cavaliers qu'il m'a laissés; et, en vérité, je me suis déjà aperçu que cela était nécessaire.

— C'est m'opposer un argument sans réplique, dit lord Evandale, que de dire que, même dans mon état de faiblesse, mon séjour ici peut être utile.

— Quant à vos blessures, milord, si ma sœur, lady Bellenden, veut entreprendre, pour sa part, de combattre les symptômes fébriles, s'il en survient; je réponds que mon ancien soldat Gédéon Pique sait panser une plaie aussi bien qu'aucun membre de la corporation des chirurgiens-barbiers. Il a eu assez l'occasion de pratiquer au temps de Montrose, car nous n'avions pas beaucoup de chirurgiens qui eussent fait leurs cours, comme vous pensez bien. — Vous restez donc avec nous?

— Je vous l'ai dit, major, répondit Evandale en regardant Edith; les motifs que j'avais de quitter le château cèdent, tout puissans qu'ils sont, à ceux qui m'offrent le moyen de vous servir. — Oserai-je vous demander, major, les moyens et les plans de défense que vous avez adoptés? ou voulez-vous que je vous suive pour jeter un coup d'œil sur les travaux?

— Je crois, mon oncle, dit Edith, qui remarquait l'état de fatigue et d'épuisement de lord Evandale, que, puisque milord consent à faire partie de notre garnison.

vous devez commencer par le soumettre à votre autorité, en lui intimant l'ordre de se rendre dans son appartement, afin qu'il prenne du repos et qu'il recouvre ses forces, avant d'entamer aucune discussion militaire.

— Edith a raison, dit la vieille dame; il faut vous mettre au lit à l'instant, milord, et avaler un fébrifuge que je vais composer de ma main. Ma demoiselle de compagnie, mistress Martha Weddell, vous fera du bouillon de poulet. Je ne vous conseillerai pas le vin. — John Gudyil, que la femme de charge prépare la chambre du dais. Il faut que lord Evandale se couche de suite. Pique examinera l'état de ses blessures et y mettra le premier appareil.

— Ce sont là de tristes préparatifs, madame, dit lord Evandale en remerciant lady Margaret avant de quitter la salle; mais je me soumets à tout ce que vous me prescrirez, et j'espère que, grâce à vos bontés, je pourrai bientôt m'occuper de la défense du château avec plus de succès qu'en ce moment. C'est à vous de me mettre en état de vous offrir le service de mon bras; quant à ma tête, vous n'en avez pas besoin, tant que le major est avec vous.

A ces mots il quitta le salon.

— Excellent jeune homme! dit le major, et d'une modestie!

— Et qui n'a point, dit lady Marguerite, cet amour-propre qui fait croire à tant de jeunes gens qu'ils savent mieux ce qui leur convient que les personnes qui ont quelque expérience.

— Et si bien fait! et si généreux! ajouta Jenny Dennison, qui, entrée pendant cette conversation, se trouva bientôt seule avec sa maîtresse, lorsque le major alla inspecter les travaux, et lady Margaret préparer la potion promise.

Edith ne répondit à tous ces éloges que par un soupir; mais, quoiqu'elle gardât le silence, elle n'en sentait pas moins vivement combien ils étaient mérités par celui qui en était l'objet.

— Après tout, dit Jenny, milady a bien raison de dire qu'on ne doit avoir confiance dans aucun pesbytérien : il n'y en a pas un qui ait ni foi ni loi. Qui aurait cru que le jeune Milnwood et Cuddy Headrigg auraient pris parti pour ces coquins de whigs?

— Que voulez-vous dire, Jenny? lui dit sa maîtresse d'un ton d'impatience : quelles absurdités me débitez-vous?

— Je sais bien que cela ne vous est pas agréable à entendre, et cela ne l'est pas davantage à vous dire; mais il faut bien que vous l'appreniez, car on ne parle que de cela dans tout le château.

— De cela! de quoi? avez-vous envie de me faire perdre l'esprit?

— Que M. Morton s'est joint aux rebelles, et qu'il a été nommé un de leurs chefs.

— C'est un mensonge! une basse calomnie! vous êtes bien hardie d'oser me la répéter! Henry Morton est incapable d'oublier ce qu'il doit à son roi et à son pays. C'est une cruauté pour moi. — C'en est une pour... pour des innocens persécutés et qui ne sont pas ici pour se défendre. Je vous dis qu'il est incapable d'une telle action.

— Mon Dieu! miss Edith, il faudrait avoir plus de connaissance des jeunes gens que je n'en ai et que je n'ai envie d'en avoir, pour pouvoir dire ce qu'ils sont capables de faire ou de ne pas faire; mais Holliday et un autre cavalier se sont déguisés ce matin en paysans pour faire une re...reconnaissance, comme dit M. Gudyil; ils ont pénétré jusque dans le camp des révoltés, et ils viennent de nous dire qu'ils y ont vu M. Henry Morton monté sur un des chevaux du régiment, armé d'un sabre et de pistolets, et vivant de pair à compagnon avec les autres chefs. Il donnait des ordres aux troupes; et Cuddy était derrière lui, revêtu de la veste galonnée du brigadier Bothwell, avec une cocarde de rubans bleus à son chapeau, parce que c'est la couleur du Covenant, et une chemise à jabot, comme un lord : cela lui convient bien, vraiment !

— Cela est impossible, Jenny, reprit vivement Edith; cette nouvelle n'est pas vraie. Mon oncle n'en a pas entendu parler.

— Je le crois bien : Holliday est rentré cinq minutes après l'arrivée de lord Evandale; et, dès qu'il l'a eu apprise, il a juré ses grands dieux qu'à présent qu'il y avait au château un officier du régiment, il ne ferait pas son... son rapport, je crois, jusqu'à ce que lord Evandale pût le recevoir à son réveil; et peut-être aussi que tout ce qu'il m'en a dit était pour me chagriner relativement à Cuddy.

— C'est cela même, folle; il a voulu vous tourmenter par cette fausse nouvelle.

— Cela ne se peut pas, car John Gudyil a fait entrer l'autre dragon dans l'office; et celui-ci, qui est un vieux soldat dont je ne sais pas le nom, lui a conté absolument la même histoire, mot pour mot, en buvant un verre d'eau-de-vie. Et M. Gudyil est entré dans une grande colère, et nous a dit que tout cela venait de la faute de milady et du major, et que, si on avait fusillé ce matin M. Henry et Cuddy, ils ne seraient pas en ce moment les armes à la main avec les rebelles. Il me semble qu'il n'a pas tout-à-fait tort.

A peine Jenny avait-elle prononcé ces mots, qu'elle fut effrayée en voyant l'effet qu'ils avaient produit sur sa maîtresse, effet que les principes politiques et religieux dans lesquels elle avait été élevée rendaient plus violent encore : ses couleurs l'abandonnèrent, la respiration lui manqua, et elle tomba sans connaissance sur un fauteuil. Jenny coupa ses lacets, lui jeta de l'eau froide sur le visage, lui brûla des plumes sous le nez, et fit tous les autres remèdes usités en pareil cas, sans en obtenir aucun succès.

— Dieu me pardonne! dit-elle; qu'ai-je fait? malheureuse que je suis! Je voudrais qu'on m'eût coupé la langue! Mais qui aurait cru qu'elle eût pris la chose ainsi! et tout cela pour un jeune homme! comme si c'était le dernier! — Miss Edith, ma chère maîtresse, reprenez courage! après tout, cela peut bien n'être pas vrai! — On m'a toujours dit que ma langue me jouerait quelque mauvais tour. — Bon Dieu! si milady venait! Miss Edith est justement sur le trône où personne ne s'est jamais assis depuis qu'il a servi au roi. Que faire? que devenir?

Pendant que Jenny se lamentait ainsi sur sa maîtresse et sur elle-même, Edith reprenait peu à peu connaissance, et sortait de l'état d'angoisse où l'avait plongée cette nouvelle inattendue.

— S'il avait été malheureux, dit-elle, je ne l'aurais jamais abandonné; s'il était mort, je l'aurais pleuré toute ma vie; s'il avait été infidèle, je lui aurais pardonné : mais un rebelle à son roi, un traître à son pays, un homme associé à des scélérats et à des meurtriers, je l'arracherai de mon cœur, quand cet effort devrait me conduire au tombeau.

Elle essuya ses yeux et se leva du fauteuil, ou du trône, comme l'appelait lady Marguerite. Jenny, toujours effrayée, se hâta de secouer le coussin, pour effacer les traces de ce que lady Bellenden aurait probablement appelé une profanation. Telle n'eût pas été cependant l'idée de Charles lui-même, s'il eût connu la grâce et la beauté de celle qui usurpait ainsi momentanément ses droits. Jenny offrit ensuite le soutien de son bras à sa maîtresse.

— Prenez mon bras, miss Edith : il faut que le chagrin ait son cours, après quoi...

— Non, Jenny, répondit-elle avec fermeté, vous avez vu ma faiblesse, vous verrez maintenant mon courage. Le sentiment de mon devoir me soutiendra. Cependant je n'agirai point avec précipitation : je veux connaître les motifs de sa conduite, après quoi je saurai l'oublier.

En parlant ainsi, elle quitta le salon, et se retira dans son appartement pour examiner son cœur et réfléchir aux moyens d'en bannir le souvenir de Morton.

— C'est singulier, dit Jenny quand elle se trouva seule, une fois le premier moment passé, miss Edith prend son parti aussi aisément que moi, plus aisément même, car je n'ai jamais été attachée à Cuddy Headrigg comme elle l'était au jeune Milnwood. Mais, après tout, il n'y a peut-être pas de mal d'avoir des amis des deux côtés. Si les rebelles s'emparent du château, comme cela est fort possible, car nous n'avons guère de vivres, et les dragons mangent en un jour ce qui nous suffirait pour un mois, hé bien, M. Morton et Cuddy étant avec eux, leur protection vaudra de l'or. C'était ma première idée quand j'ai appris cette nouvelle.

Ayant fait cette réflexion consolante, la chambrière alla reprendre le cours de ses occupations ordinaires, laissant sa maîtresse occupée du soin d'arracher de son cœur les sentimens qu'elle avait éprouvés jusqu'alors pour Henry Morton.

CHAPITRE XXV.

« Courage, mes amis! encore un autre assaut! »
SHAKSPEARE. *Henry V.*

Tous les renseignemens qu'on put se procurer dans la soirée confirmèrent l'opinion que l'armée des insurgés marcherait sur Tillietudlem le lendemain dès la pointe du jour. Pique avait examiné les blessures de lord Evandale;

elles étaient en grand nombre, mais aucune n'était dangereuse. La grande quantité de sang qu'il avait perdue, autant peut-être que le spécifique si vanté de lady Marguerite, avait empêché la fièvre de se déclarer, de sorte que, malgré sa faiblesse, et quoiqu'il souffrît encore beaucoup, il voulut se lever le lendemain de très bonne heure. On ne put même le décider à garder la chambre ; s'appuyant sur une canne, il voulut encourager les soldats par sa présence, et examiner les travaux de défense qu'on pouvait soupçonner le major d'avoir ordonnés conformément aux anciens principes de l'art militaire. Personne n'était plus propre que lord Evandale à donner d'excellens avis à ce sujet. Il avait pris le parti des armes dès sa première jeunesse, avait servi avec distinction en France et dans les Pays-Bas, et la tactique avait été la principale étude de toute sa vie. Il trouva cependant peu de chose à ajouter ou à changer aux préparatifs de défense qui avaient été faits, et, sauf l'article des provisions, il vit qu'une place si forte avait peu à craindre de l'attaque d'ennemis tels que ceux qui la menaçaient.

Dès le point du jour il était sur les créneaux avec le major ; et, ayant donné un dernier coup d'œil aux préparatifs de défense, ils attendaient l'approche de l'ennemi.

Les deux espions dont Jenny avait parlé à sa maîtresse avaient fait leur rapport à lord Evandale, qui en avait rendu compte au major. Mais celui-ci refusait opiniâtrément de croire que Morton eût pris parti pour les insurgés.

— Je le connais mieux que vous, lui dit-il : vos deux coquins n'ont pas osé avancer assez ; ils ont été trompés par quelques traits de ressemblance, ou ils ont ajouté foi à la première histoire qu'on leur a contée.

— Je ne partage pas votre opinion, major : je crois que nous le verrons à la tête des insurgés, et j'en éprouverai beaucoup plus de regret que de surprise.

—Vous ne valez pas mieux que Claverhouse, dit le major en souriant : il me soutenait hier en face que ce jeune homme, qui a autant de courage que de fierté, et d'aussi bons principes que qui que ce soit, ne manquait que d'une occasion pour se mettre à la tête des rebelles.

— D'après la manière dont il a été traité, et les soupçons dont il s'est vu l'objet, je ne sais pas trop quel autre parti il pouvait prendre; quant à moi, je ne sais s'il mérite plus de blâme que de compassion.

— Le blâme, milord! la compassion! Si ce que l'on dit est vrai, il mérite la corde; et je ne m'en dédirais pas, fût-il mon propre fils. La compassion! non, milord, vous ne le pensez pas.

— Je vous donne ma parole d'honneur, major, que ce n'est pas d'aujourd'hui que je pense que nos chefs politiques et nos prélats ont employé contre ce pays des mesures trop violentes. On s'est porté à des extrémités fâcheuses, et l'on a exaspéré non seulement la basse classe, mais encore tous ceux que l'esprit de parti ou un entier dévouement au gouvernement n'enchaîne pas sous les drapeaux du roi.

— Je ne suis pas politique, milord, et ces distinctions sont trop subtiles pour moi. Mon épée appartient au roi, et je suis prêt à la tirer dès qu'il l'ordonne.

— J'espère, major, que vous verrez que la mienne ne tient pas au fourreau; mais je voudrais de tout mon cœur m'en servir contre des ennemis étrangers. Au surplus ce n'est pas l'instant de discuter cette question, car je vois l'ennemi s'avancer.

L'armée des insurgés commençait effectivement à se montrer sur une colline peu éloignée du château. Elle en prit la route; mais elle fit halte avant d'être à la portée du canon, comme si elle n'avait pas voulu s'exposer au feu des batteries de la tour. Elle paraissait beaucoup plus nombreuse qu'on ne l'avait présumé, et, à en juger par la profondeur de ses colonnes, il fallait qu'elle eût reçu des renforts considérables. Il y eut un moment d'anxiété dans un parti comme dans l'autre, et les rangs des covenantaires agités par l'incertitude des mouvemens qu'ils devaient faire, semblaient hésiter avant d'aller plus avant. Leurs armes, qui avaient quelque chose de pittoresque dans leur diversité, brillaient au soleil, dont les rayons étaient reflétés par une forêt de piques, de mousquets, de hallebardes et de haches d'armes. Enfin de cette masse se détachèrent trois ou quatre cavaliers, qui paraissaient être des chefs : ils s'avancèrent et gagnèrent une petite hauteur qui était plus voisine du château.

John Gudyil, qui avait quelques connaissances comme artilleur, pointa un canon sur ce groupe, et se tournant vers le major :

— Mon commandant, ferai-je feu? je vous réponds qu'il en restera quelqu'un sur la place.

Le major regarda lord Evandale.

— Un instant, dit celui-ci, je vois qu'ils déploient un drapeau blanc.

En effet, un des cavaliers mit pied à terre et s'achemina seul vers le château, portant un drapeau blanc au bout d'une pique. Le major et lord Evandale descendirent de la tour, et s'avancèrent jusqu'à la dernière barricade pour le recevoir, ne jugeant pas à propos de le laisser entrer dans la place, qu'ils avaient intention de défendre. Au moment du départ du parlementaire, ses compagnons avaient été rejoindre l'armée, comme s'ils eussent prévu les intentions favorables que Gudyil avait à leur égard.

L'envoyé des presbytériens, à en juger par son air et son maintien, paraissait rempli de cet orgueil, caractère distinctif de cette secte enthousiaste. Une sorte de sourire méprisant se faisait remarquer sur ses lèvres, et ses yeux à demi fermés, se tournant vers le ciel, semblaient mépriser les choses terrestres pour ne s'occuper que de contemplations célestes.

Lord Evandale ne put s'empêcher de sourire en voyant cette figure grotesque, qu'il examinait à travers les barrières.

— Avez-vous vu jamais pareil automate? dit-il au major; ne croirait-on pas que des ressorts le font mouvoir? Pensez-vous que cela puisse parler?

— Oh oui! dit le major, il me rappelle mes anciennes connaissances. C'est un vrai puritain, du vrai levain pharisaïque. — Écoutez, il tousse, il va faire une sommation au château, avec un texte de sermon en place de trompette.

Le major, qui dans les guerres civiles précédentes avait eu plus d'une occasion de connaître le jargon et les manières de ces fanatiques, ne se trompait pas dans ses conjectures; seulement, au lieu d'un exorde de sermon en prose, l'envoyé, qui était le laird de Langcale, entonna d'une voix de Stentor la paraphrase en vers du 24e psaume.

> Ouvrez vos portes orgueilleuses,
> Princes qui régnez en ces lieux!
> Laissez entrer du roi des cieux
> Les phalanges victorieuses.

— Ne vous l'avais-je pas dit? dit le major à lord Evandale.

Alors ils se présentèrent tous deux à la porte de la barricade, et le major demanda au laird de Langcale pourquoi il venait se lamenter à la porte du château, comme un pourceau poursuivi par le vent.

— Je viens, répondit celui-ci sans les saluer, et toujours sur le même ton, je viens au nom de l'armée religieuse et patriotique des presbytériens, pour parler au jeune fils de Bélial, William Maxwell, dit lord Evandale, et au vieux pécheur endurci Miles Bellenden de Charnwood.

— Et qu'avez-vous à leur dire? reprit le major.

— Est-ce à eux que je parle en ce moment? dit le laird de Langcale.

— Oui, répondit le major; quelle est votre mission?

— Voici donc la sommation que vous adressent les chefs de l'armée, lui répliqua l'envoyé en remettant un papier à lord Evandale; et voici pour Miles Bellenden une lettre d'un jeune homme qui a l'honneur de commander une des divisions de l'armée. Lisez promptement, et puisse le ciel faire fructifier dans vos cœurs les paroles que vous allez lire, ce dont je doute pourtant beaucoup!

La sommation était conçue dans les termes suivans:

« Nous, chefs nommés et constitués de l'armée presbytérienne réunie pour la cause de la liberté et de la véritable religion, faisons sommation à William Maxwell, lord Evandale, à Miles Bellenden de Charnwood, et à tous autres actuellement en armes dans le château de Tillietudlem, de faire à l'instant la reddition dudit château, sous condition qu'ils auront la vie sauve, et pourront se retirer avec armes et bagages; s'ils s'y refusent, nous les prévenons que nous les y forcerons par le fer et le feu, et qu'il n'y aura plus de quartier; et ainsi puisse Dieu défendre sa sainte cause ! »

Cette sommation était signée: John Balfour de Burley, quartier-maître général de l'armée presbytérienne, pour lui et les autres chefs, par ordre du conseil.

La lettre adressée au major était d'Henry Morton. Voici ce qu'elle contenait:

« J'ai fait une démarche, mon respectable ami, qui, entre autres conséquences pénibles, va, je le crains bien, m'exposer à votre désapprobation. Je m'y suis trouvé engagé sans y penser, sans l'avoir ni désiré ni prévu, et par suite de l'oppression dont vous avez vu que j'ai été la victime. Je ne puis cependant m'en repentir, et ma conscience est tranquille sur les suites que peut avoir ma conduite. Pouvais-je voir plus long-temps nos droits foulés aux pieds, notre liberté violée, nos personnes outragées, notre sang répandu sans motif et sans jugement légal? Les excès de nos persécuteurs auront amené la fin de leur tyrannie. Je ne croirais pas digne du nom d'homme libre celui qui, pensant comme moi, se séparerait de la cause de sa patrie; mais Dieu, qui connaît le fond de mon cœur, sait pourtant que je ne partage pas les passions violentes et haineuses d'une partie de ceux qui se trouvent dans nos rangs. Mes vœux les plus ardens sont de voir cette guerre promptement terminée par le concours des hommes prudens et modérés des deux partis, et d'obtenir le rétablissement d'une paix qui, sans diminuer en rien les droits constitutionnels du roi, substituera la justice de la magistrature civile au despotisme militaire; permettra à chacun d'honorer Dieu suivant sa conscience, et enchaînera l'enthousiasme fanatique par la douceur et la raison, au lieu de le pousser jusqu'à la frénésie par la persécution et l'intolérance.

« Avec de pareils sentimens, vous devez sentir combien il m'est pénible de me trouver en armes devant le château de votre respectable parente; on nous assure que vous avez intention de le défendre contre nous. Permettez-moi de vous représenter qu'une telle mesure ne conduirait qu'à une inutile effusion de sang. Vous n'avez pas eu le temps nécessaire pour faire des préparatifs suffisans de résistance, et si nos troupes ne réussissent pas à s'emparer du château par un assaut, le défaut de vivres vous forcera bientôt à le rendre. Dans l'un et l'autre cas, mon cœur saigne en songeant aux souffrances et aux malheurs auxquels ceux qui l'habitent seraient exposés.

« Ne supposez pas, mon respectable ami, que je voudrais vous voir accepter des conditions qui pourraient ternir la réputation sans tache que vous avez acquise et méritée. Faites sortir du château les soldats qui s'y trouvent ; j'assurerai leur retraite, et j'obtiendrai qu'on n'exige de vous qu'une promesse de neutralité pendant le cours de cette malheureuse guerre. Vous ne recevrez point garnison, et les domaines de lady Marguerite, ainsi que les vôtres, seront respectés.

« Je pourrais vous alléguer bien d'autres motifs à l'appui de ma proposition ; mais, dans la crainte où je suis de paraître en cette occasion coupable à vos yeux, je sens que les meilleures raisons, présentées par moi, perdraient leur influence. Je finis donc par vous assurer que, quels que puissent être vos sentimens à mon égard, la reconnaissance que je vous dois ne sortira jamais de mon cœur, et que le plus heureux moment de ma vie serait celui où je pourrais vous en convaincre autrement que par des paroles. Ainsi donc, quoiqu'il soit possible que, dans le premier moment de chaleur, vous rejetiez ces propositions, si les évènemens vous déterminaient par la suite à les accepter, n'hésitez pas à me le faire savoir, et croyez que je serai toujours heureux de pouvoir vous être de quelque utilité.

« Henry Morton. »

Le major lut cette lettre avec une indignation qu'il ne chercha point à cacher.

—L'ingrat! le traître! s'écria-t-il en la remettant à lord Evandale. Rebelle de sang-froid! sans avoir l'excuse de l'enthousiasme qui anime ces misérables fanatiques! J'aurais dû ne pas oublier qu'il était presbytérien. Je devais songer que je caressais un jeune loup qui finirait par vouloir me déchirer. Si saint Paul revenait sur terre, et qu'il fût presbytérien, il se révolterait avant trois mois. Le principe de la rébellion existe dans leur sang.

— Je serai le dernier, dit lord Evandale, à proposer de rendre le château, mais si nous venons à manquer de vivres, et que nous ne recevions pas de secours, je crois que nous pourrons profiter de cette ouverture pour assurer la sortie de nos dames.

— Elles souffriront toutes les extrémités, dit le major, plutôt que de rien devoir à la protection d'un hypocrite à langue dorée. Mais congédions le digne ambassadeur.— Retournez vers vos chefs, dit-il à Langcale, et dites-leur qu'à moins qu'ils n'aient une confiance toute particulière dans la dureté de leurs crânes, je ne leur conseille pas de venir les frotter contre ces vieilles murailles. Avertissez-les aussi de ne plus nous envoyer de parlementaire, ou nous le ferons pendre, en représailles du meurtre du cornette Grahame.

L'ambassadeur retourna avec cette réponse vers ceux qui l'avaient envoyé. Dès qu'il fut arrivé à l'armée, des cris tumultueux s'y firent entendre; un étendard rouge bordé de bleu y fut déployé.

Au moment où la brise du matin déroulait les larges plis de ce signal de guerre et de défi, l'ancienne bannière de la famille de lady Bellenden fut arborée sur la tour, ainsi que le drapeau royal. Une décharge générale de l'artillerie du château fit éprouver quelque perte aux premiers rangs des insurgés, et y occasiona un moment de désordre. Aussitôt les chefs se retirèrent à l'abri, au revers de la montagne.

— Je crois, dit Gudyil en faisant recharger les canons, qu'ils trouvent que le bec de nos faucons est un peu dur pour eux. Ce n'est pas pour rien que le faucon siffle.

Comme il prononçait ces mots, la pente de la montagne fut de nouveau couverte de rangs ennemis; ils firent une décharge générale de leurs armes à feu. A la faveur des nuages de fumée, une colonne de piquiers, commandés par Burley, non moins vaillant qu'enthousiaste, soutint bravement le feu de la garnison, s'avança jusqu'à la première barricade, en força l'entrée, blessa quelques uns de ceux qui la défendaient, et les obligea à se retirer derrière la seconde. Mais ce succès fut le seul qu'ils obtinrent, grâce aux précautions du major. Les covenantaires, maîtres de cette position, y furent exposés sans défense au feu meurtrier de la tour, sans pouvoir faire aucun mal à des ennemis défendus par des fortifications, et retranchés derrière des palissades. Ils furent donc obligés de se retirer avec perte, mais ils ne le firent qu'après avoir détruit la première barricade avec leurs haches, de manière à mettre les assiégés dans l'impossibilité de s'y loger de nouveau.

Balfour fut le dernier à quitter ce poste : il y resta même seul un instant, une hache à la main, travaillant comme un pionnier, et tranquille au milieu des balles qui sifflaient autour de lui.

Cette première attaque fit connaître aux insurgés la force de la place qu'ils se proposaient d'emporter. Aussi dirigèrent-ils la seconde avec plus de précautions. Un fort parti d'excellens tireurs (dont plusieurs avaient figuré à l'exercice du Perroquet), sous les ordres d'Henry Morton, fit un détour à travers le bois, et parvint à gagner une position d'où l'on pouvait inquiéter les défenseurs de la seconde barricade, tandis que Burley, à la tête d'une autre colonne, les attaquait de front.

Les assiégés virent le danger de ce mouvement, et tâchèrent d'empêcher l'approche de Morton, en tirant sur sa troupe chaque fois qu'elle était à découvert. Les assaillans, de leur côté, déployaient autant de sang-froid que d'intrépidité : ce qui devait être attribué en grande partie au jugement de leur jeune chef, qui montrait autant d'intelligence pour protéger ses soldats que pour inquiéter les ennemis.

Il enjoignit plusieurs fois à sa troupe de diriger son feu contre les habits rouges plutôt que contre les autres défenseurs du château, et surtout d'épargner les jours du vieux major, que son intrépidité portait à se montrer à tous les postes les plus dangereux. Il continua sa marche de buisson en buisson, de rocher en rocher, au milieu du feu de la mousqueterie du château, jusqu'à ce qu'il arrivât à la position qu'il voulait occuper. Il put alors faire feu sur les défenseurs de la barricade ; et Burley, profitant de la confusion que Morton avait jetée parmi eux, les attaqua de front avec fureur, força la seconde palissade, les repoussa jusqu'à la troisième, et y entra avec eux sa hache à la main, en criant à haute voix :

— Tuez ! tuez ! point de quartier aux ennemis de Dieu et de son peuple ! le château est à nous. Les plus intrépides de ses soldats, animés par ces cris, se précipitèrent à sa suite, tandis que les autres travaillaient à construire un abri dans la seconde barricade, pour s'y établir si le château n'était pas emporté par ce coup de main.

Lord Evandale ne put retenir plus long-temps son impatience. Le bras en écharpe, il se mit à la tête de ce qui restait de troupes dans le château ; et, les animant de la voix et du geste, il fit une sortie pour venir au secours de ses gens, qui se trouvaient en ce moment très pressés par Burley.

Le combat devint alors terrible. L'étroit passage était encombré par les hommes de Burley accourant au secours des leurs. Les soldats, animés par la présence et la voix de lord Evandale, combattaient vaillamment, l'infériorité de leur nombre étant balancée en partie par leur plus grande habitude des armes, et par l'avantage de leur position, qu'ils défendaient avec des piques, des hallebardes, les crosses de leurs carabines et leurs sabres. Ceux qui étaient dans l'intérieur du château faisaient feu toutes les fois qu'ils pouvaient viser les assaillans sans risquer d'atteindre leurs camarades. Les tireurs de Morton, rôdant à l'entour, ne cessaient de leur répondre chaque fois qu'ils apercevaient un mouvement par les créneaux. Le château était enveloppé d'une fumée épaisse, et les rochers retentissaient des cris des combattans. Au milieu de cette scène de confusion, un singulier hasard faillit mettre les assiégeans en possession de Tillietudlem.

Cuddy Headrigg faisait partie des tireurs. Il n'existait pas aux environs du château un buisson ni une pointe de rocher qu'il ne connût parfaitement. Cent fois il avait été avec Jenny cueillir des noisettes dans les bois qui l'entouraient. Il n'était pas sans bravoure, mais il ne se souciait pas de chercher le danger pour le plaisir de s'y exposer, ou pour la gloire qui devait en résulter. Lorsqu'il vit qu'on tirait du château sur la troupe dont il faisait partie, comme il se trouvait à l'arrière-garde, il tourna sur la gauche, suivi de trois ou quatre de ses compagnons, et, pénétrant à travers un bois épais qu'il connaissait, il se trouva sous les murs du château, du côté opposé à celui par lequel on dirigeait l'attaque. On avait négligé de fortifier cette partie de la place, parce qu'elle paraissait défendue suffisamment par la nature, étant située en haut d'une montagne escarpée et bornée de tous côtés par des précipices. Il est bien certain qu'une armée n'aurait pu l'attaquer de ce côté, parce que les efforts de quelques hommes auraient suffi pour précipiter au bas de la montagne ceux qui seraient parvenus jusqu'au sommet; mais on n'avait pas prévu que quelques hommes s'exposeraient à ce danger, précisément pour en éviter un autre.

C'était là que se trouvait une certaine fenêtre de la cuisine par laquelle, grâce aux branches d'un certain if qui s'élevait de la fente du rocher, Goose Gibby était sorti en fraude du château pour porter au major la lettre de miss Edith, et qui sans doute jadis avait favorisé d'autres projets de contrebande.

— Voilà un endroit que je connais bien, dit Cuddy en s'appuyant sur son fusil pour reprendre haleine. Combien de fois n'ai-je pas aidé Jenny Dennison à sortir du château par cette fenêtre! combien de fois y ai-je passé moi-même pour aller jouer un peu après le labour!

— Et qui nous empêche d'y grimper maintenant? dit un de ses camarades qui était un gaillard entreprenant.

— Je ne vois pas ce qui nous en empêcherait, dit Cuddy, mais que nous en reviendra-t-il?

— Ce qu'il nous en reviendra! Nous sommes cinq, tout le monde est sorti du château, nous nous en emparerons pendant qu'on se bat entre les palissades.

— A la bonne heure, dit Cuddy; mais, songez-y bien! que pas un de vous ne touche Jenny, ni miss Edith, ni lady Margaret, ni le vieux major, ni personne du château! Occupez-vous des soldats, à la bonne heure. Je ne m'en inquiète pas.

— Allons, allons! reprit l'autre, entrons d'abord dans le château, et nous verrons ensuite ce qu'il faudra faire.

Cuddy, poussé par ses compagnons, semblait avancer à regret. Sa conscience lui disait tout bas qu'il allait bien mal payer les bontés que lady Marguerite avait eues si long-temps pour lui et pour sa famille; et d'une autre part il ne savait pas de quelle manière il pouvait être reçu dans la chambre où il s'agissait d'entrer. Il grimpa cependant sur l'if. Deux de ses compagnons y montèrent après lui, et les autres s'apprêtèrent à les suivre. La fenêtre était fort étroite, et avait été autrefois garnie de barreaux de fer, mais le temps les avait fait tomber, ou les domestiques les avaient détachés pour pouvoir sortir plus facilement. Il était donc facile de s'y introduire, pourvu qu'il ne se trouvât à l'intérieur personne pour y mettre obstacle; ce dont Cuddy, toujours prudent, voulait s'assurer avant de risquer cette démarche périlleuse. Il n'écoutait donc ni les prières ni les menaces de ceux qui le suivaient, et il alongeait le cou pour regarder par la fenêtre, quand sa tête fut aperçue par Jenny Dennison, qui s'était établie dans cette chambre comme dans le lieu le plus retiré du château. Elle poussa un cri épouvantable, et courut à la cheminée, où elle venait de mettre sur le feu une grande marmite pleine de soupe aux choux, ayant promis à Tom Holliday de lui préparer à déjeuner ; elle prit cette marmite, revint à la fenêtre, et criant, — Au meurtre ! au meurtre ! nous sommes toutes perdues, le château est pris ! — elle en déchargea le contenu sur la tête de Cuddy.

La soupe, donnée à Cuddy d'une autre façon, aurait sans doute été un régal pour lui ; mais comme elle lui fut administrée par Jenny, elle l'aurait guéri pour le reste de ses jours de l'envie de se faire soldat, s'il eût en ce moment levé les yeux. Heureusement pour notre homme de guerre, qu'il avait pris l'alarme au premier cri de Jenny, et qu'il s'expliquait avec ses camarades, baissant la tête pour leur dire combien il était urgent de battre en retraite ; de sorte que le casque et le justaucorps de peau de buffle qui avaient appartenu à Bothwell protégèrent sa personne contre la plus grande partie du liquide brûlant. Mais il eut assez d'éclaboussures pour sauter au plus vite à bas de l'arbre par-dessus ses compagnons, au grand péril de ses membres. Puis, sans écouter ni raison, ni prières, ni menaces, il prit le chemin le plus court pour rejoindre le gros de l'armée, sans vouloir recommencer l'attaque.

Quant à Jenny, après avoir ainsi jeté sur le corps d'un de ses admirateurs les alimens que ses blanches mains préparaient pour l'estomac de l'autre, elle continua ses cris d'alarme, en mentionnant tour à tour les crimes appelés par les légistes *les quatre plaids de la couronne*[1] ; à savoir : le meurtre, le feu, le viol et le vol.

Ces horribles clameurs donnèrent si bien l'alarme et excitèrent une telle confusion, que le major Bellenden et lord Evandale, craignant quelque surprise sur un autre

---

(1) *The four pleas of the crown*, plaidoyers.

point, jugèrent à propos de se borner à la défense de l'intérieur du château, et y rentrèrent avec leurs soldats, abandonnant aux insurgés tous les travaux extérieurs.

Leur retraite ne fut pas inquiétée, car la terreur panique de Cuddy et de ses compagnons avait produit parmi les assiégeans à peu près les mêmes effets que les cris de Jenny parmi les assiégés.

Il ne fut question d'un côté ni de l'autre de renouveler le combat ce jour-là : les insurgés avaient beaucoup souffert, et d'après la résistance qu'ils avaient éprouvée en emportant les barricades, ils avaient peu d'espérance de prendre la place d'assaut. D'une autre part, la situation des assiégés n'était pas rassurante. Ils avaient perdu deux ou trois hommes dans le combat, et plusieurs autres avaient été blessés. L'ennemi avait fait, il est vrai, une perte infiniment plus considérable, ayant eu vingt hommes tués. Mais cette perte était bien moins sensible pour une armée plus nombreuse, tandis que l'acharnement qu'avaient montré les whigs dans cette attaque prouvait évidemment que leurs chefs avaient résolu de s'emparer de la place, et qu'ils étaient bien secondés par le zèle de leurs soldats. Mais ce qu'on avait le plus à craindre dans le château était la famine, dans le cas où l'ennemi aurait recours à un blocus pour le réduire. Le major n'avait pas réussi à y faire entrer autant de provisions qu'il l'aurait désiré, et la plus active surveillance ne pouvait empêcher les dragons d'en gaspiller une partie tous les jours : ce fut donc en faisant des réflexions assez tristes qu'il donna ordre de clore la croisée par où Cuddy avait failli de surprendre le château; et on en fit autant à l'égard de toutes celles qui auraient pu donner la moindre facilité pour une semblable tentative.

CHAPITRE XXVI.

« Le roi de ses soldats a réuni l'élite. »
SHAKSPEARE, *Henry IV*, part. II.

Les chefs de l'armée presbytérienne tinrent une conférence sérieuse dans la soirée du jour où ils avaient attaqué Tillietudlem. La perte qu'ils avaient éprouvée ne les encourageait pas, et, comme c'est l'ordinaire, c'étaient leurs plus braves soldats qu'ils avaient à regretter. Ils devaient craindre, s'ils laissaient refroidir l'enthousiasme de leurs partisans par des efforts infructueux pour s'emparer d'un château-fort d'une importance secondaire, que leur nombre ne diminuât par degrés, et qu'ils ne perdissent l'occasion de profiter du moment où une insurrection soudaine et imprévue trouvait le gouvernement sans préparatifs pour la réprimer. D'après ces motifs, il fut décidé que le corps d'armée s'avancerait vers Glascow pour en déloger le régiment de lord Ross et les débris de celui de Claverhouse, qu'Henry Morton et quelques autres chefs en prendraient le commandement, et que Burley resterait devant Tillietudlem à la tête de cinq cents hommes, pour bloquer le château, et réunir les renforts qui ne cessaient d'arriver.

Morton ne fut nullement satisfait de cet arrangement. Il dit à Burley que les motifs les plus puissans lui faisaient désirer de rester devant Tillietudlem, et que si l'on voulait lui en confier le blocus, il ne doutait pas qu'il ne parvînt à un arrangement qui, sans être rigoureux pour les assiégés, donnerait toute satisfaction à l'armée.

Burley devina facilement la cause qui faisait parler ainsi son jeune collègue. Il était intéressé à bien connaître le caractère et les dispositions de ses compagnons d'armes, et, grâce à l'enthousiasme de la vieille Mause et à la simplicité de Cuddy, qu'il avait adroitement questionnés, il avait appris quelles étaient les relations de Morton avec une partie des habitans du château. Il profita du moment où Poundtext se levait en annonçant qu'il allait dire seulement quelques mots sur les affaires publiques, ce qui (comme Burley l'interpréta avec raison) promettait un discours d'une heure; et, tirant Morton à l'écart, il eut avec lui un entretien.

— Tu n'es pas sage, jeune homme, lui dit-il, de vouloir sacrifier la cause sainte à ton amitié pour un Philistin incirconcis, et à ta concupiscence pour une Moabite.

— Je ne comprends pas ce que vous voulez dire, M. Balfour, répondit Morton avec quelque colère, et vos allusions me déplaisent. Je ne sais quel peut être votre motif pour me faire un tel reproche, et pour m'adresser un langage si peu civil.

— Avoue la vérité; conviens que tu voudrais veiller sur la sûreté des habitans avec la sollicitude d'une mère pour ses enfans, plutôt que de faire triompher sur le champ de bataille la bannière de l'église d'Écosse.

— Si vous voulez dire que je préférerais terminer cette guerre sans répandre de sang, plutôt que d'acquérir de la gloire et de l'autorité aux dépens des jours de mes concitoyens, vous avez parfaitement raison.

— Et je n'ai pas tort de penser que tu n'exclurais pas de cette pacification générale tes amis de Tillietudlem.

— Certainement je dois trop de reconnaissance au major Bellenden pour ne pas souhaiter de lui être utile, autant que me le permettra l'intérêt de la cause que j'ai embrassée. Je n'ai jamais fait un mystère de mes sentimens pour lui.

— Je le sais; mais, quand tu aurais voulu me les cacher, je ne les aurais pas moins découverts. Maintenant, écoute-moi : Miles Bellenden a des vivres pour un mois.

— Vous vous trompez. Nous savons que ses provisions ne peuvent durer plus d'une semaine.

— On le dit ainsi ; mais j'ai acquis la preuve qu'il a lui-même répandu ce bruit afin de déterminer la garnison à une diminution de ration, pour faire traîner le siége en longueur, jusqu'à ce que le glaive qui nous menace ait le temps de s'aiguiser et vienne nous atteindre.

— Et pourquoi n'en avoir pas instruit le conseil de guerre?

— A quoi bon détromper là-dessus Kettledrummle, Macbriar, Poundtext et Langcale? Tu sais toi-même que tout ce qui leur est dit est transmis à toute l'armée par la bouche des prédicateurs. L'armée est déjà découragée en songeant qu'il faudra peut-être passer huit jours devant ce château : que serait-ce si elle apprenait que cette semaine se changera en un mois?

— Mais pourquoi me l'avoir caché à moi? ou pourquoi m'en instruire à présent? — Avant tout, quelles sont vos preuves?

— En voici plusieurs, dit froidement Burley en lui montrant un grand nombre de réquisitions envoyées par le major pour faire fournir au château des grains, des bestiaux et des fourrages : la quantité en était telle, que Morton ne put s'empêcher de penser que le château se trouvait effectivement approvisionné pour plus d'un mois. Mais Burley se garda bien d'ajouter, ce dont il était parfaitement instruit, qu'on n'avait pas satisfait à la plupart de ces réquisitions, et que les dragons chargés de les porter avaient souvent vendu dans un village les provisions qu'ils venaient d'obtenir dans un autre, à peu près comme sir John Falstaff[1] en agissait avec les recrues levées pour le roi.

— Il ne me reste plus qu'une chose à te dire, ajouta

(1) Shakspeare. *Henry V*.

Burley, voyant qu'il avait produit sur l'esprit de Morton l'impression qu'il désirait; c'est que cette circonstance ne t'a pas été cachée plus long-temps qu'à moi-même, car ce n'est qu'aujourd'hui que ces papiers m'ont été remis. Tu vois donc que tu peux aller avec joie devant Glascow et y travailler au grand œuvre de la rédemption du peuple : tu es bien assuré qu'il ne peut arriver rien de fâcheux en ton absence à tes amis du parti des méchans, puisque le château est approvisionné et que je n'aurai plus une force suffisante pour tenter de le prendre d'assaut ; d'ailleurs les ordres du conseil sont de me borner à un blocus.

— Mais, dit Morton, qui éprouvait une répugnance invincible à s'éloigner de Tillietudlem, pourquoi ne pas me charger de commander le blocus ? Pourquoi ne marchez-vous pas vous-même à Glascow ? cette mission est sans contredit la plus importante et la plus honorable.

— Et c'est pour cela que j'ai travaillé à en faire charger le fils de Silas Morton. Je me fais vieux, et ces cheveux blancs ont assez de l'honneur qu'on achète au prix du danger. Je ne veux pas parler de cette bulle d'air que les hommes appellent gloire terrestre, mais de cet honneur réservé à celui qui ne travaille pas négligemment. Ta carrière est à peine ouverte. Tu as encore à prouver que tu es digne de la confiance que les chefs de l'armée t'ont témoignée. Tu n'as point pris part à l'affaire de Loudon-Hill ; tu étais captif. Ici j'ai été chargé de l'attaque la plus dangereuse, et tu n'as combattu qu'à couvert. Si tu restais maintenant dans l'inaction devant de vieilles murailles, tandis qu'un service actif t'appelle ailleurs, toute l'armée proclamerait le fils de Silas Morton dégénéré de son père.

Morton, gentilhomme et soldat, piqué par cette dernière réflexion, consentit, sans réfléchir davantage, à l'arrangement proposé. Il ne pouvait cependant se défendre d'un sentiment de défiance, et il était trop franc pour le dissimuler.

— Monsieur Balfour, dit-il, entendons-nous bien. Vous n'avez pas cru au-dessous de vous de donner quelque attention à mes affections particulières; permettez-moi de vous apprendre que j'y suis aussi constamment attaché qu'à mes principes politiques. Il est possible que pendant mon absence vous trouviez l'occasion de servir ou de blesser ces affections; soyez bien assuré que, quelles que puissent être les suites de notre entreprise, votre conduite en cette occasion vous assurera ma reconnaissance éternelle, ou mon ressentiment implacable; et, quelles que soient ma jeunesse et mon inexpérience, je saurai trouver des amis qui m'aideront à prouver l'une ou l'autre.

— Est-ce une menace? dit Burley d'un air froid et hautain, vous auriez pu me l'épargner. Je sais apprécier le zèle de mes amis; quant aux menaces de mes ennemis, je les méprise du plus profond de mon cœur : mais je ne veux point trouver ici aucun motif d'offense. Allez remplir la mission qui vous est confiée : quoi qu'il puisse arriver ici pendant votre absence, j'aurai pour vos désirs toute la déférence qui sera compatible avec la soumission due aux ordres d'un maître qui n'en reconnaît aucun.

Morton fut obligé de se contenter de cette promesse un peu ambiguë.

— Si nous sommes battus, pensa-t-il, le château sera secouru avant d'être obligé de se rendre à discrétion. Si nous sommes vainqueurs, je vois, d'après la force du parti modéré, que ma voix aura autant de crédit que celle de Burley pour déterminer ce qu'il faudra faire.

En se rapprochant du lieu où se tenait le conseil, Morton et Burley entendirent Kettledrummle qui ajoutait *quelques mots* d'explication à une longue harangue.

Quand il eut fini, Morton déclara qu'il consentait à suivre le principal corps d'armée destiné à marcher sur Glascow. On lui nomma des collègues pour partager le commandement, et les prédicateurs ne perdirent pas cette occasion de placer une exhortation *fortifiante*.

Le lendemain matin les insurgés prirent le chemin de Glascow. Notre intention n'est pas de nous appesantir sur tous les incidens de cette guerre; on peut les trouver dans l'histoire de cette époque. Il suffira de dire que lord Ross et Claverhouse, ayant appris qu'ils allaient être attaqués par une force supérieure, se retranchèrent dans le centre de la ville, résolus à y attendre les insurgés, et à ne pas leur abandonner la capitale de l'Écosse occidentale.

Les presbytériens se divisèrent en deux corps pour faire leur attaque; le premier pénétra dans la ville par le côté du collége et de l'église cathédrale, tandis que l'autre se présenta par Gallowgate, principale entrée du sud-est. Chacune de ces divisions était commandée par des chefs résolus, et l'une et l'autre déployèrent un grand courage; mais leur valeur ne put tenir contre les avantages réunis de la discipline et d'une excellente position. Ross et Claverhouse avaient placé des soldats dans toutes les maisons des rues par où devaient passer les insurgés pour arriver au cœur de la ville; ils avaient établi diverses barricades avec des chariots et des chaînes de fer; et, à mesure que les presbytériens avançaient, leurs rangs s'éclaircissaient par des décharges de mousqueterie que faisaient des ennemis invisibles, contre lesquels ils ne pouvaient se défendre. Morton et les autres chefs firent en vain mille efforts et s'exposèrent bravement pour engager leurs troupes à surmonter ces obstacles : ils les virent fléchir et reculer de toutes parts.

Morton fut un des derniers à se retirer; il maintint l'ordre dans la retraite, parvint à rallier quelques uns des fuyards, avec lesquels il contint des détachemens ennemis qui commençaient à les poursuivre. Cependant il eut le vif déplaisir d'entendre quelques uns des soldats qui avaient fui les premiers dire que la cause de cet échec était qu'on avait mis à leur tête un jeune homme qui n'était pas éclairé d'inspirations célestes, et qui n'avait que des idées mondaines, au lieu que, si le fidèle et vertueux Burley les avait conduits, ils auraient triomphé, comme à l'attaque des barricades de Tillietudlem.

Dans l'enthousiasme de son émulation, Morton avait peine à contraindre sa bouillante colère en entendant de tels reproches sortir de la bouche de ceux qui avaient été découragés les premiers; mais il n'en sentit que mieux que, se trouvant engagé dans cette entreprise périlleuse, il n'avait d'autre ressource que de vaincre ou périr. — Je ne puis reculer, pensa-t-il; forçons tout le monde, même Edith, même le major Bellenden, à convenir du moins que le courage de Morton, qu'ils traitent de rebelle, n'est pas indigne de celui de son père.

Il régnait si peu de discipline dans l'armée, et elle se trouvait, après cette retraite, dans un tel état de désorganisation, que les chefs crurent prudent de s'éloigner de quelques milles de Glascow, afin d'avoir le temps d'établir dans leurs rangs autant d'ordre qu'on pouvait espérer d'en introduire. Cet échec n'empêchait pourtant pas que de nombreux renforts ne leur arrivassent à chaque instant. La nouvelle du succès de Loudon-Hill électrisait tous les esprits, et celle de l'échec qu'on venait d'essuyer n'avait pas encore eu le temps de se répandre parmi ces nouvelles recrues : il y en eut plusieurs qui s'attachèrent à la division de Morton; mais il voyait avec regret qu'il perdait tous les jours de son crédit sur ceux qui se livraient à l'exagération fanatique des covenantaires. Ses sentimens de tolérance étaient appelés indifférence pour la cause d'en haut; les précautions de prudence qu'il prenait pour la sûreté de l'armée étaient traitées de confiance impie dans les moyens humains ; enfin on lui préférait les chefs en qui un zèle aveugle suppléait aux connaissances militaires, et qui dispensaient leurs soldats de discipline et de subordination, pourvu qu'ils eussent des sentimens exagérés et un enthousiasme féroce.

Morton supportait cependant le principal fardeau du commandement ; car ses collègues, sachant que la tâche de rétablir l'ordre et la discipline dans une armée n'est pas la fonction qui rend un chef plus agréable à ses soldats, la lui abandonnaient volontiers. Il eut donc à vaincre bien des obstacles ; cependant il fit de tels efforts, qu'il parvint en trois jours à remettre ses troupes sur un pied assez respectable, et il crut pouvoir faire une nouvelle tentative sur Glascow.

On ne peut douter que Morton n'eût le plus grand désir de se mesurer personnellement avec Claverhouse, dont il avait reçu une si cruelle injure. Ce désir devait doubler son activité ; mais Claverhouse le trompa dans cette espérance, car, satisfait d'avoir eu l'avantage dans une première attaque, il ne voulut pas en risquer une seconde, dans laquelle les insurgés apporteraient de plus grandes forces et plus de discipline ; il évacua la place, et se retira à Édimbourg. Les insurgés entrèrent donc sans résistance dans Glascow. Mais, quoique Morton eût manqué ainsi l'occasion de laver l'affront qui avait été fait à la première division de l'armée covenantaire, la retraite de Claverhouse et la prise de Glascow firent accourir une foule de nouveaux soldats dans les rangs des presbytériens, et ranimèrent leur courage. Il fallut nommer de nouveaux officiers, organiser de nouveaux régimens et de nouveaux escadrons, les habituer à la discipline, et Henry Morton fut encore chargé de cette commission. Il s'en acquitta volontiers et avec habileté, parce que son père lui avait appris de bonne heure la théorie de l'art militaire, et il voyait d'ailleurs que s'il n'exécutait pas cette tâche importante, aucun des autres chefs n'avait la volonté de le remplacer, ni les connaissances nécessaires pour la remplir.

Cependant la fortune paraissait vouloir favoriser les entreprises des insurgés au-delà de l'espérance des plus ardens. Le conseil privé d'Ecosse, étonné de la résistance qu'avaient provoquée ses mesures arbitraires, fut frappé de terreur, et resta incapable d'agir vivement pour dompter les rebelles. Il n'y avait que peu de troupes dans le royaume, et elles se retirèrent sur Edimbourg, comme pour former une armée destinée à protéger la métropole. Les vassaux de la couronne furent sommés de se mettre en campagne, et de s'acquitter envers le roi du service militaire qu'ils lui devaient à cause de leurs fiefs. Mais cette sommation ne fut pas écoutée favorablement. La guerre n'était pas en général populaire parmi la noblesse, et ceux qui étaient disposés à prendre les armes en étaient détournés par la répugnance de leurs femmes, de leurs mères et de leurs sœurs.

En attendant, la nouvelle de la révolte était arrivée à la cour d'Angleterre. On fut surpris que le gouvernement établi en Ecosse n'eût pas su l'étouffer dès sa naissance; on douta de sa capacité; on commença à croire que le système de sévérité qu'il avait adopté n'était pas fait pour ramener les esprits; on résolut donc de nommer au commandement général de l'armée d'Ecosse le duc de Monmouth, qui, par son mariage, avait acquis beaucoup d'influence dans le sud de ce pays. La science militaire, dont il avait donné plusieurs fois des preuves sur le continent, fut jugée nécessaire pour réduire les rebelles sur le champ de bataille, tandis que la douceur et la bonté de son caractère pouvaient contribuer à calmer les esprits et à leur inspirer des sentimens plus favorables au gouvernement. Le duc reçut donc une commission qui lui donnait plein pouvoir de régler les affaires d'Ecosse, et partit de Londres avec des forces nombreuses pour prendre le commandement.

CHAPITRE XXVII.

« — A Bothwell-Hill je dois courir
« Pour y vaincre ou pour y mourir. »
Ancienne ballade.

Il y eut des deux côtés une suspension d'opérations militaires pendant plusieurs jours. Le gouvernement se bornait à prendre les mesures nécessaires pour empêcher les presbytériens de marcher sur la capitale, tandis que les rebelles s'occupaient à fortifier et augmenter leur armée. Dans cette vue, ils avaient établi une espèce de camp, où ils étaient protégés contre une attaque soudaine, au milieu du parc appartenant au château ducal d'Hamilton, situation centrale, favorable pour réunir leurs renforts, et défendue par la Clyde, rivière rapide et profonde, que l'on ne pouvait traverser que sur un pont long et étroit, près du château et du village de Bothwell.

Morton y resta pendant quinze jours après l'attaque de Glascow, s'occupant activement de ses fonctions militaires. Il avait plusieurs fois reçu des nouvelles de Burley, qui lui disait seulement en termes généraux, et sans aucun détail, que le château de Tillietudlem tenait encore. Ne pouvant supporter de rester plus long-temps dans l'incertitude sur un sujet si intéressant pour lui, il résolut de faire part à ses collègues du désir qu'il avait d'aller à Milnwood pour quelques jours, afin d'y régler des affaires domestiques; ou, pour mieux dire, il prit le parti de leur déclarer sa détermination à cet égard, ne voyant nulle raison pour ne pas prendre une liberté que se permettaient tous les autres dans cette armée mal disciplinée.

Cette proposition ne fut nullement approuvée. On sentait trop combien les services de Morton étaient utiles, pour ne pas craindre d'en être privé même pendant quelques jours, et chacun reconnaissait tout bas son incapacité pour le remplacer. Ses collègues ne purent cependant lui imposer des lois plus sévères que celles auxquelles ils se soumettaient eux-mêmes, et il partit sans qu'on lui eût fait d'objections directes.

Le révérend M. Poundtext profita de cette occasion pour aller visiter son presbytère de Milnwood, et honora Morton de sa compagnie pendant tout le chemin. Le pays qu'ils avaient à parcourir s'étant déclaré en leur faveur, à l'exception de quelques barons de l'ancien parti des cavaliers, qui se tenaient soigneusement enfermés dans leurs châteaux fortifiés, ils firent leur voyage n'ayant à leur suite que le fidèle Cuddy.

Le soleil allait se coucher, quand ils arrivèrent à Milnwood, où Poundtext dit adieu à son compagnon pour se rendre à sa demeure située à un demi-mille plus loin que Tillietudlem.

Quand Morton resta seul, livré à ses pensées, avec quelle émotion il reconnut les bois, les ruisseaux et les champs qui lui avaient été si familiers! Son caractère, comme ses habitudes, ses idées, son genre de vie, avaient été entièrement changés depuis moins d'une quinzaine, et vingt jours semblaient avoir produit sur lui l'effet de vingt ans. Un jeune homme doux, sensible et romanesque, élevé dans la dépendance, soumis patiemment aux caprices d'un parent sordide et tyrannique, avait soudain été poussé, par l'excès de l'oppression et des outrages, à se mettre à la tête d'hommes armés; il se voyait engagé dans des affaires d'un intérêt public, avait des amis à exciter et des ennemis à combattre, et sentait sa destinée individuelle liée à une révolution nationale. Il semblait avoir éprouvé une transition imprévue des rêves romanesques de la jeunesse aux travaux et aux soucis de l'âge mûr; tout ce qui l'intéressait naguère était effacé de sa mémoire, excepté son attachement pour Edith; son amour même avait pris un caractère plus mâle et plus désintéressé, par le mélange et le contraste d'autres sentimens. Tout en rêvant aux particularités de ce changement soudain, aux circonstances qui en avaient été la cause et aux conséquences probables de sa nouvelle carrière, le mouvement passager d'une inquiétude naturelle fut aussitôt remplacé par l'enthousiasme d'une généreuse confiance.

— Je succomberai jeune, dit-il, si je dois succomber. Mes motifs seront mal interprétés, et mes actions condamnées par ceux dont l'approbation me flatterait le plus; mais le glaive de la liberté et du patriotisme est dans ma main; je ne succomberai point en lâche ni sans vengeance. On peut exposer mon corps au gibet, mais le jour viendra où l'infamie retombera sur la tête des oppresseurs. Je prends à témoin ce ciel dont le nom est si souvent profané dans cette guerre civile, je le prends à témoin de la pureté de mes intentions!

Arrivé à Milnwood, Henry frappa à la porte de son oncle; mais ce n'était plus avec la timidité d'un jeune homme craintif, qui est tourmenté du sentiment pénible de sa dépendance; la maison retentit des coups redoublés du marteau, et Alison, accourant aussitôt et entr'ouvrant la porte avec précaution, recula d'effroi en voyant l'habit militaire d'Henry et le panache qui flottait sur son chapeau.

— Où est mon oncle, Alison? dit Morton en souriant de ses alarmes.

— Bon Dieu! monsieur Henry, est-ce bien vous? Cela n'est pas possible! Vous me semblez grandi depuis quinze jours; vous avez tout-à-fait l'air d'un homme, à présent!

— C'est pourtant moi-même, Aylie: c'est sans doute mon habit qui me fait paraître plus grand à vos yeux, et nous vivons dans un temps qui change promptement les enfans en hommes.

— Oh! le malheureux temps, monsieur Henry! Pourquoi faut-il que vous vous en soyez ressenti? mais qui pouvait l'empêcher? — Au surplus, vous n'étiez pas trop bien traité ici; et, comme je l'ai dit bien des fois à votre oncle, marchez sur un ver, il se redresse.

— Vous avez toujours pris ma défense, Alison, et vous vouliez avoir seule le droit de me gronder. — Mais où est mon oncle?

— A Édimbourg. Il y est allé avec tout ce qu'il a pu emporter, croyant qu'il y serait plus en sûreté qu'ici. Mais vous connaissez le laird aussi bien que moi.

— J'espère que sa santé n'a pas souffert?

— Ni sa santé ni ses biens. Nous nous sommes conservés comme nous avons pu; et quoique les soldats de Tillietudlem nous aient pris la vache rouge et la vieille Kakie (vous vous en souvenez), ils nous cédèrent un bon marché de quatre autres, qu'ils conduisirent au château.

— Vous céder un bon marché! reprit Morton; que voulez-vous dire?

— Oui, répondit la ménagère de Milnwood: les dragons allaient de tous côtés chercher des provisions pour la garnison; mais ils faisaient leur vieux métier, allant et venant pour acheter et revendre, comme de vrais voleurs de bestiaux de l'ouest. Oh! ma foi! le major Bellenden n'a eu que la plus petite part de tout ce qu'ils ont pris en son nom.

— Mais le château doit donc manquer de provisions?

— Oh! il en manque, il n'y a pas de doute.

— Burley m'a trompé! s'écria vivement Henry éclairé comme d'une clarté soudaine: sa conscience lui permet la ruse aussi bien que la cruauté. — Je ne puis rester plus long-temps, mistress Wilson, il faut que je parte à l'instant.

— Quoi! monsieur Henry, dit la bonne femme de charge, vous n'entrerez pas pour manger un morceau? Vous savez que j'ai toujours quelque chose en réserve.

— Impossible! dit Morton. Cuddy, sellez nos chevaux.

— Ils commencent à manger l'avoine, répondit Cuddy.

— Cuddy! s'écria Alison. Quoi! vous avez pris avec vous ce porte-malheur? C'est lui, avec sa mendiante de mère, qui a été la première cause de tout le mal qui nous est arrivé ici!

— Allons, mistress, allons, dit Cuddy, il faut savoir oublier et pardonner. Ma mère est avec sa sœur, ainsi elle ne vous tourmentera pas davantage; moi, je suis le valet du capitaine, et je me flatte que depuis que j'en ai soin, il n'a pas moins bonne mine que lorsque vous en étiez chargée : l'avez-vous jamais vu si bien?

— En honneur et en conscience, dit la bonne Alison en jetant un regard de complaisance sur son jeune maître, il a tout-à-fait bonne tournure... Oh! jamais vous n'avez eu une si belle cravate à Milnwood! Ce n'est pas moi qui l'ai ourlée!

— Non, non, dit Cuddy; elle est de ma façon : elle vient de lord Evandale.

— De lord Evandale? de celui que les whigs doivent pendre demain matin?

— Pendre lord Evandale! s'écria Morton vivement agité.

— Cela est bien sûr, dit Alison. La nuit dernière il a fait une... comment dit-on? une sortie[1], je crois, avec ses

(1) Il y a ici dans le texte un de ces calembourgs intraduisibles que l'auteur met quelquefois dans la bouche de ses personnages secondaires, et qui sont caractéristiques de la *phraséologie* populaire en Ecosse. Une *sortie* se dit en anglais *sally*. Ce mot est aussi un synonyme familier du nom de femme

dragons, pour tâcher de se procurer des vivres; mais les soldats ont été repoussés, et lui a été fait prisonnier. Si bien que Burley, le capitaine whig, a fait dresser une potence, et a juré (ou il a dit sur sa conscience, car les whigs ne jurent pas) que si le château ne se rendait pas demain matin au point du jour, lord Evandale serait pendu aussi haut que l'Aman de la Bible. — Mais allons, monsieur Henry, entrez; il ne faut pas que cela vous empêche de dîner.

— Qu'ils aient mangé ou non, sellez les chevaux! pas un instant à perdre, Cuddy.

Et, résistant à toutes les instances d'Alison, ils se remirent en route à l'instant.

Morton ne manqua pas de s'arrêter chez Poundtext, et l'engagea à se rendre au camp avec lui.

Le vénérable ministre avait repris pour un instant ses habitudes pacifiques. Une pipe à la bouche, une pinte de bière devant lui, il était appuyé sur une table, feuilletant un ancien traité de théologie. Il n'était pas très disposé à quitter ce qu'il appelait ses études, pour se remettre en route aux approches de la nuit, déjà fatigué du voyage qu'il avait fait; mais quand il eut appris ce dont il s'agissait, il renonça, quoiqu'en gémissant, au projet qu'il avait formé de passer chez lui une soirée tranquille. Comme Morton, il pensa que quoiqu'il pût convenir aux vues particulières de Burley de rendre impossible une réconciliation entre les presbytériens et le gouvernement en mettant à mort lord Evandale, l'intérêt du parti modéré était diamétralement opposé à cette mesure. D'ailleurs, pour rendre justice à Poundtext, il ne s'était jamais montré partisan des mesures outrées, ni d'aucun acte de violence qui ne parût autorisé par la nécessité. Il

---

Sarah. «Je m'étonne, ajoute mistress Wilson, qu'on donne des noms chrétiens à des actions si peu chrétiennes.» — Ed.

écouta donc avec beaucoup de complaisance les raisonnemens par lesquels Morton chercha à lui démontrer la possibilité de voir lord Evandale devenir le médiateur de la paix à des conditions très raisonnables, et il entra entièrement dans tous ses projets.

Il était onze heures du soir quand ils arrivèrent avec les mêmes vues de conciliation dans un hameau situé près du château de Tillietudlem, où Burley avait établi son quartier-général. Une sentinelle les arrêta à l'entrée; mais, s'étant nommés et fait reconnaître, ils se firent conduire à la maison qu'occupait Burley. Ils passèrent devant une masure, dont un poste assez nombreux gardait la porte, près de laquelle on avait dressé un gibet très élevé qu'on pouvait apercevoir des tours du château. Cette vue confirma le rapport de mistress Wilson, et les porta à croire que c'était là que lord Evandale était détenu. Morton se fit indiquer sans retard le quartier de Balfour. Poundtext et lui le trouvèrent lisant l'Ecriture avec ses armes placées près de lui, pour pouvoir les prendre à la première alarme. Dès qu'il vit entrer ses deux collègues, il se leva précipitamment d'un air de surprise.

— Qui vous amène ici? s'écria-t-il; apportez-vous de mauvaises nouvelles de l'armée?

— Non, répondit Morton, mais nous apprenons qu'il se passe ici des choses qui pourraient compromettre sa sûreté. Lord Evandale est prisonnier.

— Le Seigneur l'a livré entre nos mains.

— Et votre dessein est-il d'user de l'avantage que le ciel vous a accordé, pour déshonorer notre cause aux yeux de toute la nation, en condamnant un prisonnier à une mort ignominieuse?

— Si le château de Tillietudlem n'est pas rendu demain à la pointe du jour, répondit Burley, que je périsse s'il ne meurt du supplice que son chef et son patron, John Grahame de Claverhouse, a fait subir à tant de saints du Seigneur,

— Nous avons pris les armes, dit Morton, pour mettre fin à ces cruautés, et non pour les imiter, encore moins pour venger sur l'innocent les fautes du coupable. Quelle loi peut justifier l'atrocité que vous voulez commettre?

— Tu l'ignores? répondit Burley; demande-le à ton compagnon : c'est celle qui livra au glaive de Josué, fils de Nun, les habitans de Jéricho.

— Nous vivons sous une meilleure loi, dit le ministre. Elle nous ordonne de rendre le bien pour le mal, et de prier pour ceux qui nous persécutent.

— C'est-à-dire, reprit Burley en le regardant de travers, que ta vieillesse est d'accord avec la fougue de ce jeune homme, pour me contrarier en cette occasion.

— Nous avons tous, repartit Poundtext, la même autorité que toi sur cette armée, et nous ne souffrirons pas que tu fasses tomber un cheveu de la tête du prisonnier. Qui sait si Dieu n'en fera pas un instrument pour guérir les plaies d'Israël?

— Je prévoyais que cela en viendrait là, s'écria Burley, lorsqu'on a appelé au conseil des gens comme toi.

— Des gens comme moi! répéta le ministre : et qui suis-je donc pour que tu oses me parler ainsi? n'ai-je pas préservé pendant trente ans mon troupeau de la fureur des loups, pendant que Balfour combattait dans les rangs des incirconcis, étant lui-même un Philistin au front farouche et à la main sanglante? Qui suis-je, as-tu demandé?

— Je vais te le dire, puisque tu veux le savoir, reprit Burley. Tu es un de ces hommes qui veulent récolter où ils n'ont pas semé; partager les dépouilles sans avoir pris part au combat; qui suivent l'Évangile pour avoir leur part des pains et des poissons [1], qui aimeraient mieux leur

---

(1) Allusion à un miracle du Nouveau Testament. — T<small>R</small>.

mense que l'Église de Dieu, et qui enfin préfèrent être salariés par les païens plutôt que d'imiter la noble conduite de ceux qui ont tout abandonné pour se dévouer au Covenant.

— Je te dirai aussi, John Balfour, qui tu es, s'écria Poundtext vivement irrité. — Tu es un de ces hommes sans pitié dont les intentions sanguinaires sont la honte de l'Église souffrante de ce malheureux royaume ; un homme dont la violence et les cruautés empêcheront la Providence d'accorder à notre sainte entreprise le succès désiré.

— Messieurs, dit Morton, je vous en supplie, mettez fin à de semblables discours ; et vous, Balfour, veuillez nous dire si votre intention est bien décidément d'ordonner la mort de lord Evandale, tandis que sa mise en liberté nous paraît une mesure utile au bien général du pays.

— Vous êtes ici deux contre un, s'écria Burley, mais je présume que vous ne refuserez pas d'attendre que le conseil entier soit réuni pour prendre une détermination sur cette affaire.

— Nous ne nous y refuserions pas, dit Morton, si nous pouvions avoir confiance en celui sous l'influence duquel il se trouve ; mais vous savez, ajouta-t-il en le regardant fixement, que vous m'avez déjà trompé relativement à la situation du château.

— Va, dit Burley d'un air de dédain, tu n'es qu'un jeune insensé qui, pour les yeux noirs d'une fille, vendrais ta foi, ton honneur, la cause de ta patrie et celle de Dieu.

— M. Balfour, s'écria Morton en portant la main à son épée, de tels propos exigent une satisfaction.

— Et tu l'auras quand tu voudras, jeune homme, répondit Burley.

Poundtext, à son tour, s'interposa entre eux ; et, leur ayant remontré les suites fâcheuses qu'une telle division pouvait entraîner pour leur cause, il parvint à opérer une espèce de réconciliation farouche.

— Hé bien, dit Burley, faites du prisonnier ce que vous voudrez, je m'en lave les mains, et je ne réponds pas de ce qui peut s'ensuivre. C'est moi qui l'ai fait prisonnier, avec ma lance et mon épée, pendant que vous, M. Morton, vous passiez des revues ou vous faisiez des parades; et pendant que vous, M. Poundtext, vous faisiez des sermons pour convertir les Écritures en érastianisme. N'importe, je le répète, faites-en ce que vous voudrez. — Dingwal, dit-il en appelant un officier qui remplissait près de lui les fonctions d'aide-de-camp, et qui couchait dans l'appartement voisin du sien, — dites à la garde chargée de veiller sur le prisonnier de céder son poste à ceux que le capitaine Morton choisira pour la relever. — Le prisonnier est à votre disposition, messieurs; mais souvenez-vous qu'un jour viendra où vous aurez à rendre un compte terrible de toutes ces choses.

En parlant ainsi il leur tourna le dos et entra brusquement dans un second appartement, sans leur dire adieu.

Ses deux collègues, après un moment de réflexion, jugèrent que la prudence exigeait qu'ils assurassent la vie du prisonnier, en plaçant près de lui une garde sur la fidélité de laquelle ils pussent compter. Un certain nombre de paroissiens de Poundtext étaient restés avec Burley, afin de s'éloigner le plus tard possible de leurs familles: c'étaient des jeunes gens actifs, appelés communément par leurs camarades les tireurs de Milnwood. Se rendant au désir de Morton, quatre d'entre eux acceptèrent les fonctions de sentinelles, et avec eux Morton laissa Headrigg, sur la fidélité duquel il pouvait compter, en lui recommandant de l'appeler s'il survenait quelque chose d'extraordinaire.

Ayant pris ces dispositions, Morton et Poundtext se logèrent comme ils purent pour la nuit dans ce misérable hameau. Ils ne songèrent cependant à goûter quelque repos qu'après avoir rédigé de concert un mémoire contenant les demandes des presbytériens modérés. La principale était d'obtenir la tolérance de leur religion, la permission d'avoir des ministres de leur croyance, et d'écouter leurs instructions dans leurs églises, enfin une amnistie générale pour tous ceux qui avaient porté les armes pour cette cause. Ce n'était à leur avis que demander le libre exercice des droits naturels des Écossais, et ils se flattaient de trouver, jusque parmi les royalistes les plus zélés, des avocats pour une concession qui ferait tomber les armes des mains d'une grande partie des insurgés, et qui ne laisserait aux autres aucun motif raisonnable pour les conserver.

Morton espérait d'autant plus que cette ouverture de paix serait favorablement accueillie par le duc de Montmouth, à qui Charles II venait de confier le commandement de l'Écosse, que ce prince était d'un caractère doux, humain et conciliant. On savait qu'il n'apportait point en ce pays un esprit de vengeance, ni même des dispositions défavorables aux presbytériens; et il disait hautement qu'il aspirait à la gloire de pacifier l'Écosse, plutôt qu'à celle de la subjuguer.

Il semblait donc à Morton que la seule chose nécessaire pour l'intéresser en leur faveur, et en obtenir des conditions de paix équitables, était de pouvoir lui en faire porter la proposition par un homme considéré, et non suspect de favoriser les presbytériens; et lord Evandale lui paraissait devoir parfaitement remplir cette mission pacifique. Il résolut de le voir le lendemain matin, et de s'assurer s'il voudrait se charger du rôle de médiateur; mais un évènement imprévu lui fit accélérer l'exécution de son projet.

CHAPITRE XXVIII.

« Rendez votre maison, madame,
« Rendez votre maison à moi. »
EDOM DE GORDON.

MORTON venait de mettre au net le projet des conditions de paix qu'il avait arrêté avec Poundtext, et il allait prendre quelques instans de repos, quand il entendit frapper à la porte.

— Entrez, dit-il; et au même instant Cuddy Headrigg, entr'ouvrant la porte, passa sa grosse tête dans la chambre.

— Entrez donc, répéta Morton. Que me voulez-vous? Y a-t-il quelque sujet d'alarme?

— Non, M. Henry, mais je vous amène quelqu'un qui désire vous parler.

— Et qui donc, Cuddy?

— Une de vos anciennes connaissances. Et, ouvrant tout-à-fait la porte, il fit avancer une femme dont la figure était cachée par son plaid. — Venez, venez : faut-il être honteuse ainsi? on dirait que vous ne connaissez pas M. Henry. En même temps, tirant son plaid, il fit voir à son maître les traits de Jenny Dennison, que celui-ci reconnut aussitôt. — Hé bien, mistress, parlez donc : dites à M. Henry ce que vous vouliez dire à lord Evandale.

— Qu'est-ce que je voulais dire à M. Morton, répondit Jenny, lorsque j'allai le visiter quand il était prisonnier au château? Ne peut-on pas désirer de voir ses amis dans l'affliction, sans avoir rien de particulier à leur dire, gros mangeur de soupe?

Jenny fit cette réplique avec sa volubilité ordinaire; mais la voix lui manquait, ses joues étaient pâles, des pleurs roulaient dans ses yeux, ses mains tremblaient, et toute sa personne offrait des marques d'une agitation extraordinaire.

— Qu'avez-vous donc, Jenny? en quoi puis-je vous servir? Je n'ai pas oublié que je vous ai plus d'une obligation; et, s'il m'est possible de vous être utile, vous ne devez pas craindre un refus.

— Grand merci, M. Morton; je sais que vous avez toujours été compatissant, quoiqu'on dise que vous êtes bien changé maintenant.

— Et que dit-on de moi, Jenny?

— On dit que vous et les presbytériens vous avez juré de renverser le roi Charles de son trône, et que ni lui ni ses descendans, de génération en génération, ne s'y rassiéront jamais; et John Gudyil ajoute que vous détruirez les orgues des églises, et que vous ferez brûler par la main du bourreau le livre des bons protestans, comme on brûla le *Covenant* au retour du roi.

— Mes amis de Tillietudlem se pressent trop de me mal juger, répondit Morton. Je ne demande que la liberté de conscience pour nous, sans vouloir la ravir aux autres. Quant aux habitans du château, tout mon désir est de trouver l'occasion de leur prouver que j'ai toujours pour eux les mêmes sentimens, la même amitié.

— Dieu vous récompense de parler ainsi! dit Jenny en fondant en larmes; mais ils n'auront bientôt plus besoin de l'amitié de personne, car ils meurent de faim, faute de provisions.

— Serait-il possible? s'écria Morton. Je croyais bien qu'on n'y était pas dans l'abondance, mais non dans la famine! Est-il possible? Les dames et le major...?

— Ont souffert tout comme nous, répondit Jenny; ils ont partagé avec nous jusqu'au dernier morceau. Oh! mes pauvres yeux voient cinquante couleurs tant je me sens faible, et j'ai la tête si pleine de vertiges que je ne puis me tenir sur mes jambes.

La maigreur des joues de la pauvre fille prouvait qu'elle n'exagérait pas.

— Asseyez-vous! s'écria Morton en la forçant à prendre la seule chaise qui se trouvât dans le lieu où ils étaient. Et parcourant la chambre à grands pas comme hors de lui-même : Aurais-je pu le croire? s'écria-t-il. — Cœur froid! fanatique cruel, lâche menteur! Cuddy, allez chercher des alimens, du vin, tout ce que vous pourrez trouver.

— Du vin? dit Cuddy entre ses dents : un verre de whisky sera assez bon pour elle. On n'aurait pas cru qu'il y eût au château une telle disette de provisions, à la voir me jeter sur la tête des marmites de soupe bouillante.

Quelque faible et quelque chagrine que fût Jenny, elle ne put s'empêcher de rire de cette allusion à son exploit, mais sa faiblesse transforma presque aussitôt ce rire en un ricanement convulsif. — Accablé de son état et réfléchissant avec horreur à l'extrême détresse de ceux qui habitaient le château, Morton réitéra ses ordres à Headrigg, d'un ton qui n'admettait pas de réplique; et quand il fut parti : — Je présume, dit-il à Jenny, que c'est par ordre de votre maîtresse que vous êtes venue ici pour tâcher de voir lord Evandale? Que désire-t-elle? ses souhaits seront des ordres pour moi.

Jenny parut réfléchir un instant : — Vous êtes un si ancien ami, M. Morton, lui dit-elle enfin, qu'il faut que j'aie confiance en vous et que je vous dise la vérité.

— Soyez bien sûre, Jenny, dit Morton, voyant qu'elle hésitait encore, que le meilleur moyen de servir votre maîtresse est de me parler avec franchise.

— Hé bien donc, lui dit-elle, vous savez déjà que nous mourons de faim depuis huit jours. Le major jure tous les matins qu'il attend du secours dans la journée, et qu'il ne rendra le château qu'après avoir mangé ses vieilles bottes, et vous devez vous souvenir que les semelles en sont épaisses. Les dragons, après la vie qu'ils ont été si long-temps accoutumés à mener, ne se soucient pas de jeûner, encore moins de mourir de faim. Depuis que lord Evandale est prisonnier, ils n'écoutent plus personne, et je sais qu'Inglis a le projet de livrer le château à Burley, avec les dames et le major par-dessus le marché, s'il peut obtenir la vie sauve pour lui et pour ses soldats.

— Les coquins! s'écria Morton : et pourquoi n'en demandaient-ils pas autant pour tous ceux qui sont dans le château?

— C'est qu'ils ont peur de ne pas même obtenir quartier pour eux-mêmes, tant ils ont fait de mal dans le pays. Burley en a déjà fait pendre un ou deux. — De sorte qu'ils songent à tirer leurs têtes du collier aux dépens des honnêtes gens.

— Et vous veniez faire part à lord Evandale de cette fâcheuse nouvelle?

— Oui, M. Henry. Holliday m'a tout conté, et m'a aidée à sortir du château pour que je vinsse en informer lord Evandale, si je pouvais réussir à le voir.

— Mais que peut-il pour vous, étant prisonnier?

— Cela est vrai... Mais il peut faire des conditions pour nous... Il peut nous donner quelques bons avis... Il peut envoyer des ordres à ses dragons... Il peut...

— S'évader de prison, dit Morton en souriant, si vous trouvez la possibilité de lui en faciliter les moyens.

— Quand cela serait, dit Jenny avec fermeté, ce ne serait pas la première fois que j'aurais tâché d'être utile à un malheureux prisonnier.

— Je le sais, Jenny : je ne me pardonnerais pas de l'avoir oublié. Mais voici Cuddy qui arrive avec des rafraîchissemens. Prenez quelque nourriture, et je me charge de votre commission pour lord Evandale.

— Il faut que vous sachiez, M. Henry, dit Cuddy en arrivant, que cette maligne pièce, cette Jenny Dennison, cherchait à gagner Tom Rand, le garçon meunier, qui est de faction à la porte de lord Evandale, pour obtenir la permission de le voir, mais elle ne savait pas que j'étais derrière ses talons.

— Et vous m'avez fait une fière peur quand vous m'avez arrêtée, dit Jenny en lui donnant une chiquenaude sur l'oreille : si vous n'aviez pas été une vieille connaissance, mauvais sujet...

Cuddy, un peu radouci, regarda en souriant sa rusée maîtresse, pendant que Morton prit son épée sous le bras, et, s'enveloppant de son manteau, se rendit à la maison où lord Evandale était détenu.

— Y a-t-il du nouveau? demanda-t-il aux sentinelles en arrivant.

— Rien d'extraordinaire, dit l'un d'eux, si ce n'est la jeune fille que Cuddy a arrêtée, et deux messagers que Burley vient d'envoyer à Kettledrummle et à Macbriar, qui battent leur tambour d'église [1] depuis cet endroit-ci jusqu'à Hamilton.

— C'est sans doute, dit Morton en affectant un air d'indifférence, pour les engager à revenir au camp.

— C'est ce qu'on m'a dit, répondit la sentinelle, qui avait causé avec les messagers.

— Burley, pensa Morton en lui-même, veut s'assurer la majorité dans le conseil, afin de faire sanctionner tous les actes de cruauté qu'il lui plaira de commettre. Allons, il me faut me hâter, ou l'occasion est perdue.

En entrant dans la chambre où l'on avait mis lord Evandale, il le trouva chargé de fers, et couché sur un lit de bourre. Evandale se souleva dès qu'il entendit entrer Morton, et offrit à ses yeux des traits tellement changés par la perte de sang que lui avaient causée ses blessures, et par le défaut de nourriture et de sommeil, qu'on aurait

---

[1] C'est-à-dire, qui prêchent. Le tambour de l'église pour la prédication est une expression du poème d'Hudibras. *Pulpit Drum ecclesiastical.* — Ed.

eu peine à reconnaître en lui le jeune officier plein de vigueur et de santé qui avait si vaillamment combattu à l'affaire de Loudon-Hill. Une lampe éclairait sa chambre : il reconnut Morton, et témoigna quelque surprise.

— Je suis désespéré de vous voir ainsi, milord, lui dit Henry.

— On dit, M. Morton, répondit le prisonnier, que vous aimez la poésie : en ce cas vous devez vous rappeler ces vers :

> De lourds verrous et des murs bien épais
> Rendent-ils seuls un cachot redoutable ?
> Pour le captif que l'injustice accable,
> C'est l'ermitage où son âme est en paix.

Au surplus, quand mon emprisonnement paraîtrait plus insupportable, c'est un mal bien court, puisque je dois en être délivré demain matin.

— Par la mort? s'écria Henry.

— Sans doute. Je n'ai pas d'autre espérance. Votre collègue Burley me l'a fait annoncer ; et, comme il a déjà trempé ses mains dans le sang de plusieurs de mes soldats dont l'obscurité devait être la sauvegarde, moi qui n'ai pas les mêmes droits à sa clémence, je ne dois pas croire qu'il veuille épargner mes jours.

— Mais le major Bellenden peut rendre le château pour vous sauver la vie.

— Il n'en fera rien tant qu'il aura un homme pour défendre la place, et qu'il pourra lui donner de quoi l'empêcher de mourir de faim. Je connais sa résolution à cet égard ; elle est digne de lui, et je serais fâché qu'il en changeât à cause de moi.

Morton se hâta alors de l'informer de l'insubordination des dragons, et de leur projet de livrer à l'ennemi le château, le major et les dames.

Lord Evandale pouvait à peine le croire. Revenu de sa

surprise, il parut vivement affecté. — Que faire? dit-il; comment prévenir un tel malheur?

— Écoutez-moi, milord, dit Morton; j'ai cru que vous vous chargeriez sans répugnance d'être porteur de la branche d'olivier entre notre maître, le roi Charles II, et cette partie de ses sujets à qui la nécessité et non l'amour de la révolte a mis les armes à la main.

— Vous rendez justice à mes sentimens; mais à quoi tend ce discours?

— Permettez-moi de continuer, milord. Je vais vous faire mettre en liberté sur-le-champ, et vous renvoyer au château, sous condition qu'il me sera rendu à l'instant même. En agissant ainsi, vous ne ferez que céder à la nécessité. Comment pourriez-vous le défendre plus long-temps, sans vivres, et avec une garnison insubordonnée? Vous aurez un sauf-conduit pour vous et pour tous ceux qui voudront vous suivre, pour vous rendre soit à Edimbourg, soit partout où se trouvera le duc de Monmouth. Ceux qui refuseront de vous accompagner n'auront à accuser qu'eux-mêmes du sort qui pourra les atteindre. La seule chose que j'exige de vous, c'est votre parole de présenter au duc cette humble pétition qui contient nos justes remontrances; et si l'on nous accorde ce que nous demandons, je réponds sur ma tête que la presque totalité des insurgés mettra bas les armes sur-le-champ.

— M. Morton, dit lord Evandale après avoir lu avec attention l'écrit qu'il venait de recevoir, je ne vois pas qu'on puisse faire de sérieuses objections contre de pareilles demandes. Je crois même qu'elles sont conformes aux sentimens particuliers du duc de Monmouth. Mais je dois vous parler avec franchise. Je vous dirai donc que je ne crois pas qu'elles vous soient accordées, à moins que vous ne commenciez par déposer les armes.

— Ce serait convenir que nous n'avions pas le droit de

les prendre, répliqua Morton; c'est ce que nous ne ferons jamais.

— Hé bien, dit lord Evandale, je prévois que c'est contre cet écueil qu'échouera la négociation. Au surplus, vous ayant dit franchement mon opinion, je n'en suis pas moins disposé à présenter vos demandes, et à faire tous mes efforts pour amener une réconciliation.

— C'est tout ce que je désire de vous, dit Morton; vous acceptez donc le sauf-conduit?

— Oui, dit lord Evandale; et si je ne m'étends pas sur la reconnaissance que je dois à celui qui me sauve la vie une seconde fois, croyez que je ne la sens pas moins vivement.

— Vous n'oubliez pas que le château doit être rendu à l'instant?

— J'en vois la nécessité. Le major ne pourra réduire les mutins à l'obéissance, et je frémis en songeant à ce qui pourrait arriver à ce brave vieillard, à sa sœur et à sa nièce, si on les livrait à Burley, à ce meurtrier altéré de sang.

— Vous êtes donc libre, dit Morton: préparez-vous à monter à cheval; je vais vous donner une escorte pour vous conduire en sûreté, à travers nos postes, jusqu'au château.

Laissant lord Evandale aussi surpris que charmé d'une délivrance si inattendue, Morton se hâta de faire prendre les armes à quelques hommes dont il était sûr, et de les faire monter à cheval. Jenny, parfaitement réconciliée avec Cuddy, monta en croupe derrière lui. Les pas de leurs chevaux retentirent bientôt sous les fenêtres de lord Evandale. Deux hommes qu'il ne connaissait pas entrèrent dans son appartement, détachèrent ses fers, le firent monter à cheval, et le placèrent au centre du détachement, qui prit au grand trot le chemin de Tillietudlem.

L'aurore commençait à paraître quand ils arrivèrent au

château, et les premiers rayons du jour éclairaient déjà le sommet de la vieille tour. L'escorte s'arrêta à quelque distance, pour ne pas s'exposer au feu de la place, et lord Evandale s'avança seul, suivi de Jenny. Comme ils approchaient, ils entendirent dans la cour un tumulte qui s'accordait mal avec la tranquillité qui règne ordinairement à cette heure du jour. On criait, on jurait; deux coups de pistolet se firent entendre; enfin tout annonçait que les mutins se disposaient à mettre à exécution leur complot.

Lord Evandale se nomma en arrivant au guichet. Le hasard voulut que la garde en fût confiée en ce moment à Holliday. Cet homme, qui n'avait pas oublié les bontés qu'on avait eues pour lui au château, dans le temps qu'une blessure l'y avait retenu pendant un mois, n'avait vu qu'avec répugnance le complot de ses camarades, et nous savons déjà que c'était lui qui avait conseillé à Jenny de tâcher d'en informer son officier, et qui avait facilité sa sortie de la place. Dès qu'il entendit la voix de son capitaine, il se hâta de le faire entrer, et lord Evandale parut aux yeux de ses soldats étonnés, comme un homme tombant des nues.

Les mutins avaient résolu de se rendre maîtres du château ce matin même, pour pouvoir ensuite traiter avec Burley. Ils étaient rangés d'un côté de la cour; et de l'autre, le major, Harrison, Gudyil et les habitants de Tillietudlem, se préparaient à leur résister.

L'arrivée de lord Evandale changea la scène. Il marcha droit à ses soldats, saisit Inglis par le collet, et, lui reprochant sa perfidie, ordonna à deux de ses camarades de l'arrêter et de le garrotter, leur assurant qu'une prompte obéissance était la seule chance de pardon qui leur restât. On lui obéit. Il leur commanda alors de mettre bas les armes : ils hésitèrent un moment; mais l'habitude de la discipline, et plus encore la persuasion où ils étaient que lord Evandale avait été délivré par les royalistes, et qu'il arrivait avec un renfort, les détermina encore à obéir à ses ordres.

— Prenez ces armes, dit lord Evandale à Gudyil, elles ne peuvent appartenir à des gens qui ne connaissent pas mieux l'usage pour lequel elles leur ont été confiées. — Maintenant, messieurs, continua-t-il en s'adressant aux mutins, partez, profitez des trois heures de trêve qui nous sont accordées, et prenez la route d'Edimbourg. Vous m'attendrez à House-of-Muir. Je ne vous recommande pas de ne commettre en route aucun désordre; vous êtes sans armes, et votre intérêt me garantit votre bonne conduite. Que votre promptitude à exécuter mes ordres prouve votre repentir.

Les soldats désarmés quittèrent le château en silence, prirent la route du rendez-vous qui leur était indiqué, et se pressèrent d'autant plus d'y arriver qu'ils craignaient de rencontrer quelque parti d'insurgés ou de paysans qui auraient pu aisément se venger des mauvais traitemens qu'ils en avaient si souvent reçus. Inglis, destiné à servir d'exemple, resta en prison. Holliday reçut des éloges, et eut la promesse de remplacer son caporal.

Tout cela se passa en un instant, et lord Evandale s'approcha alors du major, à qui cette scène avait paru un rêve.

— Eh bien! mon cher major, il faut rendre le château.

— Que dites-vous, milord? J'espérais, en vous voyant, que vous nous ameniez un renfort et des vivres.

— Pas un homme, pas un morceau de pain!

— Je n'en suis pas moins ravi de vous voir. Instruit hier que ces misérables avaient résolu de vous faire périr ce matin, je m'étais décidé à faire une sortie à la pointe du jour, avec toute la garnison du château, sans en excepter un seul homme, et à vous délivrer ou à périr avec vous ; mais, quand je pensais à effectuer mon projet, ce coquin d'Inglis eut la hardiesse de me déclarer que personne ne sortirait du château, et qu'il en était maintenant le seul commandant. — Qu'allons-nous donc faire ?

— Je n'ai pas même la liberté du choix, major : je suis prisonnier, relâché sur parole, et j'ai promis de me rendre à Edimbourg. Il faut que vous et vos dames preniez la même route. Grâce à la faveur d'un ami que vous connaissez, de M. Morton, j'ai un sauf-conduit ; nous avons des chevaux, ne perdons pas un seul instant. Vous ne pouvez vous proposer de défendre le château avec sept ou huit hommes, et sans provisions. Vous avez satisfait à tout ce qu'exigeaient de vous l'honneur et la loyauté ; vous avez rendu au gouvernement un service signalé, en occupant ici une portion considérable des forces des rebelles : vouloir en faire davantage serait un acte de désespoir et de témérité, sans aucun but utile. Rejoignons l'armée anglaise qui se rassemble à Édimbourg, elle ne tardera pas à marcher sur Hamilton ; et laissons les rebelles prendre pour un instant possession de Tillietudlem.

— Si telle est votre opinion, milord, dit le vétéran en poussant un profond soupir, j'y soumettrai la mienne ; je sais que vous êtes incapable de donner un avis qui ne serait pas d'accord avec l'honneur. — Gudyil, portez cette triste nouvelle à ma sœur et à ma nièce, et que chacun s'apprête à partir à l'instant. — Mais si je croyais, milord, qu'il pût être utile à la bonne cause du roi de tenir plus long-temps dans ces vieux murs, croyez que Miles Bellenden n'en sortirait que lorsqu'il n'aurait plus une goutte de sang dans les veines.

Les dames, alarmées naguère de la révolte des dragons, n'eurent pas de peine à se décider à quitter le château : les préparatifs de départ se firent à la hâte ; tout le monde monta à cheval, et la cavalcade se mit en marche pour le nord de l'Écosse, sous l'escorte de quatre cavaliers whigs.

Les autres, qui avaient accompagné lord Evandale, entrèrent dans le château pour en prendre possession sans pillage et sans aucun acte de vexation. Les premiers rayons du jour virent flotter sur le donjon de Tillietudlem le drapeau rouge et bleu du Covenant d'Écosse.

CHAPITRE XXIX.

« — Mille poignards tournés contre mon sein
« Me feraient moins de peur qu'une aiguille en sa main. »
MARLOW.

La cavalcade sortie des murs de Tillietudlem venait de dépasser les derniers postes de l'armée des insurgés, et s'avançait vers Édimbourg, après s'être arrêtée quelques momens pour prendre des rafraîchissemens, si nécessaires après avoir tant souffert de la famine. On pourrait croire que, pendant ce voyage, lord Evandale se tint constamment près de miss Edith; mais, après l'avoir saluée, l'avoir aidée à monter à cheval, et s'être assuré que rien ne lui manquait, il était allé rejoindre le major Bellenden, et formait avec lui l'arrière-garde de la petite troupe. Un cavalier, qui paraissait commander l'escorte des insurgés, enveloppé d'un grand manteau qui le cachait entièrement, et la tête couverte d'un chapeau à larges bords, surmonté d'un grand panache, s'était placé à côté de miss Bellenden, et y était resté pendant l'espace de deux milles, sans lui adresser la parole une fois.

— Miss Bellenden, dit-il enfin d'une voix tremblante et étouffée, miss Bellenden doit avoir des amis partout où elle est connue, même parmi ceux dont elle désapprouve la conduite. Est-il quelque chose qu'ils puissent faire pour lui prouver leur respect et le regret qu'ils ont des souffrances qu'elle endure?

— Dites-leur, répondit Edith, de respecter les lois, d'épargner le sang innocent; qu'ils rentrent dans le devoir, et je leur pardonne tout ce que j'ai souffert, et dix fois plus encore.

— Croyez-vous donc impossible qu'il se trouve dans nos rangs des gens qui ont sincèrement à cœur le bien de leur pays, et qui sont convaincus qu'ils remplissent le devoir d'un bon citoyen?

— Il serait imprudent, reprit miss Bellenden, de répondre à cette question, étant, comme je le suis, en votre pouvoir.

— Vous pouvez répondre en toute sûreté, je le jure sur l'honneur, dit le cavalier.

— J'ai été habituée à la franchise dès mon enfance; s'il faut que je parle, je ne vous dissimulerai pas mes sentimens. Dieu peut juger le fond des cœurs; les hommes ne peuvent apprécier les intentions de leurs semblables que par leurs actions. La révolte contre l'autorité légale, l'oppression même d'une seule famille qui, comme la mienne, n'avait pris les armes que pour défendre ses propriétés, sont des actes qui déshonorent tous ceux qui y ont pris part, quels que soient les prétextes spécieux dont ils cherchent à colorer leur conduite.

— Les horreurs de la guerre civile, les calamités qu'elle entraîne, doivent troubler la conscience des persécuteurs qui ont réduit au désespoir ceux qui n'ont pris les armes que pour la défense de la liberté civile et religieuse que les lois leur accordaient.

— C'est juger la question, et non pas la prouver. Chaque parti prétend avoir raison en principes : le tort reste donc à celui qui tire le premier l'épée, comme, dans un tumulte, la loi condamne ceux qui ont eu les premiers recours à la violence.

— Hélas! reprit le cavalier, si nous voulions nous justifier par ce principe, qu'il serait aisé de prouver que nous avons souffert avec une patience presque au-dessus des forces de l'homme, avant d'opposer enfin la résistance à l'oppression! Mais je m'aperçois, continua-t-il en soupirant, qu'il est inutile de plaider devant miss Bellenden en faveur d'une cause qu'elle a condamnée d'avance, peut-être parce que les individus qui la défendent lui sont aussi odieux que les sentimens qu'ils professent.

— Je vous ai dit librement mon opinion sur leurs principes; quant aux insurgés personnellement, je ne les connais pas... sauf peut-être une exception.

— Et cette exception a peut-être influé sur votre manière de penser relativement à tous les autres?

— Tout au contraire, il est... ou du moins j'ai cru autrefois qu'il était... il semblait être bien certainement doué de talens, de sensibilité. Puis-je approuver une rébellion qui a fait qu'un homme formé pour être l'ornement de sa patrie, pour la défendre, l'illustrer, se trouve aujourd'hui le compagnon d'ignorans fanatiques, d'hypocrites séditieux, le frère d'armes de bandits et de meurtriers? — Si jamais vous trouvez dans votre camp un homme qui ressemble à ce portrait, dites-lui qu'Edith Bellenden a versé plus de larmes sur le déshonneur dont il a couvert son nom, et sur le sacrifice qu'il a fait de ses espérances et de sa réputation, que sur les malheurs de sa propre famille; dites-lui qu'elle a souffert avec plus de courage la famine qui a creusé ses joues, que la peine de cœur que lui a causée la conduite de celui dont elle vous parle.

En parlant ainsi, Edith jeta un regard sur son interlocuteur. La chaleur avec laquelle elle s'exprimait avait animé son teint; mais la maigreur de son visage ne prouvait que trop que ses souffrances avaient été réelles. L'étranger porta vivement une main à son front avec un mouvement qui semblait tenir du désespoir, et enfonça davantage son chapeau sur sa tête, comme pour se dérober encore mieux à ses regards. Son agitation n'échappa point à Edith, et elle n'y fut pas insensible.

— Et cependant, ajouta-t-elle en balbutiant, si... celui dont je vous parle se trouvait trop affecté de l'opinion, peut-être sévère, de... d'une ancienne amie, dites-lui qu'un repentir sincère peut tenir lieu de l'innocence; quelle qu'ait été sa chute, il peut encore s'en relever; il a peut-être les moyens de réparer les maux qu'il a faits.

— Et de quelle manière? reprit l'étranger d'une voix toujours étouffée.

— En employant tous ses efforts pour rétablir la paix dans ce malheureux pays; en détestant sa trahison; en déterminant les rebelles trompés à mettre bas les armes, et à implorer la clémence d'un souverain outragé, mais généreux; enfin, en abandonnant leur parti, s'il ne peut y réussir.

— Miss Bellenden, répondit Morton en levant la tête et en écartant le manteau qui le couvrait, celui qui a perdu la place qu'il occupait dans votre estime, et qui en était si glorieux, est encore trop fier pour plaider sa cause en criminel; en voyant qu'il ne peut plus prétendre à exciter dans votre cœur l'intérêt de l'amitié, il garderait le silence sur vos reproches, s'il n'avait à invoquer le témoignage honorable de lord Evandale. Il vous dira que, même avant de vous avoir vue, tous mes vœux, tous mes efforts, ne tendaient qu'à obtenir des conditions de paix telles que le plus loyal des sujets du roi doit les désirer.

En parlant ainsi, il la salua d'un air de dignité. Le

langage d'Edith avait bien montré qu'elle connaissait celui à qui elle parlait; mais peut-être ne s'attendait-elle pas qu'il mettrait tant de chaleur dans sa justification. Elle lui rendit son salut en silence et d'un air embarrassé. Morton tourna bride, et rejoignit sa troupe, qui précédait de quelques pas le major Bellenden et lord Evandale.

— Henry Morton! s'écria le major en l'apercevant.

— Lui-même, répondit-il; Henry Morton, désespéré de voir sa conduite mal appréciée par le major Bellenden et sa famille. Il confie à lord Evandale, ajouta-t-il en saluant ce dernier, le soin de détromper ses amis, et de leur faire connaître la pureté de ses intentions. Vous êtes maintenant en sûreté, major, mon escorte vous est inutile : adieu. Mes vœux pour votre bonheur vous suivront partout. Puissions-nous nous revoir dans un temps plus tranquille et plus heureux!

— Croyez-moi, M. Morton, dit lord Evandale, votre confiance n'est pas mal placée. Je m'efforcerai de reconnaître les services importans que vous m'avez rendus, en plaçant devant les yeux du major, et de tous ceux dont l'estime vous est chère, votre caractère sous son véritable point de vue.

— Je n'en attendais pas moins de votre générosité, milord, répondit Morton.

Il appela alors ses soldats, prit avec eux la route qui conduisait à Hamilton, et bientôt on n'aperçut plus que les reflets lumineux de l'acier de leurs casques et le mouvement de leurs panaches.

Cuddy Headrigg seul resta un moment en arrière pour adresser ses derniers adieux à Jenny Dennison, qui, pendant les deux courses qu'elle avait faites ce matin avec son ancien amant, était parvenue à reprendre tout son empire sur lui.

— Adieu donc, Jenny, lui dit-il en poussant son haleine avec force pour essayer de produire un soupir ; pensez quelquefois au pauvre Cuddy, un brave garçon qui vous aime bien. Y penserez-vous de temps en temps, Jenny ?

— Sans doute ; toutes les fois que je mangerai la soupe, répondit la malicieuse soubrette, incapable de retenir sa repartie et le sourire malin qui l'accompagnait.

Cuddy se vengea comme les amans se vengent au village, comme Jenny s'attendait peut-être qu'il se vengerait. Il lui donna sur chaque joue et sur ses lèvres un gros baiser bien appliqué. Alors, mettant son cheval au galop, il alla rejoindre son maître.

— Il a le diable au corps ! dit Jenny en rajustant sa coiffure qui se trouvait un peu dérangée. Holliday n'appuie pas si fort de moitié.—Je viens, milady, je viens !— Oh mon Dieu ! la vieille dame nous aurait-elle vus ?

— Jenny, dit lady Marguerite, le jeune homme qui commandait le détachement qui vient de nous quitter n'est-il pas celui qui a été capitaine du Perroquet, et qu'on avait amené prisonnier dans mon château le matin de l'arrivée de Claverhouse ?

Jenny, charmée de voir que l'enquête ne la regardait pas personnellement, jeta promptement les yeux sur sa jeune maîtresse, pour tâcher de lire dans ses regards ce qu'elle devait répondre. N'y apercevant rien qui pût la guider, elle suivit l'instinct naturel aux soubrettes, et mentit.

— Je ne crois pas que ce soit lui, milady, répondit-elle d'un ton de confiance ; c'était un petit homme noir.

— Vous êtes donc aveugle, Jenny ? dit le major. Henry Morton est d'une belle taille, il a le teint blanc, et c'est lui qui nous quitte.

— Cela est possible, répondit-elle sans se déconcerter ; j'ai autre chose à faire que de le regarder, serait-il blanc comme une chandelle.

— Quel bonheur, dit lady Marguerite, que nous soyons hors des mains de ce fanatique forcené !

— Vous vous trompez, milady, reprit lord Evandale; personne ne doit donner ce nom à M. Morton, et nous moins que qui que ce soit. Si je vis en ce moment, si vous vous trouvez libres et en sûreté, au lieu d'être livrés à un véritable fanatique sanguinaire, c'est à lui, à lui seul, à son humanité active et énergique, que nous en sommes tous redevables.

Il fit alors le récit des évènemens que le lecteur connaît déjà, appuyant sur la générosité de Morton, et sur le danger auquel il s'était exposé lui-même pour le sauver, en excitant le ressentiment d'un scélérat tel que Burley.

— Je me regarderais comme coupable de la plus noire ingratitude, ajouta lord Evandale, si je ne rendais justice toute ma vie au caractère d'un homme à qui j'ai dû deux fois la conservation de mes jours.

— Je serais heureux d'avoir une bonne opinion d'Henry Morton, milord, dit le major, et je conviens que sa conduite envers vous et envers nous est digne d'éloges; mais il m'est impossible de lui pardonner d'avoir embrassé le parti des rebelles.

— Faites donc attention, reprit lord Evandale, que la nécessité l'a jeté dans leurs rangs; je dois même ajouter que ses principes, quoique certainement différens des miens, me paraissent cependant respectables. Claverhouse, à qui personne ne contestera le talent tout particulier qu'il a de se connaître en hommes, a reconnu en lui en peu d'instans des qualités extraordinaires; malheureusement il a mal jugé de ses opinions et de leurs motifs, et il l'a poussé à la rébellion sans le vouloir, et sans que M. Morton en eût lui-même le projet.

— Vous avez appris bien vite toutes ces bonnes qualités, milord; moi qui le connais depuis son enfance, j'aurais, avant cette affaire, rendu justice à son bon cœur, à ses connaissances littéraires, à son amabilité, mais quant à ses talens...

— Ils étaient donc cachés, milord, jusqu'à ce qu'une circonstance imprévue vînt les développer. Si je les ai reconnus, c'est parce que nous avons conversé sur des sujets importans. Il travaille en ce moment à éteindre le feu de la rébellion, et les conditions qu'il propose, et que je me suis chargé de présenter au duc de Monmouth, sont si raisonnables, que je les appuierai de tout mon crédit.

— Et avez-vous quelques espérances de réussir dans une tâche si difficile? dit lady Marguerite.

— J'en aurais beaucoup, milady, si tous les whigs étaient aussi modérés que M. Morton, et tous les royalistes aussi désintéressés que le major Bellenden. Mais tel est l'entêtement déplorable des deux partis, que je crains qu'il ne faille recourir à l'épée pour vider cette querelle.

On peut croire qu'Edith écoutait cette conversation avec intérêt. Elle regrettait d'avoir parlé à son amant avec trop de dureté, mais son cœur se sentait soulagé en voyant que, même d'après le jugement de son généreux rival, son caractère était tel que son amour le lui avait toujours représenté.

— Le fléau des guerres civiles, le malheur des préjugés domestiques, pensait-elle, peuvent m'obliger à l'arracher de mon cœur; mais c'est une consolation pour moi de savoir qu'il est digne de la place qu'il y a occupée si long-temps.

Cependant Henry était arrivé au camp des insurgés, près d'Hamilton. Il y trouva tout en confusion. On y avait appris par des avis certains que l'armée royale, ayant reçu les renforts qu'elle attendait d'Angleterre, était sur le point d'entrer en campagne. La renommée exagérait ses forces, le bon état des troupes, leur valeur, leur discipline; et le courage des insurgés en était abattu. D'autres circonstances venaient encore à leur désavantage. Le caractère connu du duc de Monmouth avait fait concevoir des espérances au parti modéré, mais elles s'étaient évanouies depuis qu'on savait quels étaient ceux qui commandaient sous ses ordres.

Son lieutenant-général, le célèbre Thomas Dalzell, ayant servi en Russie, contrée alors plongée dans la barbarie, était aussi fameux par ses cruautés et par le peu de cas qu'il faisait de la vie des hommes, que par sa valeur et sa fidélité. La cavalerie marchait sous le commandement de Claverhouse, qui brûlait de venger la mort de son neveu, et l'affront qu'il avait essuyé à l'affaire de Loudon-Hill.

L'artillerie de l'armée royale était, disait-on, la plus formidable qu'on eût encore vue en Écosse, et la cavalerie nombreuse et supérieurement montée ; enfin, la vengeance du roi n'avait été tardive que pour éclater d'une manière plus terrible et plus certaine.

Morton s'efforça de rassurer les esprits, en leur démontrant qu'il y avait probablement de l'exagération dans tous ces bruits, et en leur rappelant la force de leur position, défendue par une rivière qu'on ne pouvait passer que sur un pont très long et très étroit. Il rappela à leur souvenir la victoire qu'ils avaient remportée sur Claverhouse, dans un temps où, bien moins nombreux, ils étaient pour la plupart sans armes, et n'avaient pas encore l'habitude de la discipline ; enfin, il s'efforça de les convaincre que leur sûreté était entre leurs mains et dépendait de leur courage.

Mais, tandis qu'il cherchait ainsi à ranimer l'ardeur des soldats, il fit valoir auprès des chefs ces bruits décourageans, pour leur faire sentir la nécessité de proposer au gouvernement des termes de conciliation qu'il pût accepter, et qui seraient probablement écoutés plus favorablement tandis qu'ils les proposaient à la tête d'une armée nombreuse et qui n'avait encore éprouvé aucun échec. Il leur fit observer que, dans l'état de découragement où se trouvait l'armée, il était difficile d'espérer qu'elle combattît avec avantage les forces régulières du duc de Monmouth, et que, s'ils avaient le malheur d'essuyer une défaite, l'insurrection, bien loin d'avoir été utile à la patrie, serait un nouveau prétexte pour redoubler les persécutions.

L'évidence de ces raisonnemens convainquit un certain nombre de chefs, qui sentirent qu'il était également dangereux pour eux de congédier leurs troupes ou de rester à leur tête. Ils prirent connaissance des propositions que lord Evandale était chargé de transmettre au duc de Monmouth, et y donnèrent leur adhésion. Mais il en était d'autres qui traitèrent ces propositions d'impies, de sacriléges, parce qu'elles n'étaient pas fondées sur le Covenant de 1640. Ils répandirent ces idées parmi la multitude, qui ne prévoyait rien, n'avait rien à perdre, et ne prenait jamais conseil que d'un fanatisme aveugle et sanguinaire. Ils allaient criant partout que ceux qui parlaient de paix sans y mettre pour condition le détrônement du roi et l'indépendance de l'église presbytérienne, étaient des gens qui ne songeaient qu'à retirer leurs mains de la charrue, ne cherchaient qu'un prétexte pour abandonner leurs frères et une occasion pour les trahir. Dans tous les rangs on n'entendait que disputes et controverses à ce sujet ; des querelles on en venait souvent aux coups, et la division qui régnait dans l'armée était d'un fâcheux présage pour les évènemens qui se préparaient.

CHAPITRE XXX.

« Que la discorde à vos conseils préside! »
OTWAY, *Venise sauvée.*

Morton était encore occupé à calmer par sa prudence la division qui régnait dans l'armée lorsque, deux jours après son arrivée à Hamilton, il y fut joint par son collègue le révérend Poundtext. Celui-ci fuyait la colère de Burley, irrité contre lui à cause de la part qu'il avait prise à la délivrance de lord Evandale. Lorsqu'il se fut reposé quelques heures de la fatigue que lui avait occasionée ce nouveau voyage, il rendit compte à Morton de ce qui s'était passé dans les environs de Tillietudlem après son départ.

La marche nocturne de Morton avait été si bien concertée, et les hommes qui l'avaient suivi avaient été si discrets, que Burley n'en avait pas conçu le moindre soupçon. Les premiers mots qu'il prononça en se levant furent pour demander si Kettledrummle et Macbriar étaient venus. Ce dernier était dans le camp, et l'autre était attendu à chaque instant. Burley fit partir sur-le-champ un messager pour avertir Morton et Poundtext de se rendre au conseil; mais Morton n'y était plus; et Poundtext, qui, en l'absence de son jeune collègue, ne se souciait pas beaucoup de s'exposer à la colère du féroce Burley, était aussi parti pour son presbytère, où il se reposa vingt-quatre heures avant de se mettre en marche pour Hamilton.

Burley s'empressa de demander des nouvelles du prisonnier, et sa rage ne connut plus de bornes quand il apprit qu'il avait été conduit, pendant la nuit, hors du camp par une escorte que Morton lui-même commandait.

— Le lâche! s'écria-t-il en s'adressant à Macbriar, le traître ! il a voulu faire sa cour au gouvernement en mettant en liberté notre prisonnier, quand pour racheter sa vie on nous aurait rendu cette place qui nous retient ici depuis si long-temps.

— N'est-elle donc pas à nous? dit Macbriar; je vois flotter sur la tour le drapeau du Covenant !

— C'est un stratagème, dit Burley, une insulte par laquelle on veut encore aigrir notre ressentiment.

Il fut interrompu par l'arrivée d'un des hommes qui avaient suivi Morton au château, lequel venait lui en annoncer l'évacuation, et son occupation par les troupes presbytériennes. Cette nouvelle favorable, bien loin d'apaiser Burley, ne fit que redoubler sa fureur.

— Quoi ! s'écria-t-il, j'aurai veillé, combattu, noué des intrigues, — j'aurai renoncé à des entreprises plus glorieuses et plus importantes, pour réduire ce château ; j'y aurai introduit la famine et la soif, pour qu'au moment de m'en rendre maître, au moment de pouvoir rendre les fils de l'ennemi esclaves, et leurs filles le jouet du camp, un jeune homme sans barbe au menton vienne me ravir ma moisson avec sa faucille, et m'enlever ceux que je regardais déjà comme ma proie ! N'est-ce pas à l'ouvrier qu'est dû le salaire? n'est-ce pas à celui qui a pris la ville qu'appartiennent les captifs?

— Burley, dit Macbriar, ne t'échauffe pas ainsi contre un enfant qui n'est pas digne de ta colère : Dieu choisit ses instrumens à sa volonté; et qui sait si ce jeune homme n'a pas été inspiré par lui pour mettre plus tôt en notre pouvoir le château de Tillietudlem?

— Paix ! dit Burley, ne fais pas toi-même tort à ton propre jugement. N'est-ce pas toi qui m'as averti le premier de me méfier de ce sépulcre blanchi, de cette pièce de cuivre que j'avais prise pour de l'or ? Il convient mal, même aux élus, de ne pas se soumettre aux avis de pasteurs tels que toi; mais la chair nous égare. Ce jeune homme ingrat est le fils de mon ancien ami. Il faut te ressembler, Ephraïm, quand on veut se dégager des liens de l'humanité.

Ce compliment toucha la corde sensible du cœur du prédicateur.

Burley espérait amener facilement ses opinions à servir ses vues, d'autant plus qu'ils étaient déjà d'accord dans le conseil sur le gouvernement de l'Église.

— Rendons-nous sans plus tarder au château, dit-il : il y a dans les papiers que nous y trouverons quelque chose qui nous vaudra un chef valeureux et cent cavaliers.

— Mais ce chef, ces cavaliers seront-ils des enfans du Covenant? dit le prédicateur. Nous avons déjà parmi nous trop de ces hommes plus avides de terres, d'argent et d'or, que de la parole divine ! Ce n'est point par de tels défenseurs que la délivrance s'opèrera.

— Tu te trompes, reprit Burley : ces hommes mondains ne sont pour nous que des instrumens. Quoi qu'il arrive, du moins la femme moabite sera dépouillée de son héritage, et ni l'impie Evandale ni Morton l'érastien ne possèderont ce château et ses domaines quand ils obtiendraient sa main.

A ces mots, il marcha le premier, et entra à Tillietudlem, où il s'empara de l'argenterie et de tout ce qui pouvait servir aux besoins de l'armée : il fouilla dans le chartrier et dans les autres endroits où étaient tenus les papiers de famille, traitant avec mépris les remontrances de ceux qui lui rappelaient que la capitulation garantissait le respect des propriétés particulières.

Dans le cours de la journée, Kettledrummle et le laird de Langcale arrivèrent aussi à Tillietudlem. Ils envoyèrent alors un exprès au presbytère de Milnwood, pour inviter le révérend Poundtext à se rendre au château pour assister au conseil; mais il se souvint qu'il s'y trouvait un cachot et une porte de fer, et il résolut de ne pas confier sa personne à ses confrères irrités. Il reçut parfaitement bien le messager, tira de lui les détails que nous venons d'offrir à nos lecteurs, et partit pendant la nuit pour Hamilton, avec la nouvelle que les autres chefs comptaient s'y rendre dès qu'ils auraient réuni un corps suffisant de puritains pour en imposer à la partie de l'armée dont ils se défiaient.

— Vous voyez, dit Poundtext en terminant son récit, qu'ils sont maintenant assurés d'avoir la majorité dans le conseil ; car le laird de Langcale, qui n'était ni chair ni poisson, s'est laissé entièrement subjuguer par Kettledrummle, et nous a abandonnés. Il est toujours du parti le plus nombreux. Nous sommes donc entourés d'ennemis de toutes parts, l'armée royaliste d'un côté, de l'autre des frères insensés qui se déclarent contre nous.

Morton l'exhorta au courage et à la patience, l'informa de l'espérance qu'il avait d'obtenir des conditions de paix raisonnables, par l'entremise de lord Evandale, et le flatta de l'espoir qu'il avait qu'avant peu il irait retrouver sa pipe, sa bière et son Calvin relié en parchemin, pourvu qu'il continuât à coopérer avec lui de tous ses efforts pour obtenir une pacification générale. Il parvint ainsi à lui inspirer un peu de fermeté, et le détermina à attendre l'arrivée des caméroniens.

Burley et ses collègues avaient réuni un corps de leurs partisans, de cent hommes de cavalerie et de quinze cents d'infanterie, tous fanatiques remarquables par l'exagération de leurs principes, pervertissant à tout propos des passages de l'Écriture pour justifier le meurtre et tous les crimes, et dont le zèle sombre et féroce était prêt à obéir à tous les ordres que leurs chefs, non moins sanguinaires, voudraient leur donner. Ils arrivèrent au camp d'Hamilton plutôt en ennemis qu'en alliés. Burley n'alla point voir ses deux collègues, ne leur donna aucun avis de ce qu'il avait dessein de faire ; il se contenta de les faire avertir, dans la matinée qui suivit son arrivée, de se rendre au conseil.

Morton et Poundtext, en entrant dans la salle où se tenait l'assemblée, y trouvèrent leurs quatre collègues déjà réunis. Ils n'en reçurent aucune marque d'un gracieux accueil, et ils prévirent que la conférence ne se passerait pas paisiblement.

— En vertu de quelle autorité, s'écria Macbriar, dont l'impétuosité prenait toujours l'initiative, le lord réprouvé Evandale a-t-il échappé à la mort que le jugement d'en-haut avait prononcée contre lui?

Poundtext s'empressa de lui répondre. Il voulait donner à Morton une preuve de son courage, et jamais d'ailleurs il ne restait court, quand il ne s'agissait que de tenir tête à des personnes revêtues de sa robe.

— Par la mienne, répondit-il, et par celle de M. Morton.

— Et qui vous a donné, mon frère, dit Kettledrummle, le droit de vous interposer dans une matière si importante?

— La même autorité qui vous donne le droit de m'interroger, dit Poundtext : si un seul de nous a pu le condamner à mort, deux ont pu de même révoquer cette sentence.

— Allez, allez, dit Burley, nous connaissons vos motifs. C'était pour envoyer ce ver à soie, ce lord tout doré, porter au tyran des propositions de paix.

— Il est vrai, dit Morton qui s'aperçut que son compagnon commençait à fléchir sous le regard farouche de Burley; vous ne vous trompez pas. Qu'en résulte-t-il? devons-nous entraîner la nation dans une guerre éternelle, pour des projets aussi injustes qu'impossibles à exécuter?

— Écoutez-le, dit Burley, il blasphème !

— Non, dit Morton : celui qui blasphème est celui qui attend du ciel des miracles, et qui ne se sert pas des moyens que la Providence a accordés aux hommes pour faire réussir leurs desseins. Oui, j'en conviens, notre but est d'obtenir le rétablissement de la paix à des conditions justes et honorables, et qui assurent notre liberté civile et religieuse. Nous n'avons pas le désir de tyranniser celle des autres.

La querelle se serait échauffée davantage, si un courrier, qui arriva en ce moment, n'eût apporté la nouvelle que le duc de Monmouth était parti d'Édimbourg, que son armée était en marche, et qu'elle se trouvait déjà à mi-chemin d'Hamilton. Toute division cessa à l'instant, et l'on convint d'oublier le passé pour ne s'occuper que des moyens de repousser l'ennemi commun. On décida que les révérends Poundtext et Kettledrummle prononceraient le lendemain un sermon devant l'armée, le premier le matin, et le second dans la soirée, et que tous deux s'abstiendraient avec soin de toucher à aucun point qui pût devenir un sujet de schisme et de division.

Tout se trouvant réglé de cette manière, les deux chefs modérés se hasardèrent à faire une autre proposition, se flattant qu'elle obtiendrait l'appui de Langcale qu'ils avaient vu pâlir à l'annonce de l'approche de l'armée royaliste, et qu'ils savaient être toujours prêt à embrasser l'avis de celui qu'il regardait comme le plus fort. Ils firent observer que, puisque le roi, en cette occasion, n'avait confié le commandement de ses forces à aucun de leurs anciens persécuteurs, et qu'il avait au contraire fait choix d'un homme d'un caractère doux, et dont on connaissait les dispositions favorables à leur cause, il était probable qu'on avait à leur égard des intentions moins hostiles que par le passé, qu'il était donc non seulement prudent, mais même nécessaire, de s'assurer si le duc de Monmouth n'avait pas en leur faveur quelques instructions secrètes ; enfin, que le seul moyen de s'en instruire était de lui députer un envoyé.

— Et qui voudra se charger d'aller dans son camp? dit Burley, cherchant à éluder une proposition trop raisonnable pour qu'il pût s'y opposer ouvertement. Claverhouse n'a-t-il pas juré de faire pendre le premier parlementaire que nous lui enverrions, par représailles de la mort de son neveu?

— Que cette raison ne soit pas un obstacle, répondit Morton; je remplirai cette mission, si le conseil veut me la confier.

— Laissons-le partir, dit tout bas Burley à Macbriar, le conseil en sera débarrassé.

Cette proposition ne fut donc contredite par aucun de ceux qui semblaient devoir y apporter le plus d'opposition, et il fut résolu qu'Henry Morton se rendrait auprès du duc de Monmouth, afin de savoir à quelles conditions il voudrait traiter avec les insurgés. Dès que cette détermination fut connue, plusieurs presbytériens du parti modéré vinrent prier Morton de ménager un accommodement, en s'en tenant aux termes de la pétition confiée à lord Evandale : car l'approche de l'armée royale répandait une terreur générale, malgré le ton exalté des exagérés caméroniens.

Muni des instructions du conseil, et suivi du seul Cuddy, Morton partit donc pour le camp des royalistes, s'exposant à tous les dangers qui menacent assez souvent ceux qui se chargent du rôle délicat de médiateur dans les discordes civiles.

Morton n'était encore éloigné du camp des insurgés que de trois à quatre milles, quand il s'aperçut qu'il allait déjà rencontrer l'avant-garde de l'armée royale. Étant parvenu sur une hauteur, il vit toutes les routes couvertes de troupes s'avançant dans le meilleur ordre vers Bothwell-Moor, plaine où l'armée se proposait de camper cette nuit. Elle n'était éloignée de la Clyde que de deux milles, et c'était de l'autre côté de cette rivière qu'était placé le camp des presbytériens.

Morton déploya un drapeau blanc, et s'adressa au premier détachement de cavalerie qu'il rencontra; il fit part au brigadier qui le commandait du désir qu'il avait de parler au duc de Monmouth. Le brigadier lui dit qu'il devait en référer à son capitaine, et celui-ci arriva bientôt accompagné du major.

— Vous perdez votre temps, mon cher ami, lui dit le major, et vous risquez votre vie inutilement. Le duc de Monmouth n'écoutera aucune proposition de la part de rebelles qui ont les armes à la main; et votre parti a commis tant de cruautés, que vous devez craindre des représailles.

— Quand le duc de Monmouth nous croirait coupables, répondit Morton, je ne puis penser qu'il voulût condamner tant de sujets du roi sans avoir entendu ce qu'ils peuvent avoir à alléguer pour leur défense. Quant à moi, je ne crains rien. Je n'ai à me reprocher, ni d'avoir autorisé, ni d'avoir souffert aucun acte de cruauté; la crainte d'être l'innocente victime des crimes des autres ne m'empêchera donc pas d'exécuter ma mission.

Les deux officiers se regardèrent.

— J'ai dans l'idée, dit le capitaine, que c'est là le jeune homme dont lord Evandale a parlé.

— Lord Evandale est-il à l'armée? demanda Morton.

— Il est à Édimbourg, répondit le major : attendu le mauvais état de sa santé, le duc n'a pas voulu lui permettre de suivre l'armée. — Votre nom, monsieur, serait-il Henry Morton?

— Oui, monsieur, répondit-il.

— Nous ne nous opposerons donc point, reprit l'officier, à ce que vous voyiez le duc; mais je vous répète que cette démarche est absolument inutile. Quand même Son Altesse aurait quelque inclination à traiter favorablement votre parti, le conseil de guerre, qu'il doit consulter, ne lui permettrait pas de le faire.

— Si cela est ainsi, dit Morton, j'en serai désespéré; mais je n'en dois pas moins persister à vous prier de me procurer une audience du duc.

— Lumley, dit le major au capitaine, allez annoncer à Son Altesse l'arrivée de M. Morton; rappelez-lui que c'est l'officier dont lord Evandale a parlé avec tant d'éloges.

Le capitaine ne tarda pas à revenir. Il dit à Morton que le duc ne pouvait le voir ce soir, mais qu'il le recevrait le lendemain dans la matinée. On le retint comme prisonnier dans une chaumière voisine pendant toute la nuit; mais on le traita avec les plus grands égards. Le lendemain, de très bonne heure, Lumley vint le prendre pour le conduire devant le duc.

L'armée se formait déjà en colonnes pour se mettre en marche. Le duc était au centre, à environ un mille de l'endroit où Morton avait passé la nuit. Les chefs de l'armée royale avaient une telle confiance dans leurs forces, qu'ils ne prirent aucune précaution pour empêcher Henry de pouvoir s'en former une idée. Il s'y trouvait quatre régimens anglais, l'élite des troupes de Charles II, le régiment des gardes, brûlant du désir de se venger de sa défaite à Loudon-Hill, plusieurs régimens écossais, un corps considérable de volontaires, et quelques compagnies de montagnards écossais, ennemis jurés des puritains, dont ils détestaient les principes autant qu'ils méprisaient leurs personnes. Un train nombreux d'artillerie accompagnait l'armée, qui avait un air si imposant que Morton pensa qu'il ne fallait rien moins qu'un miracle pour sauver d'une destruction complète les presbytériens, mal équipés, mal armés et insubordonnés.

L'officier qui accompagnait Morton cherchait à lire dans ses yeux l'impression que devait produire sur son esprit l'appareil de la force militaire qui se déployait devant lui; mais, fidèle à la cause qu'il avait embrassée, Henry parvint à ne laisser paraître ni émotion ni inquiétude, et il regardait d'un air d'indifférence les corps militaires devant lesquels il passait.

— Vous voyez la fête qu'on vous prépare, dit Lumley.

— Si elle avait dû me déplaire, répondit Morton, je ne serais pas avec vous dans ce moment. J'avoue cependant que j'aimerais mieux voir, dans l'intérêt de tous les partis, les préparatifs d'une fête pour célébrer le retour de la paix.

Ils arrivèrent enfin sur une hauteur qui commandait tous les environs, et où se trouvait le commandant en chef, entouré de ses principaux officiers. On distinguait de là tous les détours de la Clyde, et l'on apercevait même le camp des insurgés. Les officiers paraissaient occupés à reconnaître le terrain pour dresser un plan d'attaque.

Le capitaine Lumley avertit le duc que Morton attendait ses ordres. Le duc fit aussitôt signe aux officiers qui l'environnaient de se retirer, et n'en retint que deux près de lui. Il leur parla quelques instans à voix basse avant de faire avancer Morton, qui eut ainsi le temps d'examiner les chefs avec lesquels il avait à traiter.

Il était impossible de voir le duc de Monmouth sans être captivé par les grâces de sa personne, dont le grand-prêtre des muses anglaises de cette époque [1] dit depuis

> Dans tout ce qu'il faisait on voyait tant d'aisance
> Que plaire semblait être un droit de sa naissance.
> La grâce accompagnait son moindre mouvement,
> Et d'un ange il avait le sourire charmant [2].

(1) Dryden.

(2) *Whatever he did was done with so much ease*
In him alone't was natural to please
His motions all accompanied with grace
And Paradise was open'd in his face.

Ces vers sont extraits du poème satirique de Dryden intitulé *Absalon et*

Cependant, aux yeux d'un observateur attentif, quelque chose nuisait à la noble beauté des traits de Monmouth : c'était un air d'hésitation et d'incertitude qui semblait le tenir en suspens dans les momens mêmes où il était le plus urgent de prendre un parti.

Auprès de lui était Claverhouse avec un autre officier général dont l'extérieur était singulier. Il portait l'ancien costume usité dans les premières années du règne de Charles Ier, en peau de chamois, taillé bizarrement et couvert de galons d'or. Ses bottes et ses éperons rappelaient la même date. Il avait une espèce de plastron de métal, sur lequel descendait une longue barbe, signe du deuil en l'honneur de Charles Ier, ayant cessé de se raser depuis le jour où ce monarque infortuné fut conduit à l'échafaud. Sa tête était découverte et presque entièrement chauve. Son front ridé, son teint basané, ses yeux perçans, annonçaient un vieillard que les infirmités n'avaient pas affaibli ; et dans ses traits respirait un courage sans mélange d'humanité. Tel était le célèbre général Thomas Dalzell, plus craint et plus détesté des whigs que Claverhouse lui-même, parce que celui-ci ne commettait des violences et des vexations que par un principe politique, et qu'il les regardait comme le meilleur moyen pour soumettre et extirper le presbytérianisme, au lieu que Dalzell n'agissait que par suite de son caractère naturellement sanguinaire et féroce.

La présence de ces deux généraux, dont l'un lui était connu personnellement, et l'autre par le portrait qu'on lui en avait fait, parut à Morton d'un fâcheux augure. Mais, malgré sa jeunesse, son inexpérience et l'accueil défavorable qu'on allait faire à ses propositions, il s'avança hardiment, résolu de défendre dignement son pays et la

---

Achitophel; ils font partie du portrait d'Achitophel, qui est celui de Monmouth. — Ed.

cause qui lui avait mis les armes à la main. Monmouth le reçut avec la courtoisie qui distinguait ses actions les plus frivoles. Dalzell le regarda d'un air sombre et impatient. Claverhouse, lui adressant un sourire ironique et un léger salut, semblait ne pas avoir oublié une ancienne connaissance.

— Monsieur, dit le duc à Morton, vous venez de la part de ces gens égarés, et votre nom est, je crois, Morton. Voulez-vous nous faire connaître le motif de votre mission?

— Il est contenu, milord, répondit Henry, dans un écrit que lord Evandale a dû remettre entre les mains de Votre Altesse.

— Je l'ai lu, dit le duc, et j'ai appris de lord Evandale que M. Morton s'est conduit dans ces malheureuses circonstances avec autant de modération que de générosité. Je le prie d'en recevoir mes remerciemens.

Morton remarqua ici que Dalzell remua la tête et les épaules d'un air d'indignation, en adressant tout bas quelques mots à Claverhouse, qui n'y répondit que par un léger sourire et un mouvement des sourcils presque imperceptible.

Cependant le duc paraissait combattu d'un côté par la bonté qui lui était naturelle, et par la conviction qu'il éprouvait que la demande qui lui était adressée n'était pas déraisonnable ; et d'un autre, par le désir de maintenir l'autorité royale, et de se conformer aux avis plus sévères des conseillers qu'on lui avait donnés, conseillers qui étaient même un peu ses surveillans.

— M. Morton, dit-il en tirant de sa poche le papier que lord Evandale lui avait remis, il y a dans cet écrit des demandes sur lesquelles je dois m'abstenir de faire connaître mes sentimens en ce moment : il en est quelques unes qui me paraissent justes et raisonnables ; et, quoique je n'aie pas reçu du roi d'instructions formelles à cet égard, je vous donne ma parole d'honneur que j'intercèderai auprès de lui en faveur de ses sujets égarés, et que j'emploierai tout mon crédit pour leur faire obtenir satisfaction. Mais vous devez comprendre que je ne puis céder qu'à des prières; je ne traiterai pas avec des rebelles. Il faut donc avant tout que vos partisans rassemblés mettent bas les armes, et se dispersent à l'instant.

— Agir ainsi, milord, répondit hardiment Morton, ce serait reconnaître que nous sommes des rebelles, comme nos ennemis nous en accusent. Nous avons tiré l'épée, non contre notre souverain, que nous respectons, mais pour recouvrer des droits légitimes dont la violence nous a privés. Votre Altesse a daigné reconnaître la justice de quelques unes de nos demandes. Auraient-elles pu jamais se faire entendre, si elles n'avaient été accompagnées du son de la trompette? Nous ne pouvons donc déposer les armes, malgré tout l'intérêt que Votre Altesse veut bien nous témoigner, sans avoir quelque assurance que la liberté civile et religieuse nous sera rendue, comme nous avons le droit de le demander.

— M. Morton, dit le duc, vous êtes jeune, mais vous avez vu assez le monde pour savoir que certaines demandes, innocentes en elles-mêmes, deviennent criminelles par la manière dont elles sont présentées.

— Nous pouvons répondre, milord, répliqua Morton, que nous n'avons eu recours à celle que nous employons qu'après avoir vainement épuisé toutes les autres.

— Je dois terminer là cette conférence, M. Morton, dit le duc : nous sommes prêts à commencer l'attaque; je vais pourtant la suspendre pendant une heure, afin de vous donner le temps de communiquer ma réponse aux insurgens. S'ils veulent se disperser, déposer les armes, et m'envoyer une députation pour m'assurer de leur soumission, je me regarderai comme obligé en honneur d'obtenir pour eux une amnistie générale et le redressement des torts dont ils se plaignent. S'ils s'y refusent, qu'ils n'accusent qu'eux-mêmes des conséquences qui résulteront de leur conduite... Je crois, messieurs, dit-il en se tournant vers ses deux officiers, que, d'après mes instructions, je ne puis faire davantage en faveur de ces hommes égarés.

— Non, sur mon honneur, s'écria Dalzell, et je n'aurais jamais osé porter si loin l'indulgence, me trouvant responsable de mes actions envers le roi et ma conscience. Mais Votre Altesse connaît sans doute les intentions secrètes de Sa Majesté, mieux que nous qui devons suivre nos instructions littéralement.

Monmouth rougit. — Vous entendez, dit-il à Morton, que le général Dalzell me blâme de montrer pour vos partisans des dispositions trop favorables.

— Les sentimens du général Dalzell, milord, et ceux que vous daignez nous témoigner, dit Henry, sont tels que nous les attendions de chacun de vous ; mais je ne puis m'empêcher d'ajouter que dans le cas de la soumission absolue sur laquelle vous insistez, — avec de tels conseillers autour du trône, ajouta-t-il en jetant un coup d'œil sur Dalzell et Claverhouse, nous aurions à craindre que votre intercession ne nous fût inutile. Au surplus, je ferai part à nos chefs de la réponse de Votre Altesse, et puisque nous ne pouvons obtenir la paix il faudra bien confier notre destinée à nos armes.

— Adieu, monsieur, dit le duc : souvenez-vous que je suspends l'attaque pour une heure, pour une heure seulement. Si vous avez une réponse à me donner d'ici à ce temps, je la recevrai, et je désire bien vivement qu'elle soit de nature à pouvoir éviter toute effusion de sang.

Un sourire ironique fut encore échangé en ce moment entre Dalzell et Claverhouse. Le duc s'en aperçut, et répéta d'un air de dignité :

— Oui, messieurs, j'ai dit et je répète encore que je

désire que la réponse puisse épargner le sang des sujets de Sa Majesté. J'espère que ce sentiment ne mérite ni blâme ni mépris.

Dalzell prit un air froid et sévère, et ne répondit rien.

Claverhouse, s'inclinant profondément, dit qu'il ne lui appartenait pas de juger des sentimens de Son Altesse.

Le duc fit signe à Morton de se retirer. Il obéit, et la même escorte qui l'avait amené le reconduisit à travers le camp. En passant devant le régiment des gardes, il y trouva Claverhouse, qui était déjà à la tête de son corps; dès que le colonel aperçut Morton, il s'avança vers lui, et le saluant avec un air de politesse : — Ce n'est pas la première fois, je crois, lui dit-il, que j'ai l'honneur de voir M. Morton de Milnwood?

— Ce n'est pas la faute du colonel Claverhouse, répliqua Morton en souriant amèrement, si ma présence est maintenant importune à quelqu'un.

— Permettez-moi au moins de dire que la situation où je trouve M. Morton en ce moment justifie l'opinion que j'avais conçue de lui, et que ma conduite, à l'époque dont il parle, était conforme à mon devoir.

— Vous seul, colonel, m'avez jeté, sans que j'y songeasse, dans les rangs de gens dont j'approuve les principes sans approuver toute leur conduite. Quant à la manière dont vos actions s'accordent avec votre devoir, c'est votre affaire et non la mienne. Vous n'attendez pas sans doute que j'approuve la sentence injuste que vous aviez rendue contre moi.

Ayant ainsi parlé, Morton voulut continuer sa route.

— Un instant, je vous prie, dit Claverhouse : Evandale prétend que j'ai effectivement quelques torts à réparer envers vous. J'avoue que je ferai toujours une grande différence entre un homme d'un esprit élevé, égaré sans doute, mais qui agit d'après des principes généreux, et les misérables fanatiques rassemblés sous des chefs altérés de sang et souillés de meurtres. Si donc vous ne parvenez pas à les déterminer à mettre bas les armes, permettez-moi de vous engager à revenir à notre armée, et à faire votre soumission particulière; car, croyez-moi, cet attroupement misérable ne nous résistera pas une demi-heure. Si vous prenez ce parti, demandez-moi en arrivant. Monmouth, quelque étrange que cela doive vous paraître, ne pourrait vous protéger; Dalzell ne le voudrait pas : mais j'en ai le pouvoir et la volonté, et j'en ai fait la promesse à lord Evandale.

— Je devrais des remerciemens à lord Evandale, répondit froidement Morton, s'il ne semblait me croire capable d'abandonner la cause que j'ai promis de soutenir. Quant à vous, colonel, si vous voulez m'accorder un autre genre de satisfaction, il est probable que dans une heure vous me trouverez l'épée à la main, au bout du pont de Bothwell sur la Clyde.

— Je serai charmé de vous y rencontrer, dit Claverhouse; mais je le serai encore davantage, si vous réfléchissez mûrement à ma première proposition, et si vous l'acceptez.

Ils se séparèrent en se saluant.

— Ce jeune homme a du feu, du courage, Lumley, dit le colonel à l'officier qui avait reconduit Morton jusqu'aux avant-postes; mais il est perdu... Que son sang retombe sur sa tête!

En disant ces mots, il commença ses préparatifs pour le combat.

CHAPITRE XXXI.

« La paix et le repos s'éloignent de ces lieux. »
BURNS.

Lorsque Morton, après avoir quitté les avant-postes de l'armée royale, fut arrivé à ceux de son parti, la différence de discipline le frappa vivement, et il en conçut un fâcheux augure. La discorde qui régnait dans le conseil s'était répandue jusque parmi les simples soldats, et il n'existait pas une patrouille, pas un poste militaire où l'on ne fût occupé à discuter avec acharnement la cause de la colère divine, et à définir les bornes de l'hérésie des érastiens, bien plus qu'à surveiller les mouvemens de l'ennemi, quoiqu'on entendît leurs tambours et leurs trompettes.

Cependant une forte garde avait été placée à la tête du pont de Bothwell, par où l'ennemi devait nécessairement se présenter; mais les soldats qui gardaient ce poste, divisés d'opinion entre eux et découragés, se regardaient comme envoyés à une mort certaine, et pensaient déjà à se retirer vers le corps principal de l'armée. Cette démarche aurait assuré sa ruine, car l'évènement du combat paraissait entièrement dépendre de la défense de ce passage. S'il était forcé, l'ennemi se trouvait maître d'une grande plaine qui n'était coupée que par quelques groupes d'arbres, et où des troupes régulières auraient un avantage décidé sur des soldats indisciplinés, qui n'avaient que peu de cavalerie, et pas une seule pièce d'artillerie.

Morton examina donc ce poste avec attention, et le trouva susceptible de défense contre une force supérieure, en occupant quelques maisons qui étaient sur la rive gauche de la rivière, avec quelques bouquets d'aulnes et de noisetiers qui en garnissaient les bords. Il donna des ordres en conséquence, et fit bloquer le passage lui-même, fermer les battans d'un portail construit sur l'arche centrale selon un ancien usage, et abattre les parapets à cette extrémité du pont de Bothwell. Il conjura les chefs du détachement de tenir ferme à ce poste important, dont dépendait le salut de l'armée, et leur promit de leur envoyer promptement un puissant renfort. Enfin, il les chargea de surveiller avec attention tous les mouvemens de l'ennemi, et d'en donner avis au conseil. Le sang-froid, l'intelligence et l'activité de Morton rendirent la confiance à tous ceux qui composaient ce détachement; ils reprirent courage, exécutèrent ponctuellement ses ordres, et saluèrent son départ par des acclamations réitérées.

Morton alors s'avança au grand galop vers le corps de l'armée. Mais quelles furent sa surprise et sa consternation en le trouvant dans le désordre et dans une confusion complète! Au lieu d'écouter les ordres de leurs officiers, et de former leurs rangs, tous les soldats, mêlés ensemble, paraissaient une masse agitée comme les flots d'une mer en courroux. Mille voix, ou plutôt mille cris, s'élevaient en même temps, et personne n'écoutait. Pendant que Morton cherche à découvrir la cause de ce désordre et les moyens d'y remédier, nous allons faire connaître à nos lecteurs ce qui s'était passé pendant son absence.

Les insurgés s'étaient disposés à tenir *leur jour d'humiliation*, que, selon la pratique des puritains pendant les guerres civiles précédentes, ils regardaient comme le moyen le plus efficace de résoudre toutes les difficultés et de terminer toute discussion. Une chaire provisoire fut érigée au milieu du camp; elle devait être occupée d'abord par le révérend Pierre Poundtext, à qui son âge faisait accorder l'honneur de la préséance. Mais au moment où le digne ministre s'avançait d'un pas grave et lent vers sa tribune aux harangues, il fut prévenu par l'apparition inattendue d'Habacuc Mucklewrath, ce prédicateur forcené qui avait produit une impression si désagréable sur l'esprit de Morton lors de sa première entrée au conseil après la bataille de Loudon-Hill. On ne sait pas s'il céda aux instigations des caméroniens, ou à sa propre imagination en délire, ou à la tentation d'occuper cette chaire qui était vacante ; mais il est certain qu'il saisit aux cheveux l'occasion de haranguer un si respectable auditoire : il se précipita dans la chaire, promena ses yeux hagards autour de lui ; et, nullement intimidé par les murmures du grand nombre, il ouvrit la Bible, et prit pour texte ce passage du Deutéronome [1] : «—Des enfans de Bélial sont sortis du milieu de vous, et ont emmené les habitants de leur ville, disant : Allons servir d'autres dieux que vous n'avez pas connus. »

Puis il commença, dans un style emphatique et décousu, un discours dans lequel il ne parla que des objets controversés dans l'armée, et qui étaient un sujet de division. Il accusa les modérés d'hérésie, engageant les fidèles puritains à séparer leur cause de la leur, de crainte de se souiller en combattant dans les mêmes rangs. Appliquant nominativement à Morton les paroles de son texte, il appela sur lui et les siens la colère et la vengeance, en exhortant ceux qui voulaient se conserver purs et sans tache à se séparer de lui.

— Ne craignez point, dit-il, le hennissement des coursiers ni le bruit des cuirasses ; ne cherchez point le secours des Égyptiens contre l'ennemi, quoiqu'il soit nombreux comme une armée de sauterelles, et féroce comme le dragon : leur confiance n'est point comme notre confiance,

---

(1) Ch. XIII.

ni leur force comme notre force. Sinon, comment mille fuiraient-ils devant un seul ? comment deux suffiraient-ils pour faire fuir dix mille ?

J'ai rêvé dans les visions de la nuit, et la voix me dit : — « Habacuc, prends ton van, sépare le froment de la » paille, de peur qu'ils ne soient confondus ensemble par » le feu de l'indignation et le tonnerre de la colère. » Je vous dis donc : Prenez cet Henry Morton, cet impie Achaz, qui a amené la malédiction parmi vous, et s'est fait des frères dans le camp ennemi, prenez-le et lapidez-le, brûlez-le ensuite, afin que la colère céleste s'éloigne des enfans de la sainte ligue. Cet homme n'a point pris un vêtement babylonien, mais il a vendu le vêtement de la justice à la femme de Babylone ; il n'a pas pris deux cents pièces d'argent, mais il a trahi la vérité, qui est plus précieuse que l'argent et l'or.

Une pareille attaque, dirigée si inopinément contre un des principaux chefs de l'armée, fut suivie d'un grand tumulte. Les caméroniens s'écrièrent que ceux qui n'étaient pas pour eux étaient contre eux ; qu'un homme tiède dans leur cause ne valait pas mieux qu'un prélatiste, un anti-covenantaire, etc.; enfin, qu'il fallait à l'instant procéder à une nouvelle nomination d'officiers, et n'admettre à ce grade que ceux qui ne voulaient ni paix ni trève avec les hérésies et les corruptions du temps. Les modérés, de leur côté, accusaient leurs adversaires de nuire au succès de leur cause par un zèle outré et des prétentions ridicules, et de semer sans cesse la zizanie dans l'armée. Poundtext et quelques autres faisaient de vains efforts pour calmer les esprits et prévenir une funeste division, en leur répétant ces paroles du patriarche : — N'ayons point de querelle, je vous prie, entre vous et moi, ni entre vos bergers et les miens, car nous sommes frères. — Ils ne pouvaient se faire entendre, et ce fut inutilement que Burley même fit entendre sa voix sonore et sévère pour rétablir l'ordre et la discipline. L'esprit d'Habacuc semblait s'être emparé de tous ceux qui l'avaient entendu : ils ne songeaient plus qu'à leurs querelles intestines, et oubliaient qu'un ennemi formidable était sur le point de les attaquer. Les plus prudens ou les plus timides se retiraient déjà, et abandonnaient une cause qu'ils regardaient comme perdue; les autres se choisissaient de nouveaux officiers, et renvoyaient ceux qui les avaient commandés jusqu'alors.

Ce fut en ce moment de confusion générale que Morton arriva, et sa présence excita de nouvelles clameurs; des applaudissemens d'un côté, des imprécations de l'autre.

Il aperçut Burley, qui, fatigué des efforts qu'il avait faits pour rétablir la discipline, et désespéré de voir la confusion s'accroître à chaque instant, était immobile, appuyé sur son épée.

— Que signifie un tel désordre dans un pareil moment? lui dit-il.

— Il signifie, répondit Burley, que Dieu a résolu de nous livrer entre les mains de nos ennemis.

— Non, s'écria Morton, ce n'est pas Dieu qui nous abandonne, c'est nous qui abandonnons Dieu, et qui nous déshonorons en trahissant la cause de la liberté et de la religion. S'élançant alors sur les tréteaux qui avaient servi de chaire à Habacuc : — Écoutez-moi, s'écria-t-il. L'ennemi vous offre la paix; mais il exige que vous mettiez bas les armes : préférez-vous vous défendre? Vous pouvez encore faire une honorable résistance; mais le temps presse, il faut vous décider à l'instant. Qu'il ne soit pas dit que six mille Écossais n'ont su avoir ni le courage de combattre, ni le bon esprit de faire la paix, ni la prudence du lâche qui s'assure un moyen de retraite. Est-il temps de se quereller sur des points minutieux de discipline ecclésiastique alors que l'édifice est menacé d'une destruction totale? Souvenez-vous, mes frères, que le dernier et le plus fatal des maux que Dieu appela sur le peuple qu'il avait choisi, le dernier et le plus terrible des châtimens que l'aveuglement et la dureté de cœur de ce peuple lui attirèrent, furent des dissensions sanglantes qui divisèrent la cité au moment où l'ennemi tonnait à ses portes.

Quelques uns applaudirent à grands cris à cette exhortation, d'autres répondirent par des huées en disant : — A vos tentes, Israel.

Les colonnes de l'ennemi, en marche sur l'autre rive, se dirigeaient vers le pont; Morton les aperçut. Élevant encore la voix, et faisant un geste de la main :

— Silence! s'écria-t-il, silence! cessez vos folles clameurs! voici l'ennemi : c'est de la défense du pont que dépendent notre vie et nos libertés : il y aura un Écossais du moins qui mourra pour les protéger. Que tous ceux qui aiment leur pays me suivent!

La foule se tourna du côté par où l'ennemi devait arriver, et vit se déployer une infanterie en bon ordre; une cavalerie redoutable marchait sur les deux flancs, et déjà des artilleurs établissaient une batterie de canons pour foudroyer le camp. Un profond silence succéda tout-à-coup aux clameurs bruyantes qui venaient de se faire entendre. Chacun semblait frappé de terreur, comme si cette attaque eût été un évènement imprévu auquel on n'eût pas dû s'attendre. Les soldats se regardaient les uns les autres, et puis regardaient leurs chefs avec cet air de faiblesse qu'on remarque dans un malade qui sort d'un accès de frénésie.

Cependant lorsque Morton descendant de la tribune se dirigea vers le pont, il fut suivi d'une centaine de jeunes gens qui lui étaient particulièrement attachés.

— Ephraïm, dit Burley à Macbriar, la Providence a voulu se servir de la sagesse mondaine de ce jeune homme pour nous montrer le seul chemin de salut qui nous reste.

Allons, mes amis, que celui qui aime la lumière suive Burley.

— Arrête! s'écria Macbriar, ce n'est point par Henry Morton, ni par ceux qui lui ressemblent, que le temple de Jérusalem peut être sauvé; je crains la trahison de cet Achab, tu ne le suivras point : tu es nos chariots et nos cavaliers.

— Ne m'arrête point, s'écria Burley en le regardant d'un air de courroux; il a dit la vérité : tout est perdu si l'ennemi emporte le pont; ne me retiens pas : les enfans de cette génération seront-ils plus sages ou plus braves que les enfans du sanctuaire? — A vos rangs, — marchez avec vos chefs, ne nous laissez pas manquer d'hommes ni de munitions, et maudit soit celui qui tournerait le dos en ce grand jour.

A l'instant il prit le chemin du pont, accompagné d'environ deux cents de ses plus zélés partisans.

Après le départ de Morton et de Burley, un découragement total s'empara de l'armée, et il n'y fut plus question ni de querelles, ni de discussions théologiques. Les chefs en profitèrent pour rétablir un peu d'ordre dans les rangs : les soldats n'opposèrent aucune résistance, et suivirent leurs ordres avec la docilité d'un troupeau; mais leur enthousiasme, leur énergie, tout avait disparu.

On parvint cependant à faire encore aligner ces troupes en désordre, pour leur donner au moins l'apparence d'une armée. Les chefs espérèrent donc que quelque circonstance pourrait ranimer leur courage.

Kettledrummle, Poundtext, Macbriar et les autres prédicateurs, se donnèrent du mouvement pour faire entonner un psaume de triomphe; mais les superstitieux remarquèrent, comme un fâcheux présage, qu'ils semblaient chanter les psaumes de la pénitence sur l'échafaud d'un criminel condamné à mort, plutôt que le cantique d'allégresse, dont avait retenti la sauvage bruyère de Loudon-

Hill, en anticipation de la victoire de cette mémorable journée. Cette triste mélodie reçut bientôt un accompagnement plus lugubre encore par le bruit du canon qu'on tirait d'une rive de la Clyde, et de la mousqueterie qui lui répondait de l'autre ; enfin un nuage de fumée déroba quelque temps les combattans à tous les yeux.

CHAPITRE XXXII.

« Moissonnés par le fer d'ennemis furieux,
« Les Écossais vaincus ensanglantaient la plaine.
« Ainsi l'on voit une grêle soudaine
« Tomber du haut des cieux. »
Ancienne ballade.

AVANT que Morton et Burley eussent atteint le poste qu'il s'agissait de défendre, l'ennemi en avait commencé l'attaque avec vigueur. Les deux régimens des gardes à pied, se formant en colonne serrée, marchèrent vers la Clyde ; l'un, se déployant sur la rive droite, fit un feu bien nourri sur les défenseurs du passage, pendant que l'autre cherchait à occuper le pont. Les insurgés soutinrent l'attaque avec courage ; pendant qu'une partie de leurs soldats répondait au feu des assaillans par des décharges continuelles, les autres se maintenaient sur le pont et repoussaient de toutes les avenues les ennemis qui voulaient s'en approcher. Les royalistes firent de grandes pertes, mais ils gagnaient toujours du terrain, et la tête de leur colonne était déjà sur le pont quand l'arrivée de Morton changea la scène. Ses compagnons forcèrent l'ennemi à se retirer, après l'avoir bien maltraité. Il revint une seconde fois à la charge ; mais il fut repoussé encore avec une plus grande perte, Burley étant alors survenu. Le feu continua donc de part et d'autre, et l'issue de l'action semblait douteuse.

Monmouth, monté sur un superbe cheval blanc, se faisait remarquer de l'autre côté de la rivière, pressant et encourageant ses soldats. Par ses ordres, le canon, qui jusqu'alors avait été employé à inquiéter le corps principal des presbytériens, fut tourné contre le pont; mais ces terribles machines, qui n'étaient pas encore perfectionnées comme de nos jours, ne répondirent pas à l'attente du général pour foudroyer ou épouvanter l'ennemi. Les insurgés, abrités par un taillis sur les bords de la rivière, ou postés dans les maisons, combattaient à couvert pendant que, grâce aux précautions de Morton, les royalistes étaient exposés de toutes parts. La défense fut si bien conduite, que les chefs de l'armée du roi commencèrent à craindre pour le succès de leur attaque.

Monmouth descendit de cheval, et ralliant ses gardes, il les conduisit à un nouvel assaut, secondé par Dalzell, qui, se mettant à la tête d'un corps de montagnards du clan de Lennox, fondit sur le pont en faisant retentir leur terrible cri de guerre de Lock-sloy !

Malheureusement pour les défenseurs du pont, les munitions commencèrent à leur manquer. Des messages furent vainement expédiés l'un sur l'autre au principal corps des presbytériens, qui restaient inactifs dans la plaine. La consternation et le désordre s'étaient mis parmi eux; et, alors que de la défense du pont dépendait leur salut, il ne se trouva personne pour commander ou pour obéir, et pour fournir le renfort nécessaire.

Ceux qui défendaient le passage ralentirent forcément leur feu, lorsque celui des assaillans devenait plus nourri et plus meurtrier. Excités par les exhortations et l'exemple de leurs généraux, ceux-ci parvinrent à s'établir sur le pont, et commencèrent à écarter tout ce qui s'opposait à leur marche. La porte de l'arche du milieu fut brisée; les poutres, les troncs d'arbres et les autres matériaux des barricades, furent arrachés et jetés dans la rivière. Tout cela ne se fit pas sans difficulté. Morton et Burley combattaient à la tête de leurs compagnons, et les encourageaient à opposer aux baïonnettes des gardes et aux claymores des montagnards leurs piques, leurs hallebardes et leurs pertuisanes. Mais, à la vue d'un combat si inégal, ceux qui étaient aux derniers rangs reculaient déjà, et se détachaient par deux, par trois, ou isolément, pour rejoindre le gros de l'armée, jusqu'à ce qu'enfin les autres furent forcés d'abandonner le pont, autant par la masse des colonnes ennemies que par le choc de leurs armes. Le passage étant ouvert, l'ennemi y pénétra en foule; mais il était étroit et long, ce qui rendait ses manœuvres dangereuses et lentes, et il fallait que les premiers passés délogeassent les covenantaires des maisons d'où ils continuaient à faire feu par les fenêtres.

Burley et Morton étaient l'un près de l'autre dans ce moment critique.

— Si la cavalerie les chargeait, dit le premier, avant qu'ils fussent rangés en ordre de bataille, nous pourrions encore les repousser et reprendre le pont : allez lui donner ordre de marcher, et je tâcherai de tenir bon jusqu'à son arrivée.

Morton reconnut l'importance de cet avis, et courut au galop vers le corps de cavalerie de l'aile gauche, qui était le moins éloigné. Mais, avant qu'il eût pu expliquer le motif de son arrivée et donner ses ordres, il fut salué par les malédictions de tout le corps, qui par hasard était composé de caméroniens.

— Il fuit! s'écria-t-on. Il fuit, le lâche, le traître, comme le timide gibier devant le chasseur! il a abandonné le brave Burley au milieu du carnage!

— Je ne fuis pas, dit Morton; je viens au contraire

vous conduire à l'ennemi. Voici l'instant de l'attaquer avec avantage : suivez-moi.

— Ne le suivez pas! ne le suivez pas! cria-t-on dans tous les rangs; il vous a vendus à l'épée de l'ennemi.

Tandis que Morton employait inutilement les prières, la persuasion et les remontrances, pour les décider à marcher, le moment de faire une diversion utile était passé; Burley, repoussé avec le petit nombre d'hommes qui lui restait, était obligé de se replier sur le corps principal de l'armée, à qui le spectacle de sa retraite ne rendit pas la confiance qui lui manquait.

Cependant l'armée royale, s'assurant du poste, se formait dans la plaine en ordre de bataille. Claverhouse, tel qu'un faucon perché sur un rocher, et qui attend l'instant de fondre sur sa proie, était resté sur l'autre rive pour épier le moment favorable; il passa le pont à la tête de ses cavaliers, au galop, puis les conduisant par escadrons autour des rangs de l'infanterie royale, il les réunit sur la plaine, et commença la charge avec un corps considérable, pendant que deux autres divisions menaçaient les flancs des covenantaires. Leur malheureuse armée était alors dans cette situation où l'approche d'une attaque suffit pour inspirer une terreur panique; le découragement les rendit incapables de soutenir cette charge de cavalerie faite avec l'appareil le plus terrible des combats : la rapidité des chevaux, l'ébranlement de la terre sous leurs pas, les éclats des sabres, le balancement des panaches et les clameurs des cavaliers. Le premier rang fit à peine une décharge de mousqueterie; dès ce moment le champ de bataille n'offrit plus qu'une scène d'horreur et de confusion. Les presbytériens, enfoncés de toutes parts, ne songeaient plus même à se défendre, et la plupart jetaient leurs armes pour pouvoir fuir plus vite. La voix de Claverhouse se fit entendre; même au milieu du bruit de l'action.

— Tue! tue! point de quartier! s'écria-t-il; souvenez-vous de Richard Grahame! — Les dragons, qui n'avaient pas oublié leur défaite à Loudon-Hill, n'avaient plus besoin d'être excités à la vengeance; ils n'avaient que la peine de massacrer des ennemis qui ne songeaient plus à se défendre, et la plaine se couvrait de cadavres.

Un corps de douze cents insurgés qui se trouvait à l'aile gauche jeta ses armes à l'approche du duc de Monmouth, et se rendit à discrétion. Ce seigneur, aussi humain que brave, leur accorda quartier; et, voyant qu'on ne lui opposait aucune résistance, parcourut le champ de bataille pour faire cesser le carnage. Il trouva à l'aile droite le général Dalzell, qui exhortait ses montagnards à montrer leur zèle pour la cause du roi, et à éteindre le feu de la révolte dans le sang des révoltés.

— Général, s'écria le duc, faites sonner la retraite, assez de sang a coulé; faites quartier aux sujets égarés de Sa Majesté.

— J'obéis à Votre Grâce, dit Dalzell en remettant son épée dans le fourreau; mais je vous préviens que nous n'avons pas encore assez intimidé ces misérables rebelles. N'avez-vous pas appris que Basile Olifant, qui vient de lever une troupe assez considérable, est en marche pour se joindre à eux?

— Basile Olifant? dit le duc : quel est cet homme?

— Le dernier héritier mâle du feu comte de Torwood. Il est mécontent du gouvernement, parce que lady Marguerite Bellenden a été mise en possession de toute la succession de son père, à laquelle il prétendait avoir des droits. Il espère sans doute, à la faveur des troubles, pouvoir recouvrer ses biens par la force.

— Quels que puissent être ses motifs, il n'est plus à craindre. Cette armée est trop en désordre pour qu'on puisse la rallier. Je vous le répète donc, faites cesser le carnage et la poursuite.

— Votre Altesse a le droit d'ordonner, répondit Dalzell ; elle sera responsable des conséquences. Et en même temps il donna, d'un air de répugnance manifeste, les ordres nécessaires pour arrêter ses soldats.

Mais le terrible et vindicatif Claverhouse était déjà trop loin pour entendre le signal de la retraite. A la tête de son régiment, il poursuivait les fuyards avec acharnement, dispersant et taillant en pièces tout ce qu'il rencontrait.

Morton et Burley combattirent jusqu'à la dernière extrémité ; ils essayèrent de couvrir la retraite de l'armée, et finirent par se voir abandonnés de presque tous ceux qui les avaient soutenus jusqu'alors. En ce moment une balle cassa le bras droit de Burley.

— Puisse la main qui a tiré ce coup se flétrir ! s'écriat-il en voyant tomber à son côté son glaive impuissant, — je suis hors de combat.

A ces mots, il tourna bride, et se perdit dans la foule des fuyards.

Morton vit alors que tous ses efforts ne pourraient être suivis de succès, et, ne voulant ni se sacrifier inutilement pour une cause désespérée, ni s'exposer à être fait prisonnier, il prit le parti de s'éloigner aussi du champ de bataille, suivi du fidèle Cuddy ; et, comme ils étaient bien montés, ils franchirent quelques haies de clôture et gagnèrent la rase campagne.

De la première hauteur qu'ils purent atteindre, ils tournèrent la tête. Ils virent d'un côté l'armée royale en bon ordre, qui faisait halte sur les bords de la Clyde, où elle avait pris position, et de l'autre, dans le lointain, des fuyards, courant dans toutes les directions, poursuivis par les dragons de Claverhouse, qui mêlaient leurs cris de triomphe aux gémissemens des victimes qu'ils égorgeaient.

— Il est impossible que l'armée se rallie de nouveau, dit Morton, et qu'elle tienne tête aux troupes royales.

— La *tête* lui a déjà été enlevée, comme je couperais

celle d'une ciboule, reprit Cuddy. Eh! Seigneur Dieu! voyez les éclairs des épées. Que la guerre est une chose terrible! sera bien malin qui m'y rattrapera! Mais, pour l'amour de Dieu, M. Henry, tâchons de trouver quelque refuge.

Morton, se soumettant à la nécessité, suivit le conseil de son écuyer, mit son cheval au galop, et dirigea sa course vers les montagnes, pensant qu'il pourrait y trouver quelques débris de l'armée dispersée, et qu'en se mettant à leur tête il serait possible d'opposer de la résistance aux vainqueurs, ou d'en obtenir une capitulation.

CHAPITRE XXXIII.

« Ils demandent au ciel qu'il leur donne en partage,
« Du lion la fureur sauvage,
« Du tigre la férocité. »

FLETCHER.

La nuit approchait, et depuis deux heures Henry et son fidèle serviteur n'avaient vu aucun de leurs malheureux compagnons d'armes. Ils étaient dans une bruyère au pied des montagnes, et ils aperçurent une grande ferme solitaire, située à l'entrée d'une ravine sauvage, et loin de toute autre habitation.

— Nos chevaux, dit Morton, ne peuvent nous conduire plus loin sans prendre quelque peu de repos et de nourriture. Il faut voir si l'on voudra nous recevoir ici.

En parlant ainsi, il s'avança vers la maison, et tout annonçait qu'elle était habitée. Une épaisse fumée sortait de la cheminée, et l'on voyait sur la terre des traces de pieds de chevaux récemment empreintes. Toutes les fenêtres, garnies de contrevents extérieurs, étaient fermées avec soin; la porte l'était aussi. Morton, en s'en approchant, entendit plusieurs voix : il frappa, mais personne ne lui ouvrit, et l'on garda le silence. En faisant le tour de la maison, pour s'assurer s'il n'y avait aucune autre entrée, Morton et son valet trouvèrent une écurie, dans laquelle étaient déjà une douzaine de chevaux encore sellés, dont l'air de fatigue et les blessures que quelques uns avaient reçues leur persuadèrent qu'ils appartenaient à des insurgés qui, comme eux, avaient cherché un asile en cet endroit.

— Cette rencontre est de bon augure, dit Cuddy : il doit y avoir ici de quoi manger, car voici un quartier de bœuf encore fumant.

Encouragés par ces apparences, et après avoir mis leurs chevaux dans l'écurie, ils retournèrent à la porte de la maison, y frappèrent de nouveau, et dirent qu'ils faisaient partie de l'armée presbytérienne.

— Qui que vous soyez, répondit une voix lugubre après un long silence, ne troublez pas ceux qui, pleurant la désolation et la captivité du peuple, cherchent les causes de la colère divine, afin que les pierres d'achoppement soient écartées de leur passage.

— Ce sont des whigs enragés de l'ouest, dit Cuddy, je reconnais leur jargon. Du diable si nous ne ferions pas mieux de passer notre chemin !

Mais pendant ce temps Morton avait forcé un des contrevents ; et, ouvrant la fenêtre, il sautait dans la large cuisine d'où la voix s'était fait entendre. Cuddy l'y suivit, murmurant entre ses dents, en passant la tête par la croisée : — Pourvu qu'il n'y ait pas ici une marmite de soupe bouillante sur le feu !

Le maître et le serviteur se trouvèrent alors dans la compagnie d'une douzaine d'hommes armés, en apparence occupés de prier, et assis autour d'un grand feu, devant lequel cuisait leur souper.

Il n'y avait dans cette chambre aucune lumière, mais

le feu répandait assez de clarté pour que Morton pût reconnaître plusieurs de ces fanatiques, qui s'étaient constamment opposés à toutes les mesures de modération, et notamment Éphraïm Macbriar et l'énergumène Habacuc Mucklewrath.

Personne ne lui adressa la parole; on ne parut s'apercevoir de sa présence que par les regards sinistres qu'on jetait sur lui de temps en temps; mais Macbriar continua une prière au ciel, pour que le Tout-Puissant levât sa main de dessus son peuple et ne le détruisît pas au jour de la colère.

Morton, s'apercevant que la compagnie dans laquelle il s'était si mal à propos introduit ne paraissait pas bien disposée en sa faveur, commençait à songer à la retraite; mais il vit, non sans alarme, que deux hommes armés s'étaient placés devant la fenêtre par laquelle il était entré.

Une de ces sentinelles de mauvais augure, s'approchant de Cuddy, lui dit tout bas : — Fils de la sainte Mause Headrigg, ne cours pas à ta ruine en restant plus long-temps avec ce fils de la perfidie et de la perdition; éloigne-toi promptement, car la vengeance est derrière toi.

Il lui montra en même temps la croisée, par laquelle Cuddy, profitant de cet avis salutaire, sortit de la chambre beaucoup plus vite qu'il n'y était entré.

— Les fenêtres me portent malheur, dit-il dès qu'il fut en plein air. Sa seconde réflexion fut pour son maître. Ils le tueront, les scélérats! et ils s'en applaudiront comme d'une bonne action!... Il faut que je coure du côté d'Hamilton; je rencontrerai peut-être quelques uns de nos gens qui viendront avec moi à son secours.

Cuddy entra dans l'écurie, s'empara du meilleur cheval qu'il put trouver, au lieu du sien trop fatigué, et prit au grand galop le chemin qui conduisait vers Hamilton.

Le bruit des pas d'un cheval troubla d'abord les dévotions des fanatiques, mais ils se rassurèrent quand l'éloignement les empêcha de l'entendre.

Macbriar avait terminé sa prière; Henry, voyant qu'on gardait le même silence à son égard, quoique tous les yeux fussent fixés sur lui, résolut de hâter une explication.

— Vous me faites un accueil bien extraordinaire, dit-il. J'ignore en quoi je puis l'avoir mérité.

— Honte et malheur à toi! répéta Mucklewrath en se relevant comme en sursaut : malheur à toi! la sainte parole que tu as dédaignée deviendra un rocher pour t'écraser et t'anéantir; la lance que tu aurais voulu briser te percera le sein : nous avons prié et demandé au ciel une victime pour servir de bouc émissaire, pour expier les péchés de la congrégation, et voilà que la tête d'un coupable nous est livrée entre les mains. Il s'est introduit parmi nous par la fenêtre, comme un voleur : c'est un bouc trouvé dans le bois, et dont le sang rachètera l'Église de la vengeance; ce lieu sera désormais appelé *Jehovah Jirah*, car le sacrifice aura lieu. Préparez-vous donc à lier la victime aux angles de l'autel.

Plusieurs de ces hommes se levèrent, et Morton regrettait bien de s'être si témérairement engagé dans leur compagnie. Il n'avait d'autre arme que son épée, et il voyait chaque whig armé de deux pistolets, tandis qu'il avait laissé les siens à la selle de son cheval : il ne pouvait donc espérer que la résistance le tirerait de leurs mains.

— L'intervention de Macbriar le sauva pour un moment.

— Arrêtez, mes frères, s'écria-t-il, ne tirez pas le glaive avec précipitation, de peur que le sang de l'innocent ne retombe sur nos têtes... Approche, dit-il à Morton, et réponds-moi. Nous compterons avec toi, avant de venger la cause que tu as trahie. N'as-tu pas résisté à la parole de vérité avec un front de pierre dans toutes les assemblées de l'armée?

— Oui! oui! cria-t-on d'une voix unanime.

— Il a toujours conseillé la paix avec les méchans, dit l'un d'eux.

— Il a parlé de tolérance et d'indulgence, dit un autre.

— Il aurait voulu vendre l'armée à Monmouth, ajouta un troisième. Il a été le premier à abandonner le brave Burley, qui résistait encore ; je l'ai vu fuyant dans la plaine long-temps avant que le feu eût cessé près du pont.

— Messieurs, si vous avez résolu de me condamner sans m'entendre, dit Morton, ma vie est peut-être en votre pouvoir, mais vous en répondrez devant Dieu et devant les hommes...

De nouvelles clameurs l'empêchèrent de continuer.

— Laissez-le parler, dit Macbriar; le ciel sait que nos entrailles se sont émues pour lui. Nous avons voulu l'éclairer des lumières célestes, il a fermé les yeux; lui faire entendre la vérité, il a bouché ses oreilles.

Morton, ayant obtenu silence, expliqua les raisons qui l'avaient conduit au camp du duc de Monmouth, rendit compte de l'entretien qu'il avait eu avec lui, détailla sa conduite pendant l'action, et finit par dire que si chacun avait voulu combattre comme lui, l'armée presbytérienne, au lieu d'être dispersée et détruite, serait triomphante, ou du moins en état d'obtenir des conditions de paix favorables.

— Vous l'entendez! dit un des caméroniens. — Il vient d'avouer ses vues charnelles, son érastianisme; qu'il meure!

— Paix! dit Macbriar, j'ai encore à l'interroger.

— N'est-ce point par ton secours que le réprouvé Evandale a échappé à la mort et à la prison? N'est-ce pas toi qui as sauvé du tranchant du glaive Miles Bellenden et sa garnison de coupe-jarrets?

— Si ce sont là les crimes que vous avez à me reprocher, dit Morton, je suis fier de les avouer.

— Vous l'entendez! dit Macbriar; et n'est-ce pas pour une femme madianite, une enfant du prélatisme, une des embûches de l'Ennemi? n'est-ce pas pour l'amour d'Edith Bellenden?

— Vous êtes incapable, s'écria vivement Morton, d'apprécier mes sentimens pour cette jeune dame; mais, n'eût-elle pas existé, j'aurais agi de la même manière.

— Tu es un rebelle endurci à la vérité.... Mais, en sauvant ainsi la vieille Marguerite Bellenden et sa petite-fille, ton but n'était-il pas de faire avorter les sages projets de John Balfour de Burley, à qui Basile Olifant avait promis de le joindre avec tous ses vassaux, s'il héritait des possessions de ces deux femmes?

— Jamais je n'ai entendu parler de cet infâme projet. Votre religion vous permet-elle donc d'employer des moyens aussi immoraux pour augmenter votre nombre?

— Paix! il ne t'appartient pas d'instruire des professeurs consciencieux, ni d'interpréter les obligations du Covenant, dit Macbriar un peu déconcerté. Au surplus vous avez avoué assez de crimes et de trahisons pour attirer la colère du ciel sur une armée, fût-elle aussi nombreuse que les grains de sable qui sont sur les bords de la mer. Nous disions avec Josué : — Pourquoi Israel a-t-il fui devant ses ennemis? C'est en ce moment que vous avez paru devant nous. La Providence vous a livré entre nos mains pour vous faire subir le châtiment dû à celui dont les iniquités ont fait tomber le courroux de Dieu sur Israel. Nous serions coupables, si nous vous laissions la vie.... Écoutez-moi donc bien : c'est aujourd'hui le jour du sabbat, nous ne le profanerons point par l'effusion du sang; mais, dès que cette horloge aura marqué minuit, vous serez rayé de la liste des vivans. Profitez donc des courts instans qui vous restent, et préparez-vous pour l'éternité.... Mes frères, saisissez le prisonnier, et emparez-vous de ses armes.

L'ordre fut donné et exécuté si promptement par ceux qui se trouvaient près de Morton, qu'il se vit désarmé avant d'avoir pu se mettre en défense. Observant un silence morne et farouche, les fanatiques se placèrent autour d'une table, et y firent asseoir Morton de manière à ce qu'il eût devant les yeux l'horloge qui marquait les minutes dont devait encore se composer son existence. On servit le souper sur la table; on en offrit une part à Morton; mais on juge bien que, dans la situation où il se trouvait, le besoin de satisfaire son appétit n'était pas ce qui l'occupait le plus. Bientôt après, les puritains se remirent en prières. Macbriar s'adressa à la Divinité pour implorer d'elle un signe qui démontrât qu'elle agréait le sacrifice sanglant qu'ils allaient lui offrir. Ses auditeurs étaient tout attention, comme pour épier les preuves de l'approbation céleste, et de temps en temps leurs sombres regards se tournaient sur le cadran pour voir avancer le moment de l'exécution.

L'œil de Morton prenait souvent la même direction, pendant qu'il réfléchissait tristement que sa vie n'irait pas au-delà du temps que l'aiguille mettrait à parcourir l'étroite portion du cercle terminée par l'heure fatale.

Sa confiance religieuse, ses principes inaltérables d'honneur, et le sentiment de son innocence, lui firent passer cet intervalle terrible avec moins d'agitation que lui-même n'aurait cru en éprouver si cette circonstance critique lui eût été prédite. Il y avait cependant en lui l'absence de ce sentiment qui le soutint naguère dans une situation semblable, lorsqu'il était au pouvoir de Claverhouse. Alors il savait que parmi les spectateurs il en était beaucoup qui le plaignaient, et d'autres qui approuvaient sa conduite. Mais cette fois, au milieu de ces forcenés fanatiques, dont le visage farouche allait s'animer de joie en voyant son exécution, sans amis pour l'encourager par de douces paroles, ou par un regard de sympathie, forcé d'attendre que le glaive destiné à le frapper sortît lentement du fourreau, et condamné à avaler goutte à goutte l'amère liqueur de la mort, il n'est pas étonnant qu'il fût moins calme que dans un danger précédent. En considérant les bourreaux, il croyait les voir se transformer en spectres, comme dans le délire de la fièvre; et, son imagination l'emportant sur la réalité, il était près de se croire entouré plutôt de démons que d'êtres vivans; le sang semblait rougir les murailles, et le bruit régulier de la pendule retentissait à son oreille, comme si chaque son était un coup de poignard.

Ce fut avec peine qu'il sentit chanceler son âme sur les rives de l'autre monde. Il fit un effort sur lui pour se recueillir et implorer le ciel; et, dans son trouble, il se servit des paroles d'une prière qu'on trouve dans le livre de l'église anglicane [1]. Macbriar, dont la famille était de cette secte, reconnut aussitôt les mots que prononçait le prisonnier à demi-voix.

— Il ne manquait plus que cela, dit-il en rougissant de colère, pour arracher de mon cœur toute répugnance charnelle à répandre le sang. C'est un hérétique qui est entré dans le camp, déguisé en érastien. Tout ce qu'on a dit de lui, et plus encore, doit être vrai. Que son sang retombe sur sa tête perfide! Qu'il descende à Tophet, portant à la main le livre où il puise ses prières.

— J'élève ma voix contre lui! s'écria le frénétique Habacuc. De même que le soleil recula de dix degrés sur le cadran, pour annoncer la guérison du saint roi Ézéchias, il va avancer en cette occasion, afin que l'impie soit en-

---

(1) *Book of common prayer of the church of England.* — Ed.

levé du milieu du peuple, et le Covenant établi dans sa pureté.

S'élançant à l'instant sur une chaise avec l'air d'un énergumène, il étendait l'index de sa droite pour placer l'aiguille du cadran sur l'heure fatale; les glaives étaient déjà tirés pour immoler Morton, lorsqu'un des caméroniens arrêta la main de Mucklewrath.

— Silence! dit-il, j'entends du bruit.

— C'est le bruit du ruisseau qui coule ici près, dit un autre.

— C'est le vent qui souffle dans les bruyères, dit un troisième.

— C'est bien certainement de la cavalerie, pensa Morton, à qui sa terrible situation donnait une plus grande finesse d'ouïe. Dieu veuille que ce soient des libérateurs!

Le bruit s'approchait, et devenait plus distinct de moment en moment.

— Ce sont des chevaux! s'écria Macbriar; voyez qui ce peut être.

— C'est l'ennemi! s'écria un des assistans qui venait d'ouvrir une fenêtre pour s'en assurer.

Le bruit des hommes et des chevaux se fit entendre alors près de la maison. Tous se mirent en mouvement, les uns pour se défendre, les autres pour prendre la fuite. Au même instant, la porte et les fenêtres furent forcées, et des dragons du régiment des gardes parurent dans la chambre.

— Feu sur les rebelles! souvenez-vous du cornette Grahame! Ce cri fut répété de toutes parts.

Plusieurs coups de pistolet partirent en même temps. A la première décharge un des whigs qui se trouvait à côté de Henry fut blessé mortellement, tomba sur lui, et l'entraîna dans sa chute. Cet évènement sauva peut-être la vie de Morton, qui aurait couru de grands risques dans un combat nocturne éclairé seulement par le feu de la cheminée, et qui dura quatre à cinq minutes. Dans ce court espace de temps plusieurs coups de sabre et de pistolet furent échangés.

Dès que les dragons furent maîtres du champ de bataille : — Le prisonnier que gardaient ces misérables est-il sauvé? dit la voix bien connue de Claverhouse. Qu'on le cherche, et qu'on me dépêche ce chien dont les gémissemens me fatiguent.

Les deux ordres furent exécutés. On acheva un blessé qui respirait encore, et Morton, débarrassé du cadavre qui le couvrait, fut relevé par le fidèle Cuddy, qui pouvait à peine modérer sa joie quand il se fut assuré que le sang dont son maître était couvert n'avait pas coulé dans ses veines. Il se hâta de lui apprendre à demi-voix ce qui avait fait arriver ce détachement si à propos.

— Tout en cherchant quelques soldats de notre division pour vous tirer des mains de ces furieux, lui dit-il, j'ai rencontré le parti de Claverhouse, et me trouvant entre le diable et la mer, amenons plutôt le diable, me suis-je dit, car il sera fatigué d'avoir tué toute la nuit, et d'ailleurs il sait que vous avez sauvé lord Evandale; et ensuite les dragons m'ont dit que le duc accorde quartier à tous ceux qui le demandent. Ainsi donc il n'y a qu'à prendre courage, j'espère que tout finira bien.

CHAPITRE XXXIV.

« Fifres, clairons, annoncez la victoire,
« Rendez hommage à la valeur;
« Il vaut mieux vivre un seul jour avec gloire
« Que vivre un siècle sans honneur. »
Anonyme.

Après ce combat ou plutôt cette boucherie, Claverhouse, ayant fait débarrasser la chambre des corps morts, annonça à ses soldats qu'on passerait la nuit en cet endroit, et qu'on partirait le lendemain de grand matin. Il s'occupa ensuite de Morton, et mit une certaine bonté dans la manière dont il lui parla :

— Vous vous seriez évité les dangers que vous avez courus des deux côtés, M. Morton, si vous aviez accordé quelque attention au conseil que je vous avais donné hier matin : n'en parlons plus ; je respecte vos motifs. Vous êtes prisonnier de guerre, à la disposition du roi et du conseil ; mais je veux que vous soyez traité avec tous les égards possibles. Je ne vous demande que votre parole de ne pas chercher à vous échapper.

Morton la lui donna sur-le-champ. Claverhouse le salua avec courtoisie, et, se détournant, appela son sergent-major.

— Combien de prisonniers, Holliday ? Combien de tués ?

— Trois tués dans la maison, deux dans la cour, un dans le jardin, et quatre prisonniers.

— Armés, ou sans armes ?

— Trois étaient armés jusqu'aux dents. L'autre est sans armes ; il a l'air d'un prêcheur.

— J'entends ; une des trompettes de ces têtes rondes. Je lui parlerai demain. Quant aux trois autres, qu'on les mène dans la cour, et un feu de file. N'oubliez pas d'écrire dans le livre d'ordre trois rebelles pris les armes à la main et fusillés, avec la date du jour et le nom de l'endroit : je crois qu'on le nomme Drumshinnel. Qu'on tienne le prêcheur sous bonne garde ; comme il n'était pas armé, il faut qu'il subisse un petit interrogatoire ; j'y songerai demain, ou peut-être l'enverrai-je au conseil. Je suis las de cette besogne dégoûtante. Qu'on ait les plus grands égards pour M. Morton. Que chacun prenne soin de son cheval. Que mon valet lave le dos de Wildblood avec du vinaigre, je crois que la selle l'a un peu écorché.

Tous ces ordres furent donnés avec sang-froid et du même ton, comme si celui qui commandait ainsi n'attachait pas plus d'importance à l'un qu'à l'autre.

Les caméroniens, qui tout à l'heure allaient se rendre coupables d'une exécution sanglante, étaient sur le point de servir eux-mêmes de victimes. Ils paraissaient également préparés pour l'une comme pour l'autre extrémité : aucun d'eux ne montra le moindre signe de terreur, quand ils reçurent l'ordre de sortir pour aller subir la mort. Leur sévère enthousiasme les soutint dans cet affreux moment, et ils partirent, l'air calme et en silence, excepté un seul, qui, regardant Claverhouse en face, prononça ces mots d'une voix farouche :

— Malheur à l'homme violent !

Claverhouse ne lui répondit que par un sourire de mépris.

Claverhouse se fit ensuite servir quelque nourriture qu'on lui avait préparée à la hâte, et invita Morton à se mettre à table avec lui, ajoutant que ce jour avait été pour tous deux un jour de fatigue. Il fut impossible à Morton de manger. Les secousses qu'il avait successivement éprouvées lui avaient ôté tout appétit ; mais il était dévoré d'une soif ardente, et il témoigna le désir de la satisfaire.

— Je vous ferai raison de tout mon cœur, dit Claverhouse ; voilà un pot plein d'ale brune qui doit être bonne, car ces whigs savent toujours où trouver la meilleure. — A votre santé, M. Morton, dit-il en remplissant un verre pour lui, et en lui en présentant un autre.

Morton portait le verre à la bouche, quand une décharge de mousqueterie annonça que les trois prisonniers finissaient d'exister. Il tressaillit, et remit le verre sur la table sans y goûter.

— Vous êtes jeune, M. Morton, dit Claverhouse en vidant le sien tranquillement. Vous n'êtes pas encore habitué à de pareilles scènes, et votre sensibilité ne vous ôte rien de mon estime; mais le devoir et la nécessité finissent par y accoutumer.

— J'espère, dit Morton, que jamais ils ne produiront cet effet sur moi.

— J'ai pensé comme vous, répliqua Claverhouse. Croiriez-vous bien qu'au commencement de ma carrière militaire la vue d'un homme blessé me faisait frémir, comme si son sang eût coulé de mes propres veines? Et cependant, si vous écoutez un de ces fanatiques, il vous dira que j'en bois un verre tous les matins. Mais au fait, M. Morton, pourquoi la mort qui nous environne de toutes parts nous causerait-elle tant d'épouvante? Entendons-nous une heure qui ne sonne pas le trépas de l'un de nous? Pourquoi donc nous inquiéter de prolonger notre existence ou celle des autres? C'est une véritable loterie. Minuit devait être votre dernière heure; elle a sonné: vous êtes vivant, et les coquins qui comptaient vous assassiner n'existent plus. Qu'est-ce que la douleur qu'on éprouve pour mourir? elle ne vaut pas la peine d'y songer, puisque tôt ou tard il faut la subir d'une manière ou d'une autre. Quand je pense à la mort, M. Morton, c'est dans l'espoir de la trouver un jour sur le champ de bataille, après avoir bien combattu, au milieu des cris de victoire: voilà ce qui vaut la peine de vivre, la peine d'avoir vécu.

Claverhouse achevait à peine ces paroles, les yeux brillant d'un enthousiasme guerrier, quand une figure sanglante qui semblait sortir de terre parut dans un coin de la chambre, et fit reconnaître à Morton les traits de l'énergumène Habacuc, défigurés par le sang et par les approches de la mort.

Il fixa sur Claverhouse des yeux où brillait encore le feu à demi éteint d'un délire fanatique, et s'écria avec son geste farouche:

— Te fieras-tu à ta lance et à ton arc, à ton coursier, à ta bannière? et Dieu ne te demandera-t-il pas compte du sang innocent? Te glorifieras-tu dans ta sagesse, ton courage et ta force, et le Seigneur ne te jugera-t-il point? Les princes pour qui tu as vendu ton âme à l'ennemi des hommes descendront de leur trône, et seront bannis dans les terres étrangères; leur nom deviendra un sujet de désespoir, d'étonnement, de mépris et de malédiction. Toi qui as bu à la coupe de la fureur, et t'es enivré jusqu'au délire, le souhait de ton cœur sera exaucé pour ta perte, et l'espérance de ton orgueil se détruira. Je te somme, John Grahame, de comparaître devant le tribunal de Dieu, pour répondre du sang innocent que tu as versé par flots.

Il passa sa main droite sur son visage sanglant, et la leva au ciel, en proférant ces mots à haute voix; puis il ajouta plus bas: — Jusques à quand, Seigneur, source de toute vérité et de sainteté, laisseras-tu sans vengeance le sang des saints?

En prononçant ces derniers mots, il se laissa tomber sans chercher à se retenir, et expira avant que sa tête eût touché le sol.

Cette nouvelle scène ajouta encore à l'émotion de Morton, et il ne put s'empêcher d'être frappé de l'analogie singulière qui existait entre les dernières paroles de ce frénétique et les sentimens que venait d'exprimer Claverhouse.

Deux dragons qui se trouvaient dans la chambre, tout endurcis qu'ils étaient par l'habitude de répandre le sang, ne purent voir cette apparition inattendue, et entendre l'espèce de prophétie dont elle fut accompagnée, sans un mouvement de crainte. Ils restèrent pâles, immobiles, les yeux fixes, comme dans un état de stupeur.

Claverhouse seul ne montra aucune émotion. A l'instant

où Habacuc se leva de terre, il saisit ses pistolets; mais il s'aperçut aussitôt qu'il était mourant, et, les remettant sur la table, il écouta avec le plus grand sang-froid ses prédictions menaçantes.

— Comment cet homme s'est-il trouvé là? dit-il dès qu'Habacuc eut cessé de parler et fut retombé à terre. — Hé bien, ajouta-t-il en s'adressant au dragon qui était le plus près de lui, me répondrez-vous? que signifie cet air effaré? voulez-vous que je vous croie assez poltron pour avoir peur d'un mort?

Le dragon répondit en bégayant qu'il fallait que ses camarades ne l'eussent pas aperçu quand ils avaient enlevé les trois autres cadavres. Ils étaient d'autant plus excusables, qu'il était tombé à l'extrémité de la salle opposée à la cheminée, dans un endroit où un ou deux manteaux avaient été jetés sur lui par mégarde.

— Hé bien! emportez-le donc maintenant, au lieu d'ouvrir de grands yeux et de rester les bras croisés, à moins que vous n'ayez peur qu'il ne vous morde pour donner un démenti au vieux proverbe. — Voilà du nouveau, M. Morton; des morts qui ressuscitent pour venir nous faire des menaces! — Il faut que je fasse repasser les sabres de mes garnemens; ils font ordinairement leur besogne beaucoup mieux. Mais nous avons eu une terrible journée, ils ont le bras fatigué, et je crois que vous et moi, M. Morton, nous ne serons pas fâchés de goûter quelques heures de repos.

En finissant ces mots, il prit une lumière, souhaita le bonsoir à Morton, et passa dans l'appartement qu'on lui avait préparé.

On conduisit alors Morton dans une autre chambre. Resté seul, son premier soin fut de remercier le ciel de l'avoir sauvé du danger par les mains de ceux qui semblaient devoir être ses plus dangereux ennemis. Il pria aussi la Providence de le guider à l'avenir dans des temps si difficiles; et après avoir rendu grâces à l'Être suprême, il se laissa aller au sommeil, dont il avait un si grand besoin.

CHAPITRE XXXV.

« Les avocats sont prêts, l'accusateur s'avance,
« Les juges, au front morne, ont déjà pris séance. »
GAY. *L'opéra du Gueux.*

Un sommeil si profond avait succédé à l'agitation que Morton avait éprouvée la veille, qu'il savait à peine où il se trouvait, quand il fut éveillé en sursaut par le bruit des chevaux, les cris des soldats et le son des trompettes. A peine avait-il eu le temps de se lever, que Holliday vint l'avertir, de l'air le plus respectueux, que le général (Claverhouse avait alors ce rang) espérait avoir le plaisir de sa compagnie sur la route.

Il se trouve dans la vie des situations où une invitation est un ordre; Morton crut avec raison qu'il était dans cette position, et il se rendit sur-le-champ auprès de Claverhouse. Il trouva son cheval sellé et bridé, et Cuddy prêt à le suivre. On semblait les traiter non en prisonniers, mais comme s'ils avaient fait partie de la troupe : cependant on les avait désarmés; mais Claverhouse remit lui-même à Morton son épée, arme qui, à cette époque, était la marque distinctive d'un homme de qualité. Lorsqu'on se mit en route, il le fit placer à côté de lui, et il semblait prendre plaisir à sa conversation; mais plus Morton l'entendait parler, plus il se trouvait embarrassé pour fixer ses idées sur son véritable caractère : son urbanité, la politesse de ses manières, ses sentimens généreux et chevaleresques, son dévouement à la cause de son roi, sa pénétration et sa connaissance profonde du cœur humain, forçaient l'approbation et excitaient l'admiration de tous ceux qui conversaient avec lui ; mais son indifférence pour la vie des hommes, les violences et les cruautés qu'il autorisait dans ses soldats, et qu'il leur commandait même quelquefois, son mépris pour tout ce qui était d'une classe inférieure à la sienne, formaient un contraste qui repoussait loin de lui ceux que ses aimables qualités n'auraient pas manqué de subjuguer. Morton ne put s'empêcher de le comparer intérieurement à Burley ; et cette idée prenant possession de son esprit, il laissa échapper quelques mots qui la firent entrevoir.

— Vous avez raison, dit Claverhouse en souriant, parfaitement raison. Nous sommes tous deux des fanatiques ; mais il y a quelque différence entre le fanatisme inspiré par l'honneur et celui que fait naître une sombre et farouche superstition.

— Et cependant vous versez tous deux le sang sans remords et sans pitié ! repartit Morton, incapable de cacher ses sentimens.

— Il est vrai, dit Claverhouse avec le même sang-froid ; mais il y a, je crois, une grande différence entre le sang de braves soldats, de gentilshommes loyaux, de prélats vertueux, et la liqueur rouge qui coule dans les veines de paysans grossiers, d'obscurs démagogues, de misérables psalmodieurs ! Ne faites-vous pas une distinction entre une bouteille d'un excellent vin et un pot de mauvaise bière ?

— Votre comparaison est trop subtile pour moi. Dieu a donné la vie au paysan comme au prince, et celui qui détruit son ouvrage sans un motif bien puissant, et au gré de son caprice, lui en rendra compte dans l'un comme dans l'autre cas. Et, par exemple, ai-je plus de droit aujourd'hui à la protection du général Grahame que la première fois que je l'ai vu ?

— Et que vous avez vu la mort de si près, voulez-vous

dire? Hé bien, je vous répondrai franchement : je ne voyais alors en vous que le fils d'un ancien chef de rebelles, le neveu d'un vieux laird avare; maintenant je vous connais mieux : je sais que vous avez un caractère que j'honore dans un ennemi autant que je l'aime dans un ami. J'ai pris bien des informations sur vous depuis notre première rencontre, et j'espère que vous voyez que leur résultat ne vous a pas été défavorable.

— Cependant je suis...

— Vous êtes le même aujourd'hui que vous étiez alors, j'en conviens; mais comment pouvais-je le savoir? Ce n'est que depuis ce temps que j'ai appris à vous apprécier. Au surplus, la résistance même que j'ai opposée à ceux qui intercédaient en votre faveur, doit vous prouver que dès lors j'avais conçu une assez haute opinion de vos talens.

— Pensez-vous, général, que je doive être très reconnaissant d'une telle preuve d'estime?

— Allons, allons, vous faites le pointilleux, reprit Claverhouse. Je vous dis que je vous croyais tout autre. Avez-vous jamais lu Froissart?

— Non, répondit Morton.

— J'ai envie, dit Claverhouse, de vous procurer six mois de prison pour vous faire jouir de ce plaisir. Ses chapitres m'inspirent plus d'enthousiasme que la poésie elle-même. Avec quel sentiment chevaleresque ce noble chanoine réserve ses belles expressions de douleur pour la mort du brave et noble chevalier, dont la perte est à déplorer, tant sa loyauté était grande, sa foi pure, sa valeur terrible à l'ennemi, et son amour fidèle. Ah, *benedicite!* comme il se lamente sur la perte de cette perle de chevalerie, quel que soit le parti qu'elle ait orné. Mais certes, quant à quelques centaines de vilains nés pour labourer la terre, le noble historien témoigne pour eux aussi peu, peut-être moins de sympathie que John Grahame de Claverhouse lui-même.

— Vous avez pourtant, général, un paysan parmi vos prisonniers ; et, malgré le mépris que vous affichez pour une profession que quelques philosophes ont regardée comme aussi utile que celle de soldat, je prendrai la liberté de solliciter vivement votre protection pour lui.

Claverhouse prit son livre de *mementos*, et y jetant un coup d'œil : — Vous voulez parler, dit-il, d'un Hatherick, Hedderich, ou, — ou, — Headrigg. Oui, Cuthbert, ou Cuddy Headrigg. — Je le tiens ici. — Oh! ne craignez rien pour lui, s'il veut seulement ne pas être intraitable. — Les dames de Tillietudlem m'avaient dit un mot en sa faveur. Il doit épouser leur femme de chambre, je crois.

— Je ne lui soupçonne pas l'ambition d'être martyr.

— Tant mieux pour lui! D'ailleurs, quoi qu'il pût avoir fait, je le protègerais à cause de l'erreur salutaire qui le jeta dans nos rangs la nuit dernière, lorsqu'il cherchait à vous procurer du secours. Il a eu confiance en moi, et c'est un titre pour que je ne l'abandonne pas. Mais, à vous parler sincèrement, il y a long-temps que j'ai les yeux ouverts pour surveiller sa conduite. — Holliday, donnez-moi le livre noir.

Le sous-officier remit à son commandant un registre qui contenait les noms, par ordre alphabétique, de tous ceux qu'on croyait devoir considérer comme suspects d'avoir des intentions hostiles contre le gouvernement. Claverhouse le feuilleta en continuant sa route :

— Gumblegumption, ministre autorisé, âgé de cinquante ans, rusé, hypocrite... Ce n'est pas cela. — Heathercat, prédicateur proscrit, zélé caméronien, tenant un conventicule sur les monts Campsic. — Je me trompe... — Ah! m'y voici : Cuthbert Headrigg. Sa mère, puritaine exaltée. Quant à lui, c'est un garçon fort simple, mais sans génie ; excellent tireur, meilleur pour la main que pour la tête. On pourrait l'attacher à la bonne cause, sans son attachement pour...

Ici Claverhouse regarda Morton, et ferma son livre.

— Le dévouement, la fidélité, M. Morton, sont des vertus qui ne sont jamais perdues avec moi. Vous pouvez compter sur la vie de ce jeune homme.

— Un esprit comme le vôtre, dit Morton, n'est-il pas révolté d'un système qui exige des enquêtes si minutieuses sur des individus si obscurs?

— Supposez-vous, répondit le général avec un peu de hauteur, que ce soit nous qui prenions cette peine? Les desservans de chaque paroisse recueillent ces renseignemens pour eux-mêmes. Ils connaissent mieux que personne les brebis noires du troupeau. Il y a trois ans que j'ai votre portrait.

— En vérité! s'écria Morton; voudriez-vous me faire le plaisir de me le montrer?

— Volontiers, répondit Claverhouse, je n'y vois pas d'inconvénient; car, devant quitter l'Écosse probablement pour quelques années, vous ne pouvez vous venger du peintre.

Ces mots, prononcés avec un air d'indifférence, firent tressaillir Morton en lui annonçant l'exil loin de son pays natal : avant qu'il pût répondre, Claverhouse, ouvrant alors une seconde fois le registre, lut ce qui suit :

— Henry Morton, fils de Silas Morton, colonel de cavalerie pour le parlement d'Écosse, neveu de Morton de Milnwood. — Éducation imparfaite, mais du courage au-dessus de son âge. — Adroit à tous les exercices; — indifférent pour les formes de religion, mais penchant pour le presbytérianisme. — A des idées exaltées et dangereuses sur la liberté de penser et d'écrire. — Flotte entre les opinions des latitudinariens et celles des enthousiastes. — Fort aimé de tous les jeunes gens des environs. — D'un caractère doux, modeste et tranquille, et cependant un esprit ardent, une tête de feu. Il est...

— Vous voyez, M. Morton, continua le général, que ces mots sont suivis de trois croix rouges, ce qui signifie trois fois dangereux. Vous étiez donc un homme important à surveiller. — Mais que me veut ce messager?

Un homme à cheval s'approcha de lui en ce moment, et lui remit une lettre. Claverhouse l'ouvrit, la lut avec un sourire dédaigneux, et s'adressant au courrier : — Dites à votre maître, lui dit-il d'un air de mépris, qu'il envoie ses prisonniers à Édimbourg. Il n'y a pas d'autre réponse.

Se tournant alors vers Morton : — C'est un de vos alliés, reprit-il, mais je devrais plutôt dire un allié de votre ami Burley, qui abandonne votre cause. Écoutez son style : « — Mon cher monsieur, » je ne sais pas d'où lui vient ce ton d'intimité, « je supplie Votre Excellence de « recevoir mes humbles félicitations sur la victoire que « l'armée de Sa Majesté vient de remporter. J'ai l'honneur « de vous donner avis que j'ai fait prendre les armes à mes « vassaux pour arrêter les fuyards. J'ai déjà fait plusieurs « prisonniers, etc. *Signé* Basile Olifant. » — Vous le connaissez sans doute de nom?

— N'est-ce pas un parent de lady Marguerite Bellenden?

— Le dernier héritier mâle de son père, quoiqu'à un degré fort éloigné, amant de la belle Edith, qui lui a été refusée parce qu'il en était indigne, mais surtout admirateur du domaine de Tillietudlem et de toutes ses dépendances.

— Il prenait un mauvais moyen de recommandation auprès de cette famille, dit Morton, en entretenant des liaisons avec notre malheureux parti.

— Oh! mais le prudent Basile est homme à jouer différens rôles. Il était mécontent — du gouvernement, parce qu'il n'avait pas voulu annuler en sa faveur le testament que le comte de Torwood avait fait au profit de sa fille;

— de lady Marguerite, parce qu'elle lui avait refusé miss Bellenden; — et de cette dernière, parce qu'elle ne pouvait souffrir sa gaucherie et sa grande taille. Il entra donc en correspondance avec Burley, et fit une levée d'hommes dans le dessein de le secourir, — s'il n'avait pas besoin de secours, c'est-à-dire si vous nous aviez battus hier. — Aujourd'hui que nous sommes vainqueurs, le coquin change de ton: il prétend qu'il n'a agi que pour le service du roi, et je suis porté à croire que le conseil prendra ses protestations pour argent comptant, quoiqu'il sache fort bien que ce n'est que de la fausse monnaie; et l'on fera pendre ou fusiller quelques douzaines de pauvres fanatiques, tandis que ce fourbe, enveloppé de son hypocrisie comme d'une peau de renard, jouira de l'honneur qui n'est dû qu'à la loyauté.

C'est en conversant ainsi sur différens objets qu'ils parvinrent à trouver moins longue la route qu'ils avaient à faire. Claverhouse parla toujours à Morton avec la plus grande franchise, et le traita en ami et en compagnon plutôt qu'en prisonnier. Henry était encore incertain du sort qui l'attendait, et cependant les heures qu'il passa dans la société de cet homme extraordinaire, dont l'imagination était aussi riche et aussi fertile que sa connaissance du cœur humain était profonde, lui parurent les plus courtes de toutes celles qui s'étaient écoulées depuis qu'il avait été jeté dans le torrent des affaires publiques. Il se trouvait en ce moment comme un cavalier qui a lâché les rênes, et qui, s'abandonnant à son coursier, s'épargne au moins la peine de diriger sa marche.

Ils voyagèrent ainsi jusqu'à Édimbourg, leur suite s'augmentant continuellement de divers détachemens de cavalerie qui les rejoignaient et qui amenaient presque tous un plus ou moins grand nombre de prisonniers.

Comme ils étaient sur le point d'entrer dans cette ville:

— Je sais, dit Claverhouse, que le conseil privé, sans doute pour donner, par ses démonstrations de joie, une preuve de la terreur dont il a été frappé, a décidé que nous ferions une espèce d'entrée triomphale dans Édimbourg, traînant à notre suite nos captifs, comme les généraux romains. Mais je n'aime pas à me donner en spectacle, et je veux vous éviter le désagrément d'en faire partie.

Il appela Allan, qui était alors son lieutenant-colonel, le chargea du commandement de la cavalerie; et, prenant un chemin détourné, il entra incognito dans la ville avec Morton, suivi de quelques domestiques.

En arrivant à la maison qu'il occupait dans une des principales rues d'Edimbourg, il fit entrer Morton dans un appartement, où il le laissa seul en lui disant qu'il comptait sur sa parole de ne pas en sortir.

Après avoir passé un quart d'heure à réfléchir sur les vicissitudes qu'il avait éprouvées depuis un mois, Morton entendit dans la rue un grand bruit qui l'engagea à s'approcher de la fenêtre. Les trompettes, les clairons, les tambours, se faisaient entendre au milieu des acclamations de la multitude, et annonçaient l'arrivée de la cavalerie royale. Les magistrats étaient allés recevoir les vainqueurs à la porte de la ville, et ils marchaient à la tête de la pompe triomphale, précédés de leurs hallebardiers. Derrière eux on portait sur des piques les têtes de deux rebelles, et leurs mains que, par une barbare dérision, l'on approchait souvent l'une de l'autre dans une attitude suppliante. Ces trophées sanglans appartenaient à deux prédicateurs qui avaient été massacrés dans la plaine de Bothwell. Après eux venait une charrette conduite par le valet de l'exécuteur des hautes œuvres, sur laquelle étaient placés Macbriar et deux autres prisonniers, qui paraissaient être de la même profession; ils étaient tête nue, chargés de fers; mais ils ne semblaient ni abattus par le destin de leurs compagnons, dont on portait devant eux les tristes restes, ni intimidés par la crainte de la mort à laquelle ces préliminaires leur annonçaient assez clairement qu'ils étaient destinés : ils jetaient des regards fermes sur le peuple qui les entourait, et semblaient en quelque sorte triompher de leurs vainqueurs.

Derrière ces prisonniers abandonnés aux insultes de la canaille, qui leur jetait de la boue et des pierres, marchait un corps de cavaliers brandissant leurs sabres, et poussant des acclamations auxquelles répondaient les cris de la populace, qui, dans toutes les grandes villes, est toujours satisfaite quand on lui permet de se livrer à de bruyantes clameurs.

Venaient ensuite les prisonniers principaux, dont le nombre montait à plus de cent. Ceux qui avaient le grade de chef marchaient en avant : les uns liés sur leurs chevaux, vers la queue desquels leur visage était tourné ; les autres attachés à de pesantes barres de fer qu'ils étaient obligés de porter dans leurs mains, comme les galériens qui voyagent en Espagne pour se rendre au port où ils doivent être embarqués. On portait en triomphe les têtes de ceux qui avaient péri, les unes au bout des piques, les autres dans des sacs, avec les noms de ces malheureux pour étiquette. Tels étaient les objets hideux qui précédaient les victimes encore vivantes de cette procession, victimes qui semblaient dévouées à la mort aussi certainement que si elles avaient été coiffées du *san-benito* des hérétiques condamnés à figurer dans un *auto-da-fe*.

Derrière venait la foule obscure des prisonniers : les uns annonçaient par leurs regards fiers et intrépides qu'ils étaient encore convaincus de la justice de la cause pour laquelle ils avaient combattu, et que la mort même ne pouvait refroidir l'ardeur de leur enthousiasme ; les autres, abattus et consternés, semblaient se reprocher l'imprudence qu'ils avaient commise en épousant un parti que la Providence avait abandonné, et déjà ils s'occupaient à chercher quelque subterfuge pour échapper au sort qui les menaçait : quelques uns, accablés de faim, de soif et de lassitude, semblaient un troupeau de moutons qu'un boucher force à marcher vers la tuerie sans qu'ils sachent s'il s'agit de les tondre ou de les égorger ; ils ne laissaient voir ni crainte, ni désir, ni espérance, absorbés par le sentiment de leur malheur, sans en avoir peut-être une idée bien distincte.

Une file de cavaliers bordait leurs rangs de chaque côté, et le reste de la cavalerie était précédé d'une musique militaire qui exécutait des airs de triomphe interrompus à chaque instant par les acclamations de la multitude.

Morton se sentit désolé à la vue d'un pareil spectacle ; et, en reconnaissant, parmi les prisonniers et les têtes au bout des piques, des traits qui lui avaient été familiers pendant la courte durée de l'insurrection, il se laissa tomber sur une chaise, dans un état d'horreur et de stupéfaction, et il n'en fut retiré que par la voix de Cuddy : il entra dans la chambre, pâle comme un mort ; ses cheveux se dressaient sur sa tête, et les dents lui claquaient d'effroi.

— Que le ciel nous pardonne, monsieur Henry ! s'écria-t-il ; que Dieu ait pitié de nous ! Il faut que nous paraissions à l'instant devant le conseil : hé ! mon Dieu, que veulent-ils donc qu'un pauvre homme comme moi dise devant tant de lords et de seigneurs ? Mais ce n'est pas tout : ma mère est partie de Glascow ; elle vient pour me voir rendre témoignage, suivant son jargon ; ce qui veut dire pour me voir pendre ! Mais Cuddy n'est pas encore si bête, et s'il peut éviter la corde, au diable tous les témoignages ! — Mais voici Claverhouse lui-même. — Dieu nous préserve ! dirai-je encore une fois.

Claverhouse entra en ce moment. — Il faut vous rendre de suite devant le conseil, M. Morton, lui dit-il en le saluant avec sa politesse et son aisance ordinaires. Votre domestique doit aussi vous y suivre. Vous n'avez rien à craindre pour votre sûreté ni pour la sienne ; mais je vous avertis que vous serez peut-être témoin d'une scène qui vous sera pénible à supporter. J'aurais voulu vous l'éviter, mais je n'ai pu y réussir. Ma voiture nous attend. Partirons-nous?

C'était encore une de ces invitations dont Morton n'avait aucun moyen de se défendre, quoiqu'elle ne lui fût pas très agréable. Il se leva sur-le-champ et suivit Claverhouse.

En descendant l'escalier : — Oui, lui dit Claverhouse, vous vous tirerez d'affaire à bon marché, et votre domestique en fera autant, s'il peut retenir sa langue.

Cuddy entendit ces paroles, et fut transporté de joie. — Ma langue sera bien tranquille, pensa-t-il ; mais pourvu que ma mère ne vienne pas mettre son doigt dans le pâté!

Comme il sortait, la vieille Mause, qui le guettait à la porte, le saisit par le bras. — Mon fils! mon fils! s'écria-t-elle, que je suis aise et glorieuse, quoique triste et humiliée en même temps, de voir que la bouche de mon fils va rendre témoignage à la vérité en plein conseil, comme son bras l'a fait sur le champ de bataille!

— Paix donc, ma mère, paix donc! s'écria Cuddy d'un air d'impatience ; est-ce le moment de parler de pareilles choses? Je ne témoignerai rien d'un côté ni d'un autre ; croyez-vous que j'aie envie d'être pendu? J'ai parlé à M. Poundtext, que j'imiterai : il a fait toutes les déclarations qu'on a voulu, et il a obtenu grâce pour lui et pour son troupeau; et voilà un ministre qui gagne bien son argent. Je n'aime pas vos sermons qui finissent par un psaume à Grass-Market [1].

(1) Lieu des exécutions à Édimbourg. — ÉD.

— Ah! Cuddy, mon cher Cuddy, je serais fâchée qu'il vous mésarrivât, dit Mause, partagée entre le désir de sauver l'âme ou le corps de son fils ; mais souvenez-vous que vous vous êtes battu pour la foi, et n'allez pas, dans la crainte de perdre les consolations humaines, vous retirer de la sainte lutte!

— C'est bon! c'est bon!... Sans doute je ne me suis que trop battu ; mais je n'ai pas encore été pendu, et Dieu sait que je ne me laisserai pas pendre, si je puis l'empêcher.

— Mais, mon fils, songez bien que si vous souillez votre robe nuptiale...

— Bah! bah! vous voyez qu'on m'attend, reprit Cuddy. Vous me parlez de mariage quand j'ai presque la corde au cou! Allons, ma mère, adieu, il s'agit de ne pas être pendu!

A ces mots, il pria les cavaliers qui veillaient sur lui de le conduire au conseil immédiatement. Claverhouse et Morton avaient pris les devans.

CHAPITRE XXXVI.

« Adieu donc, adieu, mon pays! »
Lord Byron.

Le conseil privé d'Écosse, qui exerçait le pouvoir exécutif et l'autorité judiciaire depuis la réunion de ce royaume à l'Angleterre, était déjà assemblé dans la grande salle gothique, voisine de l'édifice où se tenaient autrefois les séances du parlement à Edimbourg, quand le général Claverhouse entra, et prit place parmi les juges.

— Vous nous avez apporté des plats de gibier singulièrement assortis, général, dit à Claverhouse, en regardant les trois prisonniers, un des juges qui étaient assis à la droite du président : un corbeau que nous allons entendre croasser, un étourneau qui a l'air de ne savoir où donner de la tête, et un... Comment nommerai-je le troisième?

— Sans chercher de métaphore, milord, répondit Claverhouse, nommez-le un homme à qui je prends un intérêt particulier.

— Je puis dire que c'est un whig au moins! reprit le premier interlocuteur en tirant une langue qui semblait pouvoir à peine tenir dans sa bouche, et en cherchant à donner à ses traits grossiers une expression de malice qui semblait leur être familière.

— Oui, milord, dit Claverhouse avec son imperturbable sang-froid, un whig, tel que l'était Votre Seigneurie en 1641.

— Vous y êtes pris, milord, s'écria un des conseillers.

— Oui, oui, répondit-il avec un sourire qui ressemblait beaucoup à une grimace : depuis l'affaire de Drumclog on ne peut plus lui parler.

— Greffier, dit le duc de Lauderdale qui présidait le conseil, lisez l'écrit que vous avez préparé.

Le greffier fit lecture d'un acte par lequel le général Grahame de Claverhouse et lord Evandale se rendaient caution, jusqu'à concurrence de dix mille marcs d'argent chacun, qu'Henry Morton de Milnwood sortirait du royaume, et n'y rentrerait que lorsqu'il plairait à Sa Majesté de l'y rappeler. En cas d'infraction de son ban, la peine de mort était prononcée contre lui, et dix mille marcs d'amende pour chacune de ses cautions.

— M. Morton, dit le duc de Lauderdale, acceptez-vous le pardon que vous offre la clémence du roi à ces conditions?

— Je n'ai pas d'autre choix à faire, milord, répondit Morton.

— Approchez donc, et venez signer votre soumission.

Morton s'avança sans répliquer, bien convaincu qu'il ne pouvait espérer un traitement plus favorable.

Pendant qu'il signait, Macbriar s'écria en gémissant : — Le voilà qui complète son apostasie et reconnaît le tyran charnel ! — « Astre déchu ! astre déchu ! »

— Silence ! dit le conseiller qui avait d'abord parlé à Claverhouse, et qui avait des prétentions à l'esprit : ne vous mêlez pas de goûter à la soupe des autres, vous trouverez la vôtre assez chaude, et elle pourra bien vous brûler le gosier.

— Faites avancer l'autre prisonnier, dit le président après avoir fait placer Morton sur un des siéges qui garnissaient les côtés de la salle ; il a l'air d'un de ces moutons qui sautent les fossés après avoir vu passer les autres.

Cuddy fut conduit par deux fusiliers près de la table devant laquelle les juges étaient assis. Il jeta un regard timide autour de lui, et baissa aussitôt les yeux, saisi de respect à la vue de tant de grands personnages qui s'occupaient de lui ; et, malgré les assurances que Claverhouse avait données à son maître, il n'était pas sans inquiétude sur les suites que pourrait avoir pour lui leur délibération.

Il fit mainte révérence d'un air gauche, et attendit qu'on l'interrogeât.

— Vous êtes-vous trouvé à l'affaire du pont de Bothwell ?

Telle fut la première question qu'on lui adressa, et elle produisit sur lui l'effet d'un coup de tonnerre. Il n'osait avouer la vérité, et il avait assez de bon sens pour juger qu'en la niant il serait aisément convaincu de mensonge. Il chercha donc à se tirer d'embarras par une réponse évasive, en véritable Calédonien.

— Je ne nie pas qu'il ne soit possible que j'y aie été.

— Répondez directement. — Oui ou non. Vous savez que vous y étiez ?

— Il ne m'appartient pas de contredire Votre Grâce.

— Encore une fois, y étiez-vous, ou n'y étiez-vous pas? dit le duc avec impatience.

— Qui peut savoir où il a été tous les jours de sa vie?

— Coquin, s'écria le général Dalzell, si tu ne réponds pas mieux, je vais te faire sauter les dents de la bouche avec le pommeau de mon poignard. — Crois-tu que nous puissions passer la journée à t'interroger et à te poursuivre de questions en questions comme des chiens qui courent un lièvre?

— Hé bien donc, puisque rien autre chose ne peut vous contenter, écrivez que je ne peux pas nier que je n'y aie été.

— Maintenant, dit le duc, croyez-vous que le fait de s'armer en cette occasion équivale à un acte de rébellion?

— Je ne suis pas trop libre de donner mon opinion sur ce qui pourrait mettre mon cou en danger; mais ce fait ne vaut guère mieux....

— Mieux que quoi?

— Ne vaut guère mieux que rébellion, comme Votre Honneur l'appelle.

— A la bonne heure, dit le président, voilà ce qui s'appelle répondre. — Et si le roi daigne vous pardonner votre rébellion, prierez-vous le ciel pour le roi et pour son Église?

— Ah! de tout mon cœur, milord; et je boirai à sa santé, par-dessus le marché, quand l'ale sera bonne.

— Hé! dit le duc, c'est un vrai coq!... Mais qui vous a engagé, mon cher ami, à prendre part à cette révolte?

— Le mauvais exemple, milord, et une vieille mère folle, sauf le respect que je dois à Votre Seigneurie.

— Fort bien. Je ne crois pas qu'on ait jamais à craindre que tu trames une trahison de ton propre chef. — Expédiez-lui son pardon pur et simple. — Faites avancer ce coquin qui est là-bas.

On amena Macbriar à la place que Cuddy venait de quitter.

On commença de même par lui demander s'il était à la bataille du pont de Bothwell.

— J'y étais, répondit-il d'une voix ferme et assurée.

— Étiez-vous armé?

— Armé? — Oui, — de la parole de Dieu, pour encourager ceux qui combattaient pour sa cause.

— C'est-à-dire que vous prêchiez la révolte contre le roi?

— C'est toi qui l'as dit.

— Vous devez connaître John Balfour de Burley?

— Si je le connais! oui, et j'en rends grâce à Dieu. C'est un chrétien sincère et zélé.

— Qu'est devenu ce pieux personnage? où l'avez-vous vu pour la dernière fois?

— Je suis ici pour répondre pour moi-même, et non pour compromettre la sûreté des autres.

— Nous trouverons le moyen de te faire sortir les paroles de la bouche, s'écria Dalzell.

— Si vous pouviez lui persuader qu'il est dans un conventicule, dit Lauderdale, il n'aurait pas besoin de vous pour parler. — Allons, mon garçon, parlez pendant qu'il en est encore temps. Vous êtes trop jeune pour endurer les souffrances auxquelles vous expose votre obstination.

— Je vous défie, répondit Macbriar en jetant sur les juges un regard de rage et de mépris. Ce n'est pas la première fois que j'ai subi la prison, la torture; et, tout jeune que je suis, j'ai vécu assez long-temps pour avoir appris à mourir quand mon heure sera venue.

— Fort bien! dit Lauderdale; mais il y a certaines choses fâcheuses qui peuvent vous arriver avant la mort; et en même temps il fit entendre le son d'une clochette d'argent qui était placée devant lui sur la table.

A l'instant on tira un rideau cramoisi qui cachait un

enfoncement gothique dans le mur de la salle, et l'on y aperçut l'exécuteur des hautes-œuvres, homme de grande taille, d'un aspect hideux, placé devant une table de chêne sur laquelle étaient des instrumens propres à serrer les pouces, et une boîte de fer, appelée *la botte écossaise*, dont on se servait, à cette époque de tyrannie, pour torturer les accusés. Morton, qui ne s'attendait pas à ce spectacle, ne put s'empêcher de tressaillir ; mais Macbriar le vit sans pâlir, et ne perdit rien de sa fermeté.

— Connaissez-vous cet homme ? lui dit Lauderdale avec un ton de voix sévère et lugubre.

— C'est sans doute, répondit Macbriar, l'infâme exécuteur de vos ordres sanguinaires contre la personne des élus de Dieu. Vous et lui, vous êtes également méprisables à mes yeux, et je bénis le ciel qui me donne la force de ne pas craindre les tourmens que vous pouvez ordonner, et qu'il peut me faire souffrir. La chair et le sang peuvent frémir dans les souffrances, la faiblesse humaine peut arracher des plaintes et des cris ; mais mon âme, je l'espère, est appuyée sur le rocher des siècles.

— Faites votre devoir, dit le duc à l'exécuteur.

Le bourreau s'avança, et, d'une voix rauque, demanda sur quelle jambe du prisonnier il appliquerait d'abord son instrument.

— Qu'il choisisse lui-même, dit le duc ; je veux l'obliger dans tout ce qui est raisonnable.

— Puisque vous me laissez ce choix, dit Macbriar en étendant sa jambe droite, prenez ma meilleure ; je l'abandonne volontiers dans la cause pour laquelle je souffre.

Le bourreau, aidé de ses valets, enferma la jambe et le genou dans la *botte de fer*, et plaçant un coin du même métal entre le genou et le bord de la machine, prit un marteau et se tint prêt, en attendant de nouveaux ordres.

Un homme décemment vêtu, chirurgien de profession, se posta de l'autre côté de la chaise du prisonnier, lui découvrit le bras à nu, et posa son pouce sur l'artère pour régler la torture d'après les forces du malheureux patient. Alors le président du conseil répéta la question d'une voix sévère :

— Où avez-vous laissé John Balfour de Burley la dernière fois que vous l'avez vu?

Le prisonnier, au lieu de répondre, leva les yeux au ciel comme pour implorer la grâce divine, et murmura quelques mots dont on n'entendit que les derniers : — Tu as dit que ton peuple serait soumis au jour de ta puissance.

Le duc de Lauderdale promena ses regards sur les divers membres du conseil, comme pour recueillir leurs suffrages muets, et fit lui-même un signe au bourreau, dont le marteau descendit à l'instant sur le coin, qui, s'enfonçant entre le genou et la botte de fer, fit éprouver la douleur la plus cruelle au prisonnier, comme le prouva évidemment le changement qui s'opéra sur son visage. L'exécuteur leva son marteau, et se tint prêt à frapper un second coup.

— Voulez-vous dire, répéta le duc de Lauderdale, où vous avez laissé Balfour de Burley la dernière fois que vous l'avez vu?

— J'ai répondu, dit Macbriar avec résolution ; et le second coup fut frappé, puis le troisième, puis le quatrième ; mais au cinquième, lorsqu'un coin plus large fut introduit, le malheureux poussa un cri d'angoisse.

Le sang de Morton bouillait dans ses veines pendant cette scène barbare ; il ne put en soutenir plus long-temps le spectacle ; quoique sans armes et menacé lui-même du même supplice, il allait s'élancer au secours de Macbriar, lorsque Claverhouse, qui avait observé son émotion, le retint par force en lui mettant une main sur la bouche, et lui disant tout bas : — Pour l'amour de Dieu, songez où vous êtes!

Ce mouvement, par bonheur pour lui, échappa aux regards des autres conseillers, dont toute l'attention était fixée sur le patient.

— Il est évanoui, dit le chirurgien ; la nature humaine, milords, n'en peut endurer davantage.

— Donnez-lui relâche, dit le duc; et, se tournant vers Dalzell, il ajouta : — Il n'ira guère à cheval aujourd'hui, quoiqu'il ait mis *ses bottes*. Il faut en finir, je suppose. — Oui, qu'on dépêche sa sentence, et finissons-en avec lui; il y a encore de la besogne après celle-ci.

On fit respirer des essences et des spiritueux au prisonnier jusqu'à ce qu'il eût repris ses sens, et alors le duc prononça contre lui sentence de mort pour crime de haute trahison, le condamnant à être pendu, pour avoir ensuite la tête et les mains coupées, et ordonnant la confiscation de tous ses biens au profit du trésor public.

— Doomster, continua-t-il, lisez au condamné sa sentence.

L'office de *doomster* ou *justicier* [1] était alors et fut encore long-temps après exercé en Écosse par l'exécuteur des hautes-œuvres.

Cette charge, qu'il cumulait avec ses autres fonctions, consistait à répéter aux condamnés la sentence des juges. Cette lecture produisait dans leur esprit un nouveau degré d'horreur, en leur rappelant que celui par qui elle était faite allait en être l'exécuteur. Macbriar n'avait pu entendre que très imparfaitement le jugement prononcé par le lord président du conseil; mais il avait recouvré l'usage de ses sens quand le bourreau prit la parole;

---

(1) Ce mot vient de *doom*, sentence.

et à ces derniers mots, — Telle est la sentence que je prononce, il répondit :

— Milords, je vous remercie. Vous m'avez accordé la seule grâce que j'eusse voulu recevoir de vous, en envoyant à une si prompte mort ce corps torturé et épuisé par votre cruauté ! Peu m'importe en effet de périr en prison ou à la potence ; mais vous allez me fournir l'occasion de montrer au grand jour ce qu'un chrétien peut souffrir pour la bonne cause.

— Je vous remercie du reste, milords ; et pourquoi ne vous en remercierais-je pas ? — Vous m'arrachez à la société de la poussière et des cendres pour m'envoyer à celle des anges et des justes. — Vous me faites passer des ténèbres à la lumière, — de la mort à l'immortalité, — en un mot, de la terre au ciel. — Si donc les remerciemens et le pardon d'un mourant peuvent vous être utiles, recevez-les ; et puissent vos derniers momens être aussi tranquilles, aussi heureux que les miens !

On le transporta de la salle du conseil au lieu de l'exécution ; ses traits étaient ceux d'un homme qu'on porte en triomphe, et il conserva jusqu'au dernier moment la même fermeté et le même enthousiasme.

Le conseil se sépara, et Morton se retrouva dans la voiture du général Grahame.

— Quel courage ! quelle fermeté ! dit-il en réfléchissant à la conduite de Macbriar ; quel dommage que tant de dévouement et d'héroïsme ait été mêlé au fanatisme de sa secte !

— Vous voulez parler, dit Claverhouse, de la sentence de mort qu'il avait prononcée contre vous ? — Il l'aurait très bien justifiée à ses propres yeux avec un texte comme celui-ci, par exemple : — Phinéas se leva, et exécuta le jugement de Dieu. — Mais vous savez où vous vous rendez à présent, M. Morton.

— Nous suivons la route de Leith, à ce que je vois, répondit Morton. Ne puis-je, avant mon départ, prendre congé de mes amis?

— On a parlé à votre oncle, il refuse de vous voir : le bonhomme est frappé d'épouvante Il tremble, non sans quelque raison, que le crime de votre trahison ne retombe sur ses biens. Il n'en sera rien cependant. Il vous envoie sa bénédiction, et une petite somme que voici. Lord Evandale est toujours très mal portant. Lady Bellenden est à Tillietudlem; elle a de l'ouvrage pour y remettre les choses en ordre. Les coquins ont fait un grand dégât parmi les monumens respectables d'antiquité qui faisaient l'objet de la vénération de lady Margaret. Ils ont même brûlé le vieux fauteuil que la bonne dame appelait le trône de Sa Majesté. Y a-t-il quelque autre personne que vous désiriez voir?

— Non, dit Morton en soupirant profondément, non; mais, quelque prompt que doive être mon départ, encore faut-il quelques préparatifs indispensables.

— Lord Evandale a tout prévu, dit le général; votre porte-manteau est dans ma voiture, et vous trouverez dans une malle qui est derrière les effets qui pourraient vous manquer. Voici des lettres de recommandation de lord Evandale pour la cour du stathouder, prince d'Orange; j'en ai moi-même ajouté une ou deux. J'ai fait sous lui mes premières campagnes, et c'est à la bataille de Senef que j'ai vu le feu pour la première fois. — Voici encore des lettres de change, et vous en recevrez d'autres quand vous en demanderez.

Morton était étourdi et confondu de l'exécution si subite de la sentence de son bannissement.

— Et mon domestique? lui dit-il.

— J'en aurai soin. Je tâcherai de le faire rentrer au service de lady Bellenden. Je ne crois pas qu'il soit tenté désormais de manquer à une revue, mais je réponds bien qu'il ne s'avisera jamais de faire une seconde campagne avec les whigs. Nous voici sur le quai : descendons, on vous attend.

Des matelots se présentèrent à l'instant, prirent le bagage de Morton, et le portèrent dans la chaloupe.

— Puissiez-vous être heureux ! dit Claverhouse en lui serrant la main, et puissions-nous nous revoir en Écosse dans des temps plus tranquilles ! Je n'oublierai jamais votre conduite généreuse envers mon ami Evandale ; elle vous fait d'autant plus d'honneur dans mon esprit, que je connais vos sentimens secrets, et que bien des gens à votre place n'auraient pas été fâchés de se trouver débarrassés d'un homme qui leur barrait le chemin, sans qu'on eût aucun reproche à leur faire.

Il lui serra de nouveau la main, et le quitta comme il allait descendre dans la chaloupe.

A peine Claverhouse avait-il disparu, que Morton sentit qu'on lui glissait dans la main un papier, plié de manière à occuper le moins de place possible. Il se tourna sur-le-champ. La personne qui le lui avait remis était enveloppée d'un grand manteau qui ne permettait pas de distinguer ses traits : elle mit un doigt sur sa bouche, et se perdit dans la foule.

Cet incident éveilla la curiosité de Morton, et lorsqu'il se trouva à bord d'un vaisseau faisant voile pour Rotterdam, il s'éloigna de ses compagnons de voyage, et ouvrant le billet qui lui avait été remis si mystérieusement, il y lut ce qui suit :

« — Le courage que tu as montré dans la fatale journée où Israel a fui devant ses ennemis, a en quelque manière expié les erreurs de ton érastianisme. Ce n'est pas le temps de faire combattre Ephraïm contre Israel. Je sais que ton cœur est avec la fille de l'étranger. Oublie-la, car, de loin, de près, en exil, jusqu'à la mort, ma main sera levée contre sa maison, et le ciel m'a donné les moyens de faire retomber sur elle les crimes dont elle est coupable. C'est la longue résistance du château qui a été la principale cause de notre défaite près du pont de Bothwell, et le sang de nos frères crie vengeance. N'y pense donc plus, et réunis-toi à nos frères exilés. Tu en trouveras en Hollande qui attendent toujours l'heure de la délivrance. Quand elle aura sonné, si tu es encore digne de travailler à la vigne du Seigneur, tu sauras toujours où me trouver, en demandant des nouvelles de Quintin Mackell d'Irongray, chez cette excellente chrétienne Bessie Maclure, qui demeure près de l'auberge de Niel. Telles sont les instructions de celui qui espère te retrouver encore fidèle à la fraternité, luttant dans le sang contre le péché. En attendant, sois patient. Garde ton épée à ta ceinture et ta lampe allumée comme l'homme qui veille la nuit. Car celui qui jugera le mont d'Esaü, qui rendra les faux prophètes comme la paille, et les méchans comme le chaume, celui-là viendra à la quatrième veille avec des vêtemens teints de sang; la maison de Jacob sera pour le pillage, et la maison de Joseph pour le feu.

« La main qui t'écrit est celle qui s'est appesantie sur les puissans dans le champ de bataille. »

Cette lettre extraordinaire était signée J. B. DE B. Mais ces initiales n'étaient pas nécessaires pour prouver à Morton qu'elle ne pouvait avoir été écrite que par John Balfour de Burley. Il fut surpris de l'audace et de l'opiniâtreté de cet homme indomptable, qui, au moment même où son parti venait d'être presque entièrement détruit, cherchait à renouer les fils d'une conspiration dont la trame était rompue. Il n'éprouva pourtant aucun désir d'entretenir avec lui une correspondance qui n'aurait pas été sans danger, ou de renouveler une association qui avait failli de lui être si funeste. Il ne regarda les menaces que la lettre contenait contre la famille Bellenden que comme une preuve du ressentiment que Burley conservait de la belle défense qu'avait faite le château, et il ne put croire un instant qu'un ennemi fugitif et proscrit pût être à craindre pour ceux qui appartenaient au parti des vainqueurs.

Morton douta pourtant un moment s'il n'enverrait pas cette lettre à lord Evandale ou au major Bellenden; mais, comme elle pouvait aider à découvrir le refuge de Burley, il pensa que ce serait se rendre coupable d'un abus de confiance, et il put d'autant moins s'y déterminer qu'il ne s'agissait que de prévenir un mal qu'il regardait comme imaginaire. Il déchira donc le paquet, et en jeta les morceaux dans la mer, après avoir cependant pris note du nom sous lequel Burley lui marquait qu'il devait le demander, et du lieu où il pourrait avoir, au besoin, de ses nouvelles.

Cependant le navire était sorti du port, et un vent favorable de nord-ouest enflait ses blanches voiles. La proue fendait les vagues en mugissant, et laissait un long sillon derrière elle. La ville et le port disparaissaient dans l'éloignement; les collines se perdaient dans l'azur du ciel, et Morton se trouva séparé pour plusieurs années de sa terre natale.

CHAPITRE XXXVII.

«..... Le temps fuit au galop...»
SHAKSPEARE, *Comme il vous plaira.*

IL est heureux pour les romanciers qu'ils ne soient pas assujettis, comme les écrivains dramatiques, aux unités de temps et de lieu, et qu'ils puissent, suivant leur bon plaisir, conduire leurs personnages à Athènes et à Thèbes, et les en ramener quand cela leur convient. Le temps, pour nous servir de la comparaison de Rosalinde [1], a jusqu'ici marché au pas avec notre héros, car, depuis le jour de la revue, où nous vîmes paraître Morton pour la première fois, jusqu'à son départ pour la Hollande, il s'est écoulé à peine deux mois; mais depuis lors, jusqu'au moment où nous pouvons reprendre notre récit, les années ont glissé rapidement, et l'on peut dire que le temps a *galopé* dans cet intervalle. J'userai donc du privilége de mon titre, et je réclame l'attention du lecteur pour une histoire qui va dater d'une nouvelle ère, c'est-à-dire de l'année qui suivit immédiatement celle de la révolution anglaise [2].

L'Écosse commençait à se remettre de la commotion occasionée par un changement de dynastie; et, grâces à la prudente tolérance du roi Guillaume, elle échappait à la prolongation d'une guerre civile. L'agriculture renaissait, et les habitans du pays, dont l'esprit avait été troublé par la double révolution survenue dans le gouvernement de l'Église et de l'État, songeaient enfin à leurs propres intérêts, au lieu de s'occuper des affaires publiques.

Les montagnards du nord de l'Écosse résistaient seuls à l'ordre de choses nouvellement établi. Ils étaient en armes sous les ordres du vicomte de Dundee, que nos lecteurs ont connu jusqu'ici sous le nom de Grahame de Claverhouse [3].

Mais les Hihglands jouissaient si rarement d'un état paisible, qu'un peu plus ou un peu moins de trouble n'affectait pas beaucoup la tranquillité générale du pays, tant que le désordre s'arrêtait aux limites des montagnes. Dans les Lowlands, les jacobites, devenus le parti vaincu,

---

(1) Dans la pièce de Shakspeare d'où est tirée l'épigraphe. — Ed.
(2) 1688-9. — Ed.
(3) Une victoire signalée qu'il avait remportée sous les murs de Dundee lui avait fait donner ce titre par Jacques II. — Ed.

avaient cessé d'espérer aucun avantage immédiat d'une insurrection déclarée. A leur tour ils en étaient réduits à tenir des conciliabules secrets, et à former des associations de défense mutuelle que le gouvernement appelait des menées de conspirateurs, tandis que les jacobites criaient à la persécution.

Les whigs, triomphans lorsqu'ils avaient rétabli le presbytérianisme comme religion nationale, et rendu aux assemblées générales de l'Église toute leur influence primitive, étaient encore restés bien loin des prétentions extravagantes que les non-conformistes et les caméroniens proclamaient sous les rois Charles et Jacques. Ils ne voulurent écouter aucune proposition pour rétablir la Ligue solennelle et le Covenant; et ceux qui s'attendaient à trouver dans le roi Guillaume un monarque zélé covenantaire furent cruellement désappointés lorsqu'il intima avec le flegme caractéristique de sa nation, qu'il entendait tolérer toutes les formes de religion compatibles avec la sûreté de l'État. Les principes de tolérance ainsi adoptés par le gouvernement blessaient les whigs exagérés, qui les condamnaient comme diamétralement opposés à l'Écriture. A l'appui de cette doctrine étroite ils citaient divers textes, isolés, comme on pense bien, de leurs véritables conséquences, et empruntés pour la plupart aux passages du vieux Testament où il est recommandé aux Juifs de chasser les idolâtres de la terre promise. Ils murmuraient aussi contre l'influence qu'usurpaient certains séculiers dans le patronage ecclésiastique, ce qu'ils disaient être une violence faite à la chasteté de l'Église. Ces mêmes hommes censuraient et condamnaient comme entachées d'érastianisme la plupart des mesures par lesquelles, après la révolution, le gouvernement manifesta l'intention de s'immiscer dans les affaires de l'Église; enfin, ils refusèrent de prêter le serment d'allégeance au roi Guillaume et à la reine Marie, jusqu'à ce que les deux époux couronnés eussent juré le Covenant et la *grande charte* du presbytérianisme, comme ils l'appelaient eux-mêmes.

Ce parti était donc toujours mécontent, et ne cessait de répéter ses déclarations contre l'apostasie et les sujets de colère divine : si on l'eût persécuté comme sous les deux règnes précédens, il en serait résulté une révolte ouverte. Mais on laissa les mécontens s'assembler et témoigner tant qu'ils voulurent contre le socinianisme, l'érastianisme et toutes les désertions du temps : leur zèle, n'étant plus alimenté par la persécution, s'éteignit peu à peu; le nombre des réfractaires diminua, et n'offrit plus que quelques fanatiques dispersés dont le Vieillard de la Mort, qui m'a fourni par ses légendes le sujet de cette histoire, présente assez fidèlement le caractère grave, scrupuleux, et innocemment enthousiaste.

Mais, pendant les premières années de la révolution, les caméroniens continuèrent à former une secte forte par le nombre, violente dans ses opinions politiques, et que le gouvernement cherchait à détruire tout en temporisant, par prudence, avec eux. Les épiscopaux et les jacobites, malgré leur ancienne animosité nationale, s'unirent plus d'une fois pour en appeler au mécontentement de ces sectaires, et les faire concourir à leurs projets de rétablir la famille des Stuarts sur le trône. Le gouvernement, à la révolution, était soutenu par la masse des intérêts du bas pays, où l'on penchait généralement vers un presbytérianisme modéré. C'était là aussi qu'était le parti qui antérieurement avait été anathématisé par les caméroniens pour avoir accepté la *tolérance* de Charles II. Tel était l'état des partis en Écosse après la révolution de 1688.

Ce fut à cette époque, et par une belle soirée d'été, qu'un étranger, monté sur un bon cheval, et paraissant un militaire d'un grade distingué, descendit les sentiers d'une colline d'où l'on apercevait les ruines pittoresques du château de Bothwell, et la Clyde, qui serpente à travers les montagnes et les bois pour aller embrasser de ses eaux les tours antiques bâties par Aymer de Valence. Le pont de Bothwell terminait la plaine, qui, peu d'années auparavant, avait offert une scène sanglante de carnage et de désolation, et où tout respirait alors le calme et la tranquillité. Le souffle léger du vent du soir se faisait à peine entendre parmi les arbres et les buissons qui croissaient sur les rives de la Clyde, et les eaux de cette rivière semblaient adoucir leur murmure de peur d'interrompre le silence qui régnait sur leurs bords.

Le sentier que suivait le voyageur était çà et là bordé de grands arbres, le plus souvent par des haies et par des branches chargées de fruits.

L'habitation la plus proche était une ferme qui pouvait aussi bien être la demeure d'un petit propriétaire, et située sur une rive couverte de pommiers et de poiriers. A l'entrée du sentier qui conduisait à cette habitation modeste était un petit *cottage*, qu'on aurait pu prendre, mais à tort, pour une loge de concierge. Cette chaumière paraissait être *confortable* et plus proprement arrangée que ne le sont ordinairement les chaumières d'Ecosse. Elle avait son petit jardin, où quelques arbres fruitiers se mêlaient aux végétaux culinaires. Une vache et six moutons paissaient dans un enclos voisin; le coq se pavanait, chantait, et rassemblait sa famille autour de lui devant la porte; des broussailles et de la tourbe artistement entassées indiquaient qu'on avait pris quelques précautions contre l'hiver. Une légère vapeur d'azur, qui s'échappait du toit de chaume et s'élevait en serpentant du milieu du feuillage des arbres, annonçait que la famille qui habitait cette demeure songeait aux préparatifs du repas du soir. Pour compléter ce tableau champêtre, une jolie petite fille, âgée d'environ quatre ans, remplissait une cruche de l'eau limpide d'une fontaine qui sortait en murmurant des racines d'un vieux chêne à vingt pas de la chaumière.

L'étranger arrêta son cheval, et s'adressant à la petite nymphe lui demanda le chemin de Fairy-Knowe. L'enfant posa sa cruche à terre, et, séparant avec ses doigts de beaux cheveux blonds qui lui tombaient sur le front : — Que me dites-vous, monsieur? lui demanda-t-elle en fixant sur lui, avec un air de surprise, ses jolis yeux bleus. Cette réponse, si l'on peut appeler ces mots une réponse, est assez généralement celle que fait un paysan écossais à quelque question qu'on lui adresse.

— Je désire savoir le chemin de Fairy-Knowe.

— Mama, mama, s'écria l'enfant en courant à la porte de la chaumière, venez parler à ce monsieur.

La mère parut. C'était une jeune et fraîche paysanne, dont les traits annonçaient qu'elle avait dû être espiègle et maligne; mais le mariage lui avait donné cet air de décence et de gravité, caractère distinctif des villageoises écossaises. Elle portait dans ses bras un enfant encore au maillot; un autre, âgé d'environ deux ans et demi, tenait un coin de son tablier; et la fille aînée, que le voyageur avait vue la première, placée derrière sa mère, jetait souvent sur lui un regard à la dérobée.

— Que désirez-vous, monsieur? dit la fermière à l'étranger d'un air de prévenance respectueuse peu commun parmi les gens de sa classe, mais sans trop de hardiesse.

Le voyageur la regarda avec attention, et ajouta : — Je désire aller à Fairy-Knowe, et je voudrais parler à un nommé Cuthbert Headrigg.

— C'est mon mari, monsieur, dit la jeune femme avec un sourire gracieux. Voulez-vous descendre, monsieur, et entrer dans notre pauvre demeure? Cuddy! Cuddy! (un petit blondin de quatre ans parut à la porte) cours, mon petit homme, et dis à ton père qu'un monsieur le demande. Non, reste. Jenny, vous ferez mieux la commission. Allez le chercher du côté du parc. — Monsieur, voulez-vous descendre, manger un morceau ou accepter un verre d'ale, en attendant que mon homme vienne? C'est de la bonne ale, quoique ce ne soit pas à moi de le dire, puisque je la brasse moi-même; mais les laboureurs ont un travail pénible, et il leur faut un peu de bonne liqueur pour leur soutenir le cœur : aussi j'ajoute toujours une bonne poignée de drèche.

L'étranger refusait, lorsque Cuddy, ancienne connaissance du lecteur, parut en personne. Son aspect offrait encore le même air de stupidité apparente, animée momentanément par ces éclairs de finesse dont le mélange caractérise fréquemment la classe de nos souliers ferrés [1]. Il regarda l'étranger comme quelqu'un qu'il n'avait jamais vu, et, de même que sa femme et sa fille, il ouvrit la conversation par la question d'usage :

— Que désirez-vous de moi, monsieur?

— Je suis curieux de faire quelques questions sur ce pays, dit l'étranger, et l'on vous a désigné à moi comme un homme intelligent et en état de me satisfaire.

— Sans doute, répondit Cuddy après un moment d'hésitation; mais je voudrais savoir quelle sorte de questions. On m'en a fait de tant d'espèces dans ma vie, que vous ne devez pas être étonné si je suis devenu méfiant. Ma mère me fit apprendre en premier lieu le simple catéchisme, ce qui n'était pas très amusant. Je fus ensuite à l'école de mes parrain et marraine pour plaire à la vieille femme, et je ne plus ni à elle ni aux autres. Puis, quand je fus à l'âge d'homme, il vint une autre mode de questions que j'aimais encore moins que *l'appel efficace*, et auxquelles on répliquait souvent par des coups. Vous voyez donc, monsieur, que j'aime à entendre une question avant d'y répondre.

— Vous n'avez rien à craindre des miennes, mon bon

---

(1) Les paysans. — Éd.

ami, je ne veux vous questionner que sur la situation du pays.

— Le pays, reprit Cuddy, le pays va bien, si ce n'était ce diable de Claverhouse, qu'on appelle aujourd'hui Dundée, et qui fait du bruit dans les montagnes, dit-on, avec les Donald, les Duncan et les Dugald, qui portèrent toujours des jupons en guise de culottes. Nous sommes pourtant raisonnablement tranquilles; mais Mackay [1] l'aura bientôt mis à la raison, n'en doutez pas. — Il lui donnera son compte, je vous le garantis.

— Et qui vous en rend donc si certain, mon ami?

— Je le lui ai entendu prédire de mes propres oreilles par un homme qui était mort depuis trois heures, dit Cuddy, et qui ressuscita exprès pour lui dire sa façon de penser. C'était à un endroit qu'on appelle Drumshinnel.

— En vérité! J'ai peine à vous croire, mon ami!

— Vous pourriez le demander à ma mère si elle vivait encore, c'est elle qui me l'a expliqué, car moi je croyais que ce prophète avait seulement été blessé. Il annonça en propres termes l'expulsion des Stuarts, et la vengeance qui couvait pour Claverhouse et ses dragons. On appelait cet homme Habacuc Mucklewrath; son cerveau était un peu dérangé, mais il n'en prêchait pas moins bien.

— Il me semble, dit l'étranger, que vous vivez dans une contrée riche et paisible.

— Nous n'avons pas à nous plaindre, mais si vous aviez vu le sang couler sur ce pont là-bas, comme l'eau y coule dessous, vous n'en auriez pas dit autant.

— Vous voulez parler de la bataille qui a eu lieu il y a quelques années; j'étais près de Monmouth, et j'en vis quelque chose.

— Alors vous avez vu une bataille qui me suffira pour le reste de mes jours. Je devinais bien que vous étiez un

---

(1) Le général Mackay. — Ed.

troupier, à votre habit rouge galonné et à votre chapeau retroussé.

— Et de quel côté vous battiez-vous, mon ami? continua l'étranger questionneur.

— Holà! l'ami, répliqua Cuddy avec un regard plein de finesse, ou du moins voulant affecter cet air-là : je ne vois pas qu'il me serait utile de répondre à cette question sans savoir qui me l'adresse.

— Je loue votre prudence, mais elle n'est pas nécessaire, car je sais que vous serviez Henry Morton.

— Vous le savez! et qui vous a dit ce secret? reprit Cuddy avec surprise; mais n'importe, le soleil luit pour nous maintenant. Plût à Dieu que mon maître vécût encore pour en être témoin.

— Qu'est-il donc devenu?

— Il s'était embarqué pour la Hollande. Tout l'équipage a péri, et jamais on n'en a eu de nouvelles. — Et à ces mots Cuddy soupira tristement.

— Vous lui étiez attaché? continua le cavalier.

— Pouvais-je faire autrement? il ne fallait que le regarder pour l'aimer. C'était un brave soldat. Oh! si vous l'aviez vu seulement se précipiter sur ce pont comme un dragon volant! Il y avait avec lui ce whig qu'on appelle Burley... Ah! si deux hommes avaient pu suffire pour remporter une victoire, nous n'aurions pas eu sur l'échine ce jour-là.

— Vous parlez de Burley; savez-vous s'il vit encore?

— Ah! c'est ce dont je ne m'inquiète guère. On ne sait pas trop ce qu'il est devenu. On assure qu'il est passé en pays étranger, mais qu'ayant été reconnu pour un des assassins de l'archevêque, aucun des nôtres n'a voulu le voir; il est donc revenu en Ecosse, plus intraitable que jamais, et il a rompu avec plusieurs presbytériens. Enfin, à l'arrivée du prince d'Orange il n'a pu obtenir aucun commandement, à cause de son caractère diabolique. On n'en a plus entendu parler; seulement quelques uns prétendent que l'orgueil et la colère l'ont rendu tout-à-fait fou.

— Et, et, — dit l'étranger après avoir hésité un moment, — pourriez-vous me donner des nouvelles de lord Evandale?

— Si je puis vous en donner! et qui le pourrait mieux que moi? ne va-t-il pas épouser ma jeune maîtresse, miss Edith?

— Le mariage n'a donc pas encore eu lieu? dit vivement l'étranger.

— Il ne s'en faut guère, car ils sont fiancés. Jenny et moi nous avons été témoins, il y a quelques mois. Cela a bien tardé. Il n'y a que ma femme et moi qui savons pourquoi. Mais ne voulez-vous pas vous reposer? voyez les nuages s'épaissir du côté de Glascow : cela annonce la pluie, à ce qu'on dit.

En effet, un noir nuage avait déjà caché le soleil; quelques gouttes tombaient, et le tonnerre grondait dans le lointain.

— Cet homme a le diable au corps, dit Cuddy en lui-même; je voudrais qu'il descendît de cheval, ou qu'il galopât jusqu'à Hamilton avant l'averse.

Mais le cavalier restait immobile sur son cheval comme un homme épuisé par un pénible effort; enfin, revenant à lui tout-à-coup, il demanda à Cuddy si lady Marguerite Bellenden vivait encore.

— Oui, mais les temps sont bien changés pour elle. Quel malheur d'avoir perdu le château de Tillietudlem, la baronnie, toutes les terres que j'ai labourées tant de fois, sans oublier mon petit potager qu'on m'aurait rendu! et tout cela faute de quelques morceaux de parchemin qui ne se sont pas trouvés au château quand elle y est rentrée.

— J'en avais appris quelque chose, dit l'étranger d'une

voix émue : je prends beaucoup d'intérêt à cette famille, j'aurais grand plaisir à lui être utile; pouvez-vous me donner un lit chez vous pour cette nuit, mon ami?

— Nous n'avons qu'un petit coin, monsieur, mais nous chercherons à vous loger plutôt que de vous laisser en aller avec la pluie et l'orage; car, à vous dire vrai, vous n'avez pas l'air trop bien portant.

— Je suis sujet à des vertiges, dit l'étranger, mais cela passera bientôt.

— Nous ferons ce que nous pourrons pour vous bien traiter, monsieur, dit Cuddy, quoique nous ne soyons pas bien pourvus en lits; car Jenny a tant d'enfans, Dieu les bénisse, elle et eux! aussi j'ai envie de prier lord Evandale de nous donner une chambre de plus dans la ferme.

— Je serai facile à contenter, dit l'étranger en entrant.

— Et votre cheval sera bien soigné, ajouta Cuddy; je m'y entends. — Vous avez là une bonne monture.

Cuddy mena le cheval à l'étable, et dit à sa femme de tout préparer pour héberger l'étranger.

Celui-ci s'assit à quelque distance du feu, tournant le dos à la petite fenêtre. Jenny ou mistress Headrigg, si le lecteur préfère ce nom, le pria de déposer son manteau, son ceinturon et son chapeau; mais il s'en défendit sous le prétexte qu'il avait froid, et, pour abréger le temps en attendant Cuddy, il entra en conversation avec les enfans évitant avec soin les regards curieux de leur mère.

CHAPITRE XXXVIII.

« Hélas ! que de larmes cruelles,
« Que de morts avant de mourir !
« Que d'amis furent infidèles !
« Que d'amours qui jamais ne devaient nous trahir !»
LOGAN.

Cuddy rentra bientôt en assurant à l'étranger, d'un ton de voix joyeux, que le cheval souperait bien, et que la ménagère du manoir lui donnerait pour lui un lit plus convenable que celui qu'il aurait trouvé sous son toit de chaume.

— La famille serait-elle à la maison? demanda l'étranger d'une voix tremblante.

— Non, monsieur, ils sont tous absens avec leurs domestiques, qui ne sont que deux; et ma femme est ici pour avoir soin de tout, quoiqu'elle ne soit pas servante. Elle a été élevée dans la famille et en a toute la confiance. S'ils étaient ici, nous ne nous permettrions pas cette liberté sans prendre leurs ordres; mais, puisqu'ils n'y sont pas, ils seront charmés que nous rendions service à un étranger. Miss Bellenden obligerait tout le monde si elle pouvait, et lady Marguerite a un grand respect pour les membres de la noblesse, sans être méchante pour les pauvres gens. — Allons, femme, pourquoi ne préparez-vous pas la bouillie?

— Ne vous inquiétez pas, reprit Jenny. Elle sera servie à temps. Je sais que vous aimez la soupe bien chaude.

Cuddy répondit à cette agacerie par un regard d'intelligence, et il s'ensuivit entre Jenny et lui un dialogue assez insignifiant auquel l'étranger ne prit aucune part. Enfin il les interrompit tout-à-coup par cette question : — Pouvez-vous me dire quand aura lieu le mariage de lord Evandale?

— Bientôt, répondit Jenny prévenant son mari. Il serait déjà fait sans la mort du vieux major Bellenden.

— Le brave et excellent vieillard! dit l'étranger. J'ai appris sa mort à Edimbourg. A-t-il été long-temps malade?

— Il n'a pas eu un jour de bonheur depuis que sa sœur et sa nièce ont été dépouillées de leur héritage, et il avait lui-même emprunté beaucoup d'argent pour soutenir le procès. Mais c'était sur la fin du roi Jacques, et Basile Olifant, qui réclamait le domaine, se fit papiste pour plaire aux juges. Dès lors il n'y avait plus rien à lui refuser ; et d'ailleurs lady Bellenden ne put jamais retrouver le chiffon de parchemin qui faisait son titre, de manière qu'après avoir plaidé pendant des années entières, elle a fini par être condamnée. C'a été pour le major un coup dont il ne s'est jamais relevé, et la révolution l'a achevé ; car, quoiqu'il ne dût pas aimer beaucoup le roi Jacques, qui venait de dépouiller sa belle-sœur et sa nièce, il était attaché au sang des Stuarts. Enfin il est mort. Il n'avait jamais été bien riche, le brave homme : jamais il n'avait pu voir personne dans le besoin sans le secourir. De sorte qu'après sa mort Charnwood a passé aux créanciers.

— Oui, c'était un digne homme : on le dit du moins, reprit l'étranger en balbutiant. — Ainsi donc, ajouta-t-il, ces dames se trouvent sans fortune et sans protection?

— Oh! elles ne manqueront jamais de rien tant que vivra lord Evandale. Il ne les a pas abandonnées comme ont fait tant d'autres : bien au contraire, et depuis le temps du patriarche Jacob, comme disait la vieille Mause, ma belle-mère, jamais homme n'a tant fait pour obtenir une femme.

— Et pourquoi, dit l'étranger avec émotion, pourquoi son attachement n'a-t-il pas été récompensé plus tôt?

— D'abord le procès, reprit Jenny, et puis divers arrangemens de famille.

— Allons donc, ajouta Cuddy, il y avait encore une raison, car la jeune dame...

— Chut, retenez votre langue, et soupez avec votre bouillie, lui dit sa femme. Je vois que monsieur est loin d'être bien, et j'ai envie de tuer un poulet pour lui.

— Il n'en est pas besoin, répondit l'étranger : je vous prie de me donner seulement un verre d'eau, et de me laisser seul.

— Prenez donc la peine de me suivre, dit Jenny en allumant une petite lanterne, et je vous montrerai le chemin.

Cuddy s'offrit aussi pour l'accompagner ; mais sa femme lui rappela que les enfans pourraient se battre et tomber dans le feu. Il resta donc pour avoir soin du ménage.

Jenny passa la première dans un petit sentier tournant. Après avoir traversé quelques bosquets d'églantiers et de chèvre-feuilles, ils arrivèrent à la porte dérobée d'un petit jardin. Jenny leva le loquet, et après avoir passé au milieu d'un parterre, ils se trouvèrent devant une porte vitrée qu'elle ouvrit encore avec un passe-partout ; allumant alors une chandelle sur une petite table, elle demanda à l'étranger la permission de le quitter quelques instans pour préparer son appartement. Au bout de cinq minutes elle eut fini ; mais en rentrant elle fut effrayée de le trouver la tête appuyée sur la table, et le crut évanoui. En s'approchant cependant, elle reconnut, à ses sanglots, qu'il était seulement livré à quelque vive douleur ; elle recula prudemment jusqu'à ce qu'il eût levé la tête. Alors, feignant de n'avoir pas remarqué son agitation, elle lui dit que le lit était prêt. L'étranger la regarda un moment, comme pour chercher le sens de ses paroles. Elle les répéta : il ne lui répondit que par un signe de tête et entra dans l'appartement qu'elle lui montrait du doigt. C'était une petite chambre à coucher, réservée à lord Evandale quand il venait à Fairy-Knowe, ce dont Jenny l'informa. Cette chambre était d'un côté attenante à un petit cabinet donnant sur le jardin, et de l'autre au salon, dont elle n'était séparée que par une mince boiserie.

Ayant souhaité le bonsoir et meilleure santé à l'étranger, la femme de Cuddy redescendit chez elle aussi vite qu'elle put.

— Cuddy, Cuddy, s'écria-t-elle, j'ai bien peur que nous soyons perdus.

— Comment donc? — de quoi s'agit-il? reprit l'imperturbable Cuddy, qui n'était pas de ces gens qui prennent si facilement l'alarme.

— Qui croyez-vous que soit ce monsieur? et pourquoi lui avez-vous dit de s'arrêter ici? s'écria Jenny.

— Eh bien, qui diable est-il? il n'y a pas de loi qui défende de donner l'hospitalité aujourd'hui, répondit Cuddy; ainsi, qu'il soit tory ou whig, que nous importe?...

— Oui, c'est un homme qui fera manquer le mariage de miss Edith avec lord Evandale; c'est l'ancien amoureux de miss Edith! votre ancien maître!

— Au diable! s'écria Cuddy; j'aurais reconnu Henry Morton sur cent personnes. Me prendrez-vous pour un aveugle?

— C'est vrai, vous avez de bons yeux; mais j'y vois mieux que vous encore.

— A la bonne heure. Mais en quoi cet homme ressemble-t-il à M. Henry?

— Je vous dis, répéta Jenny, que j'ai remarqué comme il détournait son visage et parlait en déguisant sa voix; aussi l'ai-je éprouvé avec des contes du temps jadis; et, quand j'ai parlé de la soupe chaude, il a eu peine à s'empêcher de rire, quoiqu'il semble si triste. Et, comme son chagrin vient du mariage de miss Edith, jamais je n'ai vu homme plus véritablement amoureux, je dirais jamais femme non plus, si je ne me rappelais quelle fut la désolation de miss Edith quand elle apprit que vous et lui vous marchiez sur Tillietudlem avec les rebelles. Mais que faites-vous là?

— Ce que je fais! dit Cuddy en remettant les vêtemens qu'il avait déjà ôtés, je vais aller voir mon pauvre maître.

— Vous n'irez pas, Cuddy, dit Jenny d'un air froid et résolu.

— Elle a le diable au corps, s'écria Cuddy : croyez-vous donc que je me laisserai mener toute ma vie par des femmes?

— Et qui vous mènera donc, si ce n'est moi? répondit Jenny. Ecoutez-moi, mon ami : il n'y a que nous qui sachions que M. Henry vit encore. Puisqu'il se cache, je vois que son intention serait de se retirer sans rien dire, si miss Edith était mariée ou sur le point de l'être; mais, si miss Edith le savait en vie, fût-elle en présence du ministre avec lord Evandale, elle dirait *non*, quand il faudrait dire *oui*.

— Eh bien! que m'importe tout cela? Si miss Edith préfère l'ancien amoureux au nouveau, n'est-elle pas libre de le reprendre? — Vous-même, Jenny, n'aviez-vous pas promis à Holliday de l'épouser? cela est sûr, car il l'a dit partout.

— Holliday est un menteur, et vous êtes un imbécile de le croire : mais, quant à miss Edith, ah! mon Dieu!... Je suis sûre que tout l'or que possède M. Morton est dans la broderie de son habit. Comment donc pourrait-il faire vivre lady Marguerite et miss Edith?

— Et n'y a-t-il pas Milnwood? dit Cuddy : et, quoique le vieux laird l'ait laissé en mourant à la vieille

Alison, sa vie durant, parce qu'il ne savait ce qu'était devenu son neveu, je suis sûr qu'il n'y a qu'un mot à dire à la brave femme, et ils y vivront tous parfaitement bien.

— Ta, ta, ta, dit Jenny : vous n'y entendez rien. Croyez-vous que des dames de leur rang veuillent faire maison avec la vieille Alison, quand elles sont trop fières pour accepter les bienfaits de lord Evandale lui-même? Non, non. Si miss Edith épouse M. Morton, il faudra qu'elle le suive à l'armée.

— Et la vieille dame aussi, dit Cuddy : elle ne voudrait pas quitter miss Edith; et à coup sûr elle ferait fort mauvaise figure parmi les bagages d'une armée.

— Et que de disputes entre eux sur les whigs et les torys! continua Jenny.

— La vieille dame, dit Cuddy, est un peu chatouilleuse sur ce point.

— Et enfin, Cuddy, ajouta sa chère moitié, qui avait réservé son argument le plus puissant pour le dernier, — si le mariage de lord Evandale est rompu, que deviendrons-nous avec trois enfans? Adieu la petite ferme, le jardin potager et l'enclos pour la vache; il nous faudra courir le monde.

Quelques larmes ajoutèrent à l'éloquence de sa harangue. Cuddy, la tête baissée, présentait la véritable image de l'indécision. — Mais, Jenny, lui dit-il, au lieu de tout ce verbiage, ne pourriez-vous me dire ce qu'il convient de faire?

— Rien du tout, répondit Jenny. Ne reconnaissez M. Morton que lorsqu'il voudra vous reconnaître lui-même. Ne parlez de lui à personne; ne dites à âme qui vive qu'il soit venu ici. Je ne vous en aurais même rien dit, si je n'avais craint que demain matin vous n'eussiez fait quelque bévue en le voyant. Je parie qu'il s'en ira sans se faire connaître, et qu'il ne reviendra plus.

— Mon pauvre maître! dit Cuddy. Quoi! je le verrais, je lui parlerais, sans lui dire que je le reconnais! c'est impossible, Jenny; je partirai avant le jour pour aller labourer, et je ne rentrerai qu'à la nuit tombante.

— C'est bien pensé, Cuddy. Personne n'a plus de bon sens que vous, quand vous jasez de vos affaires avec quelqu'un; mais vous ne devriez jamais agir d'après votre tête.

— Il est bien vrai, dit Cuddy en se déshabillant et en se mettant au lit, que, depuis que je me connais, j'ai toujours eu quelque femelle qui s'est mêlée de mes affaires, et qui m'a fait marcher à sa guise, au lieu de me laisser suivre la route que je voulais prendre. D'abord ma vieille mère, ensuite lady Marguerite; encore n'étaient-elles pas d'accord, et je me trouvais entre elles deux aussi embarrassé que le boulanger que j'ai vu aux marionnettes de la foire, et qui est tiré par le diable d'un côté, et par polichinelle de l'autre: et maintenant que j'ai une femme, ajouta-t-il en se roulant dans sa couverture, il paraît qu'il faut encore que je marche comme elle l'entend!

— Ne suis-je pas le meilleur guide que vous ayez eu de votre vie? dit Jenny. Et elle finit la conversation en prenant place auprès de son mari, et en éteignant la chandelle.

Laissant reposer ce couple, nous allons, sans plus tarder, informer le lecteur que le lendemain matin deux dames à cheval, suivies de leurs domestiques, arrivèrent à Fairy-Knowe; et Jenny fut on ne peut plus confuse de reconnaître miss Bellenden et lady Emilie Hamilton, sœur de lord Evandale.

— Si vous vouliez vous asseoir ici un moment, leur dit Jenny, étourdie de cette apparition inattendue, j'irais mettre tout en ordre dans l'appartement.

—Cela est inutile, dit Edith, nous n'avons besoin que du passe-partout. Gudyil ouvrira les fenêtres du petit parloir.

— Il est impossible d'en ouvrir la porte : la serrure est dérangée, dit Jenny, qui se rappela que la clef du petit parloir ouvrait aussi la chambre où se trouvait Morton.

— Hé bien, nous irons dans la chambre rouge, dit miss Bellenden. Et, prenant les clefs, elle s'avança vers la maison par un chemin différent de celui qu'avait pris Morton.

— Tout va se découvrir, pensa Jenny, à moins que je ne vienne à bout de le faire sortir secrètement. J'aurais mieux fait de dire tout naturellement à ces dames qu'il y avait un étranger dans la maison. Mais alors elles l'auraient peut-être prié à déjeuner.

En se parlant ainsi à elle-même, elle faisait le tour de la maison pour y entrer par le jardin, et voir si elle pourrait en faire sortir son hôte incognito. — Allons, allons, dit-elle en y arrivant, voilà Gudyil dans le jardin ! mon Dieu ! mon Dieu ! que faire ? que devenir ?

Dans cet état de perplexité, elle s'approcha du *ci-devant* sommelier pour l'attirer hors du jardin; mais malheureusement John Gudyil, depuis qu'il vivait à Fairy-Knowe, s'était pris de belle passion pour le jardinage, et Jenny trouva qu'il tenait au jardin autant que les arbustes qui y étaient les mieux enracinés. Il arrosait, bêchait, mettait des tuteurs à de jeunes arbrisseaux, faisait une dissertation sur les vertus de chaque plante qu'il rencontrait; et la pauvre Jenny, tremblante de crainte, d'inquiétude et d'impatience, désespéra de réussir dans son projet.

Mais le destin avait résolu dans cette fatale matinée de la contrarier complètement. Le hasard voulut que miss Bellenden se rendît précisément dans le salon d'où Jenny aurait voulu l'éloigner. Cette pièce n'était séparée de la chambre où se trouvait Morton que par une cloison si mince, qu'on ne pouvait dire un mot ni faire un pas dans l'une des deux pièces sans être entendu dans l'autre.

Miss Edith s'y étant assise avec son amie : — Comment se fait-il qu'il ne soit pas arrivé? lui dit-elle; pourquoi nous donne-t-il rendez-vous ici au point du jour, au lieu de venir nous joindre à Castle-Dinan, chez vous, où il devait ramener ma mère aujourd'hui?

— Evandale n'agit jamais par caprice, dit lady Emilie; il nous donnera de bonnes raisons pour se justifier, et, s'il ne le fait pas, je vous aiderai à le gronder.

— Ma plus grande crainte, c'est qu'il ne se trouve engagé dans quelqu'un de ces complots si fréquens dans le malheureux temps où nous vivons. Je sais que son cœur est avec Claverhouse, et je crois qu'il l'aurait rejoint depuis long-temps, sans la mort de mon oncle, qui lui a occasioné tant d'embarras à cause de nous. N'est-il pas étonnant qu'un homme si raisonnable, qui connaît si bien les fautes et les erreurs qui ont privé du trône la famille des Stuarts, soit prêt à tout sacrifier pour l'y rappeler?

— Que vous dirai-je? C'est un point d'honneur pour Evandale : notre famille a toujours été distinguée par sa loyauté. Il a servi long-temps dans le régiment des gardes dont le vicomte Dundee était colonel. Beaucoup de ses parens voient son inaction de mauvais œil, et l'attribuent à un défaut d'énergie. Vous devez savoir, ma chère Edith, que bien souvent des raisons de famille, des liaisons d'amitié, ont sur notre conduite plus d'influence que les meilleurs raisonnemens. J'espère pourtant qu'il pourra continuer à demeurer tranquille, quoiqu'à vous dire vrai vous puissiez seule le retenir.

— Comment cela serait-il en mon pouvoir?

— En lui fournissant le prétexte mentionné dans l'Évangile... Il a pris une femme, et par conséquent il ne peut venir.

— J'ai promis, dit Edith d'une voix faible ; mais j'espère que quant au temps de l'accomplir, on me laissera libre de le fixer.

— C'est ce que je vais laisser à Evandale le soin de discuter avec vous, dit lady Emilie, car je l'aperçois.

— Restez, lady Emilie! restez, je vous en supplie! s'écria Edith en tâchant de la retenir.

— Non, en vérité, répondit-elle : un tiers fait souvent une sotte figure en certaines occasions. Je vais me promener dans la prairie, près du ruisseau ; vous me ferez avertir quand il s'agira de déjeuner.

Comme elle sortait du salon, lord Evandale y entra. — Bonjour, mon frère, lui dit-elle en riant, et adieu jusqu'au déjeuner. J'espère que vous donnerez à miss Bellenden quelques bonnes raisons pour l'avoir obligée à se lever si matin. Et en parlant ainsi, elle sortit sans attendre sa réponse.

Miss Edith allait lui faire la même demande ; mais en jetant les yeux sur lui, elle vit dans ses traits une expression si extraordinaire, un air d'agitation si marqué, qu'elle s'écria : — Mon Dieu, milord, qu'avez-vous?

— Les fidèles sujets de Sa Majesté Jacques II, dit lord Evandale, viennent de remporter près Blair d'Athole une victoire signalée, et qui paraît devoir être décisive ; mais mon brave ami, le lord Dundee...

— Est mort? s'écria miss Edith devinant sur-le-champ le reste de la nouvelle.

— Il est vrai! il n'est que trop vrai! mort dans les bras de la victoire, et il n'est plus un seul homme qui ait assez de talens et d'influence pour le remplacer au service du roi Jacques ; ce n'est pas le temps, Edith, de composer avec mon devoir : j'ai ordonné la levée de mes vassaux, et il faut que je prenne congé de vous ce soir.

— Pourriez-vous y penser, milord? Ne savez-vous pas combien votre vie est précieuse pour vos amis? Ne la risquez pas dans une entreprise si téméraire : pouvez-vous, seul, avec quelques vassaux, espérer de résister aux forces de toute l'Écosse, si l'on en excepte les clans des montagnards?

— Écoutez-moi, Edith, mon entreprise n'est pas aussi téméraire que vous le pensez; des motifs de la plus haute importance doivent me décider à la démarche que je vais faire. Le régiment des gardes dans lequel j'ai servi si longtemps, ajouta-t-il en baissant la voix comme s'il eût craint que les murs du salon ne prissent des oreilles pour l'entendre, conserve un secret attachement pour la cause de son légitime souverain. Dès que j'aurai le pied dans l'étrier, deux autres régimens de cavalerie se rendront sous mon drapeau; ils l'ont juré : ils n'attendaient pour se déclarer que l'arrivée du vicomte de Dundee dans le bas pays. Maintenant qu'il n'existe plus, quel officier osera se décider à une telle démarche, s'il n'y est encouragé par le soulèvement des troupes? Si je diffère, leur zèle se refroidira. Je dois les amener à se déclarer pendant que leur cœur s'enorgueillit encore de la victoire obtenue par leur ancien chef, et qu'ils brûlent du désir de venger sa mort prématurée.

— Et c'est, dit Edith, sur la foi de soldats prêts à passer à chaque instant d'un parti dans un autre que vous allez faire un pas si dangereux!

— Il le faut, je le dois: l'honneur et la loyauté m'en imposent l'obligation.

— Et tout cela pour un prince dont vous-même n'approuviez pas la conduite quand il était sur le trône?

— Il est vrai : citoyen libre, je ne pouvais voir sans peine ses innovations dans l'Église et dans le gouvernement; mais il est dans l'adversité, sujet fidèle je soutiendrai ses droits. Que des flatteurs et des courtisans adorent le pouvoir et abandonnent l'infortune, leur conduite ne servira jamais de modèle à la mienne.

— Mais puisque vous êtes déterminé, milord, à une démarche que mon faible jugement me présente comme inconsidérée, pourquoi, dans un pareil moment, avez-vous désiré cette entrevue?

— Ne me suffirait-il pas de vous répondre, dit lord Evandale avec tendresse, que je ne pouvais me résoudre à partir pour l'armée sans revoir celle à qui je suis si glorieux d'être déjà fiancé? Me demander les motifs d'un pareil désir, c'est douter de l'ardeur de mes sentimens, et me donner une preuve de l'indifférence des vôtres.

— Mais pourquoi fallait-il que notre entrevue eût lieu en cet endroit, et avec cette apparence de mystère?

— Parce que j'ai une demande à vous faire, miss Bellenden, une demande que je n'ose expliquer, ajouta-t-il en lui présentant une lettre, avant que vous n'ayez lu ce billet.

Edith jeta promptement les yeux sur l'adresse de la lettre, y reconnut l'écriture de son aïeule, et lut ce qui suit:

« Ma chère enfant,

« Je n'ai jamais été plus contrariée du rhumatisme qui me retient dans mon fauteuil, qu'en vous écrivant cette lettre, tandis que je voudrais être où elle va bientôt se trouver, c'est-à-dire à Fairy-Knowe, près de la fille unique de mon pauvre Willie. Mais c'est la volonté de Dieu que je sois éloignée d'elle en ce moment, comme ce l'est aussi que je souffre de mon rhumatisme, puisqu'il n'a cédé ni aux cataplasmes de camomille, ni aux décoctions de moutarde, avec lesquels j'ai si souvent soulagé ceux des autres.

« Il faut donc que je vous dise par écrit, au lieu de vous le dire de ma propre bouche, comme je l'aurais souhaité, que lord Evandale, étant appelé à l'armée par l'honneur et le devoir, désire vivement qu'avant son départ les saints nœuds du mariage l'unissent irrévocablement à vous. Je n'ai vu aucune objection à cette demande, puisque vous êtes fiancés, et que ce n'est que le complément du lien qui existe déjà entre vous. Je me flatte donc que mon Edith, qui a toujours été une fille soumise et respectueuse, n'élèvera pas des difficultés qui ne seraient pas raisonnables.

« Il est bien vrai que dans notre famille les mariages ont toujours été célébrés d'une manière plus convenable à notre rang; qu'ils n'ont jamais eu lieu en secret, avec peu de témoins, et comme une chose dont on aurait à rougir; mais telle est la volonté du ciel, comme ce fut celle des hommes qui gouvernent ce pays, de nous priver de nos Liens, et notre roi de son trône. Je me flatte pourtant que Dieu rétablira l'héritier légitime dans ses droits, et convertira son cœur à la foi protestante. Pourquoi ne me flatterais-je pas de voir encore cet heureux évènement malgré ma vieillesse? N'ai-je pas vu Sa Majesté le roi Charles II, d'heureuse mémoire, triompher des rebelles ligués contre lui, peu de temps après qu'il eut daigné accepter un déjeuner...? »

Nous n'abuserons pas de la patience de nos lecteurs en mettant sous leurs yeux le reste de la lettre de lady Marguerite. Nous nous contenterons de dire qu'elle se terminait par une injonction solennelle à sa petite-fille de procéder sans délai à la célébration de son mariage avec lord Evandale.

— Je n'aurais jamais cru jusqu'à ce moment, dit Edith, que lord Evandale pût manquer de générosité.

— Manquer de générosité, Edith! s'écria lord Evandale: pouvez-vous interpréter ainsi le désir que j'éprouve de vous appeler mon épouse, avant de vous quitter, peut-être pour toujours?

— Lord Evandale aurait dû se rappeler, dit miss Bellenden, que lorsque sa persévérance, et je dois ajouter mon estime pour lui, la reconnaissance des obligations que nous lui avons, ont enfin obtenu de moi le consentement de lui donner un jour ma main, j'y ai mis pour condition qu'on ne me presserait pas quant à l'époque où j'accomplirais ma promesse; et maintenant il se prévaut de son crédit sur la seule parente qui me reste, pour me forcer à une démarche si importante sans m'accorder un seul instant de réflexion! N'y a-t-il pas, milord, dans une telle conduite, plus d'égoïsme que de générosité?

Lord Evandale parut blessé de ce reproche; il fit deux ou trois tours dans l'appartement avant d'y répondre. Enfin, se rapprochant de miss Bellenden : — Vous m'auriez épargné, lui dit-il, une accusation qui m'est si pénible, si j'avais osé vous dire quel est le principal motif qui m'a déterminé à vous faire cette demande. Vous me forcez de vous le faire connaître, et je suis sûr qu'il ne peut manquer d'avoir du poids sur votre esprit, non par rapport à vous, mais en ce qu'il concerne votre respectable aïeule lady Marguerite. Je pars pour l'armée, et le destin de mon ami le vicomte de Dundee m'y attend peut-être : dans ce cas, tous mes biens passent à un parent éloigné, par la loi de substitution; ou je puis être déclaré traître par le gouvernement usurpateur, et une confiscation peut me dépouiller au profit du prince d'Orange ou de quelque favori hollandais. Dans l'un comme dans l'autre cas, ma respectable amie lady Marguerite et ma chère fiancée miss Bellenden resteraient sans fortune et sans protection; au lieu que lady Evandale trouverait, dans les droits que lui donnerait son mariage, les moyens d'assurer à sa digne aïeule une vieillesse tranquille, et jouirait ainsi d'un plaisir qui la consolerait d'avoir accordé sa main à un homme qui n'ose se flatter d'en être digne.

Cet argument, auquel Edith ne s'attendait point, ne

lui laissa rien à répondre. Elle fut forcée de reconnaître que la conduite de lord Evandale était inspirée par la délicatesse autant que par la générosité.

—Et cependant, milord, telle est la bizarrerie de mon imagination, que mon cœur (ajouta-t-elle en pleurant), se reportant vers le passé, ne peut sans un pressentiment sinistre, penser à remplir si subitement mes engagemens.

— Vous savez, ma chère Edith, reprit lord Evandale, que le résultat de toutes nos informations, de toutes nos recherches, a été de nous convaincre que nos regrets étaient superflus.

—Il n'est que trop vrai! dit Edith en soupirant profondément.

A l'instant même elle entendit son soupir répété comme par un écho imprévu dans l'appartement voisin. Elle tressaillit, et se rassura à peine quand lord Evandale lui eut fait observer que ce qu'elle avait cru entendre ne pouvait être que l'écho de sa propre voix.

— Tout ce que j'entends, dit Edith, se convertit en sinistre augure, tant je suis agitée.

Lord Evandale s'efforça alors de nouveau de la déterminer à une mesure qui, quoique en apparence un peu précipitée, était cependant le seul moyen qui pût la mettre, ainsi que son aïeule, à l'abri des évènemens futurs. Il lui mit sous les yeux les droits que lui donnaient déjà leurs fiançailles, les désirs de son aïeule, la nécessité d'assurer son indépendance, l'attachement qu'il lui avait voué depuis si long-temps. Il n'appuya pas sur les services qu'il leur avait rendus, mais moins il les faisait valoir, plus ils se représentaient à l'esprit d'Edith. Enfin, n'ayant à opposer à ses sollicitations qu'une répugnance sans motif raisonnable, et qu'elle rougissait presque d'avouer dans un instant où son amant lui donnait une nouvelle preuve de la noblesse de ses sentimens, elle ne trouva plus à lui alléguer que l'impossibilité que la cérémonie eût lieu dans un si court délai.

Mais lord Evandale avait tout prévu. Il se hâta de lui expliquer que l'ancien chapelain de son régiment l'avait suivi avec un fidèle domestique, qui avait servi dans le même corps, et qui serait témoin de leur mariage, ainsi que lady Emilie, Cuddy Headrigg et sa femme. Il ajouta qu'il avait choisi Fairy-Knowe pour la célébration, afin d'en assurer le secret, parce que, devant partir sur-le-champ, cette précipitation donnerait nécessairement des soupçons au gouvernement, si elle était connue ; car comment concevoir qu'un mari quitte sa nouvelle épouse quelques heures après son mariage sans les motifs les plus puissans ?

Ayant ainsi victorieusement répondu au dernier argument d'Edith, et n'attendant plus de nouvelles objections, il alla sur-le-champ avertir sa sœur de retourner près de son amie, et courut prévenir les personnes dont la présence était nécessaire pour procéder à la cérémonie.

Quand lady Emilie arriva, elle trouva Edith fondant en larmes ; elle en chercha vainement la cause : elle était du nombre de ces demoiselles qui ne voient rien de terrible ni d'effrayant dans le mariage, surtout quand le futur époux possède tous les avantages que réunissait lord Evandale. Elle employa, pour rappeler le courage d'Edith, tous les argumens obligés en faveur du lien conjugal ; mais quand elle vit que ses pleurs continuaient à couler sur ses joues décolorées, qu'elle était insensible à ses caresses et à ses consolations, que la main qu'elle pressait restait froide et sans mouvement, sa fierté s'en offensa, et l'amitié fit place au dépit.

— Je dois avouer, miss Bellenden, lui dit-elle, que je ne comprends rien à votre conduite. Vous avez promis d'épouser mon frère quand vous avez consenti à être fiancée à lui ; et maintenant qu'il s'agit de remplir votre promesse, vous gémissez comme si vous aviez à tenir un engagement pénible et déshonorant! Je crois pouvoir répondre pour lord Evandale qu'il ne voudra jamais obtenir la main d'une femme contre son gré, et, quoique je sois sa sœur, je puis ajouter qu'il ne me paraît pas fait pour souffrir les mépris de personne. Vous me pardonnerez, miss Bellenden, mais les pleurs que je vous vois répandre me semblent d'un mauvais augure pour le bonheur de mon frère, et je dois vous dire que votre douleur est un triste retour pour un attachement dont il vous a donné tant de preuves depuis si long-temps.

— Vous avez raison, lady Emilie, dit Edith en essuyant ses yeux, et en s'efforçant de calmer son agitation. Ce n'est point ainsi que je devrais répondre à l'honneur que me fait lord Evandale en me choisissant pour son épouse ; mais ma consolation en ce moment, c'est qu'il connaît la cause de mes larmes, car je n'ai rien de caché pour lui. Vous n'en avez pas moins raison. Je mérite d'être blâmée de m'abandonner encore à de pénibles souvenirs et à de vains regrets; mais c'est pour la dernière fois. Ma destinée va être unie à celle de lord Evandale; rien désormais ne pourra exciter ses plaintes ni le mécontentement de sa famille. Je ne souffrirai pas que de vaines illusions, me rappelant le passé...

A ces mots, comme elle avait la tête tournée vers une fenêtre à laquelle était adaptée une jalousie à demi fermée, elle poussa un cri effrayant et s'évanouit. Les yeux de lady Émilie prirent à l'instant la même direction, mais elle ne vit que l'ombre d'un homme qui semblait disparaître de la croisée. Plus épouvantée de l'état où elle voyait Edith que de l'espèce d'apparition dont elle venait d'être témoin, elle jeta de hauts cris, et appela du secours. Son frère arriva sur-le-champ avec l'aumônier et Jenny Dennison; mais il se passa quelque temps avant qu'on parvînt à lui rendre la connaissance, et elle ne put d'abord s'exprimer que par des phrases entrecoupées.

— Ne me pressez pas davantage! dit-elle à lord Evandale; cela est impossible! Le ciel et la terre, les vivans et les morts s'y opposent! Prenez tout ce que je peux vous accorder : la tendresse d'une sœur, une bien vive amitié. Ne parlez plus de mariage.

L'étonnement de lord Evandale ne put se décrire.

— C'est un de vos tours, Emilie, dit-il vivement à sa sœur : pourquoi faut-il que je vous aie envoyée près d'elle! Vous l'aurez rendue folle par quelqu'une de vos extravagances.

— Sur ma parole, mon frère, dit lady Émilie, vous êtes bien en état de rendre folles toutes les femmes d'Écosse! Parce que votre maîtresse veut s'amuser à vos dépens, ou se rendre intéressante à vos yeux, vous faites une querelle à votre sœur à l'instant où elle vient de prendre votre parti, et où elle se flattait de lui avoir fait entendre raison. Et qui nous a valu cette excellente scène tragique? la vue d'un homme qui a paru à une fenêtre, et que sa sensibilité exaltée lui a fait prendre pour vous ou pour tout autre.

— Quel homme? quelle fenêtre? s'écria lord Evandale d'un ton d'impatience : miss Bellenden est incapable de vouloir me jouer.

— Paix, milord, paix! dit Jenny, qui se sentait intéressée à empêcher toute explication; parlez plus bas, de grâce, miss Edith commence à revenir à elle.

Dès qu'Edith eut repris l'usage de ses sens, elle pria qu'on la laissât seule avec lord Evandale. Chacun se retira : Jenny avec son air de simplicité officieuse, lady Emilie et l'aumônier avec celui d'une curiosité peu satisfaite.

Edith, restée seule avec Evandale, le pria de s'asseoir près du sofa sur lequel on l'avait couchée; saisissant alors la main du lord, elle la porta à ses lèvres malgré sa surprise et sa résistance, et, rassemblant ce qui lui restait de forces, elle se leva brusquement et se jeta à ses pieds.

— Pardonnez-moi, milord, s'écria-t-elle, pardonnez-moi ! Il faut que je sois ingrate envers vous, que je rompe un engagement solennel. Vous avez mon amitié, mon estime, ma reconnaissance sincère; bien plus, vous avez ma parole et ma foi; mais pardonnez-moi un tort involontaire : vous n'avez pas mon amour, et je ne puis vous épouser sans être coupable.

— Vous sortez d'un rêve pénible! ma chère Edith, dit lord Evandale en la relevant et en la replaçant sur le sofa; vous vous laissez égarer par votre imagination, par les illusions d'une âme trop sensible. Celui que vous me préférez est dans un monde meilleur, où vous ne pouvez le suivre par vos inutiles regrets; et si vous l'y suiviez, vous ne feriez que diminuer son bonheur.

— Vous vous trompez, lord Evandale, reprit Edith, je n'ai fait aucun rêve, et mon imagination n'est point égarée. Je ne l'aurais jamais pu croire, si quelqu'un me l'avait dit. Mais je l'ai vu, et je dois en croire mes yeux.

— Vu ! qui? s'écria lord Evandale, aussi surpris que confondu.

— Henry Morton, répondit Edith ; et elle articula ces deux mots comme s'ils eussent été les derniers qu'elle dût prononcer de sa vie.

— Miss Bellenden, dit lord Evandale, vous me traitez comme un enfant, ou comme un insensé. Si vous vous repentez de votre engagement avec moi, ajouta-t-il d'un ton piqué, je ne suis pas homme à en profiter pour contrarier vos inclinations; mais traitez-moi comme un homme, et ne plaisantez pas ainsi.

A ces mots il se disposait à la quitter, quand, jetant sur elle un dernier regard, il vit, à la pâleur de ses joues et à l'égarement de ses yeux, que le trouble qu'elle éprouvait n'était que trop véritable : quelles que fussent les causes qui avaient agi sur son imagination, son esprit semblait dans un désordre qu'il ne pouvait concevoir. Il changea de ton aussitôt, reprit sa place auprès d'elle, et essaya de lui faire avouer les causes secrètes de tant de terreur.

— Je l'ai vu, répéta-t-elle, j'ai vu Henry Morton à cette fenêtre ! Il regardait dans cet appartement au moment où j'allais abjurer son souvenir pour toujours. Sa figure était pâle, maigre ; il était enveloppé d'un grand manteau ; son chapeau lui couvrait les yeux ; l'expression de sa figure était la même que le jour où il fut interrogé par Claverhouse à Tillietudlem. Demandez à votre sœur si elle ne l'a pas vu comme moi. — Je sais ce qui l'a appelé. — Il venait me reprocher d'oser donner ma main à un autre pendant que mon cœur est avec lui au fond de la mer où il a péri. Milord, c'en est fait entre vous et moi. — Quelles qu'en soient les conséquences, *elle* ne peut se marier celle dont le mariage trouble le repos des morts.

— Grand Dieu ! dit Evandale en traversant la chambre, troublé lui-même presque jusqu'au délire par la surprise et la douleur. Sa raison est égarée, et cela par l'effort que lui a coûté son consentement à ma proposition prématurée ! Sa raison est perdue à jamais si des soins et du repos ne la lui rendent bientôt.

En ce moment la porte s'ouvrit, et l'on vit entrer Holliday, qui avait quitté le régiment des gardes en même temps que lord Evandale, lors de la révolution, et qui depuis était toujours resté à son service. Sa figure était pâle, et il semblait trembler d'une terreur qui ne lui était pas ordinaire.

— Qu'y a-t-il de nouveau, Holliday ? s'écria son maître en se levant vivement. Aurait-on découvert....?

Il eut assez de présence d'esprit pour s'arrêter au milieu de cette phrase dangereuse, qui pouvait trahir ses projets.

— Non, milord, répondit Holliday, ce n'est pas cela, ce n'est rien de semblable, mais je viens de voir un esprit.

— Un esprit! s'écria lord Evandale perdant patience; tout le monde conspire donc aujourd'hui pour me rendre fou! Et quel esprit avez-vous vu, imbécile?

— L'esprit d'Henry Morton, le capitaine whig du pont de Bothwell. Il a paru tout-à-coup à côté de moi dans le jardin, et s'est évaporé comme un feu follet.

— Vous êtes fou, s'écria lord Evandale, ou il y a là-dessous quelque noir complot. Jenny, prenez soin de votre maîtresse, et je vais tâcher de trouver la clef de ce mystère.

Toutes les recherches de lord Evandale n'aboutirent à rien. Jenny seule aurait pu lui donner l'explication qu'il désirait, si elle l'avait voulu; mais elle jugeait que son intérêt exigeait qu'elle laissât la vérité dans les ténèbres, depuis que la possession d'un mari actif et affectionné avait dompté toute sa coquetterie. Elle avait fort adroitement profité des premiers momens de confusion pour faire disparaître de la chambre voisine toutes les traces qui auraient pu prouver que quelqu'un y avait passé la nuit. Elle avait même poussé les précautions jusqu'à effacer les empreintes de pieds d'homme sur une plate-bande près de la fenêtre d'où elle conjecturait que miss Edith avait aperçu Morton, qui voulait sans doute, avant de partir, jeter un dernier regard sur celle qu'il allait perdre pour toujours. Il était évident qu'il avait aussi passé près d'Holliday dans le jardin, et Jenny apprit de l'aîné de ses garçons, par qui elle avait fait seller et brider le cheval de l'étranger, qu'il avait couru à l'étable, jeté une guinée à l'enfant, puis, qu'il s'était dirigé au galop vers la Clyde. Le secret était donc renfermé dans la famille de Jenny, et elle était résolue à ne pas l'en laisser sortir.

— Car, pensait-elle, quoique miss Edith et Holliday aient reconnu M. Morton au grand jour, ce n'est pas une raison pour que j'aie dû le reconnaître à la clarté d'une chandelle; d'autant plus qu'il se cachait de Cuddy et de moi.

Elle se tint donc constamment sur la négative lorsqu'elle fut interrogée par lord Evandale. Quant à Holliday, tout ce qu'il put dire, c'est que, comme il entrait dans le jardin, l'esprit avait paru à ses côtés comme un éclair, et qu'il avait fui avec un air de colère mêlée de douleur.

— Je l'ai fort bien reconnu, ajouta-t-il, je ne pouvais m'y tromper, puisqu'il a été sous ma garde quand il était prisonnier; et j'avais fait son signalement dans le cas où il parviendrait à s'échapper. D'ailleurs on ne voit pas beaucoup d'hommes qui soient tournés comme M. Morton. Mais pourquoi revient-il? c'est ce que je ne puis concevoir, puisqu'il n'a été ni fusillé, ni pendu, ni assassiné, et que sa mort a été naturelle.

Lady Emilie déclara qu'elle avait bien certainement vu un homme se retirer de la fenêtre.

John Gudyil venait de quitter le jardin pour aller déjeuner, au moment de l'apparition; Cuddy était aux champs; le valet de lady Emilie attendait ses ordres dans la cuisine, et n'avait rien vu. Tels étaient tous les individus qui se trouvaient à la maison, et qui furent inutilement interrogés.

Lord Evandale se trouva contrarié au plus haut degré, en voyant renverser par cette aventure romanesque un plan qu'il avait adopté moins encore pour assurer son propre bonheur que pour mettre Edith à l'abri des évènemens. Il la connaissait trop bien pour la supposer capable d'avoir cherché un prétexte pour se dégager de l'obligation de remplir sa promesse, mais il aurait attribué l'apparition qu'elle prétendait avoir vue à une imagination exaltée, sans le témoignage d'Holliday, qui n'avait aucun motif pour penser en ce moment à Morton plutôt qu'à toute autre personne.

Lord Evandale avait trop d'esprit et de jugement pour croire aux apparitions; mais il lui était tout aussi difficile de penser que Morton, qui avait, pensait-il, perdu la vie avec tout l'équipage du vaisseau *le Wryheid* de Rotterdam, sur lequel il s'était embarqué, eût échappé à la mort par un miracle; qu'il eût été près de cinq ans sans donner de ses nouvelles à qui que ce fût, et que toutes les recherches faites pour s'assurer de son existence eussent été infructueuses. Enfin, en supposant qu'il fût vivant et en Ecosse, quelle raison pourrait l'obliger à se cacher, maintenant que son parti triomphait, que la révolution survenue dans le gouvernement lui permettait de se montrer, et que tous ceux qui avaient été bannis par les Stuarts avaient été rappelés par Guillaume, lors de son avènement au trône?

Le chapelain, à qui lord Evandale confia aussi ses doutes un peu à contre-cœur, lui fit un long discours sur les esprits et les apparitions, lui cita Delrio, Burthoog et de l'Ancre, et finit par lui dire que son opinion bien certaine et bien fixée était, ou que l'esprit de Morton était réellement apparu ce matin, évènement dont, comme théologien et comme philosophe, il n'était pas préparé en ce moment à admettre ou à nier la possibilité; ou que ledit Henry Morton était encore vivant, *in rerum naturâ*, et s'était montré en propre personne; ou enfin qu'une ressemblance, qui n'était pas sans exemple, avait abusé les yeux de miss Bellenden et d'Holliday. — Laquelle de ces hypothèses est la plus probable? ajouta le docteur; c'est sur quoi je n'oserais prononcer; mais je répondrais sur ma tête que l'une des trois est la véritable.

Lord Evandale eut bientôt un autre sujet d'inquiétude.

Miss Bellenden, quelques heures après cette aventure, se trouva malade très sérieusement.

— Je ne partirai point qu'elle ne soit hors de danger, pensa-t-il. Quelle que soit la cause immédiate de sa maladie, c'est moi qui y ai donné lieu par mes malheureuses sollicitations.

Lady Marguerite avait été instruite par un exprès de l'indisposition de sa petite-fille ; et, malgré son rhumatisme, elle s'était fait transporter le même jour à Fairy-Knowe. Lady Emilie ne voulut pas quitter la malade ; et la présence de ces deux dames y autorisa celle de lord Evandale, qui résolut d'y rester jusqu'à ce que la santé d'Edith se trouvât assez bien rétablie pour lui permettre d'avoir avec elle une explication définitive.

— Jamais je ne souffrirai, dit le généreux jeune homme, que l'engagement qu'elle a contracté avec moi soit à ses yeux une chaîne et un devoir qui la forcent à une union dont l'idée seule paraît déranger son esprit.

CHAPITRE XXXIX.

« Rochers, vallons, délicieux ombrages,
« Est-ce bien vous qu'en ce jour je revois ?
« C'est en ces lieux que j'errais autrefois,
« Sans craindre encor le monde et ses orages. »
Ode sur une vue du collége d'Eton.

Ce n'est pas seulement par les infirmités du corps et par l'absence des dons de la fortune que les hommes les plus distingués par leurs talens sont quelquefois rabaissés au niveau des autres créatures dont se compose la masse du genre humain. Il y a des instans où les esprits les plus fermes, en proie à une vive agitation, ne conservent rien qui les distingue des plus faibles, et paient la dette commune à la nature. Leur situation alors est d'autant plus déplorable, qu'ils sentent qu'en s'abandonnant à leur chagrin ils blessent les règles de la religion et de la philosophie, qui devraient toujours conserver leur influence sur les actions et les passions des hommes.

Telle était la situation d'esprit du malheureux Morton quand il s'éloigna de Fairy-Knowe. Savoir que cette Edith qu'il aimait depuis si long-temps était sur le point d'épouser son ancien rival, un rival à qui tant de services avaient donné des droits sur son cœur, était un coup qu'il ne pouvait supporter, quoiqu'il n'en fût pas frappé sans s'y être attendu. Pendant son séjour en pays étranger, il lui avait écrit une seule fois. C'était pour lui dire adieu pour toujours, et lui offrir ses vœux pour son bonheur. Il ne l'avait pas priée de lui répondre, mais il s'était flatté de recevoir de ses nouvelles. Il n'en reçut point, et la raison en est simple : jamais sa lettre ne lui était parvenue. Morton, ignorant cette circonstance, en conclut qu'il était complètement oublié d'après sa propre demande. Lorsqu'il arriva en Ecosse, il apprit qu'elle était fiancée à lord Evandale ; il croyait même qu'elle pouvait être déjà son épouse : — Mais quand même elle ne le serait pas, pensait-il, il était trop généreux pour chercher à troubler son repos, peut-être son bonheur, en faisant revivre des droits que le temps et l'absence paraissaient avoir frappés de prescription. Pourquoi vint-il donc visiter la demeure où un revers de fortune avait forcé lady Margaret Bellenden et sa petite-fille de chercher une retraite? Il céda, nous devons le reconnaître, à l'impulsion irréfléchie d'un désir inconséquent que tant d'autres eussent éprouvé comme lui.

Le hasard lui avait appris en chemin que les dames étaient absentes de Fairy-Knowe, et que Jenny et Cuddy étaient leurs principaux domestiques. Il n'avait pu résister à l'envie de s'arrêter à leur chaumière, afin d'avoir des renseignemens certains sur la situation où se trouvait alors miss Bellenden, qu'il n'osait plus nommer son Edith. Nous avons vu quelles furent les suites de cette résolution imprudente. Morton partit de Fairy-Knowe, convaincu qu'Edith l'aimait encore, et forcé par l'honneur de renoncer à elle pour toujours. Quels furent ses sentimens pendant l'entretien d'Edith avec lord Evandale, dont il entendit involontairement la plus grande partie ? Le lecteur peut se les figurer, et nous n'entreprendrons pas de les lui décrire. Il fut tenté cent fois de s'écrier : — Edith, je vis encore ! Mais le souvenir de la foi qu'elle avait déjà promise à lord Evandale, les services que ce lord avait rendus à la famille de sa maîtresse, la reconnaissance qu'il lui devait lui-même, car il était persuadé, avec raison, que c'était à son influence sur Claverhouse qu'il avait dû la vie après la bataille du pont de Bothwell : tous ces motifs firent taire son amour, et le détournèrent d'une démarche qui pouvait faire le malheur d'un rival qu'il estimait, et ajouter aux chagrins de sa chère Edith, sans lui donner l'espoir d'en être lui-même plus heureux. Il lui en coûta de sacrifier ainsi les plus doux sentimens de son cœur.

— Non, Edith, pensa-t-il, jamais je ne troublerai la paix de ton âme ! Que la volonté du ciel s'accomplisse ! — J'étais mort pour elle quand elle a promis de devenir l'épouse de lord Evandale; jamais elle ne saura qu'Henry Morton respire encore.

A l'instant où il forma cette résolution, se méfiant de ses forces, et craignant de ne pouvoir la garder s'il écoutait plus long-temps le son de la voix d'Edith, il sortit promptement par la fenêtre qui donnait sur le jardin. Il ne put cependant s'arracher de l'endroit où il venait d'entendre pour la dernière fois celle qui lui était si chère, sans concevoir le désir irrésistible de contempler un instant ses traits; et, quand le cri que poussa Edith lui fit soupçonner qu'elle l'avait vu en relevant tout-à-coup ses yeux baissés, il s'enfuit comme s'il eût été poursuivi par des furies, passa près d'Holliday sans le reconnaître, et même sans le voir, courut à l'étable, monta à cheval, et prit le premier sentier qui se présenta à lui plutôt que la grande route d'Hamilton.

Selon toutes ces probabilités, ce fut ce qui empêcha lord Evandale de savoir si Morton existait réellement. La nouvelle de la victoire remportée par les montagnards sur les troupes du roi Guillaume à Killiecrankie avait fait craindre que les jacobites du bas pays ne fissent quelque mouvement. On avait donc établi des postes en ces deux endroits, et l'on y examinait avec attention tous les voyageurs qui s'y présentaient. Mais ce fut en vain que lord Evandale y fit prendre des informations, aucun inconnu n'y avait passé dans la matinée. Il fut donc réduit à croire qu'Edith avait pris pour la réalité un fantôme qui n'avait d'existence que dans son imagination troublée, et à supposer que, par une coïncidence aussi extraordinaire qu'inexplicable, la même superstition s'était présentée à l'esprit d'Holliday.

Cependant Morton, qui avait mis son cheval au grand galop, se trouva en quelques minutes sur les bords de la Clyde. C'était un endroit qui servait d'abreuvoir, comme l'annonçaient des traces récentes. Le cheval de Morton, pressé à chaque instant par les coups d'éperon, y entra sans hésiter, et se trouva bientôt à la nage. Morton ne s'en aperçut que par le froid qu'il ressentit quand il se trouva dans l'eau jusqu'à mi-corps; et, revenant à lui, il vit la nécessité de songer aux moyens de sauver sa vie et celle de sa monture, car la rivière était très rapide. Habile dans tous les exercices, il savait diriger un coursier dans l'eau comme sur une esplanade; il lui fit suivre le courant quelques instans, pour ne pas épuiser ses forces, et parvint à s'approcher de la rive opposée; mais elle se trouva trop escarpée; le cheval n'y put monter, il fallut se résoudre à suivre le cours de la rivière; enfin, au bout de quelques minutes, il se trouva à pied sec sur le bord de la Clyde.

— Où irai-je maintenant? dit Morton dans l'amertume de son cœur. Et qu'importe? Ah! si je pouvais le désirer sans crime, je voudrais que ces eaux m'eussent englouti, et m'eussent fait perdre le souvenir du passé et le sentiment du présent.

A peine avait-il fait cette réflexion, qu'il fut honteux qu'elle se fût présentée à son esprit. Il se rappela de quelle manière presque miraculeuse sa vie, dont il faisait un tel mépris en ce moment, avait été sauvée deux fois. — Je suis un insensé, dit-il, plus qu'un insensé, de murmurer contre la Providence, qui m'a donné tant de marques de protection. N'ai-je donc plus rien à faire en ce monde? quand je ne ferais que supporter avec courage les souffrances auxquelles je suis condamné! Ai-je rien vu, ai-je rien entendu à quoi je ne dusse m'attendre? Mais eux-mêmes sont-ils plus heureux? ajouta-t-il sans oser prononcer le nom de ceux auxquels il pensait : *elle* est dépouillée de ses biens, *il* s'engage dans une entreprise qui paraît dangereuse, quoiqu'il en ait parlé si bas que je n'ai pu bien comprendre ce dont il s'agit. Ne puis-je trouver quelques moyens de les aider, de les secourir, de veiller sur eux?

Il finit par s'arracher au sentiment de ses propres regrets, pour s'occuper uniquement des intérêts d'Edith et de ceux de son futur époux; la lettre de Burley, oubliée depuis long-temps, lui revint à la mémoire, et un nouvel éclair de lumière brilla à son esprit.

— Leur ruine est son ouvrage! s'écria-t-il, j'en suis bien convaincu. Si elle peut être réparée, ce ne saurait être que par le moyen des informations qu'on obtiendra de lui. Il faut que je le cherche, que je le trouve, que je reçoive de lui des renseignemens certains. Qui sait s'ils n'auront pas quelque influence salutaire sur la fortune de ceux que je ne dois plus voir, et qui n'apprendront probablement jamais que j'oublie en ce moment mes propres chagrins pour m'occuper de leur bonheur.

Animé par cette espérance, quoique le fondement en fût bien léger, il chercha à regagner la grande route; et, comme il connaissait parfaitement tous ces environs, qu'il avait tant de fois parcourus en chassant, il se trouva bientôt sur le chemin qui conduisait à la petite ville dans laquelle il était entré triomphant cinq ans auparavant, comme capitaine du Perroquet. Une sombre mélancolie régnait toujours dans son cœur; mais il était sorti de cet état de désespoir auquel il avait été sur le point de succomber. Tel est l'effet d'une résolution vertueuse et désintéressée; si elle ne peut rappeler le bonheur, elle rétablit au moins la tranquillité de l'âme.

Il fit un effort sur lui-même pour ne plus penser qu'aux moyens de découvrir Burley, et à la possibilité de lui arracher quelque renseignement favorable à celle dont la cause l'intéressait. Il résolut enfin de ne rien négliger pour le trouver, espérant, d'après ce que Cuddy lui avait dit d'une scission entre les presbytériens et leur ancien chef, que celui-ci serait moins mal disposé à l'égard de miss Bellenden, et pourrait même exercer favorablement pour elle l'influence qu'il assurait avoir sur sa fortune.

Il était environ midi quand notre voyageur se trouva près du château de son oncle, qui était situé devant un petit bois à une portée de fusil de la route qu'il suivait. Sa vue fit naître en lui mille souvenirs qui produisaient sur son cœur une sensation douce et douloureuse en même temps, et qu'une âme sensible éprouve toujours lorsque, après avoir traversé les tempêtes d'une vie agitée, elle retrouve les lieux où elle a passé le temps calme et heureux de l'enfance. Il sentit le désir d'y entrer.

— La vieille Alison, pensa-t-il, ne me reconnaîtra sûrement pas plus que Cuddy et sa femme ne m'ont reconnu hier soir. Je puis satisfaire mon envie, et repartir sans lui faire connaître qui je suis. On m'a dit que mon oncle lui a légué son domaine; soit! je ne m'en plains pas; j'ai des chagrins qui me touchent de plus près : le bien de nos ancêtres aurait pu être mieux placé; mais n'importe, je veux au moins voir encore une fois la vieille maison.

L'aspect du manoir de Milnwood n'inspirait pas la gaieté sous son ancien maître; mais il paraissait maintenant encore plus sombre et plus triste qu'autrefois. Il était en bon état de réparations. Pas une tuile ne manquait à la toiture, pas un carreau de vitre n'était cassé; mais l'herbe croissait épaisse dans la cour : la porte principale n'en avait pas été ouverte depuis longtemps, puisque les toiles d'araignée en tapissaient le linteau et les gonds. Morton frappa plusieurs fois sans voir paraître personne, sans entendre le moindre bruit dans la maison; enfin il vit ouvrir la petite lucarne par où l'on venait reconnaître ceux qui se présentaient à la porte, et il aperçut au travers la figure d'Alison, couverte de quelques rides ajoutées à celles qui s'y trouvaient déjà quand il avait quitté l'Écosse. Elle avait sur la tête un *toy* [1], d'où s'échappaient quelques mèches de cheveux gris, qui produisaient un effet plus pittoresque qu'agréable.

— Que demandez-vous? dit-elle d'une voix aigre et cassée.

— Je désire, dit Henry, parler un instant à Alison Wilson qui demeure ici.

---

[1] Toy, ancienne coiffure nationale des femmes d'Ecosse. — Ed.

— Elle n'y est point, répondit mistress Wilson elle-même, à qui l'état de sa parure inspira peut-être l'envie de se nier ainsi. Mais vous êtes un malappris. Cela vous aurait-il fait mal à la langue de dire *mistress* Wilson de Milnwood?

— Pardon, dit Henry, souriant en lui-même de trouver que la vieille Alison conservait toujours ses prétentions au respect qu'elle croyait lui être dû; pardon, j'arrive de pays étranger, et j'y suis resté si long-temps que j'ai presque oublié ma propre langue.

— Vous venez des pays étrangers? dit Alison. Y auriez-vous par hasard entendu parler d'un jeune homme de ce pays, nommé Henry Morton?

— J'ai entendu prononcer ce nom en Allemagne.

— Attendez-moi un moment. Non, écoutez-moi bien. Tournez autour de la maison, vous trouverez une porte de derrière qui n'est fermée qu'au loquet. Vous l'ouvrirez; vous entrerez dans la basse-cour, mais prenez garde de tomber dans le tonneau d'eau qui est près de la porte, car l'entrée est obscure. Vous tournerez à droite; vous irez ensuite droit devant vous. Vous tournerez encore une fois à droite; et, en entrant dans la cour, vous prendrez garde à l'escalier de la cave. Là, vous verrez la porte de la petite cuisine : c'est la seule qui serve à présent au château. Vous y entrerez, je viendrai vous rejoindre, et vous pourrez me dire ce que vous voulez à mistress Wilson.

Malgré les instructions minutieuses d'Alison, un étranger aurait eu peine à se reconnaître dans le labyrinthe qu'elle venait de tracer. Mais, grâces à la connaissance des lieux, Morton évita les deux écueils qui lui avaient été indiqués; d'un côté, Scylla, sous la forme d'une cuve de lessive, et de l'autre, Charybde, qui l'attendait dans les profondeurs d'un escalier de cave. Le seul obstacle qu'il eut à vaincre vint d'un petit épagneul qui aboyait avec acharnement contre lui. Il lui avait pourtant autrefois appartenu; mais, différent du fidèle Argus, le chien d'Ulysse, il ne reconnut pas son maître.

— Et lui aussi! dit Morton. Pas une créature vivante ne me reconnaîtra!

Il entra dans la cuisine, et, quelques instants après, il entendit sur l'escalier le bruit des talons élevés dont étaient armés les souliers d'Alison, et de la canne à bec de corbin dont elle se servait pour se soutenir.

Avant qu'elle arrivât, il eut le temps de jeter un coup d'œil sur la cuisine. Quoique le charbon ne manquât pas dans les environs, un feu économique brûlait sous une petite marmite contenant le dîner préparé pour Alison et pour son unique servante, jeune fille de douze ans; et la vapeur qui s'en exhalait annonçait qu'elle ne se permettait pas un ordinaire plus succulent que du temps de son ancien maître.

Lorsqu'elle entra, Henry reconnut de suite en elle cet air d'importance qu'elle aimait tant à se donner, ces traits dans lesquels la mauvaise humeur, suite de l'habitude et de l'indulgence accordée à une servante-maîtresse, disputait la place à la bonté de cœur qui lui était naturelle; enfin ce bonnet rond, cette robe bleue et ce tablier blanc, qu'il lui avait vus tant de fois. Mais un ruban sur sa tête et quelques autres articles de toilette extraordinaire, dont elle s'était revêtue à la hâte, annonçaient la différence qui existait entre Alison, l'ancienne femme de charge de sir David, et mistress Wilson de Milnwood.

— Que désirez-vous de mistress Wilson, monsieur? lui dit-elle : je suis mistress Wilson. Les cinq minutes qu'elle avait passées à sa toilette lui avaient paru suffisantes pour lui donner le droit de reprendre son nom, et de pouvoir par là exiger plus sûrement le respect auquel elle prétendait. Henry ne savait trop que répondre à sa question; car, quoiqu'il ne voulût pas s'en faire reconnaître, il n'avait pas songé à se préparer quelque prétexte pour motiver son introduction dans la maison. Mais Alison ne le laissa pas long-temps dans l'embarras; car, sans attendre sa réponse, elle lui demanda vivement :

— Que désiriez-vous de moi, monsieur? Vous avez donc vu M. Henry Morton en Allemagne?

— Pardonnez-moi, madame, répondit Henry, c'est du colonel Silas Morton que je parlais.

L'expression de plaisir qui brillait dans les yeux de la bonne femme s'évanouit aussitôt.

— C'est donc son père que vous avez connu, le frère du feu laird de Milnwood! Mais vous ne pouvez l'avoir connu en pays étranger! vous me paraissez trop jeune. Il était de retour en Ecosse avant que vous fussiez né. J'espérais que vous m'apportiez des nouvelles de son fils, du pauvre M. Henry.

— C'est mon père, dit Henry, qui m'a appris à connaître le colonel Silas Morton. Quant à son fils, j'ai entendu dire qu'il avait péri dans un naufrage sur les côtes de Hollande.

— Hélas! cela n'est que trop probable, et il en a coûté bien des larmes à mes pauvres yeux. Son oncle m'en parlait encore le jour de sa mort. Il venait de me donner des instructions sur la quantité de vin et d'eau-de-vie qu'il faudrait préparer le jour de son enterrement, pour ceux qui y assisteraient; car, mort comme vivant, c'était un homme prudent, économe, et prenant garde à tout. — Aylie, me dit-il... — il me nommait toujours ainsi, nous étions de si vieilles connaissances! — Aylie, ayez bien soin de la maison, car le nom de Morton de Milnwood est oublié comme le dernier refrain d'une vieille chanson. — Ce furent ses dernières paroles, si ce n'est qu'un instant avant de mourir il me dit qu'une chandelle à la baguette était bien assez pour un mourant, car il ne pouvait souffrir qu'on se servît de chandelles moulées, et il y en avait malheureusement une qui brûlait sur une table.

Tandis que mistress Wilson racontait ainsi les derniers discours du vieil avare, l'épagneul, revenu de sa première surprise, et reconnaissant son maître, faisait autour de lui tant de gambades, qu'il était sur le point de le trahir.

— A bas, Elphin! à bas, monsieur! cria Henry d'un ton d'impatience.

— Vous savez le nom de notre chien! s'écria Alison toute surprise. Il n'est pourtant pas commun. Mais je vois qu'il vous connaît aussi! Bonté divine! s'écria-t-elle d'une voix de plus en plus émue, c'est mon pauvre enfant! c'est M. Henry!

A ces mots, la bonne vieille étendit les bras vers Morton, le serra sur son cœur, l'embrassa avec la même tendresse que si elle eût été sa mère, et finit par pleurer de joie. Henry, sensible à ces marques d'attachement, lui prodigua aussi des preuves d'affection. Il ne pensait plus à dissimuler avec elle : il n'en aurait pas eu le courage, s'il en avait conservé l'intention.

— Oui, ma chère Alison, c'est bien moi. Je vis encore pour vous remercier de votre attachement si fidèle! et pour me réjouir de retrouver au moins dans mon pays une amie qui me revoit avec plaisir.

— Oh! des amis, M. Henry, vous n'en manquerez pas : on a toujours des amis quand on a de l'argent, et, Dieu merci! vous en aurez, et beaucoup; tâchez d'en faire un bon usage, de ne pas le dissiper! Mais, mon Dieu! ajouta-t-elle en le repoussant un peu comme pour le considérer d'une distance plus convenable à sa vue, que vous êtes changé, mon enfant! vos couleurs sont passées, vos joues sont creuses, vos yeux sont enfoncés, vous êtes maigri. Ah! ces maudites guerres, combien de mal n'ont-elles pas fait! Et depuis quand êtes-vous de retour? et où avez-vous été? et qu'avez-vous fait? et pourquoi ne nous avez-vous pas écrit? et comment se fait-il qu'on vous ait cru mort? et pourquoi êtes-vous venu dans votre maison comme un étranger, pour surprendre ainsi la pauvre Alison? Elle riait et pleurait en parlant ainsi.

Il se passa quelque temps avant qu'Henry fût assez maître de son émotion pour pouvoir répondre à toutes ces questions.

Si nos lecteurs partagent la curiosité de la bonne vieille femme, nous la satisferons dans le chapitre suivant.

CHAPITRE XL.

« Il se nommait Aumerle : il a perdu ce nom
« Pour avoir de Richard embrassé la défense,
« Et s'appelle Rutland aujourd'hui, par prudence. »
SHAKSPEARE, *Richard III.*

MALGRÉ l'impatience qu'éprouvait Alison d'entendre la réponse d'Henry aux questions multipliées qu'elle venait de lui faire, elle ne voulait pas souffrir qu'il restât plus long-temps dans la petite cuisine, et elle le fit monter dans son appartement, qui était le même qu'elle occupait lorsqu'elle n'était que femme de charge.

— Il est moins exposé au vent, lui dit-elle, que celui du rez-de-chaussée, qui, dangereux pour mes rhumatismes, et me rappelant d'ailleurs le pauvre défunt, me donnait des idées tristes ; quant au grand salon boisé en chêne, qui ne servait que pour les occasions solennelles, je ne l'ai jamais ouvert que pour lui donner de l'air, le laver, et en essuyer la poussière.

Ils s'assirent donc dans la chambre de la ci-devant femme de charge, au milieu de légumes conservés, de fruits secs et de confitures de toute espèce, qu'elle continuait de préparer par habitude et qui finissaient toujours par se gâter, parce que ni elle ni personne n'y touchait.

Morton, adaptant sa narration à l'intelligence de celle qui l'écoutait, la resserra autant qu'il lui fut possible de le faire. Il lui apprit que le vaisseau qu'il montait, assailli par une tempête, avait péri ainsi que tout l'équipage, excepté deux matelots et lui, qui s'étaient sauvés dans une chaloupe, et avaient heureusement gagné le port de Flessingue. Là, il eut le bonheur de rencontrer un ancien officier qui avait servi avec son père. D'après son avis il ne se rendit pas à La Haye, et de toutes ses lettres de recommandation il n'envoya que celle que Claverhouse lui avait remise pour le stathouder.

— Notre prince, dit l'ancien officier, doit politiquement se maintenir en bonne intelligence avec son beau-père et votre roi Charles. Il serait imprudent à lui d'accorder quelque faveur à un Écossais du parti des mécontens. Attendez donc ses ordres, sans avoir l'air de vouloir le forcer à penser à vous. Soyez prudent, vivez dans la retraite, changez de nom, évitez la société des Écossais exilés, et, croyez-moi, vous n'aurez pas à vous repentir de cette conduite prudente.

L'ancien ami de Silas Morton ne se trompait pas. Peu de temps après, le prince d'Orange, voyageant dans les Provinces-Unies, vint à Flessingue, où Morton commençait à s'ennuyer de son inaction. Il eut avec lui une entrevue particulière, et le prince parut charmé de son intelligence, de sa prudence, de la manière libérale dont il voyait les diverses factions qui déchiraient son pays, et de la clarté avec laquelle il lui en développa les vues et les projets.

— Je vous attacherais volontiers à ma personne, lui dit Guillaume, mais je ne pourrais le faire sans donner d'ombrage à l'Angleterre. Je n'en suis pas moins disposé à vous rendre service, autant par intérêt pour vous-même, que par égard pour la recommandation que vous m'avez envoyée de la part d'un officier que j'estime. Voici une commission pour un régiment suisse qui se trouve dans une des provinces les plus éloignées de ma capitale, et où vous ne trouverez probablement pas d'Écossais. N'entretenez aucune correspondance avec votre pays; continuez à être le capitaine Melville, et laissez dormir le nom de Morton jusqu'à un moment plus favorable.

— C'est ainsi que ma fortune a commencé, continua Morton. J'ai eu le bonheur de réussir dans différentes missions dont j'ai été chargé, et mes services ont été distingués et récompensés par Son Altesse Royale, jusqu'au moment où ce prince a été appelé en Angleterre, pour y être notre libérateur et notre roi. L'ordre qu'il m'avait donné doit me faire pardonner le silence que j'ai gardé avec le petit nombre d'amis que j'avais laissés en Écosse. Quant au bruit de ma mort, il devait se répandre d'après le malheureux naufrage du vaisseau sur lequel j'étais parti : et ce qui a dû contribuer à le confirmer, c'est que je n'ai fait usage ni des lettres de crédit qui m'avaient été remises, ni de mes lettres de recommandation, excepté celle pour le prince, qui, m'ayant commandé le silence, l'a bien certainement gardé lui-même.

— Mais comment se fait-il, mon cher enfant, que pendant cinq ans vous n'ayez pas rencontré un Écossais qui vous reconnût? je m'imaginais qu'il n'en existait pas un qui ne connût Morton de Milnwood.

— Faites attention, bonne Alison, que j'ai passé les trois premières années dans une province éloignée; et quand, après ce temps, j'ai été à la cour du prince d'Orange, il aurait fallu une affection aussi vive et aussi sincère que la vôtre pour reconnaître le petit Morton dans le major général Melville.

— Melville! c'était le nom de votre mère; mais celui de Morton sonne mieux à mes vieilles oreilles. En reprenant possession de l'ancien domaine de votre famille, il faut reprendre aussi votre ancien nom.

— Je ne veux faire ni l'un ni l'autre, Alison; j'ai les plus fortes raisons pour désirer que mon retour en Écosse, mon existence même, y soient ignorés. Quant au domaine de Milnwood, je sais qu'il vous appartient, et je le trouve en bonnes mains.

— En bonnes mains! s'écria Alison; j'espère, mon cher enfant, que vous ne parlez pas sérieusement? Que voulez-vous que je fasse de vos terres et de vos rentes? Ce n'est qu'un fardeau pour moi. Je suis trop ancienne pour prendre un aide, quoique Wylie Mactricket le procureur se soit montré civil et très pressant; mais je suis une trop vieille chatte pour écouter celui-là, quoiqu'il en ait enjôlé bien d'autres. D'ailleurs je n'ai jamais perdu l'espérance de vous revoir. Je pensai que j'entretiendrais toujours la maison, et que j'y aurais encore ma soupe au lait comme du temps de feu votre oncle. Ne serai-je pas assez heureuse de vous voir gouverner sagement vos biens? Vous devez avoir appris cela en Hollande, car on est économe dans ce pays, à ce que j'entends dire. Cependant, je crois que vous pourrez vous faire un peu plus d'honneur de votre fortune que le défunt. Par exemple, je voudrais que vous eussiez un plat de viande de boucherie trois fois par semaine; cela chasse les vents de l'estomac.

Une si grande munificence, qui, dans le caractère et les actions d'Aylie, se mêlait à des habitudes si parcimonieuses, étonna Morton, ainsi que le singulier contraste de cette manie d'épargner et de cette indifférence pour la propriété. — Nous parlerons de cela une autre fois, dit-il; vous saurez que je ne suis ici que pour quelques jours; et je vous le répète, ma chère Alison, ne dites à personne que vous m'avez vu. Je vous apprendrai plus tard mes motifs et mes intentions.

— Ne craignez rien, mon enfant, je sais garder un secret comme mes voisins, et le vieux Milnwood le savait bien, le brave homme : il m'avait dit où il cachait son argent, et c'est ce qu'on dit le moins volontiers. Mais venez donc avec moi, que je vous fasse voir le salon lambrissé ; vous verrez qu'il est tenu propre comme si vous eussiez été attendu tous les jours. Il n'y a que moi qui en prenais soin ; c'était mon amusement ; et cependant je me disais quelquefois, les larmes aux yeux : — A quoi bon frotter la grille du feu, rendre les chandeliers bien brillans, brosser le tapis, secouer les coussins ? celui à qui tout cela appartient ne reviendra peut-être jamais !

En parlant ainsi, elle le conduisait dans ce *sanctum sanctorum* dont le soin faisait son occupation journalière, et la propreté son orgueil. Morton, en y entrant, fut grondé parce qu'il n'avait pas essuyé ses pieds. Il se rappela qu'étant enfant il éprouvait un respect presque religieux lorsque, dans de grandes occasions, on lui permettait d'entrer un instant dans ce salon, dont il ne pensait pas alors que le pareil pût se trouver dans les palais des princes. On croira aisément que les chaises à pied très bas et à dossiers très élevés, les immenses chenets de cuivre doré, et la tapisserie de haute-lice, perdirent beaucoup de leur mérite à ses yeux, et qu'il ne vit plus qu'une grande salle aussi sombre que triste. Deux objets cependant, — les portraits représentant l'image de deux frères, différant l'un de l'autre comme ceux que décrit Hamlet, lui firent éprouver diverses sensations : l'un représentait son père, couvert d'une armure complète, dans une attitude qui indiquait son caractère mâle et déterminé ; l'autre était celui de son oncle : revêtu d'un habit de velours, avec des manchettes et un jabot de dentelles, il paraissait honteux et surpris de sa parure, quoiqu'il ne la dût qu'à la libéralité du peintre.

—C'est une singulière idée, dit Alison, d'avoir donné à ce pauvre cher homme un si bel habit, et tel qu'il n'en a jamais porté. Il aurait eu bien meilleure mine avec sa redingote de drap gris de raploch, et son col étroit.

Au fond du cœur, Morton ne put s'empêcher de partager son opinion ; car un habit habillé n'aurait pas mieux convenu à la tournure gauche et ridicule du défunt, qu'un air de générosité à ses traits bas et ignobles.

Il quitta alors Alison pour aller visiter le parc et les jardins, et elle profita de cet intervalle pour ajouter quelque chose au dîner qui se préparait ; circonstance que nous ne remarquons que parce qu'elle coûta la vie à un poulet qui, sans un évènement aussi important que l'arrivée de Henry Morton, aurait chanté tranquillement jusqu'à la vieillesse la plus reculée dans la basse-cour de Milnwood.

Mistress Wilson assaisonna le repas de souvenirs du bon vieux temps et de projets pour l'avenir, représentant toujours Henry comme le maître du château, y maintenant l'ordre et l'économie de son défunt propriétaire, et se peignant elle-même comme remplissant avec zèle et dextérité ses anciennes fonctions. Morton laissa la bonne femme s'amuser à bâtir des châteaux en l'air, et se réserva de lui faire part, dans un autre moment, de la résolution qu'il avait formée de retourner sur le continent et d'y finir ses jours.

Après le repas il quitta son costume militaire, qui ne pouvait que nuire à la recherche qu'il allait faire de Burley; il l'échangea contre un pourpoint et un manteau gris qu'il portait autrefois quand il était à Milnwood, et qu'Alison avait soigneusement conservé dans le tiroir d'une commode, sans oublier de le mettre à l'air et de le brosser de temps en temps.

Morton garda seulement son épée et ses pistolets, armes sans lesquelles on ne voyageait guère dans ces temps de troubles. Quand il parut aux yeux de mistress Wilson dans son nouveau costume, elle s'écria qu'il lui allait à merveille, parce que, dit-elle, quoique vous n'ayez pas grossi, vous avez un air bien plus mâle que lorsque vous partîtes de Milnwood.

Elle s'étendit alors sur la manière de tirer parti des vieux habits pour en faire de neufs ; elle était bien avancée dans l'histoire d'un manteau de velours qui avait appartenu à sir David, était devenu ensuite un pourpoint de velours, s'était métamorphosé en une paire de culottes, et qui, à chacun de ces changemens, était toujours aussi bon que s'il eût été neuf, quand Morton l'interrompit pour lui annoncer qu'il était obligé de se remettre en route le même soir.

Ce fut un coup que mistress Wilson eut peine à supporter.

— Et pourquoi vous en aller? — et où allez-vous? — et où serez-vous mieux que chez vous, après en avoir été absent pendant tant d'années?

— Vous avez raison, Alison ; mais je m'y trouve forcé. C'est pour cette raison que je ne me suis pas fait connaître à vous en arrivant ; je me doutais bien que vous voudriez me retenir.

— Mais où allez-vous? répéta-t-elle encore ; on n'a jamais vu rien de semblable. A peine êtes-vous arrivé, et vous repartez comme une flèche !

— Il faut que j'aille chez Niel Blane, dans la ville voisine. Je présume qu'il pourra me donner un lit.

— Bien certainement il le pourra, et il saura bien vous le faire payer. Mais, mon cher enfant, avez-vous donc laissé votre esprit dans les pays étrangers, pour aller ainsi payer un lit et un souper, quand vous pouvez avoir tout cela pour rien ici, et avec des remerciemens par-dessus le marché?

— Je vous assure, Alison, qu'il s'agit d'une affaire de

grande importance pour moi, et que je puis y perdre ou y gagner beaucoup.

— Je ne le comprends pas trop, si vous commencez par dépenser sans raison deux shillings d'Ecosse pour votre souper. Mais les jeunes gens ne connaissent pas le prix de l'argent. Mon pauvre vieux maître était plus prudent ; jamais il ne touchait à ce qu'il avait une fois mis en réserve.

Morton, persistant dans sa résolution, remonta à cheval, et prit congé de mistress Wilson, après lui avoir fait promettre de nouveau qu'elle ne parlerait de son retour à personne avant qu'elle l'eût revu.

— Je ne suis pas prodigue, pensait-il en s'éloignant, mais si je restais avec Alison, comme elle le désire, je crois que mon défaut de ce qu'elle appelle économie lui fendrait le cœur avant la fin de la première semaine.

CHAPITRE XLI.

« Voyons, où donc est-il cet hôte si joyeux ?
« C'est ma coutume à moi de causer avec l'hôte. »
Le Voyage d'un amant.

Morton arriva sans aventure à la ville, et descendit à l'auberge de Niel. Il avait pensé plus d'une fois en chemin que l'habit qu'il avait porté dans sa jeunesse pouvait bien favoriser ses recherches, mais rendrait peut-être aussi son incognito plus difficile ; mais quelques années d'absence et de campagnes avaient tellement changé ses traits, qu'il espérait que personne ne reconnaîtrait dans l'homme mûr, au regard pensif et résolu, le jeune vainqueur de l'exercice du Perroquet, et risquer seulement de rencontrer quelques whigs de ceux qu'il avait commandés jadis, et qui pourraient bien se souvenir du capitaine des *tireurs* de Milnwood ; mais il n'y avait aucune précaution à prendre contre une telle chance.

L'auberge était pleine, et paraissait jouir encore de son ancienne célébrité. La vue de Niel, plus joufflu et moins civil que par le passé, lui prouva que sa bourse était aussi arrondie que sa personne ; car en Écosse la civilité d'un cabaretier pour ses hôtes décroît en proportion que sa situation pécuniaire s'améliore. Sa fille avait acquis l'air d'une servante d'auberge fort entendue, et que ni le bruit des armes ni les soucis de l'amour n'étaient en état de distraire des fonctions dont elle avait à s'acquitter. Tous deux n'accordèrent à Morton que le degré d'attention que peut espérer un étranger qui voyage sans train et sans domestique : il résolut donc de se conformer au rôle de l'humble personnage qu'il représentait en ce moment. Il conduisit lui-même son cheval à l'écurie, lui fit donner l'avoine, et retourna ensuite dans la salle destinée au public ; car demander une chambre particulière, c'eût été se donner un air de trop d'importance.

C'était là que quelques années auparavant il avait célébré sa promotion au grade de capitaine du Perroquet ; cérémonie qui, n'étant d'abord qu'un jeu, avait eu pour lui des conséquences si sérieuses. Il sentait, comme on le suppose, qu'une grande révolution s'était opérée en lui depuis ce jour de fête, et cependant l'assemblée réunie dans la salle paraissait composée presque des mêmes groupes qu'il y avait vus autrefois. Quelques bourgeois buvaient avec réflexion leur petite mesure d'eau-de-vie ; des soldats vidaient leur pinte d'ale, en jurant de ce que la tranquillité du canton ne leur permettait pas une boisson plus dispendieuse ; leur cornette ne jouait pas, il est vrai, au trictrac avec le desservant en soutane, mais il buvait une petite mesure d'*eau admirable* avec le ministre presbytérien en manteau gris. C'était, sous certains rapports, la même scène que cinq ans auparavant, mais les personnages étaient changés.

— Le flux et le reflux du monde peut croître et décroître, pensa Morton, mais les places que le hasard rend vacantes ne manqueront jamais d'être remplies. Dans les occupations, comme dans les amusemens de la vie, les hommes se succèdent comme les feuilles des arbres, avec les mêmes différences individuelles et la même ressemblance générale.

Lorsqu'il se fut assis pendant quelques minutes, sachant par expérience quelle était la meilleure manière d'obtenir des égards dans une auberge, il demanda une pinte de vin de Bordeaux, que l'hôte lui apporta fraîchement tirée, et moussant encore dans la mesure, car on n'était pas encore, à cette époque, dans l'usage de mettre le vin en bouteilles. Morton, qui avait ses projets, invita Niel, qui avait le sourire sur les lèvres, à s'asseoir et à en prendre sa part. Niel, habitué à recevoir souvent de pareilles invitations de ceux qui n'avaient pas meilleure compagnie, l'accepta sans façon.

Tout en vidant la pinte, dont Morton eut soin de lui faire boire la plus grande partie, Niel jasa des nouvelles du pays, des naissances, des mariages, des morts, des mutations de propriété, de la ruine d'anciennes familles, et de la fortune faite par quelques parvenus; mais il n'ouvrit pas la bouche sur les affaires politiques, quoique ce fût alors un texte fécond de conversation et d'éloquence; ce ne fut que d'après une question de Morton qu'il répondit d'un air d'indifférence : — Oh oui, nous avons toujours des soldats dans le pays, plus ou moins : il y a une troupe de cavalerie à Glascow; leur commandant s'appelle, je crois, Wittybody, ou quelque chose d'approchant. C'est bien un Hollandais; je n'ai jamais vu personne si grave et si flegmatique!

— Vous voulez dire Wittenbold, sans doute, dit Morton : n'est-ce pas un vieillard, avec des cheveux gris, des moustaches noires, parlant fort peu...?

— Et fumant toujours, dit Niel. Je vois que vous le connaissez. Ce peut être un brave homme, pour un soldat et un Hollandais ; mais fût-il dix fois plus général et Wittybody, il n'entend rien à la cornemuse ; il me fit interrompre un jour, au milieu de l'air de Torphichan, le plus bel air de cornemuse qu'on ait jamais entendu.

— Les militaires que je vois ici appartiennent-ils à son corps?

— Oh, non ! ce sont d'anciens dragons écossais, nos chenilles du pays; ils ont servi sous Claverhouse, et, s'il voulait, je crois bien qu'ils ne tarderaient pas à le rejoindre.

— Ne dit-on pas qu'il a été tué?

— Le bruit en court, mais j'en doute encore ; il n'est pas aisé de tuer le diable. Mais quant à ces dragons, je le répète, s'il paraissait ici, ils seraient sous ses drapeaux aussi vite que je vais boire ce verre de vin. Au fait, ils sont aujourd'hui les soldats du roi Guillaume, mais il n'y a pas long-temps qu'ils étaient ceux du roi Jacques. La raison en est toute simple. Pour qui se battent-ils? pour celui qui les paie; ils n'ont ni terres ni maisons à défendre. Cependant il résulte toujours une bonne chose du changement des affaires, de la révolution, comme on dit; c'est que chacun peut parler tout haut, dire librement son avis sans crainte d'aller coucher en prison et d'être pendu sans plus de cérémonie que je n'en mets à déboucher une bouteille.

Il y eut ici une petite pause, et Morton, voyant qu'il avait fait quelques progrès dans la confiance de l'hôte, après avoir hésité un instant, comme le fait naturellement tout homme qui attache une certaine importance à la réponse qui doit suivre la question qu'il va faire, lui demanda s'il connaissait dans son voisinage une femme nommée Élisabeth Maclure.

— Si je connais Bessie Maclure? dit Niel; si je connais la sœur du premier mari de ma défunte femme? La paix soit avec elle! c'est une brave femme; mais elle a eu bien des malheurs : elle a perdu deux de ses garçons dans le temps de la persécution, comme on l'appelle aujourd'hui, et elle n'a pas passé un mois sans avoir des dragons à loger; car, n'importe quel parti ait le dessus, c'est toujours sur nous, pauvres aubergistes, que tombe le fardeau !

— Elle tient donc une auberge?

— Un petit cabaret, dit Niel en jetant autour de lui un regard de satisfaction. Elle vend de l'ale aux gens qui voyagent à pied, mais sa maison n'a rien qui puisse attirer le chaland.

— Pouvez-vous me donner un guide pour me conduire chez elle?

— Est-ce que vous ne logerez pas ici cette nuit? Vous ne trouverez pas toutes vos aises chez Bessie Maclure, dit Niel, dont l'intérêt qu'il prenait à sa belle-sœur n'allait pas jusqu'à lui envoyer les voyageurs qu'il pouvait retenir chez lui.

— J'ai rendez-vous chez elle avec un ami. Je ne me suis arrêté ici que pour boire le coup de l'étrier et m'informer du chemin.

— Vous ferez mieux de rester ici, dit l'hôte avec persévérance, et de faire dire à votre ami de venir vous y joindre.

— Je vous dis que cela est impossible, répondit Morton d'un ton d'impatience. Il faut que je me rende sur-le-champ chez cette femme, et je vous prie de me trouver un guide.

— Vous en êtes bien le maître, monsieur; mais du diable si vous avez besoin de guide. Vous n'avez qu'à suivre la rivière pendant deux milles, comme si vous vouliez aller à Milnwood. Alors vous trouverez à main gauche, en face d'un vieux frêne, une mauvaise route qui conduit dans les montagnes, et deux milles plus loin la maison de Bessie Maclure. Il n'y a pas de danger de vous tromper, car vous ferez dix milles d'Écosse, qui en valent vingt d'Angleterre, avant de rencontrer une autre maison. Je suis fâché que vous vouliez partir de chez moi la nuit; mais, après tout, ma belle-sœur est une brave femme : et ce qui tombe dans la poche d'un ami n'est pas perdu pour nous.

Morton paya son écot, et partit sur-le-champ.

Les derniers rayons du soleil disparaissaient, lorsqu'il aperçut le vieux tronc du frêne, et il entra dans le sentier qui conduisait aux montagnes.

— C'est ici, pensa-t-il, que commencèrent tous mes malheurs; c'est ici que Burley allait me quitter, quand une femme assise sous ce même arbre vint l'avertir que des soldats gardaient la route qui conduit aux montagnes! N'est-il pas bien étrange que ma destinée ait été ainsi liée à celle de cet homme, sans que j'aie fait autre chose que remplir à son égard un devoir prescrit par l'humanité et la reconnaissance? Que ne puis-je recouvrer la paix et la tranquillité à l'endroit où je les ai perdues!

Il pressait son cheval tout en faisant ces réflexions, et l'obscurité s'épaississait; mais la lune, qui commençait à paraître, lui permettait d'examiner le pays qu'il parcourait.

Il était alors dans une étroite vallée bordée de montagnes, autrefois couvertes de bois, mais où il n'en restait plus que quelques bouquets sur les sommets escarpés, qui semblaient défier l'invasion des hommes, comme ces tribus errantes qui, dans un pays ravagé, cherchent un refuge sur le haut des rochers. Ces arbres mêmes, à demi détruits par le temps, semblaient, dans leur végétation épuisée, n'exister encore que pour indiquer ce qu'avait jadis été le paysage; mais un ruisseau, qui serpentait entre leurs vieux troncs, donnait à ce lieu toute la vie qu'un site sauvage et désert peut recevoir d'une onde sortie des montagnes, et ce charme que les habitans de ces contrées regrettent même à l'aspect d'une plaine fertile, arrosée par un fleuve majestueux, qui va baigner les murs de riches palais. Le sentier suivait le cours du ruisseau, qui tantôt était visible, et tantôt ne se distinguait plus que par son murmure sur les cailloux, ou de temps en temps entre les fentes des rochers.

— Pourquoi murmures-tu ainsi contre les rochers qui, pour un moment, interrompent ton cours rapide? dit Morton dans l'enthousiasme de ses pensées : l'océan te recevra dans son sein, comme l'éternité s'ouvre à l'homme à la fin de son pénible pèlerinage. Nos craintes, nos espérances, nos peines, nos plaisirs, comparés aux objets qui doivent nous occuper pendant la succession éternelle des siècles, sont encore bien moindres que le tribut de tes faibles eaux pour la vaste mer où elles vont se jeter!

Tandis qu'il moralisait ainsi, il entrait dans un endroit de la vallée qui avait plus de largeur. Un champ cultivé et une petite prairie annonçaient la main et la présence de l'homme. Un peu plus loin, sur le bord de la route, s'élevait une petite chaumière dont les murs n'avaient guère plus de cinq pieds de hauteur. Le chaume qui la couvrait, vert de mousse, de joubarbe et de gazon, offrait çà et là quelques brèches qu'y avaient faites deux vaches, dont cette apparence de verdure avait tenté l'appétit : une inscription mal écrite et plus mal orthographiée annonçait au voyageur qu'il y trouverait *bon logis, à pied comme à cheval.* Malgré la mauvaise apparence de la chaumière, cette invitation n'était pas à mépriser, quand on faisait attention au pays aride qu'on venait de parcourir pour y arriver, et à la région plus sauvage encore qui s'offrait ensuite aux regards au-delà de ce modeste asile.

— Ce n'est que dans un endroit semblable, pensa Morton, que Burley pouvait trouver une confidente digne de lui.

En approchant de la maison, il en aperçut la maîtresse. Elle était assise près de la porte, et s'occupait à filer.

— Bonsoir, la mère, dit le voyageur ; ne vous nommez-vous pas mistress Maclure ?

— Elisabeth Maclure, monsieur ; une pauvre veuve, pour vous servir.

— Pouvez-vous me loger cette nuit ?

— Oui, monsieur, si vous voulez bien vous contenter du peu que je pourrai vous offrir.

— J'ai été soldat, ma bonne femme ; ainsi j'ai vécu à l'école de la sobriété.

— Soldat, monsieur ! dit la vieille en soupirant ; que le ciel vous accorde un autre métier !

— N'est-ce donc pas une profession honorable ? j'espère que vous n'en penserez pas de moi plus défavorablement pour cela.

— Je ne juge personne, monsieur, et le son de votre voix prévient en votre faveur. Mais j'ai vu faire tant de mal à ce pauvre pays par les soldats, que je me console d'avoir perdu la vue, en songeant que je n'en pourrai plus voir.

Comme elle parlait ainsi, Morton remarqua qu'elle était aveugle.

— Mais ne vous incommoderai-je pas, ma bonne femme ? lui dit-il d'un ton de compassion : l'état où vous êtes ne paraît pas vous permettre de vous livrer aux travaux de votre profession.

— Ne craignez rien, monsieur, je connais la maison, et j'y marche comme si j'avais encore mes yeux. D'ailleurs, j'ai une jeune fille pour m'aider, et quand les dragons reviendront de leur patrouille, pour une bagatelle ils auront soin de votre cheval. Il sont à présent plus honnêtes qu'autrefois.

D'après cette assurance, Morton mit pied à terre.

— Peggy, dit l'hôtesse en appelant une fille d'environ douze ans qui était dans la maison, menez le cheval de monsieur à l'écurie, ôtez-lui sa selle, son mors et sa bride, et jetez dans le râtelier une botte de foin, en attendant que les dragons arrivent... Entrez, monsieur, dit-elle alors à Morton : la maison n'est pas belle, mais au moins elle est propre. Morton la suivit dans la chaumière.

CHAPITRE XLII.

« Elle dit, et la vieille mère
« En parlant répandit des pleurs.
« Jenny, je t'avais dit naguère
« De ne pas suivre les chasseurs. »
Ancienne ballade.

En entrant dans la chaumière, Morton reconnut que son hôtesse ne l'avait pas trompé. L'intérieur n'était pas ce qu'on l'aurait cru d'après les dehors de cette habitation. Elle était propre, confortable même, surtout dans la pièce où mistress Maclure le conduisit, et dans laquelle il devait souper et coucher. Elle lui fit servir un repas frugal ; Morton n'en avait pas un pressant besoin ; il se mit pourtant à table afin de retenir son hôtesse et de pouvoir plus aisément la faire jaser. Malgré la privation de sa vue, elle veillait avec assiduité à ce que rien ne manquât à son hôte, et une sorte d'instinct lui faisait trouver à l'instant ce dont elle avait besoin.

— N'avez-vous que cette jolie enfant pour vous aider à servir les voyageurs? lui demanda Henry assez naturellement, pour entamer la conversation.

— Oui, monsieur. Je demeure seule comme la veuve de Zarephta : il vient peu de monde dans cette petite auberge, et je ne gagne pas assez pour payer une servante. J'ai eu deux fils qui veillaient à tout autrefois; Dieu me les avait donnés, Dieu me les a retirés : que son nom soit béni! Même depuis que je les ai perdus, j'ai été plus à l'aise que vous ne me voyez ; mais c'était avant la dernière révolution.

— En vérité? Vous êtes pourtant presbytérienne, à ce que je crois?

— Je le suis, monsieur ; bénie soit la lumière qui m'a éclairée pour me conduire dans le droit chemin!

— Comment se fait-il donc que la révolution vous ait causé quelque préjudice?

— Si elle a fait le bien du pays, si elle a procuré la liberté de conscience, qu'importe ce qu'elle a produit pour un pauvre vermisseau comme moi?

— Mais encore, je ne vois pas comment elle a pu vous nuire?

— C'est une longue histoire, monsieur. Une nuit, c'était environ six semaines avant la bataille du pont de Bothwell, un jeune gentilhomme s'arrêta à cette pauvre chaumière. Il était pâle, couvert de blessures, perdait tout son sang, et il était hors d'état d'aller plus loin. Son cheval même était tellement épuisé, qu'il ne pouvait mettre un pied devant l'autre : il était poursuivi, et c'était un de nos ennemis. Que devais-je faire, monsieur? Vous qui êtes un soldat, vous me traiterez peut-être de vieille folle; mais je le fis entrer chez moi, j'arrêtai le sang qui coulait de ses blessures, et je le cachai jusqu'à ce qu'il pût partir sans danger.

— Et qui oserait vous blâmer d'avoir agi ainsi?

— Il est pourtant vrai que cela me fit regarder de mauvais œil par notre parti : on dit que j'aurais dû me conduire envers lui comme Jael envers Sisara ; mais je n'avais pas reçu l'inspiration de répandre le sang. Il me semblait, au contraire, que le ciel m'ordonnait de l'épargner, et de sauver mon semblable : jamais je ne m'en suis repentie, quoiqu'on m'ait reproché de ne pas avoir un cœur de mère, puisque j'avais secouru un homme appartenant au corps qui avait assassiné mes deux fils.

— Assassiné vos deux fils?

— Oui, quoique vous puissiez donner à leur mort un autre nom : l'un est mort en combattant pour le Covenant trahi ; l'autre... ah ! mon Dieu ! les dragons vinrent l'arrêter ici, et ils le fusillèrent en face de la maison, sous mes propres yeux, qui n'ont plus fait que verser des larmes depuis ce moment ; c'est alors que ma vue a commencé à décliner, et il n'y a guère qu'un an que je l'ai perdue tout-à-fait ; mais, je vous le demande, monsieur, aurais-je rendu la vie à mon Johny et à Ninian, en sacrifiant celle de lord Evandale?

— De lord Evandale ! s'écria Morton, c'est à lord Evandale que vous avez sauvé la vie?

— Oui, monsieur, reprit la vieille, et depuis ce temps il a eu bien des bontés pour moi. Il m'a donné une vache et un veau, du blé, de l'argent ; et tant qu'il a eu de l'autorité, personne n'aurait osé m'insulter. Mais nous sommes vassaux du château de Tillietudlem ; Basile Olifant, le laird actuel, plaida long-temps contre lady Marguerite pour la propriété de ce domaine, et lord Evandale soutenait la vieille dame pour l'amour de miss Edith, qui est une des meilleures et des plus jolies filles d'Écosse, à ce qu'on dit dans tout le pays ; mais enfin Basile gagna le château et les terres, Dieu sait comment ! — en abandonnant sa croyance. Quand vint la révolution, il fut encore le premier à changer, jurant qu'il n'avait été papiste qu'extérieurement, qu'il avait toujours été bon presbytérien au fond du cœur; et il s'insinua dans les bonnes grâces du nouveau gouvernement; lord Évandale, au contraire, perdit tout crédit, parce qu'il était trop fier et trop franc pour changer à tout vent, quoique plusieurs de nos gens sachent comme moi que, quels que fussent ses principes, il nous épargnait autant qu'il le pouvait. Mais enfin Basile Olifant, qui ne pouvait lui pardonner de s'être déclaré contre lui dans son procès, était un homme vindicatif. Ne pouvant rien contre lui personnellement, que fit-il? il persécuta la pauvre Bessie Maclure, parce qu'il savait que lord Évandale la protégeait. Il a fait vendre mes vaches pour des arrérages de rente que je lui devais; il a eu soin que j'eusse continuellement des dragons à loger; enfin il a cherché tous les moyens de me ruiner, et tout cela pour chagriner lord Évandale; mais il s'est bien trompé; car lord Evandale n'en sait rien, et il se passera long-temps avant que je l'en instruise. Je sais supporter les peines que le ciel m'envoie; et la perte des biens de ce monde n'est pas la plus grande.

Morton entendit avec autant d'admiration que d'intérêt la peinture naïve de la résignation, de la reconnaissance et du désintéressement de cette bonne femme, et il ne put s'empêcher de maudire le lâche qui avait cherché le plaisir d'une si misérable vengeance.

— Ne le maudissez pas! reprit-elle: j'ai entendu dire qu'une malédiction était comme une pierre lancée en l'air, et qui peut retomber sur la tête de celui qui la jette; mais si vous connaissez lord Evandale, conseillez-lui de prendre garde à lui, car j'ai entendu prononcer son nom plusieurs fois par les soldats qui sont ici, et l'un d'eux va souvent à Tillietudlem. On l'appelle Inglis: il est comme le favori de Basile Olifant, quoiqu'il ait été un des plus cruels persécuteurs du pays, si l'on en excepte le brigadier Bothwell. Tout cela me donne des soupçons.

— Je prends le plus vif intérêt à la sûreté de lord Evandale, dit Morton; et vous pouvez compter que je trouverai le moyen de lui faire savoir ce que vous venez de m'apprendre. Mais en récompense, ma bonne femme, permettez-moi de vous faire une question. Pouvez-vous me donner quelques nouvelles de Quintin Mackell d'Irongray?

— Des nouvelles de qui? s'écria la vieille aveugle d'un ton de surprise et d'effroi.

— De Quintin Mackell d'Irongray. Ce nom a-t-il quelque chose d'effrayant?

— Non..., non, répondit-elle en hésitant. Mais l'entendre prononcer par un étranger, par un soldat! Que le ciel me protège! De quel nouveau malheur suis-je encore menacée?

— Aucun dont je puisse être cause, reprit Morton; soyez-en bien sûre. Celui dont je vous parle n'a rien à craindre de moi, si, comme je le suppose, son véritable nom est John Bal...

— Ne prononcez pas ce nom! s'écria la vieille en mettant un doigt sur sa bouche. Je vois que vous connaissez son secret, et que vous avez le mot d'ordre; je puis donc vous parler librement. Mais, pour l'amour de Dieu, parlez bas. Vous m'assurez bien que votre intention n'est pas de lui nuire? Cependant vous m'avez dit que vous étiez militaire.

— Il est vrai; mais un militaire dont il n'a rien à craindre. Je commandais avec lui à la bataille du pont de Bothwell.

— Est-il possible? Il y a dans votre voix quelque chose qui, à la vérité, inspire la confiance; et puis vous parlez rondement, sans chercher vos paroles, comme un homme franc et honnête.

— Et j'ose me flatter que je le suis, dit Morton.

— C'est que, soit dit sans vous offenser, monsieur, dans ce malheureux temps les frères sont armés les uns contre les autres; et Burley n'a pas moins à craindre du nouveau gouvernement que de l'ancien.

— Vraiment? j'ignorais cela. Mais je dois vous dire que j'arrive tout récemment des pays étrangers.

— Écoutez-moi donc, dit la vieille en lui faisant signe d'approcher. Elle garda un instant le silence, tourna lentement la tête autour d'elle, pour qu'à défaut des yeux qui lui manquaient, ses oreilles pussent l'assurer que personne ne les écoutait; puis, n'entendant aucun bruit : — Vous savez, reprit-elle, combien il a travaillé pour la délivrance des élus! Après la déroute de l'armée il passa en Hollande : là, ceux même de nos frères qui étaient exilés en ce pays refusèrent de le voir, et le prince d'Orange lui fit ordonner d'en sortir. Ce fut une épreuve bien dure pour lui, qui avait tant souffert et tant fait... trop fait peut-être; mais est-ce à moi de le juger? Il retourna donc près de moi et dans son ancien lieu de refuge, qu'il connaissait depuis long-temps, et où il était encore caché deux jours avant la grande victoire de Loudon-Hill; car je me souviendrai toujours qu'il y revenait le soir du jour où le jeune Milnwood fut capitaine du Perroquet, mais j'eus soin de l'avertir de ne pas s'y exposer.

— Quoi! dit Morton, c'est donc vous qui, couverte d'un manteau rouge, et assise sur le bord du chemin, lui dîtes qu'un lion était dans le chemin qui conduisait aux montagnes!

— Au nom du ciel! qui êtes-vous donc? s'écria la vieille aveugle, interrompant sa narration. Mais, qui que vous soyez, continua-t-elle d'un ton plus calme, pouvez-vous trouver mauvais que j'aie voulu sauver la vie de mes amis comme de mes ennemis?

— Non, vraiment, ma bonne femme, dit Morton,

Continuez, je vous prie, votre récit. J'ai seulement voulu vous prouver que je connais assez bien les affaires de celui dont nous parlons, pour que vous puissiez me confier ce qui vous reste à m'apprendre.

— Il y a un ton d'autorité dans votre son de voix, dit la vieille aveugle, et en même temps beaucoup de douceur. Je n'ai plus que peu de choses à vous apprendre. Les Stuarts ont été détrônés, Guillaume et Marie règnent à leur place; mais il n'est pas plus question du Covenant que s'il n'existait pas. Ils ont accueilli le clergé toléré, et une assemblée érastienne au lieu de l'Église sainte d'Écosse. Nos fidèles champions, qui ont porté témoignage, sont encore plus mal avec ces hypocrites qu'avec la tyrannie déclarée des jours de persécution; car les âmes sont endurcies, et les multitudes affamées reçoivent de vaines paroles de morale au lieu du verbe d'en-haut pour s'exciter à la grande œuvre... plusieurs...

— En un mot, dit Morton qui voulut couper court à cette discussion, que l'enthousiasme de la bonne vieille aurait sans doute trop prolongée,—en un mot, vous n'êtes pas pour le nouveau gouvernement, et Burley pense comme vous.

— Plusieurs de nos frères croient que nous avons combattu, jeûné, prié, souffert pour la grande ligue nationale du Covenant, et qu'on oubliera tout-à-fait que nous avons combattu, jeûné, prié et souffert. D'abord on avait cru qu'on parviendrait à quelque chose en rappelant l'ancienne dynastie avec de nouvelles conditions; et après tout, si le roi Jacques a été banni, j'ai entendu dire que les grands reproches que lui adressaient les Anglais étaient en faveur de sept prélats impies. De sorte que, bien qu'une partie des nôtres aient adopté le régime actuel, et levé un régiment sous les ordres du comte d'Angus, — notre brave ami, et quelques autres hommes justes, préférèrent écouter les jacobites plutôt que de se déclarer contre eux, craignant de tomber comme un mur mal cimenté, ou comme celui qui s'assied entre deux tabourets.

— Se sont-ils bien adressés pour obtenir liberté de conscience? il me semble...

— Oh! mon cher monsieur, le jour naturel se lève à l'orient; mais la lumière spirituelle peut venir du nord, pour nous autres mortels aveugles.

— Et Burley a été la chercher dans le nord?

— Oui, monsieur, et il y a vu Claverhouse lui-même, qu'on appelle aujourd'hui Dundee.

— Est-il possible! s'écria Morton; j'aurais juré que cette rencontre aurait coûté la vie à l'un d'eux.

— Non, non, monsieur, en des temps de troubles on voit d'étranges changemens. — Montgomery, Ferguson et tant d'autres, qui étaient les plus grands ennemis de Jacques, sont maintenant pour lui. Claverhouse reçut bien notre ami, et l'envoya se consulter avec lord Evandale; mais ce fut ce qui rompit tout. Lord Evandale ne voulut ni le voir ni l'entendre; et depuis, notre ami est dans un délire plus terrible encore que jamais, jurant de tirer vengeance de lord Evandale, et ne parlant que de brûler et tuer. O quels affreux accès de colère! ils troublent son âme, et donnent un triste avantage à l'Ennemi.

— L'ennemi! demanda Morton; quel ennemi?

— Quel ennemi! Vous connaissez familièrement John Balfour de Burley, et vous ignorez qu'il a des combats cruels et fréquens à soutenir contre l'esprit du mal? Ne l'avez-vous jamais vu, seul, la Bible à la main, et son épée nue sur ses genoux? N'avez-vous jamais, dormant avec lui dans la même chambre, entendu sa lutte contre les illusions de Satan? Oh! vous le connaissez mal, si vous ne l'avez vu que le jour. Je l'ai vu, moi, après ces agitations cruelles dont aucun homme peut-être n'a jamais été témoin, je l'ai vu trembler si fort qu'un enfant l'eût arrêté, pendant que les gouttes de sueur ruisselaient sur son front comme l'eau d'un orage sur mon pauvre toit de chaume.

Morton commença à se rappeler l'aspect de Burley, pendant son sommeil, dans le grenier de Milnwood, quelques expressions de Cuddy, et les bruits répandus parmi les caméroniens, qui citaient souvent les extases de Burley et ses combats avec l'esprit des ténèbres. Il en conclut que cet homme était victime de ses propres illusions, quoique son âme, naturellement forte, pût non seulement dissimuler sa superstition à ceux dans l'opinion de qui elle aurait pu décréditer son jugement, mais encore, par une énergie analogue à celle de certains épileptiques, différer les accès de son délire jusqu'à ce qu'il fût loin de tous les yeux, ou en présence de ceux à qui ils donnaient encore une plus haute idée de lui. Il était naturel de supposer que les regrets de l'ambition, la ruine de ses espérances, et celle du parti auquel il avait voué une fidélité à toute épreuve, avaient, selon toute apparence, fait dégénérer son enthousiasme en une démence irrégulière. Ce n'était pas une chose sans exemple dans ces malheureux temps, que des hommes, tels que sir Henry Vane, Harrison, Overton, et d'autres, excités par un aveugle enthousiasme, pussent se conduire dans le monde non seulement avec adresse et bon sens au milieu des crises les plus difficiles, et avec courage dans le danger, mais encore avec l'intelligence et la valeur bien dirigée des grands capitaines. La suite de l'entretien confirma à Henry la justesse de ces réflexions.

— Au point du jour, dit mistress Maclure, ma petite Peggy vous conduira, avant que les soldats soient levés. Mais il vous faudra laisser passer son heure de danger, comme il l'appelle, avant de le surprendre dans son lieu de refuge. Peggy vous avertira. Elle y est accoutumée, car c'est elle qui lui porte tous les jours les provisions dont il a besoin pour soutenir sa vie.

— Et quelle retraite, dit Morton, ce malheureux a-t-il choisie?

— Un des lieux les plus imposans où jamais créature vivante se soit retirée : on l'appelle la caverne de Linklater.
— C'est un endroit lugubre; mais il le préfère à tout autre, parce qu'il y a trouvé souvent sa sûreté. Il s'y plaît plus que dans une chambre tapissée et sur un lit de duvet. Vous le verrez : je l'ai vu moi-même plus d'une fois. J'étais une jeune folle alors, et pensais peu à tout ce qui devait arriver. — Désirez-vous quelque chose, monsieur, avant de vous coucher, car il faudra vous lever de grand matin?

— Rien du tout, ma bonne mère, dit Morton; et il lui souhaita le bonsoir.

Morton se recommanda au ciel, se jeta sur son lit, entendit en sommeillant les dragons qui revenaient de la patrouille, et puis s'endormit profondément, malgré la pénible agitation de son âme.

CHAPITRE XLIII.

« Dans l'antre ténébreux les voilà descendus.
« L'homme maudit, étendu sur le sable,
« Rêvait, d'un air farouche, à son sort déplorable. »
SPENCER.

L'AURORE commençait à peine à paraître, quand Morton entendit frapper doucement à sa porte, et la jeune fille lui demanda à voix basse s'il voulait venir à la caverne avant que les gens se levassent.

Il s'habilla à la hâte, et joignit sa petite conductrice. Elle marchait lestement devant lui, portant un petit panier à son bras. Elle ne suivait aucun chemin ni sentier tracé; elle gravissait des montagnes, traversait des vallons; plus ils avançaient, plus la nature prenait un aspect sombre et sauvage; enfin, après avoir marché une demi-heure, ils ne virent plus que des rochers parsemés de quelques bruyères.

— Sommes-nous encore loin du lieu où nous allons? demanda Morton.

— Encore un mille environ, répondit la petite fille; nous y serons bientôt.

— Faites-vous ce chemin bien souvent?

— Tous les deux jours, pour porter des provisions et du lait.

— Et vous n'avez pas peur de vous trouver seule dans de pareils lieux?

— De quoi aurais-je peur? Jamais âme vivante ne vient ici, et ma grand'mère dit qu'on n'a jamais rien à craindre quand on fait le bien.

— Forte de son innocence comme d'un triple acier qui couvrirait son sein! pensa Morton. — Et il la suivit sans lui parler davantage.

Ils arrivèrent bientôt dans un endroit qui paraissait avoir été couvert de bois autrefois, mais des ronces et des épines y remplaçaient les chênes et les sapins. Là, la jeune fille tourna tout-à-coup entre deux montagnes, et conduisit Morton vers un ruisseau. Un bruit sourd, qu'il entendait depuis quelque temps, et qui augmentait à mesure qu'ils avançaient, l'avait préparé en partie au spectacle qui s'offrit à lui, et dont la vue excitait la surprise et la terreur. En sortant de la gorge de rochers par où ils avaient passé, ils se trouvèrent sur la plate-forme d'un roc bordé par un ravin qui paraissait avoir plus de cent pieds de profondeur, et où le ruisseau, qui descendait d'une autre montagne, se précipitait en écumant. L'œil cherchait en vain à pénétrer la profondeur de sa chute, et ne pouvait saisir qu'une vapeur et une étroite issue, jusqu'à ce qu'il fût arrêté par les angles saillans des rochers qui hérissaient le passage, et dérobaient à la vue le sombre abîme où étaient reçues les eaux bouillonnantes. Plus loin, à la distance peut-être d'un quart de mille, reparaissait le cours sinueux de l'onde sur un lit de plus en plus élargi. Mais jusque là elle était perdue comme si elle eût passé sous les voûtes d'une caverne, tant les fragmens rapprochés des rochers à travers lesquels elle avait coulé étaient près de s'entre-croiser.

Pendant que Morton admirait ce spectacle bruyant qui semblait fuir tous les yeux, à cause des touffes de verdure et des rochers qui cachaient les eaux, son jeune guide, le tirant par la manche, lui dit, en lui faisant signe d'approcher son oreille afin de pouvoir l'entendre : — Écoutez, l'entendez-vous ?

Morton écouta attentivement, et, du fond du gouffre et au milieu du tumulte de la cascade, il crut distinguer des cris, des gémissemens, et même des paroles articulées, comme si le démon de l'onde mêlait ses plaintes aux mugissemens de ses flots en courroux.

— Voici le chemin, monsieur, dit la petite fille : suivez-moi, s'il vous plaît; mais prenez bien garde à vous. En même temps, quittant la plate-forme où ils se trouvaient, s'aidant des pieds et des mains, s'accrochant à quelques bruyères et à des saillies de rochers, elle se mit à descendre vers le précipice au bord duquel ils se trouvaient. Morton, aussi adroit qu'intrépide, n'hésita pas à la suivre; et, descendant comme elle à reculons, il cherchait à assurer son pied avant de lâcher le soutien dont sa main s'était assurée.

Ayant descendu environ vingt pieds, ils trouvèrent un endroit où ils purent s'arrêter. Ils étaient à environ trente pieds au-dessous de l'endroit d'où les eaux se jetaient dans l'abîme, et à soixante-dix du fond du précipice qui les recevait. La cataracte tombait si près d'eux, qu'ils étaient mouillés par les vapeurs qu'elle produisait. Il fallut pourtant s'en approcher encore davantage, et, quand ils en furent à environ dix pas, Morton vit un vieux chêne que le hasard semblait avoir renversé, et qui formait sur l'abîme un pont aussi effrayant que périlleux. La tête de l'arbre se trouvait de son côté, et les racines, sur l'autre bord, touchaient à une ouverture étroite qui lui parut l'entrée d'une caverne, et au travers de laquelle il vit une lumière rouge et sombre formant un contraste frappant avec les rayons du soleil, qui commençaient à dorer le sommet de la montagne.

Sa jeune conductrice le tira encore par l'habit, et lui montrant le vieux chêne, car le bruit de la cataracte ne lui permettait plus de faire entendre sa voix, lui indiqua qu'il fallait y passer.

Morton la regarda d'un air de surprise. Il n'ignorait pas que sous les règnes précédens les presbytériens persécutés avaient souvent cherché une retraite au milieu des bois, sur les montagnes, et dans le creux des cavernes; mais jamais son imagination ne s'était figuré une demeure aussi affreuse que celle qu'il avait en cet instant sous les yeux. Il fut même surpris qu'admirateur comme il l'était des scènes sublimes et imposantes qu'offre la nature, ce lieu eût échappé à ses recherches pendant tout le temps qu'il avait habité ce canton. Mais il réfléchit que ni la chasse ni aucun autre motif n'ayant pu le conduire dans cet endroit désert et sauvage, et que cette caverne étant destinée à cacher quelques victimes de la persécution, le secret de son existence était soigneusement gardé par le petit nombre de ceux qui le connaissaient.

Il réfléchissait encore comment il pourrait franchir ce pont doublement dangereux par l'eau de la cataracte qui le mouillait, et le rendait glissant. L'espace à traverser n'était pas très large; mais un abîme de soixante à quatre-vingts pieds, prêt à le recevoir, méritait quelque attention. Il était pourtant déterminé à risquer l'aventure, lorsque Peggy, comme pour lui inspirer du courage, passa sur l'arbre sans hésiter, et y repassa sur-le-champ une seconde fois pour venir le rejoindre.

Combien il envia les petits pieds nus de la jeune fille, qui, en saisissant les aspérités qu'offrait l'écorce du chêne, rendaient sa marche plus assurée !

Il n'hésita pourtant pas plus long-temps, il s'avança intrépidement sur le terrible pont, et fixant ses regards sur la rive opposée, sourd au bruit de la cataracte qui tombait près de lui, et oubliant le précipice qu'il avait sous les pieds, il se trouva en un instant sur l'autre bord, près de l'ouverture d'une étroite caverne. Là il s'arrêta un instant, la lueur d'un feu de charbon lui permettant d'en voir l'intérieur, et la pointe d'un rocher qui le couvrait de son ombre l'empêchant de pouvoir être aperçu de celui qu'elle recelait.

Ce qu'il observa n'aurait guère encouragé un homme moins déterminé que lui.

Burley ne lui parut changé que par une barbe grise, qu'il avait laissée croître depuis leur dernière rencontre. Debout au milieu de la caverne, il tenait d'une main sa Bible, et de l'autre son épée nue. Son visage, à demi éclairé par la lueur de la flamme, ressemblait à celui d'un démon dans la lugubre atmosphère du Pandémonion; ses gestes et ses paroles, autant qu'on pouvait les comprendre, étaient également violens et sans suite. Seul et dans un lieu presque inaccessible, il avait l'air d'un homme qui défend ses jours contre un ennemi mortel.

— Ah! ici, ici! s'écria-t-il, accompagnant chaque mot d'un coup frappé de toute la force de son bras dans le vide de l'air. — Ne l'avais-je pas dit? — J'ai résisté, et tu as fui !
— Lâche que tu es ! viens avec toutes tes terreurs, — viens avec toutes mes erreurs et mes fautes, qui te rendent en-

core plus terrible ; — ce livre est assez puissant pour me délivrer. — Que parles-tu de cheveux blancs ! plus les épis sont mûrs, plus ils demandent la faucille — Es-tu parti ? — es-tu parti ? tu fus toujours un lâche.

Après ces exclamations, il abaissa la pointe de son épée, et resta debout et immobile comme un maniaque après ses accès.

— L'heure dangereuse est passée, dit la jeune fille ; elle ne dure guère après que le soleil est sur cette colline. Vous pouvez vous avancer et lui parler ; je vais vous attendre de l'autre côté de l'eau. Il n'aime pas à voir deux personnes ensemble.

Morton s'offrit à la vue de son ancien collègue en s'avançant avec prudence et à pas lents.

— Quoi ! tu viens quand ton heure est passée ! Telle fut la première exclamation de Burley, qui brandit son épée avec un geste et un air de terreur mêlée de rage.

— Je viens, M. Balfour, dit Morton avec calme, je viens pour renouveler avec vous une connaissance qui a été interrompue depuis la journée du pont de Bothwell.

Dès que Burley eut reconnu que c'était Morton en personne qu'il avait devant lui, idée qui le frappa promptement, il exerça tout-à-coup sur son imagination déréglée cet ascendant supérieur qui était un des traits saillans de son étrange caractère. Il laissa retomber son épée, et la mettant dans le fourreau, il dit quelques mots sur le froid et l'humidité, qui réduisaient un vieux soldat à la nécessité de cultiver l'exercice de l'escrime. Après quoi il reprit son genre d'entretien froid et solennel.

— Tu as tardé long-temps, Henry Morton, lui dit-il ; tu viens dans la vigne quand la douzième heure a sonné. Hé bien, es-tu prêt à mettre la main à l'œuvre ? est-tu un de ceux qui foulent aux pieds les trônes et les dynasties, qui n'écoutent que la voix d'en-haut ?

— Je suis surpris, dit Morton, qui voulait éviter de répondre à ces questions, que vous m'ayez reconnu après une si longue absence.

— Les traits de ceux qui ont voulu opérer avec moi la rédemption d'Israel sont gravés dans mon cœur. Et qui aurait osé me venir chercher dans cette retraite, si ce n'est le fils de Silas Morton? — Vois-tu ce pont fragile qui unit mon asile à la demeure des hommes? un seul effort de mon pied peut le précipiter dans l'abîme, me mettre en état de braver la rage des ennemis qui seraient sur l'autre bord, et laisser à ma discrétion celui qui aurait osé y passer pour pénétrer jusqu'ici.

— Je crois que vous n'avez guère besoin ici de recourir à ce genre de défense.

— Le crois-tu! dit Burley d'un ton d'impatience. — Le crois-tu, quand les démons incarnés de la terre sont ligués contre moi, et que Satan lui-même...? — Mais n'importe, ajouta-t-il en se reprenant, c'est assez que j'aime ce lieu de refuge, — ma caverne d'Adullam, que je ne voudrais pas changer pour les plus beaux lambris du château des comtes de Torwood avec leurs vastes domaines et leur baronnie... A moins que ta folle passion ne soit évanouie, tu dois penser autrement.

— C'est justement de ce château et de ces domaines que j'ai à vous entretenir, reprit Morton; et je ne doute pas que je ne trouve M. Burley aussi raisonnable que je l'ai vu quelquefois lorsque nous combattions pour la même cause.

— Oui! dit Burley. En vérité! telle est ton espérance! T'expliqueras-tu un peu plus clairement?

— Volontiers. Vous avez exercé, par des moyens qui me sont inconnus, une influence secrète sur la fortune de lady Marguerite Bellenden et de sa petite-fille : il en est résulté qu'elles ont été dépouillées des biens auxquels elles avaient des droits légitimes, et que l'injustice en a investi ce vil scélérat Basile Olifant.

— Tu crois cela? dit Burley.

— J'en suis convaincu, et vous ne chercherez pas à nier une chose dont la lettre que vous m'avez écrite est une preuve.

— Et en supposant que je ne le nie point, et en supposant que j'aie le pouvoir et la volonté de détruire l'ouvrage de mes mains, de rétablir la fortune de la maison de Bellenden, quelle sera ta récompense? espères-tu obtenir la main de la belle héritière, et tous ses biens? Dis-moi, en es-tu assuré?

— Je n'en ai pas la moindre espérance.

— Et pour qui donc as-tu entrepris de venir dans l'antre du lion pour lui arracher sa proie? Sais-tu que cette tâche n'est pas moins difficile à exécuter que ne le fut jadis le plus périlleux des travaux de Samson? Qui doit donc en recueillir le fruit?

— Lord Evandale et sa fiancée, répondit Morton avec fermeté. Pensez mieux du genre humain, M. Burley, et croyez qu'il existe des hommes capables de sacrifier leur bonheur à celui des autres.

— Hé bien, répliqua Burley, de tous les êtres qui portent l'épée, qui savent dompter un cheval, tu es, sur mon âme, le plus pacifique et le moins sensible aux injures! Quoi! tu veux mettre dans les bras de ce maudit Evandale la femme que tu aimes depuis si long-temps! C'est pour un rival que tu veux lui faire rendre des biens dont de puissantes considérations l'ont privée! Tu crois qu'il rampe sur la terre un autre homme, offensé plus que toi peut-être, et cependant assez insensible, assez humble pour penser ainsi; et tu as osé supposer que cet homme sera John Balfour!

— Je ne dois compte qu'au ciel, M. Burley, des sentimens qui m'animent. Quant à vous, que vous importe que le domaine de Tillietudlem appartienne à Basile Olifant ou à lord Evandale?

— Tu es dans l'erreur. Il est bien vrai que tous deux sont des enfans de ténèbres, aussi étrangers à la lumière que l'enfant qui n'a pas encore ouvert les yeux; mais ce Basile Olifant est un Nabal, un misérable dont la fortune et le pouvoir sont à la disposition de celui qui peut l'en priver. La rage de n'avoir pu obtenir la possession de ces biens l'a jeté dans notre parti; il s'est fait papiste pour s'en rendre le maître; il est maintenant partisan de Guillaume, afin de les conserver, et il sera tout ce que je voudrai qu'il devienne, tant que je vivrai, tant que j'aurai entre les mains la pièce qui peut l'en déposséder, et dont je ne me suis jamais dessaisi : les biens qu'il possède sont un mors dont je tiens les rênes, et il faut qu'il suive la route que je lui prescrirai. Il les conservera donc, à moins que je ne sois sûr de les donner à un ami ardent et véritable. Mais lord Evandale est un réprouvé dont le cœur est de pierre et le front de diamant. Les biens de ce monde ne sont pour lui que les feuilles desséchées tombées d'un arbre et enlevées par le vent; il verrait le tourbillon les entraîner loin de lui sans en être ému, sans faire un pas pour les ressaisir. Les vertus mondaines des hommes qui lui ressemblent sont plus dangereuses pour notre cause que la cupidité sordide de ceux qui sont gouvernés par leur intérêt personnel, — esclaves de l'avarice, dont on peut diriger la marche, et forcés de travailler à la vigne du Seigneur, ne fût-ce que pour le salaire de l'iniquité.

— Tout cela pouvait être fort bon il y a quelques années, dit Morton; j'aurais pu alors trouver une apparence de justesse dans vos raisonnemens, quoique je ne les eusse jamais regardés comme fondés sur la droiture et l'équité. Mais dans le temps où nous sommes, il me semble sans utilité pour vous de conserver sur Olifant l'influence dont vous me parlez. Quel usage en pouvez-vous faire? Nous jouissons de la paix, de la liberté civile et religieuse : que désirez-vous de plus?

— Ce que je veux de plus? s'écria Burley en tirant son épée hors du fourreau avec une promptitude qui fit presque tressaillir Morton. Regarde les brèches de cette arme; il y en a trois, les vois-tu?

— Oui, répondit Morton; mais que voulez-vous dire?

— Le fragment d'acier qui manque à cette première brèche resta dans le crâne du perfide qui le premier introduisit l'épiscopat en Écosse; cette seconde entaille fut faite sur le sein d'un impie, le plus fier des soutiens de la cause des prélats, à Drum-Clorg; la troisième est la trace d'un coup sur le casque de l'officier qui défendait la chapelle d'Holy-Rood lorsque le peuple s'insurgea, et qui lui fendit la tête malgré le fer qui la couvrait. Ce glaive a fait plus d'un grand exploit, et chacun de ses coups a été une délivrance pour l'Église. — Oui, ajouta-t-il en le replongeant dans le fourreau, mais il lui reste encore davantage à faire. Il lui faut extirper l'hérésie pestilentielle de l'érastianisme, venger la liberté de l'Église, rendre au Covenant sa gloire; — qu'ensuite la rouille la consume à côté des ossemens de son maître.

— Songez donc, Burley, dit Morton, que vous n'avez ni les forces suffisantes ni les moyens nécessaires pour renverser un gouvernement aussi fermement établi que le nôtre l'est en ce moment. En général le peuple est tranquille et satisfait; on ne voit que quelques mécontens, et ce sont ceux qui tiennent encore pour le roi Jacques. Mais vous ne voudriez certainement pas vous joindre à des gens qui ne se serviraient de vos armes que pour faire réussir leurs projets particuliers.

— Ce sont eux, au contraire, qui, sans le vouloir, assureront notre triomphe. J'ai été dans le camp du réprouvé Claverhouse, comme David dans celui des Philistins. J'étais convenu avec lui d'un soulèvement général; sans ce misérable Evandale, tout l'ouest serait en armes aujourd'hui. — Je le massacrerais, ajouta-t-il en grinçant les dents, embrassât-il les pieds de l'autel. — Si tu voulais, reprit-il d'un ton plus calme, toi le fils de mon ancien ami, déjouer ses projets sur Edith Bellenden et l'épouser toi-même; si tu me faisais serment de mettre la main au grand œuvre avec un zèle égal à ton courage, ne crois pas que je préférasse l'amitié d'un Basile Olifant à la tienne, je te remettrais à l'instant cette pièce (il lui montra un parchemin), qui est le testament du comte de Torwood, et tu lui rendrais la possession des biens de ses pères. — Ce désir, continua Burley, n'est plus sorti de mon cœur depuis l'instant où je t'ai vu combattre si vaillamment pour la défense du pont de Bothwell. Edith t'aimait, et tu l'aimais toi-même.

— Burley, dit Morton, je ne veux pas dissimuler même avec vous; j'étais venu vous voir dans un but louable, dans l'espérance de vous décider à un acte de justice, et non dans aucune vue d'intérêt personnel. Je n'ai pas réussi; j'en suis fâché pour vous plus encore que pour ceux qui sont victimes de cette iniquité.

— Vous refusez donc mes offres? dit Burley les yeux étincelans de rage.

— Sans hésiter un instant. Si l'honneur et la conscience avaient sur vous quelque empire, vous me remettriez ce parchemin, sans condition, pour le rendre à ceux à qui il appartient légitimement.

— Qu'il soit donc anéanti! s'écria Burley ne se possédant plus de fureur; et, jetant le testament au milieu du brasier enflammé qui était devant lui, il le poussa avec le pied au milieu des charbons pour le faire consumer plus promptement.

Morton s'élança aussitôt pour le sauver des flammes.

Burley saisit Morton au collet, et il s'ensuivit une lutte entre eux. Tous deux étaient robustes, et la passion qui les animait redoublait encore leurs forces. Morton parvint pourtant à se dégager des liens serrés que formaient autour de son corps les bras de son adversaire; mais il n'était plus temps, la pièce importante était réduite en cendres.

L'énergumène jeta alors sur Morton des yeux où brillaient le plaisir de la vengeance satisfaite et une rage féroce : — Je ne puis plus rien pour toi maintenant, lui dit-il, mais tu as mon secret : il faut mourir, ou faire serment d'entrer dans tous mes projets.

— Je méprise vos menaces, répondit froidement Morton, j'ai pitié de votre délire, et je vous quitte.

En parlant ainsi, Morton s'avançait vers l'entrée de la caverne : Burley s'y précipite, et, poussant du pied le chêne qui offrait le seul moyen d'en sortir, il le fait rouler dans l'abîme avec un bruit semblable à celui du tonnerre.

— Hé bien! dit-il d'une voix qui rivalisait avec le mugissement de la cataracte et le bruit de la chute du chêne, te voilà en mon pouvoir, rends-toi ou meurs; et, se tenant à l'entrée de la caverne, il brandissait son épée.

— Je n'ai pas encore appris à céder aux menaces, dit Morton; je ne veux pas combattre l'homme qui a sauvé les jours de mon père, et je lui épargnerai un lâche assassinat.

A ces mots, s'élançant avec la légèreté qui lui était naturelle, et que peu d'hommes possèdent, il sauta par-dessus le gouffre que Burley croyait devoir être pour lui un obstacle insurmontable. Dès qu'il fut sur l'autre bord, il s'éloigna aussitôt, et en tournant la tête il vit Burley, qui le regarda un moment avec un air de surprise et de fureur, et qui bientôt s'enfonça dans la caverne.

Morton rejoignit sa petite conductrice, que la chute du chêne avait effrayée. Il lui dit que cet évènement était l'effet d'un accident, et apprit d'elle qu'il n'en pouvait résulter aucun inconvénient pour Burley, attendu qu'on avait eu la précaution de préparer dans la caverne plusieurs autres arbres pour former de nouveaux ponts, en cas que quelque circonstance imprévue obligeât ceux qui habitaient cet antre à détruire pour leur sûreté ce moyen de communication.

Les aventures de la matinée n'étaient pourtant pas encore terminées. Comme ils approchaient de la chaumière, la petite fille fit un cri de surprise en voyant venir au-devant d'eux sa vieille grand'mère, quoique son état de cécité ne lui permît guère de s'éloigner de son habitation.

— Peggy, cria-t-elle dès qu'elle eut reconnu la voix des deux voyageurs, courez bien vite, allez brider le cheval de monsieur, et conduisez-le derrière la haie d'épines, où vous l'attendrez.

— Sommes-nous seuls? dit-elle ensuite à Morton, personne ne peut-il nous entendre?

Inquiet et impatient de savoir ce qu'elle avait de nouveau à lui apprendre, Morton l'assura qu'elle pouvait s'expliquer sans crainte.

— Si vous voulez du bien à lord Evandale, dit-elle alors, voici maintenant ou jamais le moment de le prouver : il court le plus grand danger. Que le ciel soit loué de m'avoir laissé l'ouïe quand il m'a retiré la vue! — Non, non, il ne faut pas entrer. Venez par ici, suivez-moi.

Elle le conduisit derrière la maison, près d'une fenêtre donnant dans une chambre où se trouvaient deux dragons qui vidaient un pot de bière. Morton ne pouvait ni les voir ni en être vu, mais il entendit très distinctement la conversation suivante.

— Plus j'y pense, disait l'un, moins cela me plaît. Lord Evandale était un bon officier, c'était l'ami du soldat, et s'il nous a punis après l'affaire de Tillietudlem, ma foi, Inglis, il faut convenir que nous l'avions bien mérité.

— Que le diable m'emporte si je lui pardonne pour cela, répond Inglis; mais n'importe, je vais lui donner à mon tour du fil à retordre.

— Nous ferions mieux de nous réunir à lui, et d'aller joindre les montagnards. N'avons-nous pas mangé le pain du roi Jacques?

— Tu n'es qu'un âne! Il a laissé passer l'instant, parce qu'Holliday, l'imbécile! a vu un esprit, et parce que sa maîtresse a des bluettes. Le secret ne sera pas gardé à présent pendant deux jours : et pour qui sera la récompense? pour celui qui aura chanté le premier.

— C'est pourtant vrai! — Mais ce coquin, ce Basile Olifant, paiera-t-il bien?

— Comme un prince. Il n'y a personne au monde qu'il haïsse autant qu'Evandale, et il craint toujours d'avoir avec ce lord quelque procès pour les biens de Tillietudlem lorsqu'il aura épousé miss Bellenden; et s'il se trouvait une bonne fois hors de son chemin, adieu toute inquiétude.

— Mais aurons-nous un mandat d'arrêt contre lui, et une force suffisante pour l'exécuter? Nous ne trouverons pas beaucoup de gens disposés à agir contre lui, et il ne se laissera pas prendre au trébuchet. Il se défendra comme un lion, il aura pour lui Holliday, et probablement quelques autres de nos camarades.

— Tu es un fou, et tu parles comme si tu étais un poltron. Il demeure seul à Fairy-Knowe pour ne pas donner de soupçons. Il ne peut avoir avec lui qu'Holliday et le vieux Gudyil, qui ne vaut plus un coup de sabre. Olifant est juge de paix, il signera un mandat, et nous donnera quelques uns de ses gens. Il m'a dit qu'il nous ferait accompagner par un ancien chef de puritains, un diable incarné, nommé Quintin Mackell, qui se battra d'autant mieux qu'il a une vieille dent contre Evandale.

— A la bonne heure. Au surplus vous êtes mon supérieur, et si cela tourne mal...

— J'en prends le blâme sur moi. Allons, encore un pot de bière, et partons pour Tillietudlem. — Holà, hé! Bessie Maclure. — Où donc est la vieille sorcière?

—Retenez-les autant que vous le pourrez, dit Morton à son hôtesse en lui mettant sa bourse dans la main; je n'ai besoin que de gagner du temps.

Il courut à l'endroit où son cheval l'attendait.

—Où irai-je? dit-il en y montant. A Fairy-Knowe? Non, je ne suffirais pas seul pour les défendre. Courons à Glascow : Wittenbold, qui y commande, me donnera un détachement, et me procurera le secours de l'autorité civile. — Allons, Moorkopf, dit-il à son cheval, c'est aujourd'hui qu'il faut faire preuve de vitesse.

CHAPITRE XLIV.

« Fixant ses yeux mourans sur sa chère Émilie,
« Qu'à peine apercevait sa vue appesantie,
« Il voulait lui parler, il lui pressait la main....
« Son heure était sonnée, et cet effort fut vain. »
CHAUCER. *Palamon et Arcite.*

L'INDISPOSITION d'Edith la retint au lit le jour où l'apparition subite de Morton lui avait occasioné une émotion si soudaine; mais elle se trouva tellement mieux le lendemain, que lord Evandale reprit son projet de quitter Fairy-Knowe dans l'après-midi. Lady Emilie entra dans l'appartement d'Edith, et après lui avoir fait et en avoir reçu les complimens d'usage, d'un air grave et sérieux, elle lui dit que cette journée serait fort triste pour elle, quoiqu'elle dût délivrer miss Bellenden d'un grand fardeau.

—Mon frère nous quitte aujourd'hui, finit-elle par dire;

—Nous quitte? s'écria Edith : j'espère que c'est pour retourner chez lui.

—Je ne le pense pas; je crois qu'il se prépare à faire un plus long voyage. Qu'a-t-il qui puisse le retenir dans ce pays?

—Grand Dieu! s'écria Edith, suis-je donc destinée à causer la ruine de tout ce qu'il y a de plus noble et de plus généreux sur la terre? Que faut-il faire pour l'empêcher de courir ainsi à sa perte? Je vous en supplie, lady Emilie, dites-lui que je le conjure de ne point partir sans m'avoir vue : je descends à l'instant.

—Volontiers, miss Bellenden; mais cela sera inutile.

Elle sortit de la chambre avec la même gravité qu'elle y était entrée, et elle alla informer son frère que miss Bellenden se trouvait assez bien pour avoir projeté de descendre avant son départ.

—Je suppose, ajouta-t-elle avec un ton d'aigreur, que la perspective d'être promptement débarrassée de notre compagnie l'a guérie de ses vapeurs.

—Voilà de l'injustice, ma sœur, dit lord Evandale, si ce n'est pas de l'envie!

—De l'injustice! cela est possible; mais de l'envie, dit-elle en jetant un coup d'œil sur un miroir, je n'aurais jamais cru qu'on pût me soupçonner d'en concevoir sans de plus justes motifs. Mais allons rejoindre la vieille dame. Elle a préparé un déjeuner qui aurait suffi pour tout votre régiment, quand vous en aviez un.

Lord Evandale la suivit sans lui répondre; car il savait qu'il n'était pas facile de l'apaiser quand son amour-propre se trouvait prévenu et offensé. La table était couverte avec profusion de différens mets préparés par les soins de lady Marguerite.

—Vous voudrez bien, milord, dit-elle à lord Evandale, vous contenter d'un déjeuner frugal, tel que ma situation actuelle me permet de vous l'offrir. Je n'aime pas à voir les jeunes gens se mettre en route l'estomac vide ; c'est ce que je dis à Sa Majesté quand elle daigna déjeuner à Tillietudlem, en l'an de grâce 1651, et elle eut la bonté de me répondre, en buvant à ma santé un verre de vin du Rhin : — Lady Marguerite, vous parlez comme un oracle d'Ecosse. — Ce sont les propres paroles de Sa Majesté : ainsi donc, milord peut juger si je n'ai pas raison d'insister pour qu'on déjeune avant de commencer un voyage.

On peut supposer que lord Evandale perdit quelque chose du discours de la bonne dame. Il était plus occupé à écouter s'il n'entendrait pas arriver miss Bellenden. Sa distraction fut si forte, qu'il ne remarqua même point l'accident dont nous allons faire part à nos lecteurs, circonstance malheureuse qui décida de son sort.

Tandis que lady Marguerite faisait les honneurs de la table, ce qui était un de ses grands plaisirs, et ce dont elle s'acquittait à merveille, John Gudyil l'interrompit pour lui annoncer qu'un homme demandait à lui parler ; formule dont il se servait habituellement quand il voulait lui faire sentir qu'il ne s'agissait que d'une personne d'une qualité inférieure.

— Un homme, Gudyil? dit lady Bellenden en se redressant, et quel homme ? n'a-t-il pas de nom ? On dirait que je tiens une boutique, et qu'on n'a besoin que de m'appeler.

— Certainement il a un nom, milady, reprit Gudyil ; mais c'est un nom que milady n'aime pas à entendre.

— Et quel est ce nom, imbécile?

— Hé bien, milady, c'est Gibby, répondit Gudyil d'un ton un peu brusque. L'épithète ne lui plaisait pas plus que de raison, et il pensait qu'un ancien serviteur de la famille, qui lui avait donné des preuves non interrompues d'attachement et de désintéressement, aurait mérité un peu plus d'égards. C'est Gibby, puisque milady veut le savoir, Gibby, qui garde maintenant les vaches d'Edie-

Henshaw, qui était autrefois garçon de basse-cour à Til-lietudlem, et qui, il y a cinq ans, le jour du vappen-schaw.....

—Taisez-vous, Gudyil. Vous êtes bien impertinent de croire que je consente à parler à un pareil être ! Demandez-lui ce qu'il veut me dire.

—Je l'ai fait, milady ; mais il m'a dit que celui qui l'envoie lui a donné ordre de ne parler qu'à vous-même ; pour dire la vérité, je crois qu'il avait trop bu d'un coup, et il a l'air aussi bête qu'il l'a toujours été.

—Chassez-le, et dites-lui de repasser demain matin, quand il sera à jeun. Il vient sans doute solliciter quelques secours, comme ancien serviteur de la maison ?

—Cela est probable, milady, car il est en guenilles, le pauvre garçon.

Gudyil, en annonçant à Gibby qu'il ne pouvait entrer, fit de nouveaux efforts pour savoir ce qu'il avait à dire à sa maîtresse ; mais il n'y put réussir. Gibby remit dans sa poche un billet qu'il tenait à la main ; et, trop fidèle à exécuter littéralement ce qui lui avait été recommandé, il refusa opiniâtrement de s'en dessaisir, et dit qu'il reviendrait le lendemain.

Il était pourtant de la plus grande importance que ce billet fût remis sur-le-champ. Morton, ayant rencontré Gibby gardant ses vaches près du pont de Bothwell, avait écrit au crayon quelques lignes à la hâte, pour avertir lord Evandale des complots de Basile Olifant ; il l'engageait à fuir sans délai ou à se rendre sur-le-champ à Glascow, où il l'assurait qu'il trouverait protection. Il avait adressé ce billet à lord Evandale, recommandant à Gibby de faire toute diligence, de le remettre en mains propres, et lui ayant donné deux dollars pour exciter son activité.

Mais il était dans la destinée de Gibby que son intervention, soit en qualité d'homme d'armes, soit comme ambassadeur, serait toujours funeste à la maison de

Tillietudlem. Pour s'assurer si l'argent qu'il avait reçu de celui qui l'employait était de bon aloi, il entra dans un cabaret, et il y fit une si longue halte, que l'ale et l'eau-de-vie lui firent perdre le peu de bon sens qu'il possédait. En arrivant à Fairy-Knowe, il ne pensa plus à lord Evandale, demanda lady Marguerite, dont le nom lui était beaucoup plus familier, et ne pouvant remettre sa missive en mains propres, comme il lui avait été enjoint de le faire, il préféra la garder que de la confier à un intermédiaire.

Gudyil quittait à peine la salle à manger lorsque Edith y entra. Lord Evandale et elle montrèrent quelque embarras. Lady Marguerite s'en aperçut; mais, ignorant ce qui s'était passé la veille, et sachant seulement que la célébration du mariage avait été différée par l'indisposition de sa petite-fille, elle ne l'attribua à aucune cause extraordinaire, et chercha à mettre les jeunes gens à leur aise, en causant de choses indifférentes avec lady Emilie.

En ce moment, Edith, pâle comme la mort, dit, ou plutôt fit entendre à lord Evandale qu'elle désirait lui parler en particulier. Il lui offrit le bras, la conduisit dans une petite antichambre qui précédait la salle, la fit asseoir dans un fauteuil, et prit un siége à côté d'elle.

— Je suis désespérée, milord, lui dit-elle du ton le plus ému et d'une voix presque inarticulée; je sais à peine ce que je veux vous dire, et je ne trouve pas de termes pour m'exprimer.

— S'il m'est possible de soulager vos inquiétudes, chère Edith, dit lord Evandale, croyez que rien ne me coûtera pour y réussir.

— Vous êtes donc bien déterminé, milord, à aller joindre des hommes qui courent à leur perte, malgré votre propre raison, malgré les prières de vos amis, malgré le précipice que vous devez voir ouvert devant vous?

— Excusez-moi, miss Bellenden, mais l'intérêt même

que vous voulez bien me témoigner ne peut me retenir quand l'honneur m'ordonne de partir. Ma suite est préparée chez moi, mes chevaux m'attendent ; le signal de l'insurrection sera donné dès que je serai arrivé à Kilsythe. La fidélité que je dois à mon roi ne me permet ni d'hésiter, ni de différer plus long-temps. Si c'est ma destinée qui m'appelle, je ne chercherai pas à la fuir. Ce sera une consolation pour moi d'exciter en mourant votre compassion, si je n'ai pu obtenir votre tendresse pendant ma vie.

— Restez, milord, s'écria Edith d'un ton qui pénétra jusqu'au cœur de lord Evandale, restez pour être notre secours et notre soutien. Espérez tout du temps. Il expliquera sans doute l'étrange évènement qui m'a troublée hier, et me rendra la tranquillité.

— Il est trop tard, Edith, et je manquerais de générosité, si je cherchais à profiter des sentimens que vous me montrez en ce moment. Il ne dépend pas de vous de m'aimer, et je ne prétends plus qu'à votre amitié. Mais, quand même il en serait autrement, le sort est jeté : je ne puis plus...

Cuddy se précipita en ce moment dans le salon, la terreur peinte sur la figure.

—Cachez-vous, milord, cachez-vous! ils vont entourer la maison.

— De qui parlez-vous? dit lord Evandale.

—D'une troupe de cavaliers conduits par Basile Olifant, répondit Cuddy.

—Oh! milord, pour l'amour de moi, pour l'amour de Dieu, cachez-vous! répéta Edith.

— Me cacher! s'écria lord Evandale. Non, de par le ciel! Et de quel droit ce misérable voudrait-il m'arrêter? Eût-il un régiment, je m'ouvrirais un passage. Cuddy, dites à Holliday et à Hunter de monter à cheval. Adieu, chère Edith ! — Il la serra dans ses bras, l'embrassa tendrement, et, ayant fait à la hâte ses adieux à sa sœur et à lady Marguerite, qui s'efforcèrent inutilement de le retenir, il monta à cheval, et sortit de la maison. La confusion et la terreur y régnaient. Les femmes poussaient des cris d'effroi, et se précipitaient vers les fenêtres, d'où l'on voyait une petite troupe d'hommes à cheval, dont deux seulement paraissaient des militaires, descendre la colline qui faisait face à la chaumière de Cuddy. Ils avançaient lentement et avec précaution, comme des gens qui ignorent quelles forces on peut avoir à leur opposer.

— Il peut se sauver, s'écria Edith, il peut se sauver ! et ouvrant une fenêtre : — Milord, cria-t-elle à lord Evandale qui s'éloignait, prenez sur la gauche, et fuyez à travers champs.

Mais jamais lord Evandale n'avait fui devant le danger. Il ordonna à ses domestiques de le suivre, d'armer leurs carabines, et il marcha vers Basile Olifant, qui occupait, à environ soixante pas, le seul chemin qui conduisît à Fairy-Knowe.

Le vieux Gudyil, appesanti par l'âge, était allé chercher ses armes. Cuddy, plus agile, sauta sur un fusil qu'il tenait toujours chargé par précaution, sa chaumière étant dans une situation isolée, et il suivit à pied lord Evandale.

Ce fut en vain que sa femme, qui partageait l'alarme générale, s'attacha à ses habits pour le retenir, et lui prédit qu'il finirait par se faire pendre ou fusiller pour vouloir toujours se mêler des affaires des autres ; il se débarrassa d'elle avec un vigoureux coup de poing.

— Taisez-vous, chienne [1], s'écria-t-il, taisez-vous ! c'est là du bon écossais, je crois, ou je ne m'y connais point. Qu'appelez-vous les affaires des autres ? croyez-vous que je verrai tranquillement assassiner lord Evandale ?

(1) Dans le texte *bitch*, mais avec le simple *b*...., car ce mot est si grossier en anglais, que la typographie le dissimule par abréviation. — Ed.

Mais en chemin il réfléchit que Gudyil ne paraissant pas encore, il composait lui seul toute l'infanterie. Il fit donc un détour sur la gauche, et entra dans un verger voisin pour faire une diversion sur les flancs de l'ennemi, si les circonstances l'exigeaient.

Dès que lord Evandale parut, Olifant fit développer sa troupe comme pour l'entourer. Il resta en avant avec trois hommes. Deux portaient l'uniforme du régiment des gardes, l'autre était vêtu en paysan, mais à son air farouche et déterminé, à ses traits durs et féroces, quiconque l'avait vu une fois ne pouvait manquer de reconnaître Balfour de Burley.

— Suivez-moi, dit lord Evandale à ses domestiques, et si l'on entreprend de nous disputer le passage, imitez-moi.

Il n'était pas à quinze pas d'Olifant, et il se préparait à lui demander pourquoi il interceptait ainsi le passage, quand celui-ci s'écria : — Feu sur le traître ! — Quatre coups de fusil partirent en même temps. Lord Evandale porta la main sur un pistolet d'arçon, mais il n'eut pas la force de le saisir, et il tomba mortellement blessé. Hunter tira au hasard. Holliday, qui était accoutumé au feu, et aussi adroit qu'intrépide, visa Inglis, et ne le manqua point ; au même instant un coup de fusil, tiré de derrière une haie par un ennemi invisible, vengea encore mieux lord Evandale, car la balle atteignit Olifant au milieu du front, et le renversa mort sur la place. Sa troupe, effrayée de ce coup imprévu, ne semblait pas disposée à prendre part au combat ; mais Burley, dont le sang bouillait dans ses veines, s'écria : — Périssent les Madianites ! — et il attaqua Holliday le sabre à la main. Celui-ci se défendit avec courage ; mais en ce moment une troupe de cavalerie étrangère arrivait au grand galop : c'étaient des dragons hollandais commandés par le colonel Wittenbold ; Henry Morton et un officier civil les accompagnaient.

Wittenbold ordonna, au nom du roi, de déposer les armes, et chacun obéit à l'instant, excepté Burley, qui, lançant son cheval au galop, chercha son salut dans la fuite. Plusieurs dragons se mirent à sa poursuite par ordre de leur commandant; mais, comme il était bien monté, ce n'était pas chose facile de le suivre. Se voyant cependant sur le point d'être atteint par deux d'entre eux, il se retourna pour leur faire face, et tirant successivement ses deux pistolets, tua l'un et renversa le cheval de l'autre. Il continua alors sa route vers le pont de Bothwell; mais s'apercevant que ce passage était fermé et gardé, il côtoya la Clyde jusqu'à un endroit qu'il croyait guéable, et il y fit entrer son cheval.

Ce détour donna à ceux qui le poursuivaient le temps d'arriver; ils firent sur lui une décharge générale; deux balles l'atteignirent, et il se sentit dangereusement blessé. Il tourna sur-le-champ la bride de son cheval, et faisant un signe de la main, comme s'il voulait se rendre, il revint vers la rive qu'il venait de quitter. On cessa aussitôt le feu, et deux des dragons s'avancèrent même dans la rivière pour le faire prisonnier. Mais on vit alors qu'il n'avait d'autre projet que de se venger, et de vendre sa vie aussi cher qu'il le pourrait. Dès qu'il fut près des deux soldats, il déchargea sur la tête de l'un d'eux un coup de sabre qui le renversa. L'autre le saisit à l'instant par le milieu du corps, et Burley alors saisit son adversaire à la gorge; tel un tigre mourant cherche à étouffer sa proie.

Dans cette lutte, tous deux perdirent l'équilibre sur leurs selles, tombèrent dans la Clyde, et furent emportés par le courant. Le sang qui coulait des blessures de Burley marquait l'espace qu'ils parcouraient. On les vit deux fois reparaître à la surface de l'eau, le soldat s'efforçant de nager, et Burley cherchant à l'entraîner au fond de la rivière pour l'y faire périr avec lui. On ne fut pas très long-temps sans les retirer; mais tous deux étaient déjà morts, et les doigts de Burley étaient encore si fortement serrés autour du cou de sa victime, qu'il aurait fallu les couper pour les en détacher.

On les mit tous les deux dans une même tombe creusée à la hâte, qu'on trouve encore indiquée par une pierre grossière, sur laquelle on lit une épitaphe plus grossière encore [1].

Tandis que cet enthousiaste féroce périssait ainsi, le brave et généreux lord Evandale rendait le dernier soupir. Dès que Morton l'avait aperçu, il avait sauté à bas de son cheval pour porter à son ami mourant tous les secours qui étaient en son pouvoir. Lord Evandale le reconnut, lui serra la main, et, n'ayant plus la force de parler, témoigna par un signe, qu'il désirait qu'on le transportât à Fairy-Knowe, ce qui fut exécuté sur-le-champ avec toutes les précautions convenables, et il ne tarda pas à être environné de tous ses amis en pleurs. La douleur de lady Emilie éclata par des cris : celle de miss Bellenden, morne et silencieuse, n'en fut que plus cruelle, et ne lui permit pas même d'apercevoir Morton : penchée sur son malheureux ami, ses yeux et son cœur n'étaient occupés que de lui. Lord Evandale, faisant un dernier effort, saisit la main d'Edith, la mit dans celle de Henry, et, levant les yeux au ciel comme pour appeler sur eux ses bénédictions, expira l'instant d'après.

(1) Bon lecteur, j'ai prié mon ami Pierre Pas-Léger (*Proudfoot*), marchand ambulant, connu de beaucoup de personnes de notre pays par ses denrées à juste prix, ses mousselines et ses toiles de Cambray, de me procurer dans ses courses une copie de l'épitaphe que voici :

ÉPITAPHE.

— Cy git un saint fatal aux prélats, John Balfour dit quelquefois Burley, qui, poussé par la vengeance, au nom de la ligue solennelle et du Covenant, immola dans la plaine de Magus Moor, dans le comté de Fife, James Sharpe l'apostat. Il fut lui-même haché et tué par un Hollandais, et se noya dans la Clyde, non loin de ce tombeau.   L'Auteur.

CONCLUSION.

J'avais résolu de m'épargner la peine de faire une conclusion, et de laisser à l'imagination de mes lecteurs le soin d'arranger à leur gré les évènemens qui suivirent la mort de lord Evandale. Cet expédient me paraissait aussi convenable à l'écrivain qu'au lecteur ; mais, ne trouvant pas d'exemple pour le justifier, j'étais dans un grand embarras à cet égard, lorsque j'eus l'honneur de recevoir une invitation pour prendre le thé, de la part de miss Marthe Buskbody, jeune personne qui depuis quarante ans exerce avec beaucoup de succès l'état de marchande de modes dans Gandercleugh et ses environs. Connaissant son goût pour les ouvrages du genre de celui qui précède, je l'engageai à le parcourir avant le jour qu'elle m'avait fixé pour me rendre chez elle, et la priai de m'éclairer des lumières de l'expérience qu'elle a acquise en lisant tout le fonds de trois cabinets littéraires qui existent dans Gandercleugh et les deux villes voisines.

Lorsque j'arrivai chez elle à l'heure du thé, le cœur palpitant, je la trouvai disposée à me faire des félicitations.

— Je n'ai jamais été plus touchée par un roman, me dit-elle en essuyant les verres de ses lunettes, si j'en excepte celui de *Jemmy et Jenny Jessamy*, qui est le chef-d'œuvre du pathétique ; mais votre projet de supprimer la conclusion est décidément mauvais. Vous pouvez, pendant le cours de la narration, être sans pitié pour la délicatesse et la susceptibilité de nos nerfs, mais il ne faut pas que le dénouement reste couvert d'un brouillard, à moins d'avoir le talent de l'auteur de *Julia de*

Roubigné. Il faut dans le dernier chapitre nous laisser voir quelques rayons de soleil, cela est absolument indispensable.

— Rien ne me serait plus facile que de vous satisfaire, mademoiselle, car rien n'a manqué au bonheur des personnes à qui vous voulez bien vous intéresser : ils ont eu plusieurs enfans...

— Il n'est pas besoin de faire une peinture détaillée de leur félicité conjugale. Mais quel inconvénient trouvez-vous à informer le lecteur, en termes généraux, qu'ils ont fini par être heureux ?

— Songez donc que plus un roman avance vers le dénouement, moins il devient intéressant. Il en est de même de votre thé : il est d'une excellente qualité, mais la dernière tasse est plus faible que la première; et tout le sucre que vous pourrez y ajouter ne fera jamais qu'elle vaille celles qui l'ont précédée. Ainsi, quand une narration qui tire vers sa fin est surchargée d'un détail de circonstances que le lecteur a prévues d'avance, elle devient ennuyeuse, en dépit du style fleuri par lequel l'auteur s'efforce d'en relever l'insipidité.

— Toutes ces raisons ne valent rien, monsieur Pattieson. Je gronderais mes ouvrières s'il manquait une épingle à un bonnet; et vous n'aurez pas bien rempli votre tâche si vous ne nous parlez du mariage de miss Edith et de Morton, et si vous ne nous dites ce que deviennent tous les personnages de votre histoire, depuis lady Marguerite jusqu'à Gibby.

— Je ne manque pas de matériaux, mademoiselle, et je puis satisfaire votre curiosité, à moins qu'elle ne veuille descendre jusqu'à des détails infiniment minutieux.

— Hé bien ! d'abord, car c'est un des points essentiels, lady Marguerite est-elle rentrée en possession de son château et de ses biens?

— Oui, mademoiselle, et de la manière la plus simple,

c'est-à-dire en qualité d'héritière de son digne cousin Basile Olifant, qui, étant mort *ab intestat*, lui laissa, bien contre son gré, non seulement les biens dont il l'avait dépouillée, mais encore tous ceux dont il était propriétaire de son chef. John Gudyil fut rétabli dans son ancienne dignité, et montra plus d'importance que jamais. Cuddy reprit avec joie la culture des terres de la baronnie de Tillietudlem, et la possession de son premier *cottage;* mais, fidèle à ses principes de prudence, jamais il ne se vanta d'avoir tiré le coup de fusil bien dirigé qui avait replacé sa maîtresse et lui-même dans leur ancienne situation. — Après tout, disait-il à Jenny, qui était son unique confidente, c'était le cousin de milady, un grand seigneur. Il agit contre toutes les lois, puisqu'il fit tirer sur Evandale sans lui signifier de mandat d'arrêt; mais quoique je ne me reproche pas plus sa mort que celle d'un chien enragé, le mieux est encore de garder le silence. — Il fit même mieux : il accrédita le bruit qui s'était répandu que John Gudyil était l'auteur de cette prouesse, et le vieux sommelier, d'un tout autre caractère que Cuddy, sans avouer le fait, ne le démentit jamais formellement. On n'oublia ni la vieille aveugle, ni la jeune fille qui avait servi de conductrice à Morton; et...

— Mais le mariage des principaux personnages? s'écria miss Buskbody, c'est là l'intéressant.

— Il n'eut lieu que plusieurs mois après la mort de lord Evandale, dont tous deux prirent le deuil, qu'ils portèrent dans leur cœur plus encore que par leurs vêtemens.

— J'espère, monsieur, que ce fut du consentement de lady Bellenden? j'aime les ouvrages qui apprennent aux jeunes personnes à avoir de la déférence pour leurs parens. Dans un roman, elles peuvent concevoir une tendre inclination sans leur aveu; c'est de là que dépend souvent l'histoire, mais il faut qu'elles l'obtiennent au dénouement. Le vieux Derville, lui-même, finit par consentir au mariage de son fils avec Cécilia, malgré l'obscurité de sa naissance.

— Lady Marguerite en fit autant, mademoiselle, quoiqu'elle fût long-temps à pardonner à Morton d'avoir eu pour père un colonel covenantaire. Edith était sa seule espérance, et elle désirait la voir heureuse; Morton, ou Melville Morton, comme on l'appelait plus généralement, jouissait à un si haut degré de l'estime générale, et il était sous tant de rapports un parti sortable, que, faisant taire enfin ses préjugés, elle se consola en songeant que le destin règle les mariages. — C'était, disait-elle, la réflexion que lui avait faite Sa Majesté Charles II, d'heureuse mémoire, en voyant dans son salon le portrait de Fergus, comte de Torwood, son bisaïeul, le plus bel homme de son siècle, et celui de la comtesse Jeanne, son épouse, qui était borgne et bossue. — Oui, ainsi s'exprima, dit-elle, Sa Majesté le jour où elle daigna accepter à déjeuner...

— Fort bien, dit miss Buskbody, m'interrompant encore avec une telle autorité qu'il n'y avait plus d'objections à faire ; mais qu'est devenue mistress... comment l'appelez-vous donc? la vieille femme de charge de Milnwood ?

— De tous mes personnages, lui dis-je, c'est peut-être elle qui est la plus heureuse. Monsieur et madame Melville Morton, une fois l'an, et pas davantage, dînaient en grande cérémonie dans le salon lambrissé, toutes les tapisseries déroulées, le tapis par terre, et l'énorme chandelier de bronze sur la table, décoré de feuilles de laurier; les préparatifs pour les recevoir l'occupaient six mois d'avance, et elle employait les six autres à remettre tout en ordre après leur départ.

— Et Niel Blane?

— Vécut fort vieux, buvant de l'ale et de l'eau-de-vie

avec les royalistes comme avec les whigs, et jouant des airs de cornemuse pour les uns comme pour les autres. Les biens qu'il laissa procurèrent à sa fille Jenny l'alliance d'un cock-laird [1]. J'espère, madame, que vos questions se borneront là?

— Mais Goose Gibby, monsieur, Goose Gibby, si malheureux dans presque toutes ses missions?

— Faites donc attention, ma chère Buskbody (pardon de la familiarité), que la mémoire de la fameuse Schéhérazad, cette reine des conteurs, n'aurait pu suffire pour se rappeler toutes les circonstances... Je ne puis vous dire positivement quel fut le sort de Gibby ; je suis néanmoins tenté de croire que ce fut lui qui, quelques années après, fut mis au carcan à Hamilton, pour avoir volé des poules, sous le nom de Gilbert Dudden, dit Calf-Gibby [2].

Miss Buskbody plaça son pied gauche sur la grille du feu, croisa sa jambe droite sur son genou, s'appuya sur son fauteuil, et se frotta le front en levant les yeux vers le plafond. J'en conclus qu'elle se préparait à me faire subir un nouvel interrogatoire, et, prenant mon chapeau, je lui souhaitai une bonne nuit avant que le démon de la critique lui eût soufflé d'autres questions.

De la même manière, bon lecteur, vous remerciant de votre patience, qui vous a conduit jusqu'ici, je prends la liberté de vous saluer et de vous dire adieu pour le moment.

---

(1) On appelle *cock-laird*, en Ecosse, le propriétaire qui cultive lui-même sa terre. C'est à peu près le *gentleman-fanner* de l'Angleterre.

(2) *Goose* Gibby, Gibby le gardeur d'oies ; *Calf* Gibby, Gibby le vacher, suivant sa profession. Le nom de Gibby prend un de ces prénoms familiers.

ED.

PÉRORAISON.

C'eut été mon sincère désir, très aimable lecteur, que les *Contes de mon Hôte* te parvinssent complets. Mais, ayant envoyé quelques autres cahiers de manuscrit contenant la suite de ces agréables récits, je reçus de mon libraire l'avis sans façon qu'il n'aimait pas que des romans (c'est ainsi qu'il ose appeler ces histoires pleines de vérité!) s'étendissent au-delà de quatre volumes. Si je ne consentais pas à publier séparément les quatre premiers [1], il menaçait de rompre le marché.

Là-dessus, prenant en considération ses observations, et surtout les frais qu'il disait avoir déjà faits en papier et en impression, je décidai que ces quatre premiers volumes seraient les avant-coureurs ou les hérauts des *Contes* qui sont encore en ma possession, ne doutant pas qu'ils seront dévorés avidement, et que le reste sera bientôt demandé d'une voix unanime par le public connaisseur. Je suis, très estimable lecteur, avec tous les titres que tu voudras me donner,

JEDEDIAH CLEISHBOTHAM.

Ganderclengh, 15 novembre 1816.

(1) La première édition des *Contes de mon Hôte*, première série, était en 4 vol. en anglais.

FIN DES PURITAINS D'ÉCOSSE.

www.ingramcontent.com/pod-product-compliance
Lightning Source LLC
Chambersburg PA
CBHW071723230426
43670CB00008B/1107